国家课程思政示范课程配套教材
国家精品在线开放课程配套教材
国家一流线上线下混合式课程配套教材
教育部市场营销课程教学虚拟教研室配套教材
福建省"十四五"普通高等教育本科规划教材

Marketing
Outperforming Competition in the E-ERA

市场营销
网络时代的超越竞争
第4版

杨洪涛 陈慧冰 陈春琴 陈小燕 王智生 黄怡丹 编著

机械工业出版社
CHINA MACHINE PRESS

本书基于课程特点从全新的"超越竞争，为顾客创造价值"的网络时代营销实践性理念视角出发，是一本"实践性强"的市场营销教材。本书从营销工作者应该率先树立"超越竞争，为顾客创造价值"的科学营销理念入手，厘清营销基本知识、理念，并在此基础上制定营销战略规划和营销计划，调研、分析营销环境和消费者购买行为，进而实施 STP 营销战略，塑造"超越竞争"的品牌定位，然后讲述如何制定产品决策，如何制定价格策略，如何通过构建渠道网络传递顾客价值，如何制定整合营销传播沟通策略。

　　本书既可作为经济管理类专业本科生、高职生、MBA 专业基础课、专业核心课、专业选修课的教材，也可作为非经济管理类专业学生的公共选修课教材，还可作为营销工作者的实战应用辅导书。

图书在版编目（CIP）数据

市场营销：网络时代的超越竞争 / 杨洪涛等编著 . —4 版 . —北京：机械工业出版社，2023.11（2025.6 重印）

高等院校市场营销系列教材

ISBN 978-7-111-74209-8

Ⅰ. ①市… Ⅱ. ①杨… Ⅲ. ①市场营销学 – 高等学校 – 教材 Ⅳ. ① F713.50

中国国家版本馆 CIP 数据核字（2023）第 214682 号

机械工业出版社（北京市百万庄大街 22 号　邮政编码 100037）

策划编辑：张有利　　　　　　责任编辑：张有利　李晓敏
责任校对：龚思文　李　婷　　责任印制：李　昂
涿州市京南印刷厂印刷
2025 年 6 月第 4 版第 7 次印刷
185mm×260mm・24.25 印张・541 千字
标准书号：ISBN 978-7-111-74209-8
定价：59.00 元

电话服务　　　　　　　　　网络服务
客服电话：010-88361066　　机　工　官　网：www.cmpbook.com
　　　　　010-88379833　　机　工　官　博：weibo.com/cmp1952
　　　　　010-68326294　　金　书　网：www.golden-book.com
封底无防伪标均为盗版　　机工教育服务网：www.cmpedu.com

前　言

　　《市场营销：网络时代的超越竞争》第 1 版、第 2 版、第 3 版出版以来，受到了广大从事营销教学、培训的教师、学生和营销工作者的热情支持与厚爱，加印了数十次，在口碑和市场销量两方面都取得了理想的成绩。如今，网络时代已经成为企业营销的主要管理情境，线上线下营销相结合已经成为常态。在营销的教学与实践过程中，一些新的营销理论与营销实践经验诞生了。与此同时，在线慕课与线上线下混合式课堂也逐渐成为教师授课的主流形式，课程思政成为教学需求。面对新的教学需求，我们教学团队与企业培训团队也进行了一系列探索，与时俱进地编著了第 4 版，并在全国六大慕课平台（中国大学 MOOC 爱课程网、智慧树网、学堂在线、超星学银在线、好大学在线、新华网）上线了同名在线开放课程"市场营销：网络时代的超越竞争"，还进一步推出了同步课件，按照教育部要求录制了国家课程思政示范课程培训视频，从而全方位满足各位教师、学生和营销工作者的教学与学习需求。本课程获得了一系列国家级荣誉：国家课程思政示范课程、课程思政教学名师和团队、国家精品在线开放课程、国家级一流线上线下混合式课程、国家级教学平台——教育部市场营销课程教学虚拟教研室等。

　　本书基于课程"实践性强"的特点，以契合中国企业营销管理的网络时代为管理情境，以"创造顾客价值"为管理宗旨，以"超越竞争"为管理逻辑，以营销管理实务的四个模块十步流程为逻辑框架，从营销工作者首先应该树立的"超越竞争，为顾客创造价值"的科学营销理念入手，厘清营销基本知识、理念，并在此基础上制定营销战略规划和营销计划；然后调研、分析营销环境和消费者市场的购买行为，进而实施 STP 营销战略，塑造"超越竞争"的品牌定位；最后制定与实施营销组合策略——产品决策、有效的价格策略、构建传递顾客价值的渠道网络和整合营销传播沟通策略的流程、方法与技巧。本书的特点有以下几个方面。

　　（1）"一章即一步流程"的营销实务编著框架。本书突出课程"实践性强"的特点，以"超越竞争，为顾客创造价值"的实践应用理念统领全文，以营销管理实务的四个模块十步流程为逻辑框架编排章节结构，整合成十章。

（2）"一点见一个案例"的营销实务编著构思。本书的构思是为每个知识点提供一个案例，全书共提供了近200个全新案例。为了突出"案例讲解示例"功能，书中设有开篇案例，以及用于讲解、举例和进行作业测试的各种案例。

（3）"一例现一张图片"的营销实务编著范式。本书的编著范式是尽可能地为每个案例提供一张图片，全书共提供了200余张图片与100余个图表，极大增强了案例的可读性，留给学生一定的想象空间，提升学生对案例涉及的知识点的记忆度。

（4）"一师一同步课件"的教师配套课件保证。本书为教师提供方便教师备课、授课与考核的同步"立体化教材"——作者开发的获得全国优秀多媒体课件一等奖的"市场营销双语互动课件"以及作者根据本书内容重新编辑的与课程内容完全同步的新课件，包括完整全面的知识点、案例、图片与图表、课堂讨论题，最大限度节省教师备课时间，甚至可以让有丰富教学经验的教师有信心做到"零备课"；同时，课件中还提供了包含各种题型的分章测试题和综合测试题，便于授课教师平时考核与期末考试命题，可以让有经验的教师有信心做到"零时间命题"。

（5）"一书飨各层学生"的实战流程编著逻辑。本书以实战流程为逻辑，内容易于掌握，根据中国营销环境特点，通过将理论、案例和讨论相结合，引导读者轻松、牢固地掌握市场营销的实战流程。本书具有广泛的适用性：经济管理类本科生、高职生可将本书作为专业基础课、专业核心课、专业选修课教材，非经济管理类专业的学生可将本书作为公共选修课教材；MBA可将本书选为教材；营销工作者可以将本书选为实战应用辅导书。本书在每章的开篇都配有中英文对照的专业词汇，便于双语教学使用或研究生教学。本书适合作为对我国企业市场营销理论、策略、方法和技巧进行研究的参考书，希望读者能够从中获益。

（6）"一套保慕课教学"的全面慕课教学保障。同名在线开放课程"市场营销：网络时代的超越竞争"在全国六大慕课平台上线，课程内容、考试题库全部来自本书，同时采用本书的教师还可以联系杨洪涛教授参与网上直播见面课。

本书是国家级教学平台——教育部市场营销课程教学虚拟教研室与国家课程思政教学名师和团队、国家精品在线开放课程、国家级一流线上线下混合式课程教学团队负责人杨洪涛教授27年教学与营销培训实践的结晶，广泛汲取国内外各高校教学同行的经验，注重从教师和学生的双重视角集体撰写而成。本书由华侨大学市场营销学科带头人杨洪涛教授以及陈慧冰讲师、陈春琴副教授、陈小燕讲师、王智生副教授、黄怡丹副教授编著，具体分工如下：杨洪涛进行总体设计，撰写第一章，并提供全书其余各章原始底稿，陈慧冰撰写第二章、第六章、第七章，陈春琴撰写第五章、第十章，陈小燕撰写第三章、第八章，王智生撰写第九章，黄怡丹撰写第四章。加拿大的吴显英教授以及国内各高校的陈靖函老师、李海燕老师、胡承立老师、于丽老师、王妍老师、杨敏老师、刘晓静老师、沈华艳老师、李钊博士和实业界朱安琪女士、谢姝婷女士、林子廷先生、李王丽女士、郑操先生、余雅婷女士、葛庭均先生、高芬女士、白杨俊先生、刘佳林先生等为本书的编著工作提供了大量学术与实践方面的资料与建议，博士研究生史航宇、张磊、胡亚美、杨望、李苏蕾、袁茹曾、刘浏，硕士研究生谢欣、张国军、田伟泓等在资料收集、PPT制作和案例的整理方面做了大量的工作，并撰写了部分内容，还做了文字校对工作，最后由杨洪涛对全文统稿，在此对所有为本书的最终出版付出辛勤努力的参与者一并表示感谢。

本书在编写过程中借鉴了许多学者的大量先进成果，在此一并致谢。书中的不当之处，也敬请读者批评指正。

编　　者

教学建议

教学目的

　　本书以契合中国企业营销管理的网络时代为管理情境，以"创造顾客价值"为管理宗旨，以"超越竞争"为管理逻辑，根据课程"实践性强"的特点，以营销管理实务的四大模块十步流程为框架（见图0-1）。本课程教学的目的在于让学生掌握当前网络时代经济条件下企业营销管理工作者所必须具备的"超越竞争"的科学营销理念、营销战略与策略的规划意识和方法、营销战略制定方法与营销策略组合应用方法，以及具体的营销管理实践流程，掌握解决营销实践问题的方法，具备解决营销实践问题的能力。从"超越竞争，为顾客创造价值"的营销理念入手，厘清营销基本知识、理念并在此基础上制定营销战略规划与营销计划，然后调研、分析营销环境和消费者市场的购买行为，进而实施STP营销战略，塑造"超越竞争"的品牌定位；最后制定与实施营销组合策略——产品决策、有效的价格策略、构建传递顾客价值的渠道网络和整合营销传播沟通策略的流程、方法与技巧。作为国家课程思政示范课程，本书同步慕课配备的案例充分考虑了课程思政的要求。

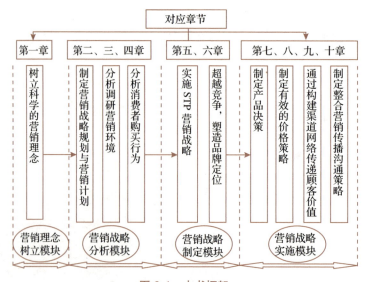

图 0-1　本书框架

前期需要掌握的知识

管理学、经济学等课程相关知识。

课时分布建议

课时分布建议如表 0-1 所示。

表 0-1　课时分布建议

教学内容	学习要点	课时安排			
		MBA	经管专业本科/高职	非经管专业选修课	慕课翻转课堂
第一章 树立科学的营销理念	（1）理解市场与市场营销相关理论 （2）明确树立"超越竞争，为顾客创造价值"的科学营销理念 （3）掌握如何构建关系营销网络	2	3～4	3	2
第二章 制定营销战略规划与营销计划	（1）实施企业战略规划的步骤和方法 （2）明确市场营销战略规划的步骤 （3）掌握营销管理与制定营销计划的步骤	2	3～4	3	2
第三章 分析调研营销环境	（1）了解市场营销环境的分析评价 （2）明确市场营销调研方法 （3）掌握市场需求预测方法	2	4～6	4	2
第四章 分析消费者购买行为	（1）理解和掌握消费者的购买行为 （2）明确影响消费者购买行为的因素 （3）能够熟练掌握购买决策过程	4	4～6	4	2
第五章 实施 STP 营销战略	（1）掌握市场细分的方法 （2）熟悉实施目标市场选择的策略 （3）掌握开发和传播一个定位战略的步骤	2	2～4	2	2
第六章 超越竞争，塑造品牌定位	（1）理解市场竞争新思维：超越竞争 （2）熟悉如何实现超越竞争 （3）掌握如何进行品牌成功定位 （4）掌握如何进行品牌战略决策和设计	4	4～6	4	2
第七章 制定产品决策	（1）明确产品整体概念 （2）掌握产品组合决策 （3）了解新产品决策 （4）熟悉产品不同生命周期的营销策略制定	4	4～6	4	2
第八章 制定有效的价格策略	（1）了解定价时需要考虑的因素 （2）掌握定价时可以采用的方法与策略 （3）熟悉如何应对价格调整	4	4～6	4	2
第九章 通过构建渠道网络传递顾客价值	（1）理解营销渠道和价值网络 （2）掌握营销渠道策略的设计 （3）掌握如何构建网络营销渠道 （4）熟悉如何管理网络营销渠道	4	4～6	4	2

（续）

教学内容	学习要点	课时安排			
		MBA	经管专业本科/高职	非经管专业选修课	慕课翻转课堂
第十章 制定整合营销 传播沟通策略	（1）了解整合营销传播沟通决策 （2）掌握广告方案设计 （3）掌握销售促进 （4）了解公共关系 （5）理解人员推销	4	4～6	4	2
课时总计		32	36～54	36	20
教学方法建议		案例分析+ 情境模拟	案例讲授+ 营销实践	案例讲授+ 案例解析	案例解析+ 情境模拟
考核方法建议		4学时 团体自选 营销项目, 实地调研后 进行营销计 划书展示与 答辩	4学时 团队自选 项目,撰写营 销计划书并 答辩（70%）, 辅以平时考 核（30%）	2学时 案例分析 或团队自选 项目,撰写 营销计划书 （70%）,辅 以平时考核 （30%）	观看视频 与网上讨论 情况（30%） +网上考试 （30%）+翻转 课堂见面课 表现（40%）

说明:（1）本书配备了同名慕课"市场营销：网络时代的超越竞争"，以及全部教学视频与网上考试，并在全国六大慕课平台（中国大学MOOC爱课程网、智慧树网、学堂在线、超星学银在线、好大学在线、新华网）同步上线，还进一步推出了同步课件，按照教育部要求录制了国家课程思政示范课程培训视频，从而全方位方便教师轻松采用来进行翻转课堂，还可以联系国家精品在线开放课程主持人——杨洪涛教授参与网上直播见面课，进一步方便教师教学。

（2）在课时安排上，对于非经济管理专业学生的选修课可以根据学生的实际情况，选择标注课时的内容有选择性地讲解，其他内容不一定讲。

（3）市场调研实践、案例讨论等实践活动可以在课程中穿插进行。

（4）可以根据各学校对考试形式的管理规定选择建议的考核方式，也可以利用同步课件中包含的各种题型的综合试卷或分章测试题进行客观知识笔答，或将二者结合。

目录

第一章
树立科学的营销理念

内容提示

　　作为一名营销经理，你所做的营销工作的第一步流程是什么？答案应该是树立科学的营销理念。科学的营销理念是从对市场和市场营销的科学理解开始的，网络时代尤其如此。本章我们将用网络时代的一个个鲜活的营销案例来分析市场的含义以及现代市场体系的演变，讲述什么是市场营销及现代市场营销学的发展趋势与任务。现代市场营销以顾客需求为导向，为顾客创造价值、提高顾客满意度成了重中之重。那么如何为顾客创造价值？诸如关系营销、价值共创、社群营销等营销方式在网络时代的激烈竞争环境下应运而生，它们在经营活动中如何起作用？营销工作的流程又包括哪些？这些内容都将在本章中进行详细的阐述。

专业词汇

市场营销（Marketing）

寡头垄断市场（Oligopoly Market）

完全竞争市场（Perfect Contestable Market）

期货市场（Future Market）

生产观念（Production Concept）

产品观念（Product Concept）

营销观念（Marketing Concept）

整合营销（Integrated Marketing）

内部营销（Internal Marketing）

总顾客成本（Total Customer Cost）

顾客满意（Customer Satisfaction）

期望值（Expectation）

忠诚（Loyalty）

用户生成内容（User Generated Content，UGC）

价值共创（Value Co-creation）

社群营销（Community Marketing）

现货市场（Cash Market）

标杆超越（Benchmarking）

全球营销管理（Global Marketing Management）

推销观念（Selling Concept）

全面营销观念（Holistic Marketing Concept）

关系营销（Relationship Marketing）

顾客认知价值（Customer Perceived Value）

总顾客价值（Total Customer Value）

顾客让渡价值（Customer Delivered Value）

可感知的效果（Perceived Performance）

顾客终身价值（Customer Lifetime Value）

频繁营销计划（Frequency Marketing Program）

⟳ 开篇案例

超越 NIKE！安踏"双 11"登顶销冠，原因何在

2021 年"双 11"已经落下帷幕，安踏创造了一串亮眼的成绩：

- 仅在天猫平台就以近 33.9 亿元的总成交额力压长期霸榜的 NIKE 集团，首次问鼎"双11"运动品类榜（见图 1-1）；

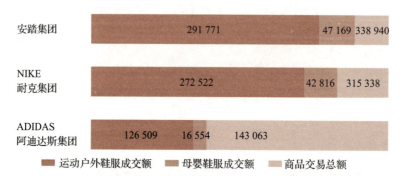

图 1-1　2021 年"双 11"运动鞋服企业天猫平台 GMV（商品交易总额：万元）表现

- 旗下各品牌总成交额再创历史新高，同比大涨超过 60% 达到 46.5 亿元，"双 11"期间（11 月 1 日—11 日）平均日销超过 4 亿元；
- "双 11"第一波期间，集团电商总计新增 143 万名会员，远超当年"6·18"全阶段新会员增量，部分品牌的会员增幅超过 10%。

这些数字可能会打破很多人的认知，因为 2020 年"双 11"期间，在户外运动品类中，国外品牌占据 8 席。事实上，这一串数字的背后，安踏的成功早就有迹可循。一直以来，安踏集团都有着清晰的战略路线，即"单聚焦、多品牌、全渠道"。安踏集团框架下的所有品牌都有着优秀的"战绩"，但是安踏并没有止步，而是在"局部最优"的基础上寻找一个"全局最优解"，而这个"全局最优解"就是数字化营销转型。

数字化营销转型理念：对任何企业而言，既是必然，也是挑战

过往的数字化转型，会被简单粗暴地理解为"把业务搬到线上"。但数字化转型本质是一项"CEO"工程，它需要自上而下"变革"的决心，也是一条长链路、长期的全流程优化逻辑，而不是一个短期的信息化项目。这背后要明确数字化转型的目的、驱动力、对象和性质。其目的是"价值创新"，企业创造增量价值；其驱动力是"数字技术"；其对象是"业务"；其性质是"企业发展战略"。

在数字化转型的过程中，安踏面临的真正困难点在于企业内部。第一，是如何改变传统的思维模式，从经验驱动转向数据驱动。第二，是如何更好地使用技术工具，比如算法、人工智能，整合并盘活企业资源，让数据成为新的生产力。

保持高度一致的营销执行力，正是安踏数字化营销转型最大的内部优势。无论是在消费者运营、商品智能化、官网的升级，还是技术中台、数字化能力的建设上，高层的决策能力、中层的行动力和基层的配合力都非常到位。三力合一也助推安踏的数字化转型产生了实际的业务结果。

全触点消费者：线下体验和线上消费的流程彻底打通

流量带来的红利，就是互联网用户给商业带来的增量。但是，当前中国网民群体的增速、各大互联网平台活跃用户增量都已接近临界点，这意味着市场越来越细分，消费者需求越来越细分，迎合消费者需求变得越来越难。

为了更快地对消费者需求进行响应，安踏数字化营销转型的第一步就是将流程打通，让流程成为优势。安踏集团投资15亿元兴建了整合自动化存储、分拣、配送及大数据中心的"一体化物流园"，实现由总仓向直营门店直配铺货、补货及调拨，用最少的商品实现最大的零售价值，推动线上线下业务无缝衔接。在此基础上，安踏提出了"全触点消费者"概念，线下体验和线上消费的流程彻底打通。消费者在线下门店看到一双鞋可以去线上查价格，在线上看中了一件衣服也可以去店里试穿，而线下门店导购销售线上商品也可以拿到佣金。这样的做法不仅为消费者提供全方位的消费场景，也调动了线下门店的积极性，不同触点之间可以互相匹配，真正穿透线上线下。

对品牌而言，"双11"是一场回馈消费者、稳定资金链之间的博弈，仅凭经验，企业很难精准找出二者的平衡点，但以数据为驱动的转型，帮助安踏找到了发展的确定性。

数字化驱动：嫁接另一种生产要素

在全球数据化的今天，谁拥有数据，谁就拥有未来。运用大数据洞察消费者深层需求，成为打通"人—货—场"、驱动企业决策能力深化的基本逻辑。

在安踏数字化转型的进程中，数据能力是安踏未来发展的核心竞争力。安踏致力于从三个层次打造其数字竞争力。第一，是建立多触点连接，"全触点消费者"就是这一策略的结果。不同触点之间都可以建立连接，主要是数据收集的过程。第二，是运用数据分析洞察消费者诉求，从使用场景、消费场景等维度把握消费者真实的需求，并通过数据的预测指导实际。第三，是向"以数据为驱动的企业文化"迈进。这一步是从认知层面出发，将数字化转型策略转变为一种以数据驱动的企业文化，从经验型转向以客观数据和逻辑判断为基础的方法。安踏将数字化转型落在了实处，无论是在消费端、生产端，还是数据的打通上，都取得了一系列成果。

沟通即能力：DTC 重构"人—货—场"

安踏数字化转型确立的核心就是DTC（Direct to Customer，直接面对消费者的营销模式）——这是一种直接面向消费者，以消费者为核心的模式。没有一个品牌不想了解消费者。但在过去，由于渠道、技术等方面的限制，企业很难直接与消费者进行沟通，而数字化建设让DTC从可能变成了可行。安踏以消费者为中心，在流程和数据的驱动下，对"人—货—场"进行重塑，形成产品开发、运营到营销的良性闭环，推动安踏与消费者形成深度链接。DTC模式重构了"人—货—场"，让企业直接与消费者沟通，这是安踏强大能力的体现。

安踏因时而动、顺势而为，开启数字化营销转型。它始终坚持数据之上基于人的感性洞察，秉持"好的商品是安身立命之本"，将数字化的每一步落到实处，让超越"永不止步"。

资料来源：https://mp.weixin.qq.com/s/KuxKVlSfX_K--Wo6Fot9fw.

网络时代，人们不可能离开营销，它几乎充斥在人们身边的任何活动中，有街上戴着熊头套的人员推销，也有商场里声光电交相辉映的大型促销，还有报纸、广播、电视上的花样广告，以及互联网大数据让人们的隐私无处可藏的精准广告推送……营销无处不在。网络时代经济的爆发式发展，人们网络购物模式的日常化，使企业不得不将经营活动进行根本性的改变，由原来的公司主导转变为网络市场主导，这时候市场营销的作用也就日益凸显，重视营销、成功营销已经是企业生存和发展的核心要素，是企业生存的关键。

第一节　怎样认识市场与市场营销

成功营销的关键在于掌握什么是市场营销，如何进行市场营销，以及在顾客至上的商品社会为顾客创造价值的多少。顾客的满意度和忠诚度的高低成了衡量营销成功与否的重要指标，而随着网络时代的到来，网络营销、大数据营销、用户生成内容（UGC）、社群营销、价值共创等新的营销方式应运而生，这些现代化的营销手段带来了更为广阔的市场。当然机遇与挑战并存，在以结果为导向的企业竞争中，企业所走的每一步都显得尤为重要。追溯营销的实质，我们应该关注两个问题：①为什么要进行交换？②交换是如何产生、完成和被避免的？我们先从认识市场和市场营销入手。

一、怎样认识市场

（一）市场的演变及其含义

市场是社会生产和社会分工的产物。随着生产力的发展和社会分工的扩大，人们对市场的认识不断深化、充实和完善。市场是商品经济的产物，哪里有社会分工和商品生产，哪里就有市场。在不同的历史时期、不同的场合，市场具有不同的含义，它是随着商品经济的发展而不断发生变化的。

"市场"最初的含义是指商品交易的场所。"市"就是买卖，"场"就是场所，"市场"即买卖双方在一定的时间聚集在一起进行交换的场所。由于当时的生产力水平低下，人类的交换仅限于物物交换，这就要求双方必须在约定的时间和地点进行交换。约定的时间和地点为物物交换创造了条件，而这样的交换具有很大的局限性。

随着商品生产和商品交换的发展，市场的含义发生了变化。社会分工的发展使得生产者一方面为满足自己的需求而进行产品生产，另一方面也为满足他人的需求提供商品，从而出现了商品流通，这时的市场不仅是指具体的交易场所，而且是所有卖者和买者实现商品让渡的交换关系的总和。于是，市场演变为在一定时间、地点条件下商品交换关系的总和。

市场营销学从卖者的角度来认识和理解市场的含义，它要研究的是如何采取有效的措施来满足消费者现实的和潜在的需求。

市场的概念是随着商品经济的发展而不断丰富和充实的。在不同的时代背景下，不同的学者对市场有着不同的定义。

（1）从经济学的角度来讲，市场是商品交换的场所。市场是指买卖双方购买和出售商品，进行交易活动的场所。

作为商品交换场所的市场，对于每个企业来说都是非常重要的，因为企业必须了解自己的产品销往哪里，在哪里销售。如果联想把专卖店开到了一个人们连电视机都无力购买的区域，KFC 在一个无力解决温饱问题的城镇开张了，那么结果是显而易见的。

（2）从营销学的角度来讲，当代著名的市场营销大师菲利普·科特勒教授对市场的定义是：市场是对某种商品或劳务具有需求、支付能力和希望进行某种交易的人或组织。因此，"市场的大小，取决于那些有某种需要，并拥有别人感兴趣的资源，同时愿意以这种资源来换取所需要的东西的人数"。这说明市场是由多个要素组成的集合体，用公式表示就是：市场 = 人口 + 购买力 + 购买欲望。

人口是构成市场的基本要素，哪里有人，有消费者群，哪里就有市场。人口的多少是决定市场大小的前提。购买力是指人们支付货币购买商品或劳务的能力。购买者收入的多少决定了其购买力的高低。购买欲望是指消费者购买商品的动机、愿望和要求。它是消费者把潜在的购买愿望变为现实购买行为的重要条件，因而也是构成市场的基本要素。

如果有人口和购买力而无购买欲望，或有人口和购买欲望而无购买力，对卖主来说，这些都无法形成现实有效的市场，只能构成潜在的市场。

（3）市场是商品和服务的所有现实与潜在的购买者。这里的市场，除了包括有购买力和购买欲望的现实购买者外，还包括暂时没有购买力，或暂时没有购买欲望的潜在购买者。这些潜在购买者，一旦其条件有了变化，是可以转化并形成现实有效的市场的。

案例 1-1　　　　　　　　　**TikTok 的全球化**

2020 年，TikTok 超越 Facebook，成为全球 iOS 和安卓设备下载量最大的应用。截至 2020 年 4 月底，TikTok 全球下载量已经突破 20 亿次。

App Annie 数据显示，英美用户在 TikTok 上花费的时间已经超过 YouTube。其中，美国用户平均每月观看 TikTok 的时间超过 24 小时，而 YouTube 的观看时间为 22 小时 40 分钟。

TikTok 仅仅出海 4 年的时间，就成功地打开了国外的市场并站稳了脚跟，这有一部分原因是疫情的助推，更多人被关在家看短视频了解外界情况，但更重要的是 TikTok 确实是一个具备前瞻性的创新产品，符合市场潮流的变化。

不仅仅是复刻这么简单

2016 年抖音通过音乐视频的定位、强大的算法优势以及提供沉浸式体验，仅用 1 年的时间就赶上快手，快速赢得国内市场。这与 TikTok 在海外最开始的竞争环境如出一辙。

虽然短视频是前途一片光明的蓝海，但 TikTok 面对的市场不仅有强大的对手具备先发优势，还要进入一个完全不同的文化环境，仅靠复刻本身的抖音产品是难以取得国内那样的成绩的。

"全球化"最重要的一步就是 TikTok 花费 10 亿美元收购了走在前头的音乐短视频鼻祖 musical.ly 以扫清障碍。当时 musical.ly 已经具备了一定的海外运营经验以及用户的先发优势，收购是最快捷的一条路。TikTok 在花了 1 年时间整合 musical.ly 后，于 2018 年再次上线，通过"用国际化的产品，做本土化的内容"策略去克服在当地文化上的水土不服，同时，找到国内与海外的共通套路，先请当地网红 KOL（关键意见领袖）入驻引流，然后提供各种活动进行运营。算法依旧让每个人都能看到自己喜欢的内容，这使得激增的海外用户花越来越多的时间在 TikTok 上。

一波又三折

其实，抖音的出海之路并没有那么顺利。除了内容本土化，还有一个更关键的外部因素，那就是海外国家对内容的管制。稍有不慎，就会满盘皆输。

对一些非健康内容的监管还算"难度较小"，更无法控制的则是海外国家对"用户数据泄露"以及"外来文化输入"的监管、防范。例如，2019 年上半年，美国联邦贸易委员会（FTC）控告 TikTok 违规收集儿童信息；2020 年 6 月，TikTok 接连被最重要的印度、美国两大市场以"用户数据安全"为由拒之门外，被下架、封杀。

张一鸣在全员信中强调继续坚持全球化，并且考虑在美国之外的主要市场重新设立 TikTok 总部，以期更加"独立"与"国际范儿"十足。

下一战场——直播电商

虽然经历一波三折，但 TikTok 总算初步完成了全球化的目标。不过这只意味着它在广度上的目标达成，但在更纵深的维度上才刚刚开始。TikTok 还需提升、丰富变现能力，如将直播电商等好的变现模式成功移植至海外。

比起海外竞争对手，TikTok 积累了更多经验。TikTok 几乎可以延续同一个产品逻辑，以算法分发做内容，并通过精细化的本土化内容和用户运营。但在未来，如何保持住海外优势，也是它们的重要课题。

资料来源：https://mp.weixin.qq.com/s/LiZxOp227kQWn-HBLg3Mew.

（4）市场是商品交换关系的总和。交换关系主要包括商品在流通领域中进行交换时，买卖双方、卖方与卖方、买方与买方、买卖双方各自与中间商、中间商与中间商之间发生的关系，还包括商品在流通过程中促进或发挥辅助作用的一切机构、部门（如银行、保险公司、运输部门、海关等）与商品的买卖双方之间的关系。

总而言之，从市场营销的角度看，卖方构成产业，买方构成市场，它们的关系如图 1-2 所示。

卖方和买方通过四个流程连接起来，卖方把商品/服务和信息传送到市场，买

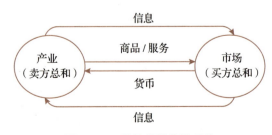

图 1-2　一种简单的营销系统

方把货币和信息传送到产业。在现代经济中，市场的概念更加丰富。

（二）现代市场体系及其类型

在市场经济条件下，构成市场的各种要素以各种方式组合在一起，形成若干个不同意义上的相对独立的市场，而各个独立的市场之间又在某种程度上相互关联、相互制约，这样就形成了功能较齐全、联系纷繁复杂且多样化的现代市场体系（见图1-3）。

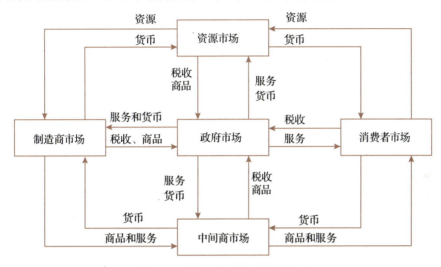

图 1-3　现代交换经济的流程结构

随着互联网的发展，人们的交易活动开始通过网络进行，且日益频繁，市场的概念从传统的物理概念转变为数字概念，这也是现代市场体系中极其重要的一部分。

现代市场体系是多层次、多要素、全方位的有机系统，其实质是各种经济关系的具体体现和综合反映。为了更加全面地了解现代市场体系，我们从不同的角度对市场进行了分类。

1. 按构成市场交易对象的商品形态分类

按构成市场交易对象的商品形态分类可以将市场分为商品市场、资金市场、技术市场、信息市场、房地产市场、服务市场、文化市场、旅游市场等（见图1-4）。以下仅详细介绍前6种。

图 1-4　市场（按构成市场交易对象的商品形态分类）

（1）传统意义上的商品市场，通常是指生活消费品、生产资料等有形的物质产品市场。

（2）资金市场，是指由货币资金的借贷、有价证券的发行和交易，以及外汇和黄金的买卖活动所形成的市场。

（3）技术市场，是指将技术成果作为商品进行交换的场所。它是技术流通的领域，也是反映商品化的技术经济关系的总和。

（4）信息市场，是指进行信息商品交换的场所。它是促进信息产品在信息生产者、经营者和信息用户之间有偿交流的市场领域。

（5）房地产市场，是指进行房地产交易的场所。它由房产市场和土地市场两部分组成。

（6）服务市场，是指利用一定的场所、设备和工具，为消费者提供"在服务形式上存在的消费品"的一种特殊的商品市场。

2. 按竞争程度分类

按竞争程度可以将市场划分为不完全竞争市场、完全竞争市场、完全垄断市场和寡头垄断市场（见图1-5）。

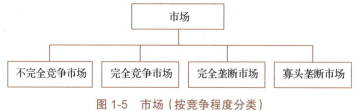

图 1-5　市场（按竞争程度分类）

（1）不完全竞争市场，又称"垄断竞争市场"，这样的市场上有着较多的彼此竞争的卖者，每个卖者的产品均具有自己的特色和优势，对价格起着影响作用，价值规律起着较大作用。

（2）完全竞争市场，是指市场价格由众多卖者和买者共同决定，任何单个的卖者和买者都只能是价格承受者的市场。

（3）完全垄断市场，是指只有一个买者或卖者，因而唯一的买者或卖者能完全控制价格的市场。这个垄断者又被称为"价格制定者"。

（4）寡头垄断市场，是指由为数不多却占有相当大份额的卖者所构成的市场。这些卖者对市场价格具有很大的影响力。

3. 按市场的地理位置或空间范围分类

按市场的地理位置或空间范围分类可以将市场分为区域市场、农村市场、城市市场等国内市场和国际市场（见图1-6）。

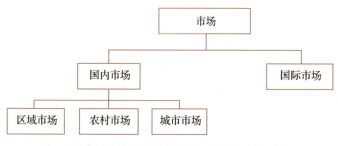

图 1-6　市场（按市场的地理位置或空间范围分类）

（1）国内市场，是指在一国范围内商品或劳务发生交换的场所，也是指在一定时期内国内商品交换关系的总和。

（2）国际市场，是指商品和劳务在国与国之间流通而达成的国际交易所构成的市场。国际市场是国际经济分工的产物与客观要求。

4. 按商品流通的交易形式分类

按商品流通的交易形式分类可以将市场分为现货市场（现货市场又分为批发市场和零售市场）、期货市场等（见图1-7）。

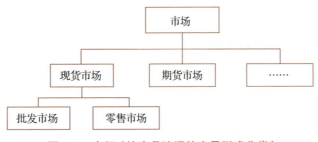

图 1-7 市场（按商品流通的交易形式分类）

（1）现货市场，是指买卖的商品、有价证券及外汇等实物均收取现金，并当即实现实物转移的交易市场。根据交易方式的不同，商品现货市场还可以进一步划分为批发市场和零售市场。

（2）期货市场，是指买卖商品或金融工具的期货或期权合约的场所。它主要由交易和清算场所、交易活动当事人、交易对象三部分构成。

5. 按市场主体地位分类

按市场主体地位分类可以将市场分为卖方市场和买方市场（见图1-8）。

（1）卖方市场，是指卖方处于支配地位，由卖方左右的市场，即市场在具有压倒性优势的卖方力量的支配下运行。

（2）买方市场，是指买方处于支配地位，由买方左右的市场，即市场在具有压倒性优势的买方力量的控制下运行。

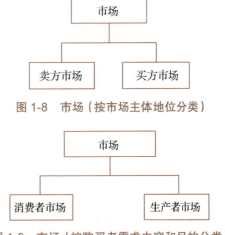

图 1-8 市场（按市场主体地位分类）

图 1-9 市场（按购买者需求内容和目的分类）

6. 按购买者需求内容和目的分类

按购买者需求内容和目的分类可以将市场分为消费者市场和生产者市场（见图1-9）。

（1）消费者市场，是指消费者为满足个人或家庭生活消费需要而购买生活资料或劳务的市场，又称生活资料市场。

（2）生产者市场，是指生产者为满足生产活动需要而购买生产资料的市场，又称生产资料市场。

二、怎样认识市场营销

我们该怎样理解"市场营销"呢？我们先来看一个案例。

案例 1-2　　　　　**"你爱我，我爱你"：智慧营销助力蜜雪冰城出圈**

"你爱我，我爱你，蜜雪冰城甜蜜蜜……"这首洗脑神曲让蜜雪冰城迅速走红，成为一个现象级爆款，也让蜜雪冰城成为一个有热搜体质的品牌。

其实作为三、四、五线市场的茶饮霸主，蜜雪冰城一直在暗暗发力。2020 年，蜜雪冰城全球门店数量更是首次突破一万家，成为中国现制茶饮行业第一个拥有万家门店规模的品牌。在新品牌层出不穷、老品牌激烈厮杀的茶饮行业，蜜雪冰城掌握了流量密码，细化客户的消费颗粒度，在数字化媒体时代焕发出全新的活力。

在数字化营销转型过程中，蜜雪冰城借力智慧营销进行了一系列前瞻性操作，主要体现在以下三个方面。

多维营销"互动"，线上线下双向赋能

对于门店数多达一万家的蜜雪冰城，每天接待的客户多不胜数，但即使如此，蜜雪冰城依然坚定发力线上，将线上线下双向引流放在数字化营销首位。

（1）以社交裂变触发话题：线上推出"拼手气，抽 520 情侣证"活动，情侣证契合了当下年轻人爱晒的特质。线上抽奖、线下领奖晒奖，一张低成本的情侣证，通过社交裂变，就为品牌带来较高的热度。

（2）线下拍照，线上投票：在门店放置活动海报，客户上传和冰淇淋系列产品合影即可参赛。较低的参赛门槛、丰盛的奖品，吸引了不少客户参与。而客户上传的照片中，每一张图片都在为蜜雪冰城做宣传。加上融合了投票的竞争策略，参赛者拉票产生裂变，得以迅速引爆流量。

（3）激励分享裂变：开启"分享奖励"功能，用户将游戏分享给好友或朋友圈，当天将额外获得抽奖机会。此外，蜜雪冰城通过助力类游戏，引导粉丝去分享，实现引流裂变的效果。这样的激励政策，使广告传播的效果迅速提升，同时赋能线上线下。

沉浸式互动，传播下沉"沟通"消费者

在产品营销战略中，相比单一的游戏体验，融入产品元素，并对用户心智模型进行塑造，更能体现一个品牌的功底。

蜜雪冰城使用大量产品元素加入游戏中。一方面，通过独有质感的产品图、丰富的用料图烘托氛围，增强用户的购买欲望；另一方面，通过重复性出现的产品原料，配以文案宣传，展示蜜雪冰城用料的用心程度，提升用户对品牌的好感度、信任度。在游戏中，反复出现产品相关信息，利用潜移默化的影响，让用户广泛了解蜜雪冰城产品、原料丰富的同时，有效提升了用户的消费欲望。

除了洗脑神曲，蜜雪冰城的 IP（Intellectual Property，知识产权）形象迅速出圈。拿着权杖、戴着皇冠的雪王形象，让消费者快速建立起品牌联想与品牌识别。这样的 IP 形象能够快速取悦消费者并引起注意，从而为更多维度的视觉应用打下一个很好的基础。比如，用 IP 形象打造系列周边产品，定制马克杯、帆布袋等，在营销活动中作为奖品赠送给粉丝。同时，将雪王 IP 软植入游戏中，通过互动营销，让客户在玩乐中记住呆萌的雪王，大大提高了客户对品牌的感知度。

私域圈粉，沉淀核心灯塔用户

茶饮行业，除了流动客源，主要消费群体还是店铺周边的老客户，对老客户的精细化运营决定了门店的长久经营。

如今蜜雪冰城已经在实践中总结出了一套较为成熟的精细化运营经验：在公众号、微博发布营销活动—引导获奖者添加微信领奖—引导社群深度运营，打造从公域到私域全链路引流闭环。蜜雪冰城借力智慧营销，进行了一套营销组合拳，通过由点到面多圈层的打法，从线上到线下，与消费者展开了一场"互动式"的沟通与对话。

在数字化营销时代，面向年轻人群体的茶饮行业，更应快速地进行数字化营销转型，依据不同的场景设计互动方式及内容，让消费者与品牌之间展开双向的沟通并形成口碑传播效应，实现营销的品效合一。

资料来源：https://mp.weixin.qq.com/s/UWQIlKlPECtmvO2X4nMSYw.

"市场营销"源于英文"Marketing"一词，于 20 世纪 80 年代引入我国。过去，人们对此词的翻译不一，有的译成"市场学"，也有的译成"行销学"，还有的译成"市场经营学"，后来，八木信人准确翻译了"Marketing"一词，把"Marketing"解释成"以销售为目的的、统一的、有计划的市场活动"。此后国内理论界反复研讨，最终将"Marketing"译成"市场营销"。在本书中，为叙述简便，营销与市场营销具有相同的含义。

（一）"市场营销"具有代表性的定义

对于市场营销，西方学者给出了上百种定义，其中较具代表性的有以下几种。

（1）美国市场营销协会（American Marketing Association，AMA）在 1960 年给市场营销下过如下定义："市场营销是引导产品及劳务从生产者到达消费者或使用者手中的一切企业经营活动。"

（2）麦卡锡认为，"市场营销是引导商品和服务从生产者到消费者或使用者的企业活动，以满足顾客需求并实现企业的目标"。这一定义显然比 AMA 的定义前进了一步，指出了公司的经营目标，即满足顾客需求和实现企业盈利。

（3）2013 年，AMA 给市场营销下了更完整和全面的定义，即"市场营销是在创造、沟通、传播和交换产品中，为顾客、客户、合作伙伴以及整个社会带来价值的一系列活动、过程和体系"。这一定义与以往的认识相比有了明显的突破。

（4）"现代营销学之父"菲利普·科特勒给市场营销下的定义强调了营销的价值导向："营销是个人和集体通过创造，提供出售，并同别人自由交换产品和价值，以获得所需所欲之物的一种社会过程。"科特勒对营销所下的最简明的定义是"有盈利地满足需求"。他把营销管理（Marketing Management）看成是科学与艺术的结合："选择目标市场，并通过创造、交付和传播优质的顾客价值来获得顾客、挽留顾客和提升顾客的科学与艺术。"

本书认同菲利普·科特勒教授给市场营销下的定义。

（二）市场营销的特点

现代市场营销与一般或传统意义上的经营活动相比，有着显著的区别和鲜明的特点。举一个简单的例子，说服大学生买牙刷是销售，而说服因纽特人买冰箱则属于营销，关于二者的区别将在本节的"营销观念"中讲述。

市场营销基于四个支柱：目标市场、顾客需求、整合营销和盈利能力。从本质上说，市场营销是一种以顾客需求为导向的经营哲学，它有如下特点。

（1）市场营销是包括市场营销战略决策、生产、销售等阶段在内的总循环过程。

（2）市场营销是以消费者需求为基点和中心的企业经营行为。

（3）市场营销是以整体营销组合作为运行手段和方法的有机系统。

（4）市场营销可以有效地提高企业的盈利能力。

（三）研究营销为什么要从研究市场入手

在早期，制造商强调先制造出高质量的产品，之后再吸引人们来购买产品，因为他们坚信"好产品不愁卖不出去"。这是那个时代盛行的一种态度，也和中国的古话"酒香不怕巷子深"是一个道理。然而，这样的观点随着市场经济的发展逐渐被证明是错的，只注重生产出高质量的产品而不注重市场营销是片面的。在互联网时代，如果跟不上市场的变化，即使是宝洁、沃尔玛这样的商业巨头也会走下神坛。下面我们来看几个案例。

案例 1-3　　　　　　　**为什么哈根达斯不香了**

哈根达斯正在走下神坛，被冰雪皇后、喜茶、奈雪的茶等"围猎"。

"爱她，就请她吃哈根达斯"，这句广告语在国内也曾风靡一时。早在 1996 年，哈根达斯就进入了中国市场。它的门店主要开在北上广等一线城市的核心商业区，其产品主打的是"进口""优质"的旗号。

但哈根达斯现在遇到了抢位的本土品牌。

在不少城市的核心商圈，哈根达斯门店在为国内的喜茶、奈雪的茶等品牌"让位"；在高端冰品市场上，它也遭遇了国内诸如钟薛高、中街 1946 等网红雪糕品牌的"围剿"。

黄金地段的让位

在过去的 20 年里，除了填补当时国内高端冰激凌市场的空白，哈根达斯营销的更是一种氛围，即来哈根达斯消费的人们能享受"高端、洋气"的服务和休闲空间。而现在，哈根达斯想要借助拓展甜品品类、打造社交空间等措施，吸引更多年轻人。但在有哈根达斯门店的地方，新式茶饮和满记甜品等本土甜品店如影随形，它们一改以往多开设在社区和街边的模式，入驻核心商圈，快速开店，与哈根达斯争夺目标消费群体。

哈根达斯不仅要直接面对冰雪皇后、钟薛高、雀巢等品牌在高端冰激凌市场的产品竞争，在冰激凌市场占有率持续下降，而且喜茶、奈雪的茶在一定程度上抢夺了哈根达斯的消费群体。它们虽然不属于同类型竞争者，但本质上也存在竞争关系。这些高端茶饮品牌，对很多年轻人来说已经成为能带来共同话题的"社交产品"，为了喝上最新款的奶茶，他们并不介意在店面外排队半小时。而与之相比，哈根达斯的产品缺乏创新。

"高价"滤镜碎裂

哈根达斯对很多人来说，第一印象是它的"贵"。哈根达斯想要迎合年轻人，但在价格上却一直"坚挺"。据了解，哈根达斯的冰激凌球，已经从之前的 30 元一个上涨至 48 元一个。但略显尴尬的是，在团购平台上，哈根达斯的单球冰激凌售价 38 元、华夫筒冰激凌 2 支售价 72 元；在微博上，其打折、优惠的信息比比皆是。

哈根达斯的"高价"曾经在不少消费者心目中代表了"高质量"和"高端消费"，但现在这份滤镜已被打碎。

正如 IPG 中国首席经济学家柏文喜所言，哈根达斯们虽然也注重国内市场，却表现得更加"自我"，不紧密追随消费潮流；随着炫耀性特质的消失和"象征尊贵身份"的品牌价值的下跌，它们也将被更多的竞争性品牌和替代消费方式所取代。

资料来源：https://mp.weixin.qq.com/s/4ZqGJdKqjs5_Dg9wxeAl7Q.

营销史上由于不注重市场而导致失败的案例比比皆是，仅仅发明出伟大的新产品是远远不够的，产品必须满足市场的需求，在市场调查的基础之上，考虑消费者的愿望和需要，然后再制定相应的产品策略。

案例 1-4　　　　　　小米营销的增长逻辑是什么

小米集团发布的 2021 年第二季度业绩报告显示：小米集团总收入 878 亿元，同比增长 64.0%；经调整净利润 63 亿元，同比增长 87.4%；全球智能手机市场出货量 5 290 万台，首次跃居全球第二；小爱同学月活用户数首次突破 1 亿……

从默默无闻的手机厂商到全行业都认可的行业标杆，小米集团究竟做对了什么？小米营销的增长逻辑又是什么？

小米的产品策略——爆品策略

所谓的爆品策略，就是极致地去做一款单品，靠单品达到一击绝杀的效果。在其他传统手机厂商还在玩机海战术时，小米靠一款产品打穿了市场。小米做爆品的理念就是对核心功能的极致追求——"为发烧而生"。

小米做爆品的最大杀招就是：性能高一倍，价格砍一半，极致性价比。为了砍价格，小米砍掉了一切线下渠道环节，直接面对用户；砍掉了营销成本，通过互联网卖产品，不靠线下渠道。例如，小米手环就是一款诚意之作，它在完美融入生活的同时，也让高科技立马接了地气。当时市面上绝大部分品牌手环的定价都在百元到千元不等，小米却把手环定在 79 元的价位，小米从这场厮杀中脱颖而出，引领智能手环行业。

小米的价格策略——"价格屠夫"

2014 年小米用这一招，产品价格从低到高，主打性价比，全面覆盖和抢占了中低端手机市场。因为大部分消费者对价格是相当敏感的，所以追求极致性价比的小米手机一横空出世，便备受消费者喜欢，它迅速攻城略地，出货量在短短几年内就攀升到数千万级别。此时小米在成为中国手机界的"价格屠夫"的同时，也因其"饥饿营销"的产品销售模式备受吐槽。

小米产品的价格定得这么低，那么它靠什么赚钱呢？它最大的底气就是利润结构的改变。引用互联网行业非常流行的一句话："羊毛出在狗身上，猪来买单。"（在看得见的部分可以不挣钱，却可以用别的方式挣。）小米的"狗"在哪儿？答案就是增值服务、卖软件、粉丝经济。小米正在布一场大局，近几年最大的动作就是生态链投资，试图用小米模式批量复制爆品，从点到面，从软件到硬件，建立一个小米的生态系统，这里蕴含着全新的利润空间……

小米虽然一直强调性价比，但其产品的功能和质量却绝不含糊。当你用过它的几款产品后，会形成这样的想法："都这个价位了，还要什么自行车，买就对了。"

小米的渠道策略——基于互联网

近十几年来，中国电子商务迅速发展，使得小米可以直接去掉原有的两大块成本：渠道流通成本、门店利润。小米不用再铺设线下门店和建立层层分销的销售网络，分给渠道和门店很大一部分利润空间。小米选择自建线上商城，直接去掉了这两大块成本。

小米的推广策略——口碑 + 粉丝

推广的实质就是获取流量，而小米的流量入口正是粉丝，他们是小米流量的动力源。小米始终"以用户为中心"，雷军曾经在写给员工的一封内部信中表示，"面对恶劣的市场环境，我们永远保持初心：一是永远坚持做高品质、高性价比的产品；二是相信用户，依赖用户，永远和用户做朋友！只要坚持这两条，小米的梦想就能实现"。

小米将这个模式演绎得最为彻底，被"米粉"誉为"小米之魂"的 MIUI，就是这一模式的成果。为了优化自己的 MIUI，小米在初创时期就招募了 100 名"铁粉"，即时试用最新款系统，随时提出修改意见。最好的营销其实就来自顾客的口碑，有人讨论才有人买。小米用口碑赢得用户，用口碑碾压对手，以口口相传的力量塑造品牌力，让每一个消费者都成为自己的传播平台。

综上所述，小米模式的成功有 4 个重要的关键因素：打造极致性价比的爆品；硬件不赚钱，靠软件和互联网服务赚钱；一切基于互联网，砍掉传统的线下渠道，靠电商直销渠道；以社交媒体为核心的"口碑为王"。小米有一句口号（slogan）：永远相信美好的事情即将发生。这是小米对未来的美好设想以及给用户的信心。

资料来源：https://mp.weixin.qq.com/s/9a-PQeh3Q-5CI_cs8hkX8Q.

我们强调注重市场的主体地位，另一个因素也不容忽视，那就是竞争，如果片面地只注重市场而不注重竞争，同样会遭受挫折。

一个企业如果不能在市场上确立其垄断地位，那么它将处于一个各企业相互竞争以满足消费者需求的环境中。然而事实上，很少有企业能在市场上建立它的垄断地位，这也就意味着企业必须不断地监控竞争者的营销活动，包括它们的产品、价格、渠道和促销策略。

企业营销实际上面临三种形式的竞争。

（1）第一种形式，也是最直接的形式，即来自同类产品的竞争。要在同类产品中胜出，企业需要知己知彼，需要了解某些公司的情况以及其在执行任务时比其他公司做得更出色的原因，这就是所谓的标杆超越。执行标杆超越的公司，目标是模仿其他公司的最好的做法并改进它。

（2）第二种形式是替代品之间的竞争。在物资匮乏的年代，手表成为身份和财富的象征，而随着经济的发展，每个人拥有一块能看时间的手表已不再是梦想，但手表制造商并没有看见手表热销的春天，随着移动电话的普及，手机这个替代品完全拥有并超越了手表的单一的功能。这样的竞争对手表制造商尤其是低端手表制造商而言是致命的。

案例 1-5　　　**来自替代者的竞争：大润发、柯达、诺基亚的命运**

阿里巴巴收购大润发

超市界的神话——大润发，曾创下零售业的传奇纪录：19 年，不关一家店。在超市这个领域，没有任何一家能打败它，包括沃尔玛、家乐福。可是从 2017 年开始，旗下有着欧尚、大润发两大品牌的高鑫零售，被阿里巴巴以 200 多亿港元收购了。传统零售在新零售的冲击下，逐渐失去了市场份额，难逃被取代或兼并的命运。

胶片－数码－通信

2012 年，曾经的摄影界老大"柯达"破产了。在胶片时代，柯达几乎垄断了市场，可在数码相机出现后，它却固执地守旧继续做胶片，而当它转换时，已经来不及了，最终被索尼、尼康等数码公司淘汰了。而就在数码行业一片欢呼时又突然发现，手机可以拍照了，且像素越来越高了，手机逐渐取代了数码相机，紧接着尼康的中国工厂也关闭了。

搞胶片的输给了搞数码的，而搞数码的也没想到，自己居然输给了做通信的。

苹果和诺基亚

在所有手机品牌中，我们不得不提起那个曾经长期蝉联全球销量第一的品牌诺基亚。它因为固守着塞班系统，被三星抢夺了市场地位。而后，做电脑起家的苹果出现了，苹果发布的无键盘全触屏手机，掀起了手机行业的变革。自此，苹果一跃成为行业翘楚，而曾经的老大诺基亚被微软收购，在手机市场已失去竞争优势。

（3）第三种形式是各种公司对消费者购买力的竞争。传统意义上的直接竞争是同类产品之间的竞争，间接竞争是替代品之间的竞争，而事实上，所有的公司都在为有限的消费者自由支配的购买力而竞争，想办法让消费者把他的支出花在本公司的产品上，这样的竞争更充满了挑战。

参与竞争，就要制定合理有效的竞争战略，因此首先就要回答这样几个问题：

- 有必要竞争吗？
- 如果有必要，应在什么市场上竞争？
- 如何竞争？

有关竞争的更多内容将在本书的第六章中阐述。

市场是配置社会资源的基础，而市场营销是个人和集体通过创造，提供出售，并同别人自由交换产品和价值，以获得其所需所欲之物的一种社会过程。企业市场营销活动的能力，势必对企业的生存和发展产生举足轻重的影响。要在营销中制胜，就必须了解市场、注重市场，同时还必须注意来自不同对手的竞争。

三、营销是一门科学也是一门艺术

菲利普·科特勒认为，推销不是市场营销最重要的部分，推销只是"市场营销冰山"的尖端。推销是企业市场营销人员的职能之一，但不是其最重要的职能。这是因为，如果企业的市场营销人员做好了市场营销研究，了解了顾客需要并据此设计和生产出适销对路的产品，同时合理定价，做好分销、促销等市场营销工作，那么这些产品就能轻而易举地销售出去。正如管理学大师彼得·德鲁克所说："市场营销的目的在于使推销成为多余。"可见，市场营销学是一门关于企业整体营销管理的科学。

（一）现代营销学的形成与发展

市场营销学是一门新兴学科，20 世纪初起源于美国，后来传播到西欧、日本等地，在近一个世纪的发展历程中，大致可分为以下三个阶段。

1. 萌芽期（19 世纪末至 20 世纪初）

这是市场营销的初始阶段，以美国为代表的一些主要资本主义国家，工商业发展得十分迅速，许多院校都开设了广告学和销售技术等课程；美国加利福尼亚州的很多大学正式设置了市场营销学课程，自此市场营销被当作一门学科来研究。此后，美国的高等财经院校普遍重视研究市场营销学；哈佛大学于 1912 年出版了赫杰特齐编写的《市场营销学》，使市场营销学从经济学中分离出来，成为一门独立的学科。

在这一阶段，市场营销学的研究特点如下。

（1）强调推销术和广告术，还没有出现现代市场营销理论。

（2）研究活动基本上局限于大学课堂、讲坛，还没有引起社会的重视。

（3）市场营销学研究的主要内容是商业销售实务方面的问题，具有较强的实用性，但在理论上还没有形成完整的体系。

2. 成形期（20 世纪 30 年代至第二次世界大战结束）

1929—1933 年，资本主义世界爆发了空前严重的经济危机，经济出现大萧条，社会购买力急剧下降，市场上商品堆积如山，销售困难，商店纷纷倒闭，工厂停工减产，劳动者大量失业，幸存企业都面临十分严重的销售问题，市场问题空前尖锐。资本主义世界的工业生产总值下降了 44%，贸易总额下降了 66%，危机对整个资本主义经济的打击非常严重。在这种形势下，市场营销学受到了社会公众的重视，各种市场营销学理论相继进入应用领域，被工商企业用来指导实践以解决产品的销售问题，市场营销学的理论体系由此逐步建立；美国的高等院校和工商企业建立的各种市场研究机构，有力地推动了市场营销学的普及和研究；很多高等院校也发起并组织了市场营销学研究团体研讨市场营销学的理论和应用问题。

在这一阶段，市场营销学的研究特点如下。

（1）没有脱离产品推销这一狭窄的概念。

（2）在更深、更广的基础上研究推销术和广告术等商业推销实务与技巧。

（3）企业虽然引进了市场营销理论，但它们所研究的内容仍局限于流通领域。

（4）市场营销理论研究开始走向社会，为企业界所重视。

3. 成熟期（20 世纪 50 年代至今）

第二次世界大战结束后，各国经济由战时经济转入民用经济。战后经济的恢复及科学技术革命的发展，促进了西方国家经济的迅速发展。

　　劳动生产率随着战后科学技术的深入发展而大大提高，经济迅速增长；商品品种数量空前增加，从而形成了买方市场。另外，各种社会经济政策刺激和提高了居民的购买力，使消费者对商品的购买选择性日益增强。在这种形势下，激烈的竞争使得原来的市场营销学理论和实务不能适应企业市场营销活动的需要。市场营销的理论实现重大突破，形成了"以消费者为中心"的现代市场营销观念，现代市场营销学体系随之形成。

　　1960 年，尤金·麦卡锡的《基础市场营销学》一书问世，它对市场营销学的发展有着重要意义；20 世纪 70 年代，市场营销学与应用科学相结合，发展成为一门新兴的综合性的应用科学，并先后传入日本及西欧、东欧等国家，为世界各国所接受。

　　20 世纪 80 年代，市场营销学的理论有了新的突破。1986 年，菲利普·科特勒提出了"大市场营销"的概念，即在原来的产品（Product）、价格（Price）、地点（Place）、促销（Promotion）"4P"组合的基础上，增加政治力量（Political Power）和公共关系（Public Relations）两个"P"，这一概念是 20 世纪 80 年代市场营销战略思想的新发展。

　　20 世纪 90 年代，世界政治、经济环境发生了重大变化，国际经济与贸易日益全球化，世界市场正向纵深开放与发展，国际竞争空前激烈，企业所面临的挑战空前严峻。全球营销管理理论在这样的时代背景下应运而生。

　　市场营销学在这一时期发展迅速，影响深广，因为它适应了社会化大生产和市场经济高度发展的客观需要，这也是市场营销学深受重视和迅速发展的根本原因。

　　在这一阶段，市场营销学的研究特点如下。

　　（1）以市场需求为导向的营销观念基本确立，以需求为中心成为市场营销的核心理念。

　　（2）对市场营销的研究已逐渐从对产品、功能和机构的研究转向对管理的研究，使市场营销理论成为企业经营管理决策的重要依据。

　　（3）市场营销的观念和策略已不局限于在企业界应用，"大市场营销"观念形成。

（二）现代营销学的新观念：由公司主导转变为市场主导

　　市场营销学的不同发展阶段见证了市场营销观念的演化过程（见图 1-10）。

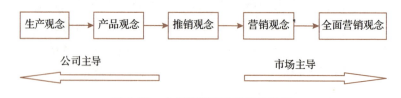

图 1-10　市场营销观念的演化过程

1. 生产观念

　　生产观念是指导销售者行为的最古老的观念之一，这种观念产生于 20 世纪 20 年代之前。当时，生产的发展不能满足需求的增长，多数商品都处于供不应求的状态，这时形成了卖方市场。在这种情况下，只要有商品，质量过关、价格合理，就不愁在市场上找不到销路。在这种观念的指导下，企业以产定销，通过扩大生产、降低成本来获取更多利润。这种观念在企业的经营管理中具体地表现为"能生产什么就卖什么"。

案例 1-6

雅虎：曾经的传奇

雅虎（Yahoo）成立于 1995 年，它成功地探索了一种新的商业模式，那就是通过互联网免费提供信息，并通过广告赚钱。它仅用了 3 年时间就塑造了一个传奇，Yahoo 门户、Yahoo 邮箱和 Yahoo 搜索引擎都广受好评，成为互联网早期最成功的企业。遗憾的是，2000 年以后，Yahoo 就开始走下坡路了，让人眼前一亮的创新越来越少，只是在

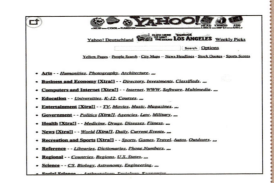

不断地收购公司，光环也被 Google 和 Facebook 等新贵夺去了。

雅虎的定位很不清晰，什么都在做，什么都没做好。雅虎的核心服务是搜索、邮箱加自己的 QA 网站，但是当用户有需求的时候，下意识地都没想到要用雅虎的产品。这是因为雅虎没有站在消费者的角度思考消费者需要什么，而是有什么便去做什么，涉猎范围广，但是没有真正直击用户需求。因此，雅虎的错误定位是导致雅虎逐步衰落的最主要原因。

科技在飞速发展，要精准地分析互联网的趋势，准确地给自己的公司定位，正确地把握用户需求并做出相应的关键性决策。走在世界前沿的科技公司要一直有一种危机感——数字时代，你不进步，就相当于在退步，故步自封，不顺应时代，总有一天会跌落神坛。

资料来源：https://www.sohu.com/a/76123433_353366.

生产观念有如下几个特点。

（1）这种观念是在卖方市场的态势下产生的，产品供不应求。

（2）生产活动是企业生产经营的中心和基本出发点。

（3）提高产量、降低成本是企业生产经营活动的宗旨。

（4）以企业为中心，能生产什么就卖什么。

2. 产品观念

产品观念也是一种古老的指导企业市场营销活动的思想。它产生于 20 世纪 30 年代以前，这种观念认为，消费者喜欢高质量、多功能和有特色的产品，因而在产品导向型企业中，管理层总是致力于生产高价值产品，并不断地改进产品，使之日臻完美。

"酒香不怕巷子深"就是这种观念的形象说明。持这种观念的企业将注意力集中在现有产品上，集中主要的技术、资源进行产品的研究和大规模生产。重视产品是对的，但不了解顾客的需求和爱好则是错误的。不能随着顾客需求的变化以及市场形势的发展及早地预测和顺应这种变化，不能树立新的市场营销观念和策略，将最终导致企业经营的挫折和失败。

案例 1-7   **索尼（SONY）：为什么被苹果超越**

索尼，曾经世界领先的家电品牌，它打造过一系列明星产品。当年索尼用晶体管取代真空管，制作出了可以装在口袋里的小型收音机。从那以后，人们可以把音乐装到口袋里。不久摇滚乐开始风靡全球，人们对音乐的需求呈爆发式的增长，索尼的小型收音机迅速卖到世界各地，它将自己的收音机命名为"SONY"。

人们对音乐的需求持续狂热，索尼乘势推出了小型的磁带式录音机，接着又推出了一款播放数字音乐的小型随身听。每一款产品一经推出，都立刻在全球大卖。

但是至此，索尼停下了发展的脚步，沉浸在当时的成功之中，只想继续生产"质量更好"的随身听。

就在同一时刻，远在地球另一端的苹果公司，正在专注于研究"如何让人们用更方便的方式听音乐"。紧接着，苹果公司推出了 iPod 和 iTunes，几乎完胜索尼的小型收音机和随身听。

与苹果相比，索尼过于注重产品的质量，但对用户的喜好关注较少，导致了最后的失败。而苹果站在用户的角度，在提供高质量产品的同时，根据用户实际需求提供了更便捷的服务体验，满足了市场需求。

资料来源：https://tech.sina.com.cn/it/2005-02-08/0809526341.shtml。

产品观念具有如下几个特点。

（1）产品供不应求，市场是卖方市场。

（2）企业生产活动以产品为中心。

（3）企业努力提高产品质量，造出优质产品。

（4）营销活动忽视了消费者的需求，忽视了市场的存在。

3. 推销观念

推销观念（或销售观念）出现在 20 世纪 30 年代末至 50 年代初，是许多企业所奉行的一种市场观念，表现为"企业生产什么就努力推销什么"。

这种观念认为如果能针对消费者的心理，采取一系列有效的推销和促销手段，使消费者对企业的产品发生兴趣，刺激消费者大量购买是完全可能的。因此，企业必须积极进行推销和开展大量促销活动。

这种观念虽然比前两种观念进步了，开始重视广告术及推销术，但从根本上说，由于推销导向型企业只是努力将自己生产的产品推销出去，而不考虑这些产品是否满足了消费者的需要以及销售以后顾客的意见，因此推销观念仍属于以产定销的企业经营哲学。

推销观念具有如下几个特点。

（1）产品供过于求，是买方市场。

（2）加强促销宣传，努力推销产品。

（3）忽视消费者的需求，重视现有产品的推销工作。

（4）营销工作的中心思想是"把生产出来的产品想方设法地卖出去"。

> **案例 1-8**　"恒源祥，羊羊羊"：推销洗脑了一代人，为什么效果未达预期
>
>
>
> 恒源祥，创立于 1927 年的中国上海，产品涵盖绒线、针织、服饰、家纺等大类，羊毛衫综合销量常年保持同行业第一。作为中国乃至全球羊毛使用量最大的企业之一，恒源祥年羊毛使用量在 10 000 吨以上，世界上每 10 只羊中就有 1 只的羊毛供恒源祥使用。
>
> 恒源祥的广告策略非常简单、直白，6 个字的广告语"恒源祥，羊羊羊"在一则 5 秒的电视广告片中用童声重复 3 次，并在各个电视台各种节目中反复投放。通过不断重复的魔性洗脑，这句广告语给一代人留下了不可磨灭的回忆。
>
> "恒源祥，羊羊羊"这句广告语虽然简单，但完全符合传播的本质，让大家都记住了"恒源祥"。遗憾的是，大家虽然记住了恒源祥，但是绝大部分人根本不知道恒源祥到底是卖什么的，它的推销洗脑无疑是非常成功的，但它没有站在消费者的角度思考，没有围绕消费者的需求来进行推销。就像人们知道脑白金是做礼品的，王老吉是做去火饮品的，皮炎平是做止痒药膏的，大宝是做护肤品的……而提起恒源祥，消费者就只知道"羊羊羊"。
>
> 资料来源：https://www.zhihu.com/question/20528716.

4. 营销观念

营销观念的形成是市场观念的一次"革命"，它认为实现企业诸多目标的关键在于准确地确定目标市场的需求和欲望，并且比竞争对手更有效、更有利地传送目标市场所期望得到的东西。

营销观念的出现，使企业的经营观念发生了根本性变化，推销观念与营销观念的比较见表 1-1。

表 1-1　推销观念与营销观念的比较

市场营销观念	出发点	中心	手段和方法	目的
推销观念	工厂	现有产品	推销、促销	通过销售获得利润
营销观念	目标市场	顾客需求	整合营销	通过让顾客满意获得利润

营销观念以目标顾客及他们的需求和欲望为中心，通过融合和协调那些影响消费者满意度的营销活动，提高顾客的满意度，使顾客感知价值最大化，从而获取利润。

案例 1-9　　　　　**胖东来：最好的营销不是卖商品，而是与顾客交心**

提起胖东来，大家都认为它是超市营销的标杆。2019 年以来，胖东来不断扩张，门店一家接着一家，许昌成为胖东来的天下。当胖东来许昌金三角店正式开业时，还未开门外面便已人山人海。不得不说，胖东来真的创造了超市营销的奇迹。数字时代，当很多实体超市迫于压力撤离、被兼并时，胖东来却发展得越来越好，这背后究竟有何秘诀？

胖东来从四线城市发家，其服务堪称一绝，它不仅在超市内配备婴儿床、育婴室，还有打包台、爱心轮椅等用具，设备十分齐全，同时为顾客提供免费存车、充气服务以及修车工具，而且冬天时胖东来的水一直都是暖的，很贴心。

胖东来的服务质量管理非常值得我们研究和学习，让顾客满意是企业赢得顾客，并留存顾客的关键，具体体现为对四个差距的管理。

顾客期望与管理者感知之间的差距

胖东来一直借助于调研公司收集的数据对顾客所期望的服务质量进行分析和判断，从超市地点的选择、店面的设计，到超市内的环境营造、货物的摆放，无不针对顾客的服务期望来精心设计，同时在节假日营造节日气氛，让顾客在购物的同时感受到温馨，非常注重顾客的感知。

管理者感知顾客期望与制定服务质量标准间的差距

这一差距又叫质量标准差距，是指制定的具体质量标准与所提供的真实服务之间的差距。胖东来在分析了顾客的期望之后一般会设计出高出这一期望的服务标准，以期获得较高的顾客满意度。胖东来开展了一系列积极的、营销式的、协同的活动来激励员工，使员工认同企业的价值观，从而更好地为企业服务，同时推动了员工之间协调工作，使他们的工作体现出服务意识和客户导向，最终实现外部顾客满意的目标。

服务质量标准和服务传递间的差距

胖东来编制了一系列管理规则来保证按照标准提供服务。胖东来制定了一份所有同事均应遵守的行为准则，所有同事都有责任了解、遵守行文准则，并且汇报任何违反准则的行为。严格的招聘流程和完善的终身制培训计划有助于提高员工素质，执行服务标准。

实际传递的服务与外部沟通之间的差距

胖东来的广告没有给顾客过高的承诺，很少宣传"我是最便宜的""全市、全国最低价"之类的口号，以免无法满足顾客提升的期望。胖东来还对信息严密监督，发现问题及时处理。

无论是员工还是客户，胖东来都用心去对待每一个人，让大家获得良好的服务体验，这就是它的营销秘诀。

资料来源：https://www.sohu.com/a/253749108_100019103.

营销观念的形成，使企业经营哲学从以产定销转变为以销定产，第一次摆正了企业与顾客之间的位置关系，企业的一切活动都必须以顾客需求为中心，满足顾客需求是企业的责任，"顾客需要什么，就生产什么"。但是随着互联网、大数据的发展，顾客与企业的关系发生了巨变，以顾客需求为中心的方式也发生了根本的变化。

案例 1-10　　　　　**ZARA 和 UNIQLO：两个独特的营销模式**

ZARA 和 UNIQLO 是世界上两大有名的服装品牌，它们的业绩逐年增长，并且各自以独特的商业模式闻名于世，虽然二者都采用"以销定产"的营销模式，但 ZARA 注重的是以低价时尚为特点的营销模式，而 UNIQLO 注重的是以低价良品为特点的营销模式。

ZARA 作为服装行业的翘楚，其宗旨是销售让人买得起的时尚，它的理念是"生产是为销售服务的"，ZARA 只生产在各国都有需求的产品。

ZARA 不断搜集世界各地的流行元素，或是巴黎、米兰，或是纽约、东京，并且善于改良其他牌子的流行款式，只要发现消费者对某品牌有意见，ZARA 就会据此改进，并迅速推向市场。ZARA 虽然因此遭受不少罚款，但其低价时尚的营销模式，使获得的利润远远高于罚款金额，因此 ZARA 的模仿并不见减少。

UNIQLO 在日本引进了大卖场式的服装销售方式，通过独特的商品策划、开发和销售体系来实现店铺运作的低成本化，由此引发了 UNIQLO 的热卖潮。

"UNIQLO"是 Unique Clothing Warehouse 的缩写，其营销理念是"低价良品、品质保证"。UNIQLO 摒弃了不必要装潢装饰的仓储型店铺，采用超市型的自助购物方式，以合理可信的价格提供顾客希望的商品价廉物美的休闲装。在日本经济低迷时期，UNIQLO 取得了惊人的业绩，随后进军亚洲其他地区市场，并且凭借其低价良品的营销特色迅速崛起，如中国一、二线城市都能见到 UNIQLO 的身影，北京的三里屯、广州的中山路、南京的新街口等，都有 UNIQLO 的门店。

模仿 ZARA 的不少，同样直抄 UNIQLO 的也非少数，很多企业提取它们的营销模式中的精华接入到自己的企业中，然而几乎没有能成功达到它们的高度的。它们能够做到今天的高度和地位，一切在于它们的营销模式彻底遵循它们自身的商业模式而运行发展。

资料来源：
1. https://zhuanlan.zhihu.com/p/75313018.
2. https://blog.csdn.net/weixin_38915313/article/details/105405431.

营销观念具有如下几个特点。
（1）企业的经营是以顾客需求为中心的。
（2）企业注重长远的发展和战略目标的实现。
（3）企业必须通过各种营销策略及各部门的整合营销来实现自己的目标。

5. 全面营销观念

市场的全球化使企业需要重新考虑如何在新的竞争环境中求生存、谋发展，市场营销人员应该更清楚地认识到参与合作以期超越传统营销理念的重要性。

例如，彪马是德国的制鞋企业，它运用了全面营销使自己从 20 世纪 70 年代的沉寂中重新成为制鞋业的领军者。多种营销方式协同作战使彪马成为时尚先锋的代名词，该公司所采取的一系列活动取得了显著的效果：销售额在 1994—2004 年的 10 年间增长了 3 倍。

菲利普·科特勒和凯文·莱恩·凯勒在《营销管理》一书中指出，"全面营销理论认为营销应贯穿于'事情的各个方面'，而且要有广阔的、统一的视野"。全面营销包括关系营销、整合营销、内部营销和社会责任营销 4 个方面的内容（见图 1-11）。

（1）关系营销。关系营销旨在与经营活动中的关键者（顾客、供应商、分销商和其他合作伙伴）建立令人满意的长期关系，它不只是与顾客建立关系，也要和关键的合作者建立良好的关系以赢得和维系业务。其最终结果是为企业建立一个独特的关系网络，这个网络包括企业和与之有互惠利益关系的合作者（顾客、雇员、供应商、分销商、零售商、代理商和学者等）。竞争已经不仅在企业之间展开，而且在市场网络中展开，从而不断地促进企业为维系关系、获得利润建立更好的关系网络，简而言之，就是和利益相关者建立有效的关系网络而获取源源不断的利润。随着市场经营活动的宽广度和复杂性的日益显著，关系营销的重要性也日益显现。

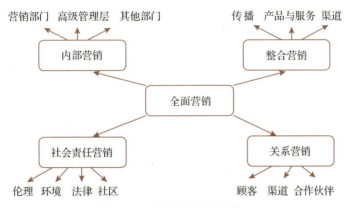

图 1-11 全面营销观点的维度

（2）整合营销。设计营销活动和整合全部营销计划，为顾客创造、传播和传递价值是营销者的任务，营销计划包括大量的营销活动，而这些活动又具有各种形式，营销组合就是用来描述各种营销活动的术语，它是企业用来从目标市场寻求其营销目标的一整套营销工具，麦卡锡将这些工具分为四类并称之为"4P"——产品、价格、地点和促销（见表1-2），每个"P"下面有特定的变量（见图1-12）。"4P"以企业为导向，所以营销就是在适当的地点以适当的价格运用适当的促销方式将适当的产品传递给适当的消费者。

表 1-2 营销组合

4P	4C	4R	4V
Product（产品）	Customer Solution（顾客问题解决）	Relevance（关联）	Variation（差异化）
Price（价格）	Customer Cost（顾客成本）	Reaction（反应）	Versatility（功能化）
Place（地点）	Convenience（便利）	Relationship（关系）	Value（附加价值）
Promotion（促销）	Communication（沟通）	Reward（回报）	Vibration（共鸣）

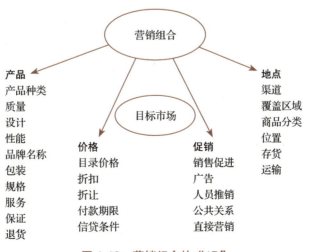

图 1-12 营销组合的"4P"

"4P"代表了营销者的观点，即营销工具可以用于影响买方，罗伯特·劳特朋于1990年提出了与之相对应的"4C"理论（见表1-2），从关注"4P"转变到注重"4C"，是许多大企业全面调整市场营销战略的发展趋势。与产品导向的"4P"理论相比，"4C"理论有了很大的进步和发展，它以顾客为导向，以追求顾客满意为目标，这实际上是当今消费者在营销中越来越居主导地位的市场对企业的必然要求。

"4R"理论是由美国学者唐·舒尔茨在"4C"理论的基础上提出的新营销理论。"4R"分别指关联、反应、关系和回报（见表1-2）。该理论认为，随着市场的发展，企业需要从更高层次上以更有效的方式在企业与顾客之间建立起有别于传统的新型关系。

随着高科技产业的迅速崛起，高科技企业、高技术产品与服务不断涌现，营销观念、方式也在不断丰富与发展，并形成了独具风格的新型理念，在此基础上，国内的学者综合性地提出了"4V"理论（见表1-2）。"4V"理论不仅是典型的系统和社会营销理论，即它既兼顾社会和消费者的利益，又兼顾投资者、企业与员工的利益，而且更为重要的是，运用"4V"理论，可以培养和构建企业的核心竞争力。

营销组合决策还需要考虑分销渠道和目标顾客（见图1-13）。

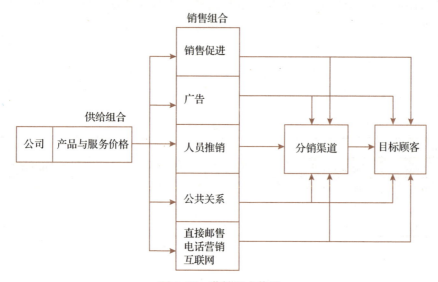

图 1-13 营销组合战略

整合营销的两大主题：一是需要通过不同的营销活动来传播和传递价值，二是以合作效益最大化来调整不同的营销活动。

（3）内部营销。内部营销是确保组织中的每个人有合适的营销准则，尤其是高级管理层，主要任务是雇用、培养、激励能服务好顾客的员工。培养企业员工的忠诚度和主人翁意识是非常重要的，甚至在某种程度上超越了企业的外部营销。内部营销主要发生在两个层次：一是各种不同营销职能必须协调工作，二是营销部门需要其他部门的支持。

（4）社会责任营销。社会责任营销有助于理解伦理、环境、法律同社会营销活动和计划的结合作用，营销已经超越了企业和顾客的范畴，它要求营销者认真、正确地看待自己以及自己的营销活动在社会中的作用。

一家十分出色的企业是否一定能够满足广大消费者和顾客的长期需求呢？答案自然是不一定，冰箱生产企业在为人们带来方便的同时也可能给人类赖以生存的地球带来环境破坏，食品生产企业使用的色素等物质很可能影响人们的健康，当环保和健康等问题日益凸显的时候，出现了一种新的营销观念，即社会责任营销观念。该观念认为，"组织的任务是确定目标市场的需要、欲望和利益，并以保护或提高消费者和社会福利的方式，比竞争者更有效、更有力地向目标市场提供所期待的满足"。

案例 1-11　　　　鸿星尔克：感觉快倒闭了还捐这么多？

2021 年 7 月 20 日，一场始料未及的极端暴雨席卷中原大地，牵动着国人的心。7 月 21 日，鸿星尔克宣布向河南灾区捐赠 5 000 万元物资。7 月 22 日，鸿星尔克的话题冲上微博热搜榜。网友纷纷表示心疼鸿星尔克："感觉快倒闭了还捐这么多？"鸿星尔克的善举激发了消费者的购买热情，无数网友进入直播间抢购其产品。

7 月 23 日凌晨 1 点，鸿星尔克董事长吴荣照骑着共享单车赶到直播间，感谢并呼吁网友要理性消费，不要野性消费。但网友的购买热情不断发酵。

很快衣服、鞋子都卖断码了，许多网友为了支持鸿星尔克掀起了一阵"野性消费"热潮，主播呼吁："大家不要因为我们捐钱了就买我们的产品，买自己有需要的，不需要不要勉强！"网友却回答说："我穿不下是我个人的问题，与鸿星尔克无关。"

根据电商平台的数据，鸿星尔克直播间有超过 200 万人参与扫货，上架一款抢空一款，一时之间成为"国货之光"。后来福耀玻璃董事长曹德旺力挺鸿星尔克，将所有员工服都换成了鸿星尔克，只因它们都是爱国的企业。

鸿星尔克的爆火证明了一个道理，即社会责任感就是最好的营销！

资料来源：http://www.jtqzxx.com/m/view.php?aid=41929.

社会责任营销观念要求企业在制定营销决策时权衡三方面的利益，即企业利润、消费者需求的满足和社会利益。实践证明，协调好三者之间的关系，企业不仅能发挥特长，还能在满足消费者需求的基础上获取经济效益，且符合整个社会的利益，因而具有强大的生命力。

（三）现代营销管理的趋势

在一个瞬息万变的社会中，企业营销面临着空前激烈的挑战。它不仅要求企业有把握时机的敏锐性、正确决策的能力，还要求企业有洞察环境、预测未来的前瞻性，只有这样企业才能适应不断变化发展的世界。以下是菲利普·科特勒教授在他的《营销管理》一书中阐述的关于 21 世纪营销管理趋势的 14 项转变。

- 从营销人员从事营销活动到人人都关注营销的转变。
- 从以产品为单位的组织到以客户群为单位的组织的转变。
- 从自力更生到业务外包的转变。
- 从使用许多供应商到与少数供应商的"合作"的转变。
- 从维系过去的地位到不断创新的转变。
- 从强调有形资产到重视无形资产的转变。
- 从通过广告建立品牌到通过业绩建立品牌的转变。
- 从店面销售到网络销售的转变。
- 从向每个人销售到向最佳目标市场销售的转变。
- 从关注营利性交易到关注顾客终身价值的转变。
- 从关注市场份额到关注顾客终身价值的转变。
- 从本地化到全球本地化的转变。
- 从仅仅关注财务状况到关注营销状况的转变。
- 从关注股东到关注所有利益相关者的转变。

四、营销经理进行营销管理的流程建议

图 1-14 所示是营销管理流程图，涉及营销管理实务的四个模块与十步流程。

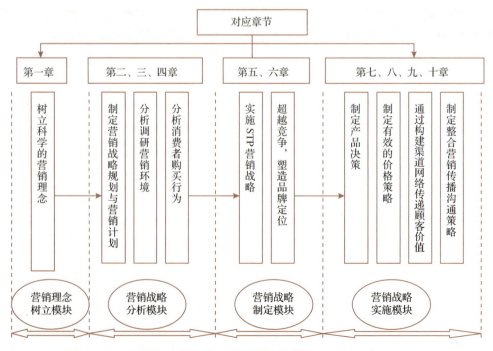

图 1-14　营销管理流程图

第二节　科学营销理念：超越竞争，为顾客创造价值

案例 1-12

屈臣氏："一对一"的顾客关系

屈臣氏集团的保健美容旗舰品牌屈臣氏与腾讯旗下企业微信联合于内地推出屈臣氏企业微信，开展社交零售业务，与顾客建立"一对一"的紧密联系，为他们提供个性化的贴心服务。另外，屈臣氏中国于 2020 年第一季度率先在企业微信上推出云端店铺（云店），令购物更方便快捷。截至 2019 年底，屈臣氏中国于内地经营约 3 800 家店铺，会员数目超过 6 500 万，企业微信及云店将有助于屈臣氏全方位服务顾客，更好地创造顾客价值、满意和忠诚。

屈臣氏中国行政总裁高宏达（Kulvinder Birring）表示："对于推出屈臣氏中国的企业微信及云店，我们感到十分兴奋。要留住屈臣氏中国超过 6 500 万名会员并吸引更多新顾客，与他们建立和维持紧密的关系至关重要。我们运用自家开发的大数据平台，通过企业微信有效地与每一位顾客互动，让屈臣氏成为每一位顾客的至爱品牌。"企业微信高级行业总监陆昊表示："一直以来，我们与屈臣氏合作无间。我们希望在结合双方优势的前提下，通过不断加深合作，共同探索零售的更多可能。"未来，腾讯与屈臣氏中国将继续加强合作，走在零售科技的尖端，提供贴心及个性化的服务，满足顾客的需求。

便捷的"一对一"顾客服务

一直以来，店员在零售业务中担当着相当关键的角色，因为他们需要代表零售商与顾客建立友善良好的关系，但这些联系只限于店铺内。新推出的企业微信是突破性的沟通桥梁，顾客可以通过企业微信把店员加为朋友，让店员成为他们尊属的美容顾问，随时随地与店员联系，享受"一对一"的购物新体验。如果顾客心仪的产品在一家分店里没有上架，他们可通过企业微信向店员查询，店员可实时替顾客下单，顾客亦可选择 1 小时闪电送、下单后 30 分钟内于门店取货、3 公里内 60 分钟送到府上，或全国快递。顾客通过企业微信添加店员后，可享 24 小时的"一对一"护肤美妆咨询服务。

屈臣氏中国郑州二七万达广场店的店长申超分享道："企业微信拉近了我们与顾客的距离，顾客有需要时可随时找到我们，除了为他们提供个性化的服务及建议，我们还成了他们的朋友，得到他们的信任。屈臣氏企业微信自推出以来，反响相当热烈，很多顾客都十分踊跃地把我们加为朋友，率先享受'一对一'的贴心服务。"

人工智能，购物更个性化

顾客的需求日益提升，他们期望零售品牌与他们紧密联系和互动，真正明白他们的需要。消费者除了关注产品质量和优惠外，对购物体验也非常重视。

屈臣氏集团一直致力于投资人工智能及大数据技术，屈臣氏中国可通过大数据管理平台对数据进行分析，从而让店员更了解每一位他们正在服务的顾客，提供个性化优惠及服务，创造不一样的购物新体验。

另外，为了迎合年轻一代的顾客，增添购物的乐趣，屈臣氏中国还推出了 AI 品牌代言人"屈晨曦 Wilson"，顾客可通过微信与"屈晨曦 Wilson"联系并聊天，他可以 24 小时为顾客提供专业及个性化建议，玩味十足之余，全面提升了购物体验。

云店登场，产品闪电送到

屈臣氏云店，将打通全线门市的货品供应系统，3 800 家店铺各有一家相应的在线云店，顾客除了可选购相应实体店的产品，还可以到云店选购任何其他屈臣氏门店发售的产品，并自选所需的取货或送货方法。这个独特的社交零售模式潜力庞大，结合企业微信能更有效地接触到屈臣氏中国的 6 500 万名会员，提供高度个性化的服务。

屈臣氏云店上线仅 6 个月，销售额便已突破 5 亿元。"2020 屈臣氏 HWB 年度榜单狂欢盛典"在广州举办期间，更是创下单日 UV（独立访客）过百万、销售额破 1 500 万元的新纪录。

资料来源：https://baijiahao.baidu.com/s?id=1655779594508517406&wfr=spider&for=pc.

一、什么是顾客价值、满意和忠诚

经济全球化的进程已经势不可当，激烈的国内外市场竞争要求企业以顾客需求为导向来组织产品开发、生产和销售等活动。谁能超越竞争对手，为顾客创造更多的价值，让更多的顾客对企业满意和忠诚，谁就能在激烈的角逐中获胜。

随着市场营销由公司主导向市场主导的转变，我们不得不相信顾客才是企业唯一的真正的"利润中心"，传统的组织结构已经发生转变（见图 1-15）。

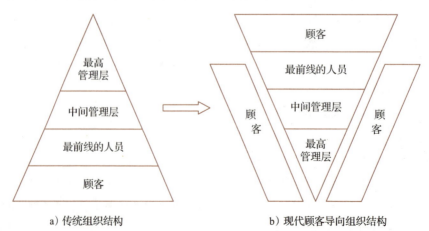

a）传统组织结构　　　　　　b）现代顾客导向组织结构

图 1-15　传统组织结构和现代顾客导向组织结构图

现代顾客导向组织结构对传统组织结构进行了彻底的颠覆，把顾客放在了首要位置，紧接着是那些直接服务于顾客的最前线的人员，而更为突出的变化是在它们的两侧都加入了顾客，这是指每一层管理者都必须亲自了解、满足和服务顾客，而不仅仅是原先的那些和顾客直接接触的前线人员。

现代企业越来越意识到满足顾客需求的重要性，而这种满足是全方位、多角度的，随着科技的发展，尤其是互联网技术的广泛运用，出现了网络营销和数据库营销，这所有的一切无不透露着现代企业通过与顾客沟通、满足顾客需求、使顾客感到愉悦从而获取利润的动机和愿望。究竟是什么因素影响顾客做出这种决定？如何判断顾客满意呢？顾客所获得的商品和服务是否符合他们的期望值，是否影响他们的满意度和再次购买的可能性？

顾客认知价值（Customer Perceived Value，CPV）是指预期顾客评价一个供应品和认知值的所有价值与所有成本之差。总顾客价值是顾客从某一特定供应品中期望的一组由经济、功能和心理利益组成的认知货币价值。总顾客成本就是在评估、获得、使用和抛弃该市场供应品时所产生的一组顾客预计费用。所谓的顾客让渡价值即顾客认知价值。企业让渡给顾客的价值越多，顾客满意度就越高，顾客的忠诚度也就随之提高，图 1-16 列出了顾客让渡价值的决定因素。

顾客满意是一种心理活动，是一个人通过对一个产品的可感知的效果（或结果）与他的期望值相比较后，所形成的愉悦或失望的感觉状态，有以下 3 种状况。

（1）可感知的效果低于期望值，则感到不满意，即使有更好的产品，顾客也会很容易地更换供应商。

（2）可感知的效果与期望值匹配，则感到满意，从而口头传颂，顾客一般不会更换供应商。

（3）可感知的效果超越期望值，

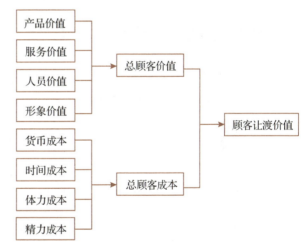

图 1-16 顾客让渡价值的决定因素

则感到满意或欣喜，对品牌在情感上产生了共鸣，而不仅仅是一种理性偏好，正是这种共鸣创造了顾客的高度忠诚。

需要明确一点，企业在激烈的竞争中竭力让顾客满意，而这种满意未必是最大化的顾客满意，因为如果通过降低价格或者增加服务来提高顾客满意度，那么这样可能会降低利润，于是企业可能会将用于其他利益相关者方面的支出转移到提高顾客满意度方面，这样也可能在一定程度上带来不利影响。因此，企业必须遵循这样一个理念：在总资源有限的前提下，在保证其他利益相关者至少能接受的满意水平下，尽可能提供更高水平的顾客满意。

顾客忠诚是顾客对企业与品牌形成的信任、承诺、情感维系和情感依赖。

二、为什么要为顾客创造价值

提高顾客满意度，为顾客创造价值，可以说是绝大多数现代企业的经营导向，世界上著名的企业在此方面做出的努力足以凸显它们对为顾客创造价值的重视程度。

"成就客户"是 IBM 所倡导的企业价值观的第一条，在理解客户业务的各个环节的基础上，用数字化手段提高运营效率。

在京东所倡导的五条价值观中，第一条是"客户为先"，且京东对"客户"的定义更广泛，它是指消费者、供应商、卖家。

华为对客户的理解非常深入，它不满足于"客户第一""客户为先""以客户为中心"等价值观，它要"成就客户"。

阿里巴巴的"六脉神剑"金字塔，塔底讲的是做人（诚信、激情、敬业），塔中讲的是团队（团队合作、拥抱变化），塔顶讲的是使命（客户第一），关注客户的关注点，为客户提供建议和资讯，帮助客户成长。

以营利为目的的企业为什么要这么做？因为顾客是最重要的人。

资料 1-1　　　　　　　　　　**客户价值的重要性**

管理学大师彼得·德鲁克曾经说过："当今企业之间的竞争，不是产品之间的竞争，而是商业模式之间的竞争。"

在互联网思维被赋予多重含义的时代，现代商业模式和传统商业模式最大的区别在于，现代商业模式不再是关于成本和规模的讨论，而是关于重新定义客户价值的讨论。商业模式就是如何创造和传递客户价值与公司价值的系统。由此可见，客户价值以及客户价值主张的重要性非同一般。

让顾客满意、为顾客创造价值的重要性具体体现为以下几个方面。

（1）顾客满意可以使顾客更忠诚。忠诚的顾客是企业最为宝贵的资产，因为忠诚的顾客往往倾向于重复购买，交易成本低，企业可以从中获取最高的边际利润，尽管忠诚的顾客不一定就是满意的顾客，但是满意的顾客却极有可能成为忠诚的顾客。如果一个产品不管是在哪一个环节令顾客感到不满意而失去了信心，那么顾客的忠诚就难以维系。只有各方面合力提高顾客满意度，才能驱动顾客在主观上形成对企业或品牌的忠诚，才能留住顾客的心，留住购买力。

（2）顾客满意有利于提高企业的利润。一旦顾客满意，他就很有可能愿意为产品或服务支付更高的价格，而与此同时企业用于保持顾客的成本将会降低，剩余的利润如果用于继续提高顾客的满意度，就会形成一个良性循环系统，让不满意的顾客满意，让满意的顾客更满意，从而提高竞争力和盈利水平。

（3）顾客满意可以降低企业的成本。这主要体现在 3 个方面：交易成本降低，因为顾客已经非常熟悉企业的产品和服务了，重复购买增多，企业用于促销、广告等方面的成本也相对减少；获取新顾客的成本降低，因为满意的顾客往往会通过口头传颂等方式为企业带来更多的顾客，这样的效果远比广告等手段更具说服力；"失败成本"降低，即用于售后、客服等方面的成本会降低。

（4）顾客满意有利于企业和顾客之间维系更为亲密的关系。这样有利于企业挖掘更深层次的真实的顾客需要，从而根据顾客的需要组织生产，企业对市场的精准把握可以使其在竞争中处于非常有利的地位。

（5）顾客满意有利于提高企业的声誉，树立良好的品牌形象，提高企业防御市场风险和参与竞争的能力。

案例 1-13　　　**兑吧：线上"养牛"让品牌特性更具象，全方位满足顾客需求**

我国正处于第三次消费结构升级转型阶段，国民消费水平的大幅提升使各行业都迎来了新机遇与新挑战。数字时代消费者的强势崛起，带动了全新的消费潮流，使各行业有了解锁流量密码的新钥匙。但同时，新消费浪潮下的新需求、新理念，也让众多品牌方陷入新的困局，即如何与新一代消费者"达成共识"，取得他们的青睐。对此，兑吧在 2021 年"6·18"期间，为乳业品牌认养一头牛打造的"云牧场"养成类游戏给予了我们新的思考方向。相较于传统养成类游戏，兑吧为认养一头牛打造的"养牛"游戏所释放的效能完全不同。具体来说，兑吧打造的"养牛"游戏有三大差异化优势和核心竞争力。

定制化设计养成游戏，深化品牌形象

兑吧打造的"养牛"游戏，厚植于电商平台上的品牌旗舰店内，是认养一头牛品牌营销全链路中的重要一环。并且，"养牛"游戏的全部内容皆是根据品牌方的品牌定位和营销需求定制化设计，不仅更契合品牌形象和特性，还助力品牌横向打通了从线下牧场到云牧场的产业链路，让其"奶牛养得好，牛奶才会好"的品牌理念更具象化，更深入人心。

玩法多样，"云牧场"满足消费者多重需求

除了契合品牌定位，兑吧打造的"养牛"游戏还高度符合新一代消费者对"品质"的新追求。在新一代消费者看来，产品在兼顾质量的同时，还需要满足潮流、新鲜、有趣等多重标准。而"养牛"游戏的养成玩法，不仅新颖有趣，还丰富多样，正好贴合了 Z 世代消费者对"品质"的新定义，让他们能够在购物的同时，无缝体验更具趣味的娱乐游戏，在愉悦游戏的过程中，享受更实惠的购物服务。

打通行业壁垒，兑吧创新营销新模式

兑吧打造的"云牧场"还打通了游戏与电商之间的行业壁垒，将养成类游戏的娱乐互动基因与电商的促销玩法深度融汇，构造出了全新的"游戏式"营销模式。

　　具体来说，"养牛"游戏可以投放至品牌方的店铺首页、会员中心首页、直播间等处，能满足品牌方在不同场景下的不同营销需求，拓宽品牌触达目标受众的广度和深度。此外，集牛奶、喂养、逗趣等轻用户交互玩法和优惠券领取等功能于一体的"养牛"游戏，在吸引用户关注、提高用户活跃度的同时，也侧面强化了用户黏性和店铺打开率。这些数值的提升，对提高店铺的转化率起到了正向作用。

　　新消费趋势下，类似于兑吧打造的"养牛"游戏一类的养成类游戏，已成为一种符合时代发展规律和市场需求的全新营销方式，不仅可以提升用户体验，增强用户满意度和忠诚度，还能帮助品牌塑造形象，扩大影响力，增加话题度和曝光率，是一种能同时达到引流、转化、造势、传播等多重目的的新玩法。

　　资料来源：http://www.jjckb.cn/2021-09/14/c_1310187383.htm.

案例 1-14　　BURBERRY：数字化沉浸式体验，提升顾客价值

　　英国百年品牌 BURBERRY（博柏利）在中国也开始走数字化的道路，带来融合线下和线上平台的数字化沉浸式体验，以提升顾客价值来超越竞争。

　　当你走进深圳湾万象城的 BURBERRY 新店，一定会被它与腾讯合作构建打造的"BURBERRY 空·间"这个"社交零售"探索空间所深深吸引。

　　五百余平方米的店内设有一系列空间供顾客探索，每个空间都有不同的主题概念。入口设有互动橱窗，以时装秀镜面 T 台为灵感，会随着过往行人的身体律动而相应变换艺术形态，并会每季更新主题，体验独特且适合拍照分享。店内设有 3 个沉浸式试衣空间，分别呼应品牌不同的标志性设计主题，同时配有品牌专属的背景音乐。店内咖啡馆 Thomas's Cafe 是一个多元化社交空间，既展示独特的英式、中式茶文化，又可作为多用途活动场所使用，如对谈、研习会、展览、现场表演等。

　　该店是 BURBERRY 第一家每件商品标签上都有自己二维码的商店，通过全新推出的微信小程序，顾客可以解锁独家产品内容、语音导览、活动与服务预约，如预定专属试衣间，选择喜欢的音乐和单品。

　　此外，顾客可以在线"领养"动物小精灵，随着它的成长、变化感受探索乐趣，并可以解锁"社交货币"、获取同款服饰造型等。随着在微信小程序中互动的增加和社交货币的增长，顾客可以享受独家咖啡馆菜单、定制化节目内容等。

在数字时代，数字化营销已经是 BURBERRY 奢侈品品牌发展的核心方式。对于顾客而言，能够以一种更方便的方式接触到奢侈品世界；对于 BURBERRY 而言，能够很好地整合线上和线下的客户，获取更大的收益。

资料来源：https://www.shangyexinzhi.com/article/2649719.html.

三、如何为顾客创造价值

请思考一个问题，是不是要为所有顾客创造价值呢？看看下面的案例与分析，你会得到一个答案。

案例 1-15　　　　玫琳凯：高复购率数据挖掘，获取顾客终身价值

玫琳凯作为全球知名美容美妆企业，于 1995 年进入中国市场以来，为中国消费者带来了私人美容顾问的服务理念，今天，中国市场已发展成为玫琳凯在全球的三大市场之一。如今，玫琳凯的业务已经发展到约 40 个国家和地区，是全球高端直销彩妆品牌之一。玫琳凯公司的创始人玫琳凯·艾施女士所取得的成功，在美国商界的历史上留下了令人难忘的一笔，同时也为世界各地的女性不断创造成功树立了一个很好的榜样，成为全球女性的创业榜样。

有调查表明，对于市场业绩表现突出的直销企业，消费者重复购买产品对业绩的拉动起到了主要作用。玫琳凯可以被称作是直销企业中复购率最高的企业。高复购率意味着什么？玫琳凯成功的背后究竟运用了什么秘诀？

为玫琳凯产品多元化提供强大的科研支撑

玫琳凯官方网站显示，玫琳凯在中国共拥有 17 个产品线，200 多个产品，包括护肤品、彩妆、调养品等，这些多元化的产品背后，是扎扎实实的科研实力在支撑。

玫琳凯在全球拥有的产品、技术及包装设计专利数量已超过 1 500 项，在皮肤科研专利上，已经达到了新的里程碑。从灵感萌发、科学实验到新品上市，玫琳凯每年都斥资数百万美元用于研发工作及实施超过 50 万次的测试，以确保玫琳凯产品满足最高的质量、安全和性能标准。每款产品的研发过程至少需要 3 年。而在产品研发的背后，需要涵盖皮肤生物学、细胞生物学、化学、生物化学等不同领域的科学家们所组成的研发团队，每年进行数十万次的实验，才能确保产品配方成熟。为了满足对产品安全的高标准和严要求，玫琳凯还严禁使用超过 1 300 种原料。

除了护肤产品、彩妆，2017 年玫琳凯宣布进入调养品领域，推出怡日健系列调养品，还投资超过 1 亿元打造全球首座健康调养品生产基地。其中，2019 年新上市的怡日健益生菌固体饮料广受消费者的喜欢，每 20 秒即售出一盒。在"2020 上海全球新品首发季暨上海国际美妆节启动仪式"上，玫琳凯全新首发的子品牌——怡泰研引发了各界关注，这是继 2017 年推出调养子品牌怡日健、2019 年彩妆子品牌 Pink Young 之后，推出的主打科

研革新和高能作用的产品。

这些多元化的产品，满足了消费者与日俱增的多种需求，保证了玫琳凯产品走进千家万户，被客户用于不同的时刻、不同的场景，玫琳凯的复购率增长的原因也就不言而喻了：为产品多元化提供强大的科研支撑，也是创造顾客价值的规律和核心。

为玫琳凯销售人员提供强大的技术支持

数字时代，是一个大数据的时代，也是物质丰富的时代。如何让消费者从一次购买变成多次购买，这确实是一个难题，自然离不开技术的支撑和大数据的助力。

据了解，玫琳凯中国官方微信小程序是整合了多种功能的综合性订货平台，消费者可以自己登录微信小程序订购产品，系统将自动适配一名专业的美容顾问跟进服务。

玫琳凯对基层销售人员（即美容顾问）的关爱和支持投入是非常大的。对于新进美容顾问，玫琳凯公司为他们提供了线上和线下的平台支持。其中自然少不了兴趣算法和千人千面的技术支持，这也是玫琳凯创造顾客价值的成功因素之一。不仅如此，从 2018 年起，玫琳凯推出了 AI 智能分析美容测试工具——"大眼睛"，助力每位美容顾问的销售。它能帮助美容顾问精准地为消费者提供定制化配方，如顾客 A 的补水重点应该在脸颊，顾客 B 的护理重点在眼圈，通过美容顾问专业地阐述脸上最容易发生老化的部分在哪里，结合"大眼睛"的科学分析，玫琳凯美容顾问比消费者本人更懂得他们需要什么产品。除此之外，玫琳凯美容顾问在线上和线下都可以直接与消费者沟通，并且还为爱美的女性提供面对面的小型美容课，让消费者享受"科技分析＋专业指导"的护肤美容方案、个人彩妆指导、不同场合的妆容造型建议、免费产品试用和送货上门等各种贴心的服务。

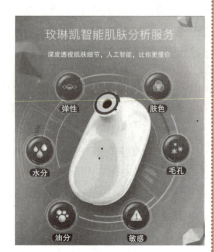

专业美容建议达到按需推荐，以及贴心服务的支持，让消费者享受到优质的购物体验是玫琳凯复购率高的关键。此外，优质服务带给玫琳凯的远远不止复购率的提升，在用过玫琳凯产品、享受到美容顾问的优质服务、了解了玫琳凯的企业文化后，越来越多的人选择加入玫琳凯。

为玫琳凯人提供公益参与平台

玫琳凯具有很独特的企业文化和价值观，市场销售与服务就是玫琳凯文化的演绎。玫琳凯在企业文化上主导"感恩"的理念一直受到中国女性的青睐。玫琳凯提倡"乐施精神"的企业文化，公司联合权威机构为大家提供公益平台和参与方式。在中国，已有超过 35 万玫琳凯人通过感恩公益基金捐款，这些款项用于唇腭裂女童、白血病患儿、自闭症家庭等多个公益项目。专家指出，让品牌的亲和力更强，也是玫琳凯牢牢抓住市场消费者的心的主要原因，这也无形中促进了重复购买的信任黏度。

资料来源：https://www.sohu.com/a/418346564_530840.

为顾客创造价值，首先必须考虑什么样的顾客才是有利可图的。有利可图的顾客被称为盈利顾客，即能不断产生收入流的个人、家庭或企业，其收入应超过企业吸引、销售和服务于该顾客所花费的可接受范围内的成本。必须注意的是，这里强调的是长期收入和成本，而不是某一笔交易所产生的利润。

（一）顾客盈利能力分析

对顾客盈利能力进行分析是十分必要的。对于非盈利顾客，我们要利用一些方法使他转变为盈利顾客，以下是一种对顾客盈利能力进行分析的方法（见图 1-17）。

顾客

	C_1	C_2	C_3	
P_1	+	+	+	高
P_2	+			盈
P_3		−	−	亏
P_4	+		−	无
	高	无	亏	

产品（左侧纵向标注）

图 1-17　顾客 – 产品盈利分析

图 1-17 中的顾客 C_1 买了 3 个盈利产品，是高利润顾客；顾客 C_2 购买了 1 个盈利产品和 1 个亏损产品，是混合型的无盈利顾客；顾客 C_3 购买了 1 个盈利产品和 2 个非盈利产品，是亏损顾客。对于无盈利顾客 C_2 和亏损顾客 C_3，企业应该怎么做呢？除了下面的这些方法，你还有没有其他方法？使用下面这些方法时，又该注意些什么呢？

（1）提高无盈利产品价格或者取消这种产品。

（2）尽力向这些未来的有利可图的顾客推销其他盈利产品。

（3）鼓励无利可图的顾客转向竞争企业。

（二）衡量顾客终身价值

顾客终身价值（Customer Lifetime Value，CLV）指的是每个购买者在未来可能为企业带来的收益总和。它描述了基于顾客终身价值预期的未来利润产生的价值，通过预期收入减去用来吸引和服务顾客以及销售所花费的预期成本来计算。

CLV 为营销者提供了一个长期视角的正式的定量框架。衡量 CLV 的主要步骤如下。

（1）收集顾客资料和数据。

（2）定义和计算终身价值。

（3）进行顾客投资与利润分析。

（4）顾客分组。

（5）开发相应的营销战略。

（三）为顾客创造价值的其他具体方法

（1）研究并熟悉顾客的需求及消费行为（购买行为和使用行为），从而判断顾客的"理想产品"标准，向顾客提供优于竞争对手的高顾客价值的产品。

（2）做好对顾客的售前、售中和售后服务工作。

（3）及时、妥善地处理顾客的投诉、质询、批评及纠纷。

（4）便于顾客获得产品信息，便于顾客购买产品，降低顾客获得产品过程中的精神心理负担，减轻顾客为获得产品所付出的代价。

（5）顾客需求会不断变化，顾客满意水平也会随之发生变化，应定期开展调查，征求顾客的意见与建议。

正如思科系统公司（Cisco Systems）的首席执行官约翰·钱伯斯所说："把顾客置于你文化的中心。"一个以顾客为中心的企业要建立并维系与顾客之间的长久关系，需要时刻考虑为顾客创造价值，这是获取利润的有效途径，是在激烈竞争中制胜的法宝，当然仅仅有这样的意识还远远不够，企业必须把这种意识真正地落实到经营活动中。做什么，怎么做，这是企业接下来需要考虑的问题。

四、如何与顾客实现价值共创

网络时代，随着社会化进程的深入，企业不再是独立创造价值，而是转变成企业和消费者互动共同创造价值，即价值共创。价值链的逻辑发生了改变，渠道从垂直型、扁平化走向了网络化，企业的经营必然随之而变。那么如何掌握企业的生存价值？如何实现价值共创？

（一）如何理解价值共创的含义

价值共创是指21世纪初管理大师普拉哈拉德提出的企业未来的竞争将依赖于一种新的价值创造方法——以个体为中心，由消费者与企业共同创造价值。传统的价值创造观点认为，价值是由企业创造并通过交换传递给大众消费者的，消费者不是价值的创造者，而是价值的使用者或消费者。随着环境的变化，消费者的角色发生了很大的转变，消费者不再是消极的购买者，而已经转变为积极的参与者。消费者积极参与企业的研发、设计和生产，以及在消费领域贡献自己的知识和技能从而创造更好的消费体验，这些都说明了价值不仅仅来源于生产者，而是建立在消费者参与的基础上，即来源于消费者与企业或其他利益相关者的共同创造，且价值最终是由消费者来决定的。

（二）如何理解价值共创的分类

价值共创主要可以分为生产领域的价值共创和消费领域的价值共创。

1. 生产领域的价值共创

生产领域的价值共创既可以体现在制造业上，也可以体现在服务业上，消费者通过与企业进行交流沟通直接参与到企业的生产流程中，从而影响企业最终产品与服务的价值，这有助于企业低成本、高效率地开发出令顾客满意的产品与服务。

2.消费领域的价值共创

消费领域的价值共创作为一种新的价值创造形式，共同创造的是体验价值，即消费者从过程中获取的价值，该价值的创造由消费者主导和决定。该领域的价值共创主要体现在消费者单独创造价值、消费者与企业互动共同创造价值以及消费者与消费者之间互动共创价值3个方面。

在互联网领域，还有一种以互联网用户为主体的价值共创：UGC模式。UGC是"User Generated Content"3个单词的首字母缩写，即用户生成内容或用户创造内容，在Web 2.0时代，用户的行为模式不是被动下载这么简单，而是向下载上传并重、主动进行内容创作的方向发展。YouTube、维基百科、优酷、新浪微博、百度知道、百度百科、知乎等网站都是UGC模式的成功典范。

（三）如何实现价值共创

基于"价值共创"的经营理念，企业营销战略必须以消费者利益为中心，与消费者共创价值。无论市场环境如何变化，消费者既是营销的起点，也是营销的终点，企业对消费者的洞察与把握是营销的原点。

1.以顾客体验和互动为核心

在价值共创模式下，顾客追求个性化体验和价值的实现，企业的营销战略须由关注企业内部的产品生产管理转向关注顾客与企业之间的互动质量和为顾客提供创造独特体验的价值共创过程。

2.加大对顾客授权

顾客共创价值需要更多选择权和自主权，参与范围的扩大和参与程度的深入需要企业授予更多权力。企业可实施顾客授权战略，提高顾客的自我效能感和对价值共创过程的控制感、胜任感和影响力，促使顾客在参与中与企业共同决策。

（四）社群营销

传统零售商与消费者是对立博弈的交易关系，而新零售活动中的商业关系是以信任为基础的供需一体化的社群关系。社群就是一群志趣相同的人在一起，基于共同的目标而一路同行。社群的作用就是通过线上线下的高频互动把那些本来跟企业没有任何关系的用户转化成弱关系用户，把本来是弱关系的用户转化成强关系、强链接的超级用户。社群营销是指通过某种载体把具有相同或相似兴趣的人聚集到一起，以产品或服务来满足他们的需求的一种商业形态，其本质在于找到一群爱好相似的人，通过一种持续的运营去建立起他们彼此的信任关系，最终让消费者因为信任而购买这个平台所推出的产品，并带动周边的人群购买产品。在这个过程中，社群和媒体是中介，而营销是重点，社群营销是在网络社区营销和社会化媒体营销基础上发展起来的用户连接及交流更为紧密的网络营销方式。

社群营销模式：IP+场景＋社群＋电商。首先确定目标人群，根据目标人群确定产品的使用场景，根据使用场景链接IP圈层，最后由IP联合超级用户共同组建社群，影响更多潜在目标用户。其商业逻辑是 IP 抢占认知高地，解决流量问题；场景强化体验，挖掘用户延伸需求；社群催化强关系，解决信任问题；电商形成商业闭环，完成商业变现。社群营销的核心是企业与用户一体化的关系，关键是通过社群赋能个体，实现自我，最终用户与社群相互赋能，形成良性循环。

案例 1-16　　　　　　　　**奥迪：迈入"共创"新时代**

一汽 - 大众豪华品牌奥迪，迈入与用户携手"共创"的新赛道。在 2021 年 8 月 29 日第二十四届成都国际车展上，一汽 - 大众全新奥迪 Q2L 支持超过 50 000 种个性化定制方案，并拥有特别设计的车身异色 C 柱 blade 盖板——"酷盖"，成为一汽 - 大众奥迪与年轻新生代消费者进行价值共创的又一力作。

个性为王，随时换装

全新奥迪 Q2L 采用致雅、动感双脸设计，分别采用两种全新的前后保险杠造型，满足了不同人群的多元审美需求。"酷盖"的盖板，可通过个性化定制服务选择多款缤纷色彩，时刻换上"新装"。此外，全新奥迪 Q2L 提供多种外观颜色、不同规格轮毂、多种颜色内饰条和运动座椅，可以满足新生代用户对于个性座驾色彩的需求；配备虚拟座舱、交互系统和高阶驾驶辅助功能，满足用户的智能化需求。

个性定制，体系支撑

全新奥迪 Q2L，不仅是一辆时尚大"玩具"，还代表着一种新"玩法"。在迈入全面个性化定制的时代，它完美诠释了一汽 - 大众奥迪与用户共创 1.0 的全新玩法。基于"与用户同行，为用户创新"的理念，一汽 - 大众奥迪成为中国首个推出全面个性化定制的豪华品牌，不仅为用户打造个性化的产品，还为用户创造个性化定制平台，更以和用户共创的态度迎接未来。基于一汽 - 大众奥迪对 700 万用户需求的洞察，2021 年底奥迪个性化定制服务将覆盖一汽 - 大众奥迪旗下全部国产车型。在本届成都国际车展上，一汽 - 大众奥迪特别推出 12 台全新奥迪 Q2L 成都自定义版，并开启电商发货。

一汽 - 大众奥迪以体系实力为支撑，实现从线上到线下、从基础配备到个性表达的全面定制服务，最多 10 万种搭配方案，满足新生代用户自定义个性化产品的需求。不仅全国 586 家经销店可提供线下服务，同时，还可在一汽 - 大众奥迪官网、奥迪官方商城小程序、奥迪在线 4S 店等线上端口随时下单，0.5 秒完成交期反馈，实时查询进度，最快 6 周即可完成交付。

情感联系，价值共鸣

2021 年 8 月，全新奥迪 Q2L 于未来引力场暨 2021 奥迪新生代车型家族粉丝盛典首次亮相时，为担任奥迪英杰汇品牌大使的某明星打造了一款由他本人亲笔签名的专属"酷盖"，引发众多粉丝追捧。在本次成都国际车展上，这款该明星共创版"酷盖"亮相现场，成为展台上的流量明星。与该明星的跨界合作，正是一汽 - 大众奥迪一直以来以创新思维构建跨界协作、多维互动、价值共创的新生代用户粉丝生态的一个缩影。而作为 8 月初粉丝盛典的主题，"未来引力场"正是一个专为新生代用户打造的互动、共创平台，以文化、产品、政策和服务四重吸引力与用户线上线下联动，与进取新生代建立紧密的情感联系、价值共鸣。紧随其后，全新奥迪 Q2L"酷盖共创大赛"开启线上征集，在当代个性青年艺术家张某等多名艺术家的带动参与下，一汽－大众奥迪与用户共创再次玩出新花样。此外，符合新生代用户触媒习惯的一汽奥迪 app、奥迪 TRON 星球小程序、Audi Channel 官方直播平台，也为用户带来同频共振的全新体验。同时，一汽－大众奥迪用户体验季 2.0 也在陆续开展中，通过形式多样的线下体验活动与用户零距离沟通。

数字时代背景下，中国车市消费升级成为大趋势，代表新世代的"80 后""90 后"也成为汽车消费的主力人群。一汽－大众奥迪作为汽车豪华品牌抢先迈出步伐，准确地触达新世代的年轻用户，并和他们"玩"成一片，把握奠定新一轮市场格局的核心要素，迈入"共创"新时代。

资料来源：https://www.sohu.com/a/487995843_120952561.

第三节 解析关系营销：利益是纽带，信任是保证

关系营销是把营销活动看成一家企业与消费者、供应商、分销商、竞争者、政府机构及其他公众发生互动作用的过程，其核心是建立和发展与这些公众的良好关系。从零售角度来说，也就是零售经营者通过与消费者、供应商、服务对象、竞争对手建立良好的关系，进而达到促进商品销售、增加经营利润的效果。这种关系不是昙花一现，而是一个有深度的心灵之约。

互联网的普及与电子商务的快速发展使得互联网技术与关系营销的联系更加密切。

中国互联网络信息中心发布的第 52 次《中国互联网络发展状况统计报告》显示，截至
2023 年 6 月，我国网民规模为 10.79 亿，网络购物用户规模为 8.84 亿，实物商品网上零
售额为 6.06 万亿元，占社会消费品零售总额的 26.6%。因此，互联网技术在市场营销，
尤其是目前的关系营销中占据了极其重要的地位。

案例 1-17　　　　　　　　　　小米：探索社群底层密码

小米之所以每次产品的发布都能创新高，和它的社群营销模式是分不开的。

聚集精准粉丝

小米主要通过 3 个方式聚集粉丝。

（1）利用微博获取新用户。微博用户量大，因此在其中发布信息，可以获得很高的浏
览量，其中不乏有兴趣的浏览者购买产品，成为小米的新用户。

（2）利用论坛维护用户的活跃度。在论坛中，用户可以讨论产品功能和使用上的定义
事项，可以完美地实现商家与用户的交流沟通。除此之外，小米的设计人员还可以从论坛
中获得新思路，从而进行更好的设计。

（3）利用微信做客服。小米在管理中机智地选择了用户量大的平台进行免费的宣传，
小米客服可以在微信上随时与用户进行沟通，有问题及时解决。

人人都是主角

在进行新产品的设计时，小米会积极发布设计信息，与用户在微博、微信等平台进行
讨论，增加用户的参与感。除此之外，小米还举办各种活动使用户拥有主人翁意识，更加
积极地参与到小米的设计中，这也为小米的宣传打下了很好的基础。

强调沟通连接

无论是小米的管理人员还是设计人员都时刻保持"与用户进行对话沟通，人人都是客
服"的工作状态，使得小米在亲和力上拥有更多的优势。更多的人愿意支持、拥护小米，
在很大程度上是因为它的服务及营销模式的优势。

小米社群之所以成功，主要还是因为和用户建立起了连接关系，并通过讨论的形式，
让用户拥有参与感，让用户在讨论的同时也更加了解产品，从而为后续的转化铺路。数字
化时代不是一个单独卖产品的时代，最关键的是要和用户成为朋友。

资料来源：https://www.xiaokeduo.com/news/14498.html.

关系营销和互联网是当前企业营销管理的两个最为关键的影响因素。关系营销主要关注消费者主权，核心内容是使顾客满意，其目的在于与顾客建立长期的合作关系。互联网能够为关系营销提供广阔的发展平台。从小米的案例中我们可以发现，互联网时代的关系营销主要体现在用户运营与数据分析上。

一、关系营销的含义、实质及作用

（一）关系营销的含义

关系营销是美国营销学者巴巴拉·杰克逊于 1985 年首先提出的，他认为，"关系营销就是建立、保持和加强与顾客以及其他合作者的关系，以此使各方面的利益得到满足和融合。这个过程是通过信任和承诺来实现的"。概括来说，我们可以将其理解为"利益是纽带，信任是保证"。

学术界对关系营销的定义有众多不同的表述。

英国学者马丁·克里斯托弗和阿德里安·佩恩等把关系营销看作市场营销、顾客服务和质量管理的综合。

美国学者摩根和亨特认为关系营销就是旨在建立、发展和保持成功的交换关系的所有营销活动。

美国学者路易斯·E.布恩在他的《当代市场营销学（原书第 10 版）》 中这样描述，关系营销是指发展、培养和维护同单个客户、供应商、员工和其他伙伴之间长期性的低成本的互利关系。

菲利普·科特勒和凯文·莱恩·凯勒合著的《营销管理（原书第 12 版）》对关系营销的定义是，"关系营销旨在与经营活动中的关键者——顾客、供应商、分销商和其他合作伙伴——建立令人满意的长期相互关系，不只是与顾客建立关系，也要和关键的合作者建立良好的关系以赢得和维持业务"。

（二）关系营销的实质

关系营销的实质是在买卖关系的基础上建立非交易关系，以保证交易关系能持续不断地确立和发生，其关键是顾客满意。

关系营销通过两种不同的纽带把买卖双方紧密地联系在一起，这两种纽带分别是结构纽带和社会纽带。

（1）结构纽带。由结构纽带联系起来的买卖者，在前期关系结束之后，由于各种原因，买者无法结束与卖者的关系（如保修等）。

（2）社会纽带。社会纽带即通过个人之间的关系建立起来的买卖者之间的联系。

案例 1-18　　　　　　　**阿里 1688：让天下没有难做的生意**

做小生意的，需要的是什么？阿里 1688 发布在抖音的小视频解答了这个问题，答案

是"为你撑腰—陪你做大—与你同行"。

小生意人代表的 B 类买家是 B 买狂欢节的核心对象。所谓的 B 买如何界定呢？简单，平台的定义是月采购金额 2 000 元以上，都属于 B 买。通过 1688 app 获得更顺畅、更实惠、更丰富的采买体验，将成为一种新的批发趋势。在阿里 1688，平台要服务的主要对象是 B 类买家。此次阿里 1688 B 买狂欢节提出了新的升级，目的是让 B 买的痛点得到解决，帮助他们实现更大的梦想。痛点在哪里？普通消费者的痛点是显而易见的，比如更多样的商品、更优良的品质、与潮流更接轨的生活方式、更有优势的价格等。对于 B 买而言，他们的痛点也是基于普通消费者的痛点而来的，是为了满足市场的需求而向上反推得出的。但现在，借助阿里 1688 平台，这些痛点都有了解决的通道。此外，这次 B 买服务大升级，内容更多，玩法更多，实惠更多。B 买狂欢节锁定的就是上述诸多买家痛点，吹响了提升 B 类买家服务体验的号角。

第一，B 买"优惠累计加权"，买得越多，进价越低。这显然与 C 端一次性购买单件货品不同，对于 B 端商家而言既是一个常识性的逻辑，在阿里 1688 落地又是一个数字化的升级。B 买会员等级和折扣做到了同步升级。

第二，专属新品可以抢先介入。小生意人要做到先人一步占领消费热点，就得有自己的"路子"，阿里 1688 就是这个路子。它为 B 买提供了提前判断供应链方向，抢先介入下一个消费机会。

第三，从整体的服务体验上来说，阿里 1688 和大多数 C 端购物 app 越来越接近。换言之，普通人逛商场和买家去市场进货的体验感越来越像。批发市场不再是传统意义上的脏乱无序，充斥着各种潜规则，而是变得井井有条，阿里 1688 提供了多种针对 B 端买家的个性化服务，让 app 不像批发软件，而像 C 端 app 一样更易用、亲民、顺畅。所谓提升服务，本质是帮助 B 买筑梦，让天下没有难做的生意，让小生意人也有实现大梦想的舞台。这个大梦想，就是中国经济双循环新发展格局下，内循环市场上的供需旺盛，让生意人赚钱，让消费者满足，在源头上提升中国经济双循环的活力。阿里 1688 正在把 B 端的服务升级成为类似于"双 11"的买家狂欢节。会员体系、专属服务、打折促销等在 C 端常见的玩法，也来到了 B 端。

阿里 1688 的 B 买狂欢升级揭开了供给侧服务的面纱，为 B 买提供更优质、更贴心、更先进的商业服务，本质是在为内循环的发动机加油，让消费车轮跑得更快。阿里 1688 要为全中国小生意人提供强大的系统化支持，为每一位买家撑腰，陪小生意人做大，与小商家同行，商家不再需要自己精打细算，阿里 1688 为每一笔生意打算。

资料来源：https://baijiahao.baidu.com/s?id=1687230400580740465&wfr=spider&for=pc.

阿里 1688 为 B 类买家"筑梦"不仅为它赢得了顾客的信赖，构建了平等交易的平台，也赢得了更广阔的市场，创造了更高的社会价值。服务顾客就是要做出承诺、实现承诺和信守承诺，这三者是关系营销的重要组成部分，但发展关系营销需要的不仅仅是承诺，所有的关系都依赖于各方的感情纽带的发展，由此它包含四个因素（见图 1-18）。

（1）结盟，即为了发展长期的互惠互利的关系，双方紧密地联合起来。换言之，就是利益或彼此的依赖程度必须强大到足以让他们结合在一起。

（2）移情就是换个角度来看问题的能力，原本是彼此竞争的双方，为了共同的利益，在产品和服务上开始互补，多了一些理解和包容而不是对抗，都能较好地获得利益且不伤害彼此，最重要的是达到取悦顾客的目的。

图 1-18　关系营销的四个因素

（3）互惠，每一种长期关系的建立过程都需要承诺与付出，然后才能收获，这一切都是等价的、彼此适用的，这样能让彼此的关系更加密切。

（4）信任是维系长期关系的凝聚力，一旦无法允诺，信任就会遭到破坏，那么长期建立起来的关系很可能就在顷刻间灰飞烟灭。

关系营销的运行原则十分简单：与利益相关者建立有效的关系网络，利润才能随之而来。这里的利润是长期的，是在具体的营销活动之外的。

（三）关系营销的作用

案例 1-19　**百果园：十年如一日的"三无退货"让信任不再是浅尝辄止**

全球知名公关咨询公司爱德曼发布的《2020 年爱德曼全球信任度调查报告》显示，中国人民对中国各领域发展的信心不断增强，中国的信任度综合指数同比增长 3 个百分点，以 82% 的成绩连续第三年位居世界各主要经济体首位，而全球平均指数仅为 54%。

为什么中国人如此信任政府？因为中国政府总是为民众的最大利益行动，"一切为民者，则民向往之"。在中国，无论是政府、企业还是个人，信任从未缺席。在历史的长河中，中国人是非常"懂得"和"珍惜"信任的。"投桃报李"，正是中国"义"文化的体现。在中国人的文化中，你若对我好，我总想给你的，比你给我的多。中国人懂得感恩，懂得"滴水之恩，当涌泉相报"，所以中国不缺信任，缺的是首先信任，只要首先信任了，换来的回报就是加倍信任！践行 10 年"三无退货"的百果园就给我们提供了一个真实的案例。

中国营商环境的持续向好，上游产业的品质不断提升，是百果园能够践行"三无退货"的重要基础，而最根本的还是顾客值得信任。百果园相信中国绝大多数顾客是值得信任的，这是百果园坚持并推行"三无退货"的原力。2009 年，百果园首创"不好吃三无退货"，并在全国门店推行这项服务，即消费者如果对水果口感或品质不满意，可无小票、无实物、无理由退货。2016 年，百果园在线上 app 推出了"不好吃瞬间退款"，将"不好吃三无退货"服务延伸到了线上，顾客在门店购买水果后，也可在百果园 app 上进行退款操作。

2019 年 5 月 16 日，百果园举行了"十年数据说可信中国人"发布会，发布了业内首份退款数据报告，数据显示：10 年间，百果园门店数从 100 家增长到 3 700 多家，年销售额从 1 亿元增长到 100 亿元。另外，百果园总退货订单数（含"三无退货"及其他退货）、总退货金额占比始终低于 1%，其中"三无退货"订单数、退货金额占比始终保持在 0.5% 左右。百果园用长达 10 年，跨 20 多个省级行政区、70 多个城市，包含 10 亿次消费的数据，得出了一个结论：中国人的信任度非常高，中国人值得信任！百果园率先提出了"中国式信任"。

百果园的"中国式信任"不止于口号，针对退款流程长的问题，百果园还升级"三无退货"服务，在 app "瞬间退款"的基础上再推出"三无扫码退"，在门店购买商品的顾客，可通过扫描门店的退货二维码，自主完成退款操作，且顾客可自主决定退款比例，最高可实现 100% 退款。而对于"三无退货"订单，百果园会承担顾客退货的部分损失。对于无故恶意退款订单，百果园将给予门店绝大部分补贴，以保证加盟商的利益。

百果园的"中国式信任"同样也不止于顾客和加盟商，在每个百果园门店，百果园配送仓凌晨把货物直接送到门店，无须加盟商、店长、店员守候在门店收货，配送司机可直接打开店门，把货放进门店然后离开。值得注意的是，这些配送司机都来自第三方合作公司，并不是百果园员工。

爱能传递，信任也可以传递。如家在全国 8 000 多家酒店实行免押金、不查房的退房政策；天虹集团在天虹生鲜卖场推出"不好吃'三无退货'，无小票、无实物、无理由"的服务承诺。十年如一日的"三无退货"，百果园让信任不再是浅尝辄止。"三无退货"正在唤醒国民心底的使命感，相信未来将有越来越多的企业做好产品并敢于"首先信任"。

资料来源：https://credit.lanzhou.gov.cn/304/85186.html.

（1）争取一个新顾客的费用是保持一个老顾客的费用的 5 ～ 10 倍。

（2）可以保持更多客户。随着顾客日趋大型化和数量的减少，每个客户显得越来越重要。

（3）扩大顾客范围。现有顾客的交叉销售的机会日益增多，维持老顾客，开发新顾客。

（4）结成战略伙伴是应对全球性竞争的有效途径。

（5）顾客对供应商的要求越来越高，且顾客也需要一种战略上的关系。

（6）企业与顾客的关系越持久，这种关系对企业而言就越有利可图。

企业对关系营销的认识已经从交易营销转移到长期的、强调以客户为中心的关系营销上，为了更好地掌握关系营销的作用，我们来分析一下二者间的差异（见表1-3）。

表 1-3　交易营销与关系营销的比较

项目	交易营销	关系营销
企业的着眼点	近期利益	长远利益，是一种互利的关系
客户服务优先权	比较低	举足轻重
客户联系	低到中等频次	频繁
客户投入程度	低	高
买卖双方的互动基础	冲突、操纵	合作、信任
质量源	主要来自产品	来自企业上下的奉献
适用的顾客	适用于眼光短浅和低转换成本的顾客	适用于眼光长远和高转换成本的顾客
核心概念	交换"创造购买"	建立与顾客之间的长期关系
企业与顾客的关系	不牢靠，如果竞争者用较低的价格、较先进的技术解决顾客的问题，关系可能会终止	比较牢靠，竞争者很难破坏企业与顾客间相互依赖的关系
对价格的看法	价格是主要的竞争手段	价格不是主要的竞争手段
企业强调	市场占有率，不一定要让顾客满意	回头客比率、顾客忠诚度，强调承诺的履行、顾客满意
营销管理的追求	追求单宗交易的利润最大化	追求与对方互利关系的最优化
市场风险投资	大	小
了解对方的文化背景	没有必要	非常必要
最终结果	未超出"营销渠道"的概念范畴	超出"营销渠道"的概念范畴，可能成为战略伙伴，从而发展成为营销网络

每宗市场营销的交易都涉及了买卖双方的关系，而在交易营销的情况下，这种关系可能非常短暂且狭窄，买卖双方发展社交关系的可能更是微乎其微。例如，当一个人驾车出游时，汽油快耗尽了，他很可能在遇到的第一个加油站就停车加油，此时他已经不在乎这是中石油还是中石化的加油站了，尽管他一直对中石化情有独钟，不过当他回到家以后，他还是会像往常一样到中石化的加油站加油，和那里的老朋友亲切交谈。也就是说，单宗应急交易不大可能会影响消费者今后所选择的消费方式，但也不是不可能，假如这个人突然感觉中石油的服务态度很热情，或者所加的汽油比原来的感觉要好，他很可能转而喜欢中石油。那么如何才能让这种关系更持久、范围更广呢？一般而言，把质量同客户服务与市场营销组合的传统因素结合起来是很有必要的，如果一家企业这样做，那么就产生了关系导向的营销（见图1-19），如果这种结合越紧密、越频繁，那么已经构建的关系就越不会被外来的竞争者所打破。

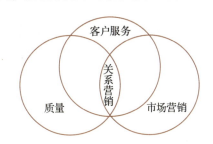

图 1-19　关系营销的定位

　　我们非常清醒地意识到关系营销的重要性，如何构建这样一个营销网络，是我们接下来要考虑的问题。

二、如何构建关系营销网络

　　简单地说，从营销角度看，构建关系营销网络需要做到以下几个方面。

　　（1）找到他。

　　（2）认识并熟悉他。

　　（3）与他保持联系。

　　（4）尽可能保证他想从我们这里得到和能够得到的全部（不仅是产品，还包括他在我们与他的业务活动中所要求的各个方面）。

　　（5）检查我们对他承诺的实现情况。

　　建立关系营销网络，首先应该考虑的是如何建立并维系与顾客之间的关系，最重要的是为顾客创造价值，使顾客满意度最大化，从而让顾客忠诚于企业，长久地维系彼此密切而友好的关系。如何建立强大的顾客纽带呢？贝里和帕拉苏拉曼提出了3种保持和建立客户关系的方法。

1. 增加财务利益

　　（1）频繁营销计划。以联盟共享模式向经常购买和大量购买产品的顾客提供奖励。

案例 1-20　　　　　　　　　**区块链＋积分联盟：重燃积分价值**

　　为了更好地做到联合促销，共同提高客户的忠诚度，我国很多企业开始大力推行商家之间的积分联盟方案。但因为存在跨行业、跨地域的壁垒，积分联盟在发展和推广的过程中遇到了诸多困难。比如，商家之间的积分清算流程复杂；积分的发行流程不透明，存在隐蔽性、缺失公信力；用户间的积分不共享，降低了积分的流通率和用户的消费兴趣等。针对这些发展问题，眼下，区块链技术毫无疑问是解决问题的首选。在这方面，凯撒（Caesar）公链为我们提供了一个解决方案。凯撒公链计划打造以联盟主体企业、积分运营服务商、积分联盟企业、消费客户四方共同组成的积分生态联盟。积分发行商可以在链上发行区块链积分，作为积分存兑及流通的价值凭证，联盟的商户可以依照其价格标准兑换区块链积分，商户也可以通过预充值方式兑换区块链积分。通过区块链技术，这个联盟将会在区块链上实现包括快发积分系统、积分交易验证、积分总量查询等在内的功能，并利用区块链的清结算体系实施即时准确的积分结算与积分回收，从而构建更符合用户需求的积分运营策略。

针对每个企业和商户提供去中心化的解决方案，企业或商户的终端消费者能够通过井通系统在市场上和平台上自由交易自己拥有的各类资产，包括商户的积分、电子凭证化的卡券、金融方面的债权、股票或者其他各种商品等。伴随着凯撒公链技术的不断完善和发展，会有越来越多的企业和个人加入凯撒公链所构建的区块链积分生态联盟中，在积分领域实现互联互通，为各方带来更大的价值。

资料来源：https://baijiahao.baidu.com/s?id=1675431317514514530&wfr=spider&for=pc.

（2）俱乐部营销计划。俱乐部成员可以因其消费行为自动成为会员，也可以通过购买一定数量的商品入会，还可以通过支付一定的会费从而成为会员。

案例 1-21   **什么是"会员制模式"**

提起"会员制"，有人会想到开市客（Costco）、山姆会员店等仓储式超市会员，有人会想到亚马逊Prime、京东PLUS等电商平台的付费权益会员，有人会想到星巴克星礼卡、招行掌上生活等积分会员，有人会想到优酷、爱奇艺等视频网站会员，还有人会想到校区门口的健身房、理发店会员……这么多的"会员制"，大致可以分为"免费会员"和"付费会员"两大类。

免费会员

用户获取会员身份，并不需要额外花钱。这种会员模式门槛低、覆盖广，经常被设计成"成长型会员"模式，最常见的就是"积分制"，即根据顾客累积的消费行为来区分不同的会员等级和权益。

付费会员

用户需要花钱获取会员身份，而且是限时的。这种会员模式门槛较高，主要针对一部分黏性高、要求高、复购率高，且有一定消费力的用户。它又可以细分为付费购买消费资格（如Costco、山姆会员店等）和付费购买权益（如京东PLUS、天猫88VIP等）两类。

除了上面两种，我们常见的还有一种"储值会员"，尤其在理发店、餐饮店、健身房、培训机构等服务行业居多。这种模式虽然也要花钱，但比较特殊，和"付费会员"有着很大区别。"储值会员"本质是一种消费金预存行为，钱还是顾客的，只是提前存在商家这边，承诺以后会用来消费。预存是为了获得返现、折扣等价格优惠，而非为了某种权益或服务额外支付溢价。这其实更像是某种"免费会员"。

现实中，商家经常会把上面的几种会员模式进行"打包组合"，设计出花样更多的会员规则。比如，星巴克既可以通过消费集星来实现会员升级，又可以通过花98元购买会员星礼包，获得赠饮券、折扣券，还可以通过储值后消费来实现会员升级加速。

资料来源：https://baijiahao.baidu.com/s?id=1705060598368881025&wfr=spider&for=pc.

2. 增加社交利益

公司员工通过了解顾客的个人需求和爱好，将公司的服务个别化、私人化。

案例 1-22　　　　**CVS ExtraCare：根据购买行为提供个性化优惠**

创建客户忠诚度对 CVS 的业务至关重要。ExtraCare 拥有超过 8 000 万活跃会员。美国每 4 个家庭中就有一个使用 ExtraCare。CVS 能够挖掘会员购买和人口统计数据，并将它们与内部研究（如在线社区、调查）配对，以提供个性化的优惠和营销传播。移动是 CVS 桥接数字和店内购物体验的好方法。客户可以下载 CVS 应用程序来管理他们的处方，订购照片，并查看 CVS 的步入式诊所的等待时间。CVS 应用程序的下载量超过 1 900 万。

资料来源：https://www.sohu.com/a/281522902_100280320.

---

3. 增加结构联系利益

公司可以向顾客提供某种特定设备与计算机联网，以帮助客户管理他们的订单、工资、存货等。

案例 1-23　　　　**Walgreens Balance Rewards：**
创造一种服务水平，让品牌始终处于首位

Walgreens Balance Rewards 拥有超过 1.5 亿注册会员和超过 8 500 万活跃会员，为其营销人员及其 CPG（快速消费品）合作伙伴提供丰富的数据。Walgreens 有一个应用程序，允许客户补充处方，监控他们的订单，使用他们的手机付款，并在 Balance Rewards 计划中赚取和兑换奖励。与星巴克应用程序一样，它是一款生活方式应用程序，让 Walgreens 始终与客户保持同一心。

资料来源：https://www.sohu.com/a/281522902_100280320.

此外，建立关系营销网络还包括建立并维系与供应商、分销商等其他合作伙伴的关系，具体内容包括以下几个方面。

（1）寻找具有相近价值和目标的合作伙伴。

案例 1-24　　　　　　**奶茶店与快餐店的合作："买快餐送奶茶"**

金老板开了一家快餐店，生意很冷淡，他原本准备做个活动，将原来卖 12 元的快餐，以 9 元的价格促销。贺老板在快餐店左边开了一家奶茶店，生意也很冷淡，他也准备做个活动，将原本卖 8 元的奶茶，以 6 元的价格促销。

为了吸引顾客，两位老板准备联合推出"买快餐送奶茶"的活动。首先，金老板对快餐单价进行调整，不是降价，而是涨价，从 12 元涨到 15 元，原本准备卖 9 元，现在卖 15 元就产生了 6 元的差价。其次，贺老板对奶茶单价也进行了调整，从 8 元涨到 10 元，原本准备卖 6 元，现在卖 10 元就产生了 4 元的差价。

有人会问，原价卖都卖不动以致生意冷淡，现在还涨价，不是更没人来了吗？确实，如果两家都各做各的，那离关门也不远了。但是今天是联合促销活动，所以玩法会与自己促销不一样。根据联合促销活动的原理，产品要让顾客直观地感觉到超值，从而产生消费行为，所以今天的活动是这样的：由快餐店打出宣传"进店就餐就送一杯 10 元的奶茶，每天仅限前 50 名"。（限 50 名并不是真正限制 50 名，而是给顾客一种紧迫感和稀缺感，从而促使顾客马上行动。）

从顾客的角度来看，反正要去餐馆吃饭，今天有机会免费获得10元的奶茶就是赚到了，可以尝试一下这家快餐店的口味，味道不错的话以后可以常来吃，因为优惠比其他店更大。

从店家的角度来看，快餐店原本是打算从12元降到9元，降价幅度太小，不能有效吸引顾客注意力，引流力度不够大，生意可能还是持续冷淡，现在卖15元送一杯10元的奶茶，能让顾客感受到超值的优惠，于是吸引了大量的顾客到店就餐，达到了原本促销以提高人气的目的，将6元的差价给到奶茶店，快餐店的盈利比原价12元的时候还高。由于每天有大量从快餐店过来的顾客领取免费的奶茶，奶茶店的人气也提高了，许多陌生顾客前来消费，但是这些顾客是原价购买奶茶的，营销中"有人气就有财气"说的就是这种情况。另外，奶茶店的赠品卡没有设置时间限制，所以也有些顾客是到了晚上下班之后才来店里，也会带动店里一些小吃的销售，总体算下来，贺总的奶茶店不仅利润没下降，比起原价8元的时候也高了不少。

资料来源：https://baijiahao.baidu.com/s?id=1710089837057462185&wfr=spider&for=pc.

（2）合作营销，即两个或多个商业组织之间共同销售彼此的产品而形成一种正式联系。

案例1-25　　　　　　　**葡萄嘭嘭：甘茶度与名仁的联合营销**

甘茶度创立于2013年，主打中式现制茶饮，凭借"原叶""现泡""布蕾"三大卖点，广受热爱"新茶饮"的消费群体的喜爱。名仁苏打水凭借在消费者心智树立起的"健康饮用水"的产品定位，广受关注"健康"的消费群体的欢迎。对于甘茶度和名仁来说，二者的消费群体虽有差异，但并不割裂。关注健康的消费群体可能同样喜欢新茶饮，热爱新茶饮的消费群体或许同样注重健康。通过"葡萄嘭嘭"这款产品，二者实现了互利共赢。

"葡萄嘭嘭"恰好在二者的消费群体之间搭起了一座"桥梁"，通过这款饮品，名仁苏

打水的消费群体会更多地尝试甘茶度，而甘茶度的消费群体也可能对名仁苏打水给予更多的关注。在产品的设计上，甘茶度改变了茶饮制作工艺，在葡萄果肉、紫苏叶、茉莉绿茶这一果茶基础上，将加入名仁零卡零糖气泡水作为饮品制作的压轴环节。一方面，这拓宽了甘茶度的研发道路，即使用预制饮料，丰富产品口感；另一方面，这也拓展了名仁的使用场景，即作为辅料，用作现制茶饮。

在活动的开展过程中，二者的渠道、资源互补优势也得以发挥。甘茶度以堆头的形式在门店展示名仁，名仁则将"葡萄嘭嘭"这一新品的信息发布在商超终端产品上。这使名仁在热门商铺得到推广，吸引现制茶饮消费群体的注意，同时也使甘茶度在快消渠道得到曝光，吸引即饮饮品消费群体的目光。

综合而言，通过这场联合营销，甘茶度和名仁苏打水不仅借力彼此，强化了各自市场的竞争优势，更将二者的竞争关系转化为合作关系，使品牌能够真正可持续地投射进彼此的消费群体。

资料来源：https://zhuanlan.zhihu.com/p/410660156.

（3）共享品牌，即两家或两家以上的企业把它们的名称紧密地结合起来用于单一的商品或服务销售。

案例 1-26　　　　　　**HAPI：哈尔滨啤酒与 3125C 的共享品牌**

随着街头潮流文化被越来越多的年轻消费者所喜爱，各大品牌对它也是青睐有加。作为一个擅长跨界更擅长"搞事"的品牌，哈尔滨啤酒在 2019 年就将触角伸向了街头文化和二次元世界，跨界打造出了全新厂牌"HAPI"。HAPI 的厂牌理念是将以硬核态度诠释街头精神，并与 3125C 推出一系列厂牌联名单品，HAPI 围巾、卫衣、帽子、T 恤以蓝白两色为主，以冰山作为设计的灵感，与哈尔滨啤酒品牌标识（Logo）相结合，看起来清凉且潮味十足。虽然与潮牌合作已不是什么新鲜的事情，但是提到潮牌，我们会第一时间与年轻消费群体相联系，HAPI 厂牌的推出无疑是哈尔滨啤酒对年轻消费者的示好。

资料来源：http://www.vmarketing.cn/index.php/index/NewsDetail/nid/36119.

（4）电子数据交换（Electronic Data Interchange，EDI），它是一种基于计算机的数据交换技术，合作伙伴之间就发票、订单等数据进行交换共享，这样做可以降低成本、提高效率和提升竞争力。

案例 1-27　　　　　　**德国麦德龙商场的 CRM（客户关系管理）系统**

产品查询需求对于客户来说是极为关键的，是客户需求的集中体现，因此企业在客户管理的同时要实现产品查询的同步，这一点从德国麦德龙商场的 CRM 系统中可以窥得一二。

德国麦德龙集团是一家贸易和零售集团，面对的消费群不是个人和家庭，而是通过会员制的形式，锁定具有批量购买能力的终端零售商和机关事业单位。它在 CRM 系统开发上拥有强大的数据分析技术，同时在 CRM 系统应用中，通过对客户数据和商品销售情况及库存数据进行管理和控制，使企业能根据历史资料自动预测销售、制订采购计划，产生订单，CRM 系统能够为企业经营提供全面的决策支持，也为开展全面的客户关系管理提供了强有力的信息支持。通过客户关系系统实现对整个商场的高度整合很大程度上促成了麦德龙的成功。

CRM 系统是为人所用的，因此在人与系统协调上要尤为注重。人工与 CRM 系统的充分协调配合，使得麦德龙现购自运制商场的客户市场部门以 CRM 系统为支撑，市场开发部门能够为专业客户提供高质量的商品及服务，实现企业与专业客户共同发展，从而创造企业与客户的"双赢"。

此外，麦德龙 CRM 系统还体现出：企业 CRM 系统实施需要建立稳定的信息渠道，通过电话拜访、咨询员专访、邮寄麦德龙邮报、信件联络、客户交流会等形式促进信息反馈，了解市场，修正企业经营策略和管理决策。

资料来源：https://www.weidianyuedu.com/content/5017799778118.html.

（5）战略联盟，它是一种为了创造竞争优势而形成的伙伴关系。

案例 1-28　　　　　　**漾美助力海尔智家生态：发力智慧家庭全场景**

2021 年 7 月 21 日下午，家电行业的首个场景品牌、海尔智家旗下的"三翼鸟"在于广州举行的中国建博会上，与高端家居设计品牌漾美集团举行了战略合作签约发布仪式。

三翼鸟隶属于海尔智家，但是它却不只代表家电，还涉足家装与智慧家庭领域。与传统家电品牌卖产品不同，三翼鸟提供的不只是冰箱、洗衣机、空调，在三翼鸟阳台，除了洗烘联动，还能健身、喝茶、养宠物；在三翼鸟衣帽间，12分钟搞定全身穿搭；在三翼鸟厨房，3步做出北京烤鸭；在三翼鸟卧室，空调主动监测室内空气质量开启新风……此外，三翼鸟还通过连接家装、建材、家居等各领域资源方，从设计、施工到家电家居配套一站全包，可实现旧房升级最快3天焕新阳台、7天焕新厨房、7天焕新浴室。

随着经济社会的高速发展，国人的生活水平不断提高，家的呈现早已不只是吃饱、穿暖、有房住……根据2020年12月发布的《天猫家装行业消费趋势洞察报告》，现在人们对家装的诉求，表现出全屋定制、个性多元等特征。

发布会上，三翼鸟总经理李远海与漾美集团总裁郑晓娟共同签署战略合作协议，双方将着眼于未来，在品牌联盟、产品设计与研发等方面开展深入的战略性合作，实现跨行业的双赢。三翼鸟总经理李远海在签约仪式上介绍了三翼鸟所打造的智能家居场景，他表示，非常期待与漾美集团深度合作，共同创造一个美好、智能的未来家居场景。

资料来源：https://new.qq.com/rain/a/20210721A0D2UF00.

构建关系营销网络的手段多种多样，但是不管用什么合作方式，或者和哪一个合作伙伴建立并维系关系，都需要遵守如下准则。

- 共存共荣——双方获利。
- 互相尊重——和谐一致，富有人情味。
- 诚恳守信——坦诚相待。
- 目标明确——在合作关系建立前有明确的目标。
- 长期合作——不基于短期优势，基于长期机会。
- 了解对方——深入了解对方的文化背景。
- 最佳合作——双方为最佳合作状态而努力。
- 经常沟通——及时解决问题，消除误会。
- 共同决策——不强加于人，双方自愿。
- 长期延续——关系长期延续。

　　关系营销在实际经营活动中有着非常重要的现实意义，这一点是毋庸置疑的，构建和谐的关系营销网络是企业营销的重中之重。随着互联网技术的飞速发展，网络营销所带来的宝贵的发展契机更为企业营销注入了新的活力。从现实走向虚拟，建立在诚信基础上的客户关系日益凸显它的重要作用。

🌀 关键词

市场	市场营销	顾客满意	顾客认知价值
总顾客价值	总顾客成本	顾客终身价值	关系营销

🌀 本章小结

　　1. 追溯营销的实质，我们应该关注两个问题：①为什么要进行交换？②交换是如何产生、完成和被避免的？

　　2. 市场属于商品经济的范畴，它以商品交换为内容，是企业营销活动的出发点和归宿。

　　3. 营销是个人和集体通过创造，提供出售，并同别人自由交换产品和价值，以获得所需所欲之物的一种社会过程。

　　4. 关系营销旨在与经营活动中的关键者（顾客、供应商、分销商和其他合作伙伴）建立令人满意的长期相互关系，它不只是要与顾客建立关系，也要和关键的合作者建立良好的关系以赢得和维系业务。

　　5. 整合营销的两大主题：一是需要通过不同的营销活动来传播和传递价值；二是以合作效益最大化来调整不同的营销活动。

　　6. 顾客认知价值是指预期顾客评价一个供应品和认知值的所有价值与所有成本之差。

　　7. 总顾客价值是顾客从某一特定供应品中期望的由一组经济、功能和心理利益组成的认知货币价值。

　　8. 总顾客成本就是在评估、获得、使用和抛弃该市场供应品时所产生的一组顾客预计费用。

　　9. 顾客终身价值指的是每个购买者在未来可能为企业带来的收益总和。它描述了基于顾客终身价值预期的未来利润产生的价值，通过预期收入减去用来吸引和服务顾客以及销售所花费的预期成本来计算。

　　10. 价值共创是指以个体为中心，由消费者与企业共同创造价值，主要可以分为生产领域的价值共创和消费领域的价值共创。基于"价值共创"的经营理念，企业营销战略必须以消费者利益为中心，与消费者共创价值。无论市场环境如何变化，消费者既是营销的起点，也是营销的终点，企业对消费者的洞察与把握是营销的原点。

🌀 思考题

　　1. 阐述现代市场营销的发展历程。

　　2. 简述企业经营哲学的演进，即 5 种观念。

　　3. 为什么要为顾客创造价值？

4. 如何构建关系营销网络?

5. 几个大学生想合伙在学校的大学生活动中心开一家咖啡厅,以优雅的环境和独具特色的服务来吸引师生光顾,甚至别出心裁地辟出自习区。请结合有关知识分析他们的做法是否可行。

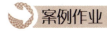 **案例作业**

抖音与快手,谁会成为短视频第一

各大派系相继竞争

近年来,我国各大互联网巨头纷纷入局短视频行业,目前我国短视频行业竞争派系有字节跳动系、快手系、B站系、腾讯系、百度系、阿里系、新浪系、美图系、网易系和360系(见图1-20)。其中,当前最火的两大短视频平台,抖音属于字节跳动系,快手属于快手系。

图 1-20 中国短视频行业不同派系竞争情况

资料来源:前瞻产业研究院整理。

抖音、快手稳居第一梯队

虽然我国短视频行业派系众多,但企业市场格局相对稳定。位于第一梯队的是抖音和快手,两者活跃用户规模约占整体的56.7%;字节跳动旗下的西瓜视频、抖音火山版,百度旗下的好看视频,腾讯旗下的微视处于第二梯队,活跃用户规模占整体的24.9%;爱奇艺随刻、波波视频、快手极速版等短视频app处于第三梯队,活跃用户规模占整体的12.4%(见图1-21)。

横向比较抖音和快手这两大巨头,

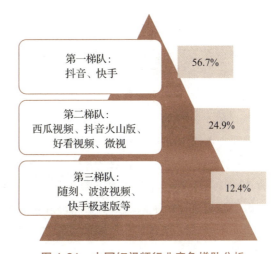

图 1-21 中国短视频行业竞争梯队分析

资料来源:中国网络视听节目服务协会、前瞻产业研究院整理。

到底谁会成为短视频界的第一呢？

1. 产品定位：抖音中心化与快手去中心化

快手成立时间较早，2012 年由"GIF 快手"转型成短视频社区，快手的口号是"记录世界记录你"，反映出其去中心化的产品定位和流量分发模式。其视频内容主要为记录日常生活，内容创作者以普通人为主，社交属性强，长尾用户的视频有更多的曝光机会。

与之相反，抖音则是走"中心化"的发展路线，最初产品的口号为"专注新生代的音乐短视频社区"，将用户群体聚焦在都市年轻人上，迎合了现代年轻人追求个性、酷炫、好玩儿的生活态度。2018 年 3 月，抖音将口号改成了"记录美好生活"，贴近快手，意欲扩展普罗大众的用户群体。从目前的发展来看，抖音的美颜滤镜、搞怪贴纸以及 VR 特效，搭配节奏感强的"魔性""抓耳"的音乐，使得它相比快手，更具"潮""个性化"特色。

围绕不同的平台定位，两款产品在产品入口、交互设计、搜索功能、消息页面等的设计上均有差异。总的来说，快手 app 风格更加"平民化"，视频内容更加真实、多样化，容易让观众产生共鸣，有助于形成认同感和强烈的社区凝聚力；而抖音的内容更加新潮、个性化，在抢眼的同时，热门内容又具备较高的相似性和重复性，因而观众仅会关注少数 KOL（关键意见领袖），用户彼此之间的关联较弱。

2. 用户画像：抖音定位一、二线时尚青年，快手采用农村包围城市战略

快手和抖音不同的产品定位，使得两款 app 的用户群体有着较为显著的差异。企鹅智酷发布的《快手＆抖音用户研究报告》显示，首先从用户男女比例来看，抖音用户中，女性占比更高，达到 66%，男性用户占比仅为 34%；而快手的男女用户比例则相对协调，女性用户占 57.8%，男性用户占 42.2%。

其次从用户分布区域来看，快手用户位于一线城市的比例显著低于抖音，一线城市用户占比为 9.5%，一、二线城市用户合计占比 38.8%，三、四线城市用户合计占比高达 61.2%，其"农村包围城市"战略收获了大量三、四线城市用户；而抖音一线城市用户占比为 11.4%，一、二线城市用户合计占比达到 45.3%，较快手高出 6.5 个百分点。这与抖音"年轻""潮流"的产品定位和主打风格息息相关。同时，早期抖音的团队深入全国各地艺术院校，挖掘高颜值的年轻人为平台生产内容，并帮助他们获取粉丝。这批种子用户的调性气质，给抖音社区贴上了"酷""潮"的标签，并吸引了与之兴趣、风格相似的用户。

从抖音和快手用户的收入、学历分布情况来看，抖音用户收入、学历更高，消费能力较强。数据显示，在低收入段（月收入在 3 000 元以下），抖音、快手用户分布情况相差不大，但在较高收入段（月收入在 8 000 元以上），抖音用户占比为 14.7%，而快手用户占比为 12.4%（见图 1-22）。在学历方面，快手用户分布较为均衡，高中以及本科及以上用户占比最高，分别为 32.8%、31.9%，而抖音用户则较为集中在本科以及以上学历（见图 1-23）。

3. 变现模式：快手依赖直播收入，抖音倚重流量变现

目前，我国短视频平台已经形成了广告变现、内容付费、电商导流和平台分成等四大商业盈利模式。其中，抖音凭借其庞大的用户群和基于算法的流量分发系统，能够更高效地触达目标客户，从而拥有更好的线上广告变现能力。而快手则介入直播业务，凭借短视频流量导入和更具生活化的内容，在直播界异军突起。

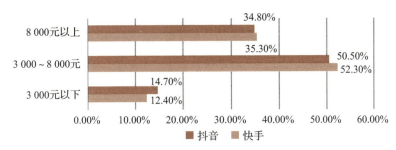

图 1-22 抖音、快手用户收入占比情况

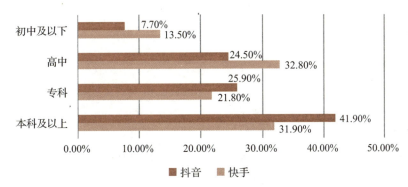

图 1-23 抖音、快手用户学历占比情况

据 QuestMobile 数据显示，2020 年 6 月，抖音月活跃用户数达到 51 336 万人，快手月活跃用户数达到 42 975 万人；二者用户活跃率分别为 57.5% 和 50%。在月人均使用时长上，抖音月人均使用时长达到 1 569.5 分钟，快手则为 1 162.6 分钟；二者活跃用户 7 日留存率均在 80% 以上；卸载率均低于 10%（见表 1-4）。

表 1-4 抖音、快手运营情况对比分析

指标	抖音	快手
月活跃用户数 / 万人	51 336	42 975
活跃率（%）	57.5	50
月人均使用时长 / 分	1 569.5	1 162.6
活跃用户 7 日留存率（%）	87.2	82.9
卸载率（%）	6	8.1

数据来源：QuesMobile、前瞻产业研究院整理。

综合来看，抖音和快手在功能定位、流量分发、内容创作等方面各有侧重，各具特点。抖音目前在月活用户数量上略胜一筹，营销体系完整，广告收入优势明显；而快手通过短视频流量导入和隐蔽的直播电商方式，在直播业务上的成功抖音也难以复制。短视频行业的竞争越发激烈，平台之间"此消彼长"，抖音和快手谁会成为最后的"短视频霸主"，我们可以拭目以待。

资料来源：https://bg.qianzhan.com/trends/detail/506/210114-b02cb067.html；http://www.360doc.com/content/19/1209/09/654 79975_878435297.shtml.

讨论题

1. 查阅相关资料，分析抖音和快手的竞争为它们带来了怎样的回报。

2. 查阅相关资料，列出抖音在市场中采取的营销策略。

3. 如果你是快手的总裁，你会采取怎样的营销策略对阵抖音？

参考文献

［1］科特勒，凯勒. 营销管理：第 12 版［M］. 梅清豪，译. 上海：上海人民出版社，2006.

［2］布恩，库尔茨. 当代市场营销学：第 10 版［M］. 赵银德，张璐，周祖成，等译. 北京：机械工业出版社，2003.

［3］甘碧群. 市场营销学［M］. 3 版. 武汉：武汉大学出版社，2006.

［4］王方华，顾锋. 市场营销学［M］. 上海：上海人民出版社，2007.

［5］崔蕾，方青. 市场营销经典模式［M］. 北京：经济科学出版社，2004.

［6］闫涛蔚，郝渊晓，梁文玲，等. 电子商务营销［M］. 北京：人民邮电出版社，2003.

［7］邵兵家，于同奎. 客户关系管理：理论与实践［M］. 北京：清华大学出版社，2004.

第二章
制定营销战略规划与营销计划

内容提示

在树立了科学的营销理念后，下一步就是制定营销战略规划和营销计划的过程。可是一份完整的营销计划具备哪些内容才算完成？撰写一份完整的营销计划的步骤及相关注意事项有哪些？我们应该如何规划制定以市场为导向的企业营销战略呢？带着这些疑问让我们开始本章的学习，以便对企业战略相关问题有初步了解并且能够为企业撰写一份结构完整的营销管理计划书。

专业词汇

企业战略（Enterprise Strategy）

战略业务单位（Strategic Business Unit）

总体战略（Overall Strategy）

经营战略（Business Strategy）

职能战略（Functional Strategy）

竞争优势（Competitive Advantage）

公司使命（Enterprise Mission）

业务投资组合（Business Portfolio）

密集型增长战略（Intensive Growth Strategy）

营销战略（Marketing Strategy）

营销观念（Marketing Concept）

市场细分（Market Segmentation）

目标市场（Target Market）

定位（Positioning）

差异化（Differentiation）

产品生命周期（Product Life Cycle）

营销组合（Marketing Mix）

定位/差异化战略（Positioning/Differentiation Strategy）

市场进入/退出决策（Market Entry/Exit Decision）

一体化增长战略（Integration Growth Strategy）

多样化增长战略（Diversified Growth Strategy）

SWOT 分析（SWOT Analysis）

开篇案例

从小米生态链看物联网投资机遇

"5 年投资 100 家生态企业"，雷军不仅兑现了当年的豪言壮语，还超额完成了。小米集团

2021 年第二季度财报显示，小米当前投资生态链企业超 330 家，账面价值达 579 亿元，同比增长 57.3%。2021 年，小米正式进入第二个 10 年，从互联网思维、做超高性价比手机的终端公司，向物联网航空母舰转型，先后进行供应链、产业链、

场景链的布局。此外，从 2021 年宣布造车后，小米在个人物联网、家庭物联网、车联网、卫星互联网这四大物联网场景的布局也初步成型，小米的物联网生态圈不断扩大。

　　小米构建生态的驱动力：手机已是红海市场，需要快速布局物联网智能硬件入口。作为生态构建者，小米的三大长板是手机、MIUI 生态系统和云服务。小米从"手机 +AIoT（人工智能物联网）"战略出发，以手机为支柱，MIUI 为核心，云服务为桥梁，链接多个产品和应用。小米通过对生态链企业进行供应链赋能、线上线下营销渠道赋能、资本赋能以及 IoT（物联网）开放平台赋能，构建利益共享生态共同体；通过多款智能家居产品及米家 app，有品线上商城和小米之家线下商场触达近 4 亿用户。小米还通过小米社区与"米粉"零距离对话，增强用户品牌忠诚度，构建了一个"小米 + 生态链企业 + 用户"的生态圈。

　　物联网生态构建正当时，四类玩家走向竞合。一是谷歌、华为等 ICT（信息通信技术）巨头，以操作系统为长板、云平台 +AI 为控制点，打造开放生态。二是主流手机厂商苹果、小米等，以手机为长板，构建周边 IoT 生态。三是涂鸦智能等新型物联网厂商，以 IoT 云平台为控制点，构建 IoT 应用生态。四是垂直行业玩家，以智能终端设备或行业解决方案为长板，通过向云平台延伸，构建行业应用生态。物联网是非常复杂的生态系统，横向涵盖所有行业，纵向贯穿端、管、云等所有环节。小米在物联网领域的生态战略首先是横向选择和确定主攻的场景，其次是通过生态合作，实现纵深上的能力、竞争力和市场格局、盈利模式。

　　物联网时代，边缘侧通信迎来快速发展期。小米重点布局芯片、模组、小基站移动。固定场景下的通信网络价值过去是 8∶2，随着物联网的发展，数据和智能下沉到边缘和端，固定场景下的通信网络价值将会加大。小基站作为宏站补充，重点解决室内信号覆盖问题，有望成为继 5G 宏站后的重要投资机会。在模组领域，小米没有投资传统的通信模组公司，而是把目光放在了 eSIM 上。在新的连接技术上，小米是 UWB（超宽带）主要推动联盟 FiRa 的成员。目前 C 端消费场景应用 UWB 技术的厂家主要也是手机厂商和汽车电子厂商。5G 的云化架构将颠覆整个产业链格局。技术更迭，给新技术公司带来了爆发式成长的机会。

　　如前所述，云应用服务向家、车、天场景延伸，相关厂商迎来新机会。而从智能单品走向全屋智能，小米具备先发优势——小米智能家居，可以进行布局，进而全面覆盖，向全屋智能演进。小米公司早在 2013 年就部署了 IoT 平台战略，目前已成为全球领先的消费类智能家居厂商。从 IDC 统计的智能家居厂商出货量份额来看，排名前三位的是小米、美的和海尔，小米以 16.3% 的份额占据市场份额第一。家庭互联场景中连接规模为王，小米通过低价硬件策略，快速布局智能家居，有望成为规模化推动全屋智能化的领先厂商。

　　商业航天迎来高速发展期，头部企业受青睐。轨道资源稀缺，卫星互联网长达 9 年爆发

期来临。小米布局商业航天头部企业，实现卫星制造、发射、运营全面覆盖。2021年6月，雷军在回答记者对于小米进军商业航天时表示，小米自身目前不会参与商业航天的业务。但雷军同时也表示，小米作为一家智能手机厂商，也在参与对未来6G的规划，有可能为小米未来的卫星互联网领域业务的发展做准备。

汽车行业开启电动化、智能化、网联化的"三化时代"，消费者对车的需求从单纯的出行场景变成多场景的融合。行业的核心控制点逐步从生产制造向软件和应用服务转移。硬件可插拔、软件可升级将是智能汽车的重要标志，小米作为具备深度软件和互联网运营能力的厂商，此时入局智能汽车具备独特优势。

科技日新月异，哪怕在以往的领域做得再出色，企业也需要顺应潮流做出改变。小米的战略转型就做出了良好示范，它在供应链、产业链、场景链以及个人物联网、家庭物联网、车联网、卫星互联网这四大物联网场景的布局，不仅形成，而且不断扩大自己的物联网生态圈。小米生态也折射出物联网的发展，值得关注。

资料来源：国金证券的报告《从小米生态链看物联网投资机遇》，作者罗露，2021年9月12日。

作为营销经理，在树立了科学的营销理念后，下一步就是要根据企业的战略规划来制定营销战略规划和具体的营销计划。那么，对企业总体战略有清晰的认识，制定符合企业整体战略目标需求的营销战略并有效实施，成为成功营销经理的必备技能。一般来说，一个企业的战略体系包含四个层级（见图2-1），营销战略属于其中的第三层级，它一方面受企业总体战略的影响，另一方面也会反过来影响企业总体战略。

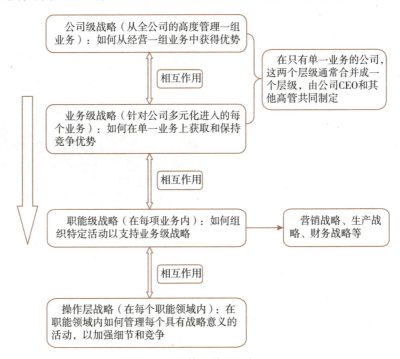

图 2-1　企业战略体系层级

资料来源：汤普森，彼得拉夫，甘布尔，等. 战略管理：概念与案例：第19版［M］. 蓝海林，黄嫚丽，李卫宁，等译. 北京：机械工业出版社，2015.

第一节　如何制定和实施企业战略规划

　　企业的最高管理层通过确定公司使命、建立战略业务单位、制定业务投资组合、规划增长战略等一系列的活动为企业的各个部门和业务单位奠定行动的基础。公司战略一经制定，往往代表着公司长远的发展方向，但并不代表不会改变，尤其在互联网经济时代，很多大型公司也不得不根据瞬息万变的经济形势调整整个公司战略。管理者们规划本企业的战略遵循着一系列的步骤，通过对一系列情况的分析，最终建立自己的战略体系。

一、确定公司使命

　　公司使命是一个企业进行战略规划的逻辑起点，也是一个组织安身立命的根本。许多组织通过制定"使命说明书"（Mission Statements）来让它们的经理、员工和特殊场合下的顾客共同负有使命感，引导着广大而分散的员工各自但是又一致地朝着同一个组织目标而工作。一份有效的使命说明书至少应该向公司的每个成员明确地阐明以下几方面的内容：企业产品或者服务的内容、企业的市场在哪儿、用户是谁。更完整的使命说明书还包括企业对技术秉持的信念、经营宗旨、自我形象、对员工的态度以及对社会的态度。

案例 2-1　　　　　　　　　　　　**永辉尝试战略转变**

　　上市 11 年，永辉超市第一次交出如此差的成绩单。2021 年前三季度，营收和利润双降，录得亏损 21.78 亿元。21 年前，从福建起步的永辉，以生鲜为特色，在国内市场攻城拔寨，成为国内商超行业的优等生。然而，随着零售行业的持续变革，公司踩空新零售，加之社区团购、会员超市等新业态的冲击，永辉超市站上了又一

个十字路口。2021 年以来，永辉超市做出人事等多项战略调整，技术出身的李松峰出任 CEO，公司的战略也由"永辉科技"变为"科技永辉"，宣称要将永辉超市打造成"以生鲜为基础，以客户为中心"的全渠道数字化零售平台。

　　李松峰上任后不久，就着手调整组织构架。公司延续多年的战区模式被打破，改为总部平台直管、省区总经理负责的新型组织架构，强调扁平化、年轻化和灵活性。2021 年的永辉中报和三季报中，首次出现研发费用，分别为 1.01 亿元和 1.93 亿元，对研发的投入正在逐步加大。李松峰坦言，永辉所有的调整，都是为了下一个十年规划。这是一条漫长的路。

　　资料来源：一鸣网文章《失血的永辉，凭何反击？》，2021-12-07。

案例 2-2　　　　　**腾讯的企业使命：用户为本，科技向善**

　　1998 年，腾讯成立，总部位于深圳，2004 年于香港联合交易所上市。腾讯目前有六大业务群，即微信事业群、平台与内容事业群、云与智慧产业事业群、企业发展事业群、互动娱乐事业群和技术工程事业群。

　　大家最熟悉的腾讯产品是微信和 QQ。微信事业群的业务主要为搭建和运营微信生态体系，依托微信基础平台，微信公众号、小程序、微信支付、企业微信、微信搜索等开放平台，为各行各业的智慧化升级提供解决方案和连接能力，同时开发和运营包括邮箱、通讯录、微信读书等在内的产品。

　　平台与内容事业群推进互联网平台和内容文化生态融合发展，整合 QQ、QQ 空间等社交平台，应用宝、浏览器等流量平台，以及新闻资讯、视频、体育、直播、动漫、影业等内容平台，为内容生态创造更好的生长环境。同时，该事业群以技术驱动，推动 IP 跨平台多形态发展，为更多用户创造多样化的优质数字内容体验。

　　云与智慧产业事业群旨在推进云与产业互联网战略，依托云、安全、人工智能等技术创新，打造智慧产业升级方案。探索用户与产业的创新互动，打通产业上下游不同企业，联动线上线下的场景与资源，助力零售、医疗、教育、交通等产业数字化升级，同时协助企业更智能地服务用户，构建连接用户与商业的智慧产业新生态。

　　腾讯说过，想成为"中国的伯克希尔－哈撒韦"。它的企业发展事业群就负责执行这一企业使命，主要为公司孵化新业务和探索新业态。企业发展事业群的业务包括基础支付、金融应用等金融科技业务，以及广告营销服务和国际业务等领域的发展和创新。同时，作为专业支持平台，该事业群为公司及各事业群提供战略规划、投资并购、投资者关系及国际传讯、市场公关等专业支持。

　　互动娱乐事业群主要发展网络游戏、电竞等互动娱乐业务，打造从策划、研发、发行到运营及营销的垂直生态链，并通过在线游戏、直播和线下电竞赛事联动用户，提升总体游戏体验。

　　技术工程事业群为公司及各事业群提供技术及运营平台支持、研发管理、数据中心的建设与运营，并为用户提供全线产品的客户服务。作为运营亚洲最大网络、服务器集群和数据中心的事业群，它牵头腾讯技术委员会，通过内部分布式开源协同、加强基础研发、建设技术中台等措施，支持业务创新。

2019年11月，腾讯发布了"科技向善"的新愿景，确定公司使命为"用户为本，科技向善"。腾讯宣称一切以用户价值为依归，将社会责任融入产品及服务之中；推动科技创新与文化传承，助力各行各业升级，促进社会的可持续发展。

国人希望，作为中国优秀民营企业代表的腾讯可以牢记自己对社会做出的承诺，履行使命，用创新的产品和服务提升全球各地人们的生活品质。

资料来源：腾讯官网，https://www.tencent.com/zh-cn/about.html#about-con-6。

二、建立战略业务单位

很少有公司一直就经营一项业务，对于一个企业来说，一项业务应该被看成是一个顾客生产过程，企业可以通过顾客群、顾客需要和技术来确定其业务领域。对于一个经营着多项业务的公司来说，它会为每一项业务制定自己的战略，这个针对具体某一项业务的战略便是战略业务单位。

一个战略业务单位一般具有三个特征：第一，它是一项独立的业务或者是由一系列相关的业务组成的集合体，但是在制订工作计划的时候是独立于公司的其他业务的；第二，相对于其他业务，它有其自身的竞争者；第三，有自己独立的管理层，他们负责本战略业务单位战略计划的制订、利润及业绩的提升。

案例2-3　　　　　　　　　　　**维旺迪集团的业务组合**

2021年夏，北京环球度假村的话痨威震天火了，它的各种怼人与被怼，为苦度夏日的人们带来欢乐。环球度假村隶属环球影视娱乐公司，和迪士尼一样都是世界知名的主题公园。

环球影视娱乐公司是法国跨国媒体集团"维旺迪"（Vivendi）的业务集团之一。维旺迪的前身是创建于 1853 年的通用水务公司，1983 年起涉足通信和传媒业，2000 年 12 月并购 Canal＋电视网、环球影业等，成立维旺迪环球娱乐（Vivendi Universal Entertainment）。目前其主要业务分为五大块：影视、出版、音乐、电信和网络。维旺迪环球集团是仅次于美国在线时代华纳的世界第二大网络集团，旗下主要公司有：Canal＋，欧洲最大的付费有线电视台；环球影视公司，世界第二大传奇影视和娱乐节目生产商；哈瓦斯（Havas），世界著名的出版、新闻和多媒体从业商；环球音乐集团，全球第一大音乐集团；Cegtel，法国著名私营电信公司；维旺迪网络（Vivendi.net），通过 Vizzavi 多通道门户网站提供服务。

三、制定业务投资组合

企业的资源不是无限的，在确定了战略业务单位后，最高管理层及总体战略中心需要考虑怎样在这些战略单位中分配资源才是最有效益的。有两种最著名的投资业务组合评估模型可以帮助我们：波士顿矩阵法和通用电气公司法。

（一）波士顿矩阵法

波士顿矩阵是由美国著名的管理咨询公司波士顿咨询公司提出的，运用"市场增长率－相对市场份额矩阵"（见图 2-2）来评价和分类企业所有战略业务单位的模型。

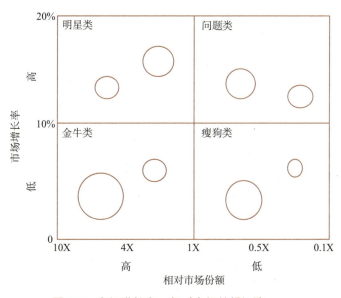

图 2-2　市场增长率－相对市场份额矩阵

从图 2-2 中可以看出，矩阵的横坐标表示相对市场份额，即各个战略业务单位的市场份额与该市场上的最大竞争者的市场份额之比。10 表示该公司战略业务单位是市场的领导者，并且其销售额是占据市场第二位置的企业销售额的 10 倍。而 0.1 则表示该战略业务单位的销售额仅占市场领导者销售额的 1/10。纵坐标表示的是企业在一定时期内（通常为 1 年，也可以是半年或者 1 个季度）销售额增长的百分比，即市场增长率，通常用 10%来划分高增长率与低增长率。矩阵中的圆圈表示企业的战略业务单位，企业有多少战略业务单位就有多少个圆，而圆的面积则表示各业务单位销售额的多少。

矩阵将公司的业务划分为四类，具体如下。

第一类：市场增长率高，相对市场份额低的业务，即问题类业务。

第二类：市场增长率和相对市场份额都高的业务，即明星类业务。

第三类：相对市场份额高，市场增长率低的业务，即金牛类业务。

第四类：市场增长率和相对市场份额都低的业务，即瘦狗类业务。

企业在对业务进行分类后的下一步工作便是确定每个业务单位的战略、目标和预算。企业可以针对不同的业务单位采取不同的战略：发展（适用于有潜力成为明星类业务的问题类业务）、维持（适用于较强大的金牛类业务）、收割（适用于处境不佳的金牛类业务，同样也适用于问题类业务和瘦狗类业务）、放弃（适用于拖公司后腿的瘦狗类业务和问题类业务）。

（二）通用电气公司法

通用电气公司法是美国通用电气公司在市场增长率－相对市场份额矩阵的基础上，通过加入其他因素发展成"多因素业务经营组合矩阵"（见图 2-3）来对企业战略业务单位进行分类和评价的方法。

通用电气公司法认为，企业在分析和评定其战略业务单位的时候，主要根据两个变量，从图 2-3 中我们可以明确地看到这两个变量是市场吸引力和竞争能力。纵坐标表示市场吸引力的大、中、小，横坐标则表示竞争能力的强、中、弱。圆圈的位置代表战略业务单位的市场吸引力和竞争能力状况。市场吸引力取决于市场大小、市场年增长率、历史利润率、竞争强度，以及社会、政治、法律等因素，而竞争能力则取决于该业务单位的产品质量、品牌影响力、促销能

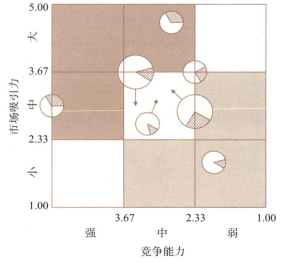

图 2-3　多因素业务经营组合矩阵

力、生产能力、产品成本、研发能力、市场占有率等一系列因素。这两个变量的数值则是通过对影响这两个变量的每个因素分等级打分（最低为 1 分，最高为 5 分），然后给出权重计算加权值加权累计得出的；圆圈的大小代表每个战略业务单位所在行业市场的大小，圈内阴影部分则表示该业务单位的市场占有率。

在确定了业务单位在矩阵中的位置后，企业便可以针对不同位置的业务单位采取不同的战略。具体针对什么样的业务采取什么样的战略可以参照图 2-4。

图 2-4　战略参照图

案例 2-4

小米造车，彻底告别"轻资产"模式

2021 年 3 月 30 日，小米集团发布公告，成立全资子公司，进军智能电动汽车市场。市场最关心的是什么？2 月，花旗集团针对小米造车曾发布一份研究报告，报告称，对小米这样的轻资产互联网公司来说，造车会带来不小的风险。简单来说，如果小米真的把一部分资金和资源拿去造车，那就意味着小米从轻资产模式转向重资产模式，市场对小米"互联网公司"的估值模式可能需要随之修正。

花旗认为，造车远比制造智能手机要复杂得多，供应链也更长，但小米貌似还没有搭建起这样的供应链。而且，造车属于重资产业务，将会消耗大量资源，同时带给公司长期的财政负担，对当前公司的盈利能力可能会带来影响。那么小米打算如何造车呢？是打算真的深入制造业一线造车，还是把新能源车纳入小米的生态系统中呢？花旗当时猜想，小米可能把新能源车纳入公司已经搭建起来的物联网系统之中，而非真的去造车。小米曾经和戴姆勒合作搭建车内 AI 声控助手，而且也在过去数年中投资了一些汽车企业。因此，和一些公司以及旗下附属公司合作共同搭建汽车使用的物联网系统是小米进军新能源车的可能方向。花旗认为，这种策略对小米估值、市场预期的冲击较小。

小米到底怎么造车？一位知情人士称，小米计划未来 3 年投资约 1 000 亿元人民币（约 150 亿美元）生产电动汽车，小米将自行出资设想金额的约 60%，并计划为其余款项进行融资。但截至 2020 年底，小米智能手机生产商的现金及现金等价物不到 1 000 亿元。这位知情人士表示，小米将把汽车组装外包给合同制造商，也就是其智能手机所使用的模式。该知情人士还称，小米没有选择老牌汽车制造商的计划。

资料来源：华尔街见闻，2021-03-31。

四、规划增长战略

在对当前的业务进行评价之后，便可知道当前企业总的销售额和总利润。但是总体战略还涉及企业未来发展的问题。企业的实际情况往往会和目标有差距，我们通常将这种差距叫作战略缺口（见图2-5）。企业可以通过三个途径来弥补这个缺口。这三个途径分别是：第一，寻找密集型增长机会；第二，寻找一体化增长机会；第三，寻找多样化增长机会。

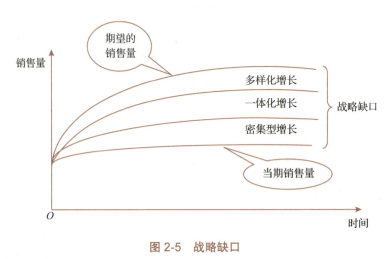

图 2-5　战略缺口

（一）密集型增长战略

企业审视某业务自身是否存在改进的空间，如果有，企业便可以在现有的业务领域里寻找未来发展机会。根据安索夫的产品－市场矩阵（见图2-6），企业可以采取以下几种具体的战略来实现密集型增长。

图 2-6　产品－市场矩阵

（1）市场渗透战略。它是企业通过各种方式使现有产品在现有市场上获得更多的市场份额的一种战略。采用这种战略的公司，通常会借由促销或者提升服务品质等方式来说服同类产品的消费者改用自己品牌的产品，或者说服消费者改变使用习惯，增加消费量等。

案例 2-5

安德玛的市场渗透

　　首先，安德玛可以考虑在当前市场区域增加新商店，使顾客更容易选购消费。其次，安德玛可以通过改进广告、价格、服务或店面设计，吸引更多消费者驻足。比如，安德玛与"巨石"道恩·强森（Dwayne Johnson）的合作，就产生了良好的效益。据称，由于这位动作影星、前职业摔跤手与安德玛的品牌个性极其契合，因此双方合作推出的联名产品均获得了热烈的市场反应。例如，安德玛与道恩·强森的联名摇滚运动鞋发布时，不到30分钟就被抢购一空，另一款联名针织运动鞋上市后也同样受到热捧。

　　资料来源：根据互联网资料整理而成。

　　（2）市场开发战略。它是企业为现有的产品开发新市场的一种战略。

案例 2-6

安德玛的市场开发

　　安德玛管理层可以考虑市场开发的可能性，即为现有产品开发新的市场，如新的地理市场。如今安德玛在美国以外市场迅速扩张，如在日本、加拿大和欧洲、拉丁美洲都加快了扩张的步伐，对中国市场的开发也在快速进行中。

　　安德玛管理层还可以重新审视人口统计细分市场，如鼓励女性群体购买更多产品。女性购买运动装备时有诸多考量。首先，要好看，色彩、款式要有特色；其次，性能也不能马虎；最后，女性消费者还希望选择在运动中起到保护作用而且方便运动的产品。

　　在颜值过关的前提下，女性运动产品要做到够专业，确实是比较难的。市面上很多产品的外观和性能都是鱼与熊掌不可兼得。安德玛中国针对女性对于运动装备的偏好，推出了一系列产品，大力开拓这一市场空间，致力于提供既美又好、既专业又有活力的产品。

　　资料来源：根据互联网资料整理而成。

　　（3）产品开发战略。它是企业针对现有市场发展若干新产品的一种战略。

案例 2-7

安德玛的产品开发

　　安德玛管理层还可以考虑产品开发的可能性，即向现有市场提供改良的产品或者新产品。

比如，安德玛开发出 UA DFO HeatGear 女子中强度训练运动内衣。这是一款"热装备"，主打散热透气的款式，适合动感单车、网球等大部分中等强度的日常运动。UA DFO HeatGear 既有比普通内衣强的支撑保护性，又不会像高强度内衣那样"压胸"而影响穿着的舒适感。

安德玛还开发了 UA Rival 女子训练运动长裤。在天气越来越冷时，运动前后还是要注意保持体温，预防运动伤害和感冒，这时候一件棉花和聚酯纤维混纺的运动裤就非常实用了。UA Rival 女子训练运动长裤既柔软亲肤，又能保温排汗，宽弹性腰带和修身束脚的设计，使女性日常穿起来非常显瘦，可以说是一物多用。至于跑鞋，安德玛推出 UA FLOW 系列，应用了安德玛最新研发的中底科技，不但具有出色的软弹性和出人意料的稳定性和抓地力，还彻底"告别外底"，使人能轻装上阵。UA FLOW 的鞋面采用轻质舒适的 UA Warp 鞋面，使得鞋款亲和贴脚，舒适性非常高。

资料来源：根据互联网资料整理而成。

（4）多样化战略。这部分将在下文详细介绍。

（二）一体化增长战略

除了改善目前业务，企业还可以通过建立或者收购与目前公司业务有关的业务来弥补战略缺口，这种弥补缺口的战略称为一体化增长战略。一体化增长有三种基本模式。

（1）前向一体化：企业通过收购或者兼并下游的分销商来建立自己的分销体系，以及企业将自己的产品线向前延伸。

（2）后向一体化：企业收购或者兼并其供应商，建立其拥有所有权或者可以控制的供应系统。

（3）水平一体化：企业收购或者兼并竞争对手，或者与他们联合经营以增大规模和实力，实现企业增长。

（三）多样化增长战略

当企业在目前的业务范围之外发现了在行业中具有很大吸引力，并且企业本身具备成功的组合业务能力的时候，便可以采取多样化增长战略来实现目标。它同样有三种方式。

（1）同心多样化战略：企业利用现有的技术、生产设备、营销等资源开发新的产品，以吸引新的顾客。

（2）水平多样化战略：企业在现有市场和顾客的基础上，利用新技术开发出新的能满足顾客需要的产品。

（3）集团多样化战略：企业通过开发某种与现有产品、市场、技术毫无关系的新业务而进入新的经营领域，来寻求新的业务增长。

第二节　如何进行市场营销战略规划

企业的最高层管理者制定完企业总体战略和确定经营战略之后，接下来就需要营销经理的努力了，他们需要在企业的总体战略的基础上制定市场营销战略，然后根据营销战略来管理企业的营销活动。而在营销 4.0 时代，营销经理在整个企业战略体系中扮演着更加重要的角色，也面临着更多的挑战。

营销 4.0 是对菲利普·科特勒提出的观点的进一步升级。在丰饶的社会中，马斯洛需求中的生理、安全、爱和归属感、尊重的四层需求相对容易被满足，但是客户对于处于较高层次的自我实现形成了一个很大的诉求，营销 4.0 解决了这一问题。

营销 1.0 到营销 4.0 的具体内容如表 2-1 所示。

表 2-1 营销 1.0 到营销 4.0

内容	营销 1.0 产品中心营销	营销 2.0 消费者定位营销	营销 3.0 价值驱动营销	营销 4.0 共创导向的营销
目标	销售产品	满足并维护消费者	让世界变得更好	自我价值的实现
推动力	工业革命	信息技术	新浪潮科技	价值观、连接、大数据、社群、新一代分析技术
企业看待市场的方式	具有生理需求的大众买方	有思想和选择能力的聪明消费者	具有独立思想、心智和精神的完整个体	消费者和客户是企业的参与的主体
主要营销概念	产品开发	差异化	价值	社群、大数据
企业营销方针	产品细化	企业和产品定位	企业使命、愿景和价值观	全面的数字技术+社群构建能力
价值主张	功能性	功能性和情感化	功能性、情感化和精神化	共创、自我价值实现
与消费者互动情况	一对多交易	一对一关系	多对多合作	网络性参与和整合

一、如何认识有效的市场营销战略

站在战略的高度考虑，营销经理在进行决策的时候，总是要考虑以下几个关键性的问题。

（1）关于市场营销活动，应该坚持怎样的营销观点，又应该遵循什么样的价值准则？

（2）企业服务的对象是谁？企业能为他们提供的差异化价值体现在哪些方面？

（3）企业现在的状况是怎样的？企业与竞争者的差异在哪里？企业现有产品处在生命周期的哪个阶段？

（4）何时企业应该进入或者退出某一特定的细分市场？

（5）企业应该以什么样的方式实现营销目标？与消费者维持持续交易的基础是什么？

另外，随着数字化时代的来临和迅速发展，如果企业已经认识到数据的作用并开始用数据来指导整体企业战略发展，企业的营销经理还需要考虑以下问题以适应数字化时代消费者和其他营销环境的变化。

（1）如何通过移动互联网与消费者建立更加有效的联系？

（2）如何通过连接激励内部员工和消费者参与价值共创，实现双赢？

（3）如何实现消费者比特化，以更好地了解消费者？

（4）如何建立用数据说话的营销文化？

（5）如何针对消费者行为数据建立有效的动态改进机制，以保证营销策略与消费者行为更加契合？

企业只有回答了以上问题才能制定出有效的市场营销战略。针对上述问题，营销经理制定的一份有效的营销战略至少应该包含以下因素。

（1）明确在市场营销活动中指导行为的视角和价值观。

（2）明确公司为之服务的市场。

（3）明确公司产品和服务定位以突出其在竞争中的差别优势。

（4）明确市场进入和退出的时期。

（5）明确应该通过怎样的营销努力实现战略目标。

（6）应从长期而不是短期目标出发。

案例 2-8　　　　**从黑洞到脑机接口，腾讯想和你聊聊人类的未来**

2015 年，战略大师罗杰·马丁（Roger L. Martin）在他的著作《超越卓越》（*Getting Beyond Better*）中提出，企业不应该仅仅关注某一社会问题的改善，而要利用企业自身能力，专注于推动社会系统的均衡运转。对于纯粹的商人而言，这套理论或许过于浪漫。但当下，越来越多的企业意识到罗杰·马丁描述的商业图景对企业自身可持续发展、社会良性发展，具有重要意义。以腾讯为例，它在推动基础科研进步的课题上投入了大量真金白银。2018 年，腾讯设立"科学探索奖"，以 1.5 亿元的资金规模，支持 50 位 45 岁以下的中国青年基础科研工作者，这可以说是腾讯对科技发展与人类未来的一笔天使投资。

另外，腾讯也利用自身连接广大用户的能力，深耕科普领域。2013 年，腾讯举行首届科学 WE（Way to Evolve）大会，大会"不谈商业或者公司之间的竞争，而关注如何用科技改变人类生活，探索关系人类命运的重要科学问题"。自此，每年有近 10 位全球顶级科学家带来关于前沿技术与基础科学的研究成果，霍金在中国的最后一次演讲、彭罗斯面向中国的首次演讲，都在这里。腾讯科学 WE 大会成为备受关注的科普 IP，多位科学家与科技界人士登上舞台，谈论引力波、克隆技术、人造皮肤、脑机接口……那些与生意无关而关乎人类未来的议题。

资料来源：哈佛商业评论，2021-11-07。

案例 2-9　　　　**从 Facebook 到 Meta，元宇宙公司来了**

2021 年 10 月 29 日，Facebook 联合创始人、首席执行官马克·扎克伯格在 Facebook Connect 开发者大会中正式宣布，公司将更名为"Meta"。在 Facebook Connect 开发者大会上，扎克伯格详细阐述了对元宇宙的愿景，认为这是 Facebook 吸引年轻用户的关键，"我们已经从桌面到网络再到手机，从文本到照片再到视频，但这还不是终点。下一个平台和媒体将是更具沉浸感和更具体化的互联网，在那里你可以体验，而不仅仅是看着它，我们称之为元宇宙"。毋庸置疑，元宇宙是2021年最热的概念之一，但比较各种元宇宙，可以发现它们之间差异极大，Crypto（加密货币）世界的元宇宙、传统互联网的元宇宙、硬件先行的元宇宙、IP集群的元宇宙，侧重点和构想都不尽相同。反观Facebook，它可能找到了相对中立并融合各种特点的元宇宙之路。

Facebook Connect开发者大会之前不久，Facebook推出"Ego 4D"，开启"元宇宙"大门。扎克伯格认为，元宇宙是移动互联网的升级版，是融合了虚拟现实技术，用专属的硬件设备打造的一个具有超强沉浸感的社交平台。从硬件储备上来看，Facebook有了建立元宇宙最充分的基础。而这个Facebook版本的元宇宙，和其他的元宇宙有什么不一样呢？或许，我们可以通过数码博主"电丸科技AK"讲解Facebook虚拟社交平台Horizon Workrooms以及Oculus Quest 2的视频中，看到Facebook眼中的元宇宙。这是一种结合了AR（增强现实）和VR（虚拟现实）的Mixed Reality（混合现实），用户可通过佩戴Oculus Quest 2设备进入虚拟世界Horizon Workrooms。在Horizon Workrooms中，可将现实物品映射到虚拟空间中，如系统库中存在现实物体模型，还将进行虚拟空间与现实空间1:1适配。

以会议场景为例，如果说Zoom（一款多人手机云视频会议软件）带来的是二维空间上的聚合，那Facebook提供的就是全新三维的会议体验。你在现实中的动作、讲话的手势、眉毛的挑动，都可以完全映射到虚拟空间，而在虚拟空间内的肢体接触，在现实中也能感知。你的键盘、显示器，都可以无缝映射在虚拟世界，在现实的键盘上打字，一样可以在虚拟的屏幕上看到；微信、邮箱的弹窗提醒，同样可以出现在你眼前的虚拟空间。不用摘下头戴设备，任意在虚拟和现实中无缝切换，这才是Facebook想实现的元宇宙。

扎克伯格想打造的，远不只是元宇宙公司。早在2017年，Facebook就已经开启自己在区块链领域的相关计划，但当时并未对外披露。2019年5月，Facebook正在计划推出一种加密货币的消息被证实，但随后，Facebook的Libra就面临来自世界各地监管层的压力，至今Libra及其后继者Diem都未正式推出。从长远来看，在获得监管侧的许可之后，Diem很有可能会融入Facebook的元宇宙之中，和Facebook的数字钱包Novi共同成为Facebook元宇宙的基础设施。

在Facebook看来，元宇宙必然不是一朝一夕能建成的。扎克伯格认为，"元宇宙是个跨越许多公司甚至整个科技行业的愿景，你可以把它看作是移动互联网的继任者。如果我们做得够好，在接下来的五年左右，我们将有效地从人们认为我们主要是一家社交媒体公司过渡到一家元宇宙公司"。单是Oculus Quest 2和Horizon Workrooms这两样事物，已经被不少人誉为近十年最棒的科技产品，惊艳程度似乎不输2007年的iPhone和现在的特斯拉，如果再叠加加密稳定币的效应，Facebook元宇宙的构成，远比其他互联网巨头的元宇宙更为复杂。我们已经不敢想象Facebook的元宇宙会让人们未来的社交达到怎样的高度。

或许，Facebook的野心，是构筑一个涵盖社交、生活、娱乐，甚至是经济系统和通货的新世界。

资料来源：百家号——新智元。

二、如何规划营销战略

（一）确立营销价值观——在企业内部贯彻营销观念

每一个公司都需要决定如何去实现它的目标，大部分公司通过提前制订详尽的计划去指导自身的活动，这些针对具体目标制订的计划各不相同，但是其遵循的原则是一样的。在时刻变化的市场环境中，只有全面贯彻营销观念的企业才能取得最后的成功。

那些没有树立营销观念的企业，首先会决定生产什么产品或者提供什么样的服务，然后才决定怎样将这些产品与服务销售出去。一直到产品将要出售的时候，企业很少考虑顾客是谁或者他们到底需要什么。营销规划也只在产品被设计好后并且往往由企业里专门的营销专家独立完成。这些企业认为大多数人是产品的潜在购买者，企业只需通过独立的营销活动便可说服他们购买本企业的产品。

在营销观念的指引下，企业相信如果能对顾客的需求做出正确的反应，将会更加成功。同时，企业也认识到不同的消费者群体之间需要不尽相同，并且这些需要会随着时间的推移而转变。

不同观念下的企业战略规划步骤如图 2-7 所示。

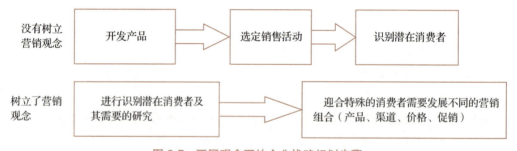

图 2-7　不同观念下的企业战略规划步骤

从图 2-7 可以看到，企业在贯彻营销观念后，其营销战略规划的出发点是识别潜在消费者并研究其需要。这项工作主要由企业的营销专家来完成，然后利用其研究的结果来决定企业应该开发什么样的产品或服务才能回应消费者的需要。企业所有的人员将被调动起来围绕着一个目标而努力，那就是满足消费者的需要。

简言之，在营销观念的指引下，企业营销活动始终围绕怎样满足已被识别的消费者的需要而展开，而不是考虑用怎样的方式才能说服消费者购买他们或许不需要的本企业的产品。

（二）明确目标——了解消费者，界定和选择市场

在商品多样的今天，消费者有了更多的选择空间，也变得越来越成熟。大多数消费者对产品和服务有很好的了解，他们在做决定前会很熟练地搜集关于不同商品的信息并做出比较。成功的企业往往是那些充分了解消费者并生产出满足消费者需要的产品的企业。通常来说，企业处理消费者需要的方式有以下两种。

（1）消费者十分相似并且能被影响，从而购买企业生产的产品。

（2）消费者是不同的，他们只会选择能满足他们独特需要的商品。

拥有营销观念的企业很关心消费者的需要，企业行动的出发点是消费者，它们相信如果它们能比竞争对手更好地满足消费者的需要，便有更大的可能获得成功。企业仔细地研究市场来识别还有哪些消费者群体的需要未被满足，然后决定针对这些未被满足的消费者群体的需要开展活动。通过广泛的市场营销研究，企业收集了许多消费者信息并通过分析这些信息将具有相似特性、需要和消费行为的消费者归为一类。在一个大的市场中将不同的由一群相似消费者组成的群体区分开来就是市场细分。尤其是在大数据时代，通过对消费者数据的采集以及数据挖掘与建模，企业可以形成更好和更精确的消费者画像，给消费者打上各种各样的标签，市场细分的维度也变得更加多元和细致。

在进行市场细分之后，企业将进一步分析各个细分市场来决定应该提供什么样的产品才是最有效的，以及哪个市场的需求是最旺盛的，并且拥有最丰富的资源，而竞争又不激烈，或者其他一些能使企业有机会获得成功的特性。研究并按优先顺序列出各个细分市场，并基于需求与竞争最终确定最有发展潜力的细分市场便是市场机会分析。一旦细分市场被确定并进行了排序，企业便要选择哪个细分市场是自己将要关注的市场，然后通过研究从该市场获得的所有信息以及消费者画像的特征，协助制订生产和营销计划，实现营销活动和消费者的精准匹配。

案例 2-10　　　　　　　　　**美赞臣的消费者洞察**

中国生育政策的放开，让婴幼儿配方奶粉市场迎来发展的契机。在这个市场，"85后""90后"渐渐成为主力消费群体，他们作为互联网原住民，接触媒介的习惯和之前的世代有明显不同。面对"85后"和"90后"，如何甄别出高质量的用户群体，如何匹配高质量的媒介渠道，与其进行品牌沟通、品牌教育，让有众多进口奶粉品牌选择需求且对婴幼儿奶粉来源敏感度高的新手父母认识、接受并最终选购产品，是摆在企业面前的一道难题。

美赞臣选择利用科技提升企业的营销洞察力，并进行精准营销。泛为科技为了帮助美赞臣绘制目标客户画像，通过 FancyDMP，对自有 5 亿人群数据库进行交叉分析，对用户参与的社交话题、视频浏览记录、搜索行为等行为数据进行分析挖掘，多维度锁定目标受众，使得用户识别的准确率达 90% 以上。有了精准目标人群的定向，泛为科技还根据实时反馈，从时段、媒体、素材等方面进行数据优化调整。

深刻理解数据，利用科技对受众多维交叉定向、搭建行为预测模型、投放场景识别，以及创意推送算法实时动态优化，使得美赞臣优质资源的曝光占比达到 80% 以上，进而实现新品大规模、大声量的高效覆盖。科技提升了美赞臣的消费者洞察力。

资料来源：泛为科技，http://www.fancydigital.com.cn/html/case_mzc.html.

（三）超越竞争——定位和差异化战略

在进行市场细分后，企业便需要选择目标市场，在现今竞争如此激烈的市场，企业要想比它的竞争者对消费者更有吸引力，就必须确定本企业提供的产品和服务中的哪些因素是与其竞争者不同却是消费者需要的。

营销经理通常用两个词语来表述企业的这一决策：定位、差异化。定位是指与竞争对手相比，在顾客心里企业的位置有哪些优势和劣势；差异化是指企业将要为顾客提供的产品或服务具有哪些独特的差别利益。

一般来说，可供企业选用的定位/差异化战略通常有15种（见表2-2），企业可以通过市场调查和对自身进行分析来确定公司及产品定位以及公司或产品的差异化在哪里，或者还有哪种差异化战略没有在其他公司实行，而本公司又拥有使其实现的能力。

表 2-2　定位/差异化战略

市场占有率领先者	=	市场份额或规模最大的
质量领导者	=	产品和服务最好或最可靠的
服务领导者	=	当顾客遇到问题时反应最灵敏的
技术领导者	=	最先开发新技术的
创新领导者	=	在使用新技术、新模式中最具创造力的
多样化领导者	=	产品和服务种类最多的
灵活性领导者	=	最具适应性的
关系领导者	=	对顾客的成功最愿意承担义务的
威望领导者	=	最独一无二的
知识领导者	=	最有经验和最富专长的
全球化领导者	=	以服务世界市场为最佳定位的
廉价领导者	=	最低价格的
价值领导者	=	性价比最好的
诚实领导者	=	最合乎道德或最值得信任的
社会责任领导者	=	对所服务的社区最积极的

案例 2-11　　　　　　　　　　**那些年，网易的年度歌单**

大数据时代，各 app 发布年终总结已经成为常态。2020 年 12 月 28 日，网易云音乐 app 官方发布了 2020 年度听歌报告——"遇见时光里的自己"。

报告除了继续展现每个人独特的听歌数据，如听歌数量及时长、年度最爱歌手及歌曲、单曲循环最多的歌，还增加了更形象的个性体验维度。有意思的是，微博上"最好笑的年度歌单"也登上了热搜榜前几位，网友们分享的歌单让人忍俊不禁。

网易年度歌单是利用大数据技术收集用户听歌信息，生成年度报告。报告生成之前，它引导用户投入偏好数据，形成用户价值存储的同时生成用户画像。它还支持用户在 app 内外分享年度听歌报告，满足了用户展示自我、表达自我的社交需求。2020 年的年度歌单，网易改变了算法，单曲循环次数最多的歌曲不一定会上榜，而是按照主题筛选，在新的主题之下，用户看见的是新的自己。

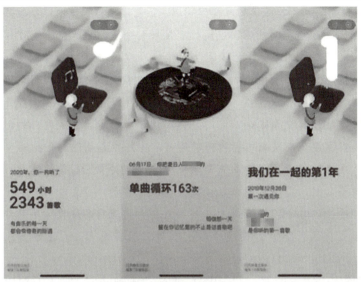

　　网易云音乐以自己独特的定位和技术支持，为用户提供了专属于他们的产品，令人油然而生出独一无二的优越感。不仅如此，网易云音乐还是一个分享、展示、寻找情感共鸣、表达情怀的窗口。在这里，每个人在歌中找自己，在歌中找安慰，试图通过歌者诉说内心的情绪，年度歌单让每个用户都有了属于自己的年度记忆。

　　资料来源：网易云音乐，2020-12-28。

案例2-12　　　　　　**网店代运营：新零售的新打法**

　　在直播卖货火爆的这几年，直播带货的热闹似乎给人一种错觉，就是传统电商好像没落了。殊不知在电商进阶火爆的当下，做电商服务也照样赚得盆满钵满。比如，美妆领域的"悠可集团"，这家电商服务商就拿下了港交所的入场券。

　　老虎ESOP经过数据整理发现，以电商服务为主营业务的悠可集团，2020年带货规模高达163亿元，日均带货近4 500万元。听起来拗口的"电商服务"其实并不复杂，直白来说就是网店代运营。正如你在商场里见到的耐克、阿迪达斯、彪马等体育专卖店，大多都是"滔搏运动"这家也许你并不熟悉的经销商开设的。这种现象在美妆电商领域更普遍，如今很多大牌的旗舰店并不是由官方直接运营，而是服务商代运营。比如，广受女性消费者欢迎的纪梵希、娇韵诗等高端美妆品牌的电商旗舰店，正是出自悠可集团这家服务商之手。

大品牌为什么不自己运营网店？电商行业发展到今天，让大众产生了一种错觉，似乎开网店是一件人人都能做的事情。但实际上，线上营销的独特性很可能会让初入行的商家"水土不服"，哪怕是几十年来擅长线下营销的美妆品牌也不例外。在阿里官网展示的营销矩阵中，包含了"搜索类、展示类、信息流、互动类和淘宝联盟"，涵盖公域获客、私域留存、直播带货、站外引流等眼花缭乱的营销玩法。对于美妆品牌商，如何高效运用上述工具，可能是一件需要长期总结才能做好的事情。像悠可集团这样的代运营服务商们，依靠积累的成熟的线上经验，可以使品牌方以更低的成本实现更高效的运营，高性价比令美妆巨头们觉得倒不如把线上卖货的事直接交给"悠可"们，而且电商代运营给美妆品牌带来的收益也是有目共睹的。2020年8月，悠可集团为贝德玛品牌提供电商经销服务，在此后的4个月里，贝德玛天猫官方旗舰店GMV（商品交易总额）同比增长62%，其中"双11"GMV同比增长104%，位列卸妆品类第一名。

资料来源：知乎"一心向上ESOP"，2021-10-15，https://zhuanlan.zhihu.com/p/421739060。

案例2-13　　一瓶"凉白开"140元，气味图书馆卖"水"年入4.8亿元

"凉白开"系列的火爆，竟然让气味图书馆估值超16亿元？！2021年9月14日，中国香氛潮牌"气味图书馆"宣布完成数千万美元B轮融资。成立于2009年的气味图书馆，最初以代理国外香水品牌起家，2014年开始转型，研发自主品牌。2017年，气味图书馆推出爆款"凉白开"系列香水，因其独特的中国味道而迅速走红。2018年，"凉白开"系列销售超过100万瓶。

从2008年的市场空白，发展为坐拥多个爆品的本土头部品牌，气味图书馆做对了什么？

首先，完善产品矩阵。气味图书馆的打法，是通过打造明星单品香水，再推出周边产品辅助售卖的方式进行品牌渗透，形成品牌IP势能。

其次，线上线下同步发力。气味图书馆起步于线下，发展于线上。2015年，气味图书馆开始布局线上渠道，在天猫、京东、小红书、微信小程序等平台开设自营账号。2020年之前，气味图书馆近一半的业绩来自线下店铺，但目前线上渠道已经成为其重要的销售来源。

最后，气味图书馆一直坚持走高性价比路线。天猫旗舰店15mL/瓶的凉白开香水，定价为145元，收割的就是中低价市场，以贴近年轻人的消费水平，夯实市场基础。

相比香水老牌"正统军"，气味图书馆的香型有点"野路子"，走的是IP气味化之路，营销重点放在中国特有文化上，先后推出"凉白开"和"姜丝可乐"两款明星单品。欧睿公司数据显示，2020年中国香水市场规模约为109亿元，预计2025年有望增至300亿元以上，潜力巨大。气味图书馆搭乘国潮之轮，发展可圈可点。然而行业中上游为外资龙头企业垄断，本土香氛品牌行业壁垒尚未形成，气味图书馆要想做成真正的"大牌平替"、塑造经典香水品牌，还有很长的路要走。

资料来源：21世纪商业评论，2021-10-09。

（四）界定产品——产品生命周期

在进行差异化定位之后，企业还需要对目前产品的生命周期进行识别，以针对其处在不同的时期采取不同的战略。对于企业来说，其所生产的每个产品都有一段有限的生命，在这段生命里，产品销售额将经历不同的阶段，在不同的阶段里产品的利润有高有低，这种可以预见的产品销售额增长模式便是产品生命周期。典型产品的生命周期分为四个阶段（见图2-8）。

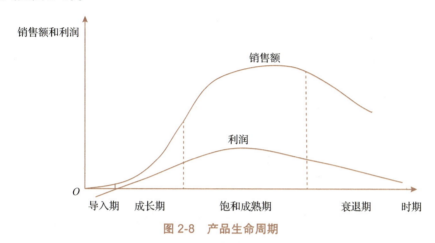

图 2-8　产品生命周期

（1）导入期，也叫市场开发期。在这一阶段，产品销售额增长缓慢，而且由于需要支付一大笔市场开发费用，几乎没有利润或者利润很小。

（2）成长期。此时期产品被市场迅速接受，产品销售额增长迅速，利润大幅增加。

（3）饱和成熟期。这个时期由于大多数潜在购买者已经接受了企业生产的产品，销售额逐渐下降，并且由于竞争逐渐激烈，企业所获利润趋于稳定甚至下降。

（4）衰退期。这一时期企业的销售额不断下降，利润也随之呈不断减少的趋势。

对于企业来说，产品生命周期使企业明白销售永远不会一直保持增长的态势，从而可以更好地预测营销资源的分配，并根据产品处在不同生命周期的特征制定不同的营销战略，它还能帮助企业更好地理解竞争者何时可能进入市场，以及他们在每个阶段可能采取的行动，从而有针对性地做出决策以赢得竞争。最后，产品生命周期有助于企业对市场进入和退出时机等战略问题做出正确的决策。

（五）分析市场——市场进入／退出决策

对于企业的营销经理来说，他们有时候还要与产品经理及其他企业管理人员一起做出关于何时进入或者退出某一市场的决策。决定这一问题的变量主要有三种：某一细分市场的吸引力、该市场的风险以及相对竞争者的优势。我们通常使用市场进入和退出模型来做决策（见图2-9）。

公司优势相对较高、具有高的市场吸引力以及风险较低的细分市场是企业可以选择进入的市场。相反，那些具有高风险、公司优势又不明显的细分市场，企业则可以选择退出以规避风险。

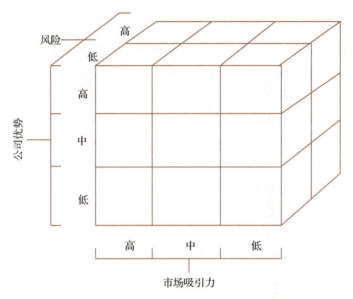

图 2-9　市场进入 / 退出决策模型

第三节　如何进行营销管理与营销计划制订

一、如何实施正确的营销管理

（一）研发令消费者满意的产品

对于消费者来说，同一类产品的生产企业是很相似的，因为它们所提供产品的最基本功能是一样的，比如椅子，不管它由哪个厂家生产、样式如何，它最基本的用途便是"坐"，没有人买椅子是为了睡觉。虽然这么说，但是对于一件产品来说，其内涵远不只是它的基本功能，还包括很多其他的功能，这就是很多消费者会购买 A 厂家生产的椅子却不买 B 厂家生产的原因。因此，市场上每个参与竞争的厂家都想方设法使它们的品牌不同于或者好于其他提供同类产品的企业，也就是它们的竞争对手。

首先，企业可以通过赋予产品一些新的特性以增加消费者满意度，如独特的设计、独特的结构、不同的大小和颜色等。有时候，一些小的配件便可以达到这个效果，如卖红酒的厂家在酒盒里附赠精美的红酒开瓶器。

其次，为消费者提供针对产品的更多的配套服务。这些服务有的是在购买前提供，如详细的产品信息（包括如何交付、储藏、使用等），让消费者体验新产品等；有的是在购买后提供，如上门维修等。保修证书和保修期被认为是产品的一部分，因为它们使消费者在做购买决策的时候更具信心。

最后，在做出产品开发决策的时候还应充分考虑产品的用途。通常，一件产品的用途往往不是单一的，一旦消费者不能按照他们想象的方式使用产品，他们便会不满意，因此产品包装不仅要能保护产品，还要给消费者提供明确详细的信息方，以便他们了解和使用产品。

案例 2-14

Netflix 的 "数据关联挖掘"

2021 年，Netflix 估值达到了 2 340 亿美元，被誉为世界上最有价值的公司 / 媒体公司。它的成功方式不是秘密，只是一个术语——客户留存。Netflix 利用线上租赁和在线视频服务时期积累的用户数据资料，从中挖掘用户收视习惯，留存客户。Netflix 的做法很成功，客户留存率非常可观。这家以数据为导向的公司不仅在推荐系统设计上体现了大数据的作用，它的数据关联挖掘在影视立项、电视剧播放传统等方面都发挥了巨大作用。

用户品味集群数据影响影视内容立项。Netflix 将每个用户的观看喜好类型进行符合数据库逻辑的整合，梳理出了大约 2 000 个被称为 "品味集群" 的用户相似口味交集区域，这样的集群不仅有助于向用户推荐相应视听内容，更直接影响内容立项决策。让 Netflix 在流媒体视频网站上一战成名的原创剧《纸牌屋》，就体现了 Netflix 对品味集群的成功使用。这部政治惊悚剧集曾经被认为不可能在美国市场成功。Netflix 的首席内容官泰德·萨兰多斯与团队在分析自家网站用户观看流媒体的习惯之后，发现了英国版的《纸牌屋》拥有大量的观众，会看英国版《纸牌屋》的用户同样也喜欢看凯文·史派西的电影或者大卫·芬奇执导的电影。大量用户数据表明，《纸牌屋》有高成功概率，因此 Netflix 果断用 1 亿美元的高价直接预订了《纸牌屋》两季的制作。

数据关联挖掘不仅影响了影视内容立项，数据导向还让流媒体成为传统影视产业播放模式的改革者。比如，Netflix 从线上租赁 DVD 时期的用户数据中发现，许多用户会租借一整季的剧集，用一两天的时间 "刷" 完，因此 2013 年 2 月 1 日，Netflix 一次性推出《纸牌屋》第一季 13 集，从此开启了线上美剧观看新模式——"刷剧"。

资料来源：知乎日报，https://daily.zhihu.com/story/9741863。

（二）为产品和服务定价，最有效地传递价值

为产品或服务定价可能是企业在做出营销决策时最难的一个部分。从理论上来说，价格是供给和需求相互作用的结果。这一关系对于设立最好的价格是非常重要的，但是对于企业来说通过供给和需求来为某一产品制定价格几乎是不可能的，企业必须建立一

套特殊的体系以制定出具有竞争力的价格但是同时也能为企业带来利润。

首先，企业需要明白给产品或者服务定价的目标是什么。如果目标是增加某一特定产品的销售额，所定的价格肯定不同于为了尽可能地实现单个产品利润最大化的目标时所定的价格。许多企业的定价往往与其竞争者相同或者略低于竞争者，这种策略在很多时候是必要的，但是同样也会衍生出很多问题。计算产品和服务所需的价格需要考虑很多因素。生产、销售和运营成本等往往占许多产品或服务价格的一大部分，所以企业能获得的净利润是很少的。如果不仔细考虑价格的构成或者没有仔细计算，企业很可能在所有的费用都入账后发现自己没有利润。其次，另一个在定价过程中需要考虑的因素便是企业所制定的价格是如何呈现给消费者的。不同的呈现方式会给消费者以不同的感受，比如当他们对一些商品不熟悉的时候，往往会直观地认为价格高的商品自然比价格低的商品好。

因此，在为产品和服务定价时，营销者必须尽可能地在产品成本和顾客对产品的价值感觉间寻求平衡，最终目标是制定合理的价格以及获得合理的利润。

（三）建立便利的分销渠道

分销是一个企业在营销过程中至关重要的一步。它通过使消费者能在他们期望的时间和地点购买到企业的产品而让消费者满意。我们不难发现，很多时候当我们想用某件东西的时候它却是坏的，或者我们原以为能在某个商场里买到某个企业的产品但事实上却找不到，而这一切直接影响了我们对该企业产品的看法，很可能会导致我们决定再也不购买其产品。由此可见渠道对企业的重要性。

通常，很少有产品或服务的交易直接发生在生产者和顾客之间，大部分企业在分销活动过程中必须依靠其他人或组织。生产商必须依赖批发商和零售商才能将其生产的产品传递给消费者。同样，零售商要生存，就必须找到能够生产出顾客需要的商品的厂家并且要保证这些商品是可以获利的。

追踪所购买产品的分销渠道是一件有趣的事情，有时候很难发现那些卷入分销过程中的一些企业，即使它们可能正是这件产品的生产者。虽然对于顾客来说，许多企业并不那么显而易见参与了分销过程，但是对于企业的营销经理来说，参与分销渠道的每个成员都是非常重要的，他们对企业能否在营销过程中获得胜利起着很重要的作用。

随着互联网的发展，企业有了更多、更便利的方式将自己的产品传递给消费者，越来越多的企业为了更好地满足消费者在任何时候、任何地点以及采用任何方式的购买需求，开始进行全渠道营销，布局新零售。

案例 2-15　　　　　**掌控全场：阿迪达斯玩转全渠道**

2021 年 3 月 10 日，阿迪达斯发布新的公司战略——"掌控全场"（Own the Game）。该战略聚焦的领域之一就是渠道。当下搭建和目标受众有直接联系的营销价值链变得愈发重要，因此阿迪达斯希望推动运营模式升级，更直接地为消费者服务。公司预计：直营业务到 2025 年将占公司净销售额的一半左右，推动公司超过 80% 的目标销售额增长；公司电商业务预计翻倍，达到 80 亿～ 90 亿欧元。从区域市场来看，公司将重点关注大中华区、北美地区和 EMEA（欧洲、中东和非洲）地区。

阿迪达斯许诺：无论是在电商平台还是在实体店，消费者都能获得个性化的产品、品牌与购物体验。借助由实体店和电商平台组成的销售网络，阿迪达斯会转型成为以会员为中心，直营业务引领的业务模式。该模式将对阿迪达斯的未来发展至关重要。为实现这一目标，阿迪达斯将继

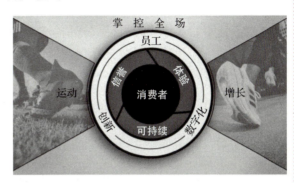

续加大投入，推动发展电商业务及会员计划。阿迪达斯目前的会员数量超过 1.5 亿，其目标是在 2025 年会员数量增长 3 倍达到约 5 亿。此外，由于全渠道综合实力不断完善，阿迪达斯的自营门店将实现数字化转型。阿迪达斯还将与批发商伙伴共同提升数字化水平，确保消费者在任何销售渠道均能获得始终如一的优质品牌体验。

阿迪达斯还寻求在重点城市与消费者加强互动以扩大会员规模。阿迪达斯将重点城市的数量从 6 个扩展至 12 个，即在东京、上海、巴黎、伦敦、纽约和洛杉矶六大重点城市的基础上，新增墨西哥城、柏林、莫斯科、迪拜、北京和首尔。大中华区、EMEA 和北美这三大战略市场的重要性也在不断提高。公司计划在这些市场大力投入，以赢得更多市场份额。到 2025 年，这三大战略市场预计将贡献约 90% 的净销售额增长。

资料来源：成功营销（http://www.vmarketing.cn/index.php/index/NewDetail/nid/40278），2021-03-15。

（四）有效促销，帮助顾客做决定

企业需要计划促销活动以将产品或服务的价值和利益传递给消费者，从而帮助他们做出购买决策。虽然广告和其他促销方法在支持开展有效的营销活动时是非常有力的工具，但是它们也很容易被错误地使用，最后对消费者不会产生任何影响甚至产生消极的影响。

企业在计划促销的时候可以选择很多不同的促销工具。最普通的有广告、人员推销、销售促进、产品展示和媒体宣传。除此之外，还有一些其他不经常被使用的方法可以采纳。促销方式的选择最根本的出发点是满足传递企业希望传递的产品和服务信息的要求以及能使听众得到他们想要知道的信息。每一种方式在单位成本、所能传递到的人群规模、携带信息的数量以及其他方面都是不相同的。

营销经理需要充分考虑本企业产品、消费者的特点以及财务承受能力来选择合适的促销工具以达到最好的促销效果。

二、如何制订营销计划

确定了具体的营销战略之后，营销经理就需要将他与企业其他管理者商定的比如要达到什么样的目标、什么时候开展促销活动等一系列具体事宜落实到书面文件上，这就是编写营销计划。

（一）营销计划需要注意哪些问题

企业要想在竞争激烈的市场中得以生存，从众多的竞争者中脱颖而出，这种竞争程度不亚于进行一场特殊意义的战争，战争胜利，企业得以生存，战争失败，企业消失。一份好的营销计划对于企业取得战争的胜利必不可少。然而，企业往往会发现营销计划最后并没有起到预想的作用。那么，在营销计划编写过程中，我们应该注意哪些问题呢？

1. 营销计划具有可操作性

营销计划不管是以何种形式呈现，它最终的作用都是为企业的营销活动提供指导。然而，很多营销计划在被送到最终使用者手中的时候，往往让使用者没办法在其指导下开展工作。因此，好的营销计划应该是确定的并且能方便理解和遵照执行的。

2. 充分分析竞争者

企业的活动并不是在一个与世隔绝的环境里进行的，关注企业活动的除了企业自身和消费者，最关心它的还有竞争者，对它的活动反应最敏感的也是竞争者。企业只有充分地分析其竞争对手，才能更清楚地认识自身的优势和需要改进的地方，最终利用自己的比较优势取得竞争的胜利；充分地分析竞争者才能更好地预测对方的活动，以制订出应对方案。

3. 不要过分注重短期行为

营销计划制订的最根本目的是实现企业的总体目标，以及企业的持续发展。因此，营销计划不能仅仅着重于眼前利益，应该与企业长远的发展方向相符合，营销经理不能只注重短期的利益，忽视营销计划对企业长期利益的意义。

（二）制订营销计划的步骤

每个公司所编写的营销计划不尽相同，但是大致的内容都差不多，只是各自的侧重点不同，有的在分析当前营销状况前需制定使命说明书，有的在制定营销目标后需预测市场潜力，具体情况具体分析。图 2-10 是一个关于营销计划编写相对比较复杂和完整的模型，该模型首先展示了营销计划是如何适应整个公司的结构体系的，然后是制订在实际营销活动中操作的具体的行动计划。

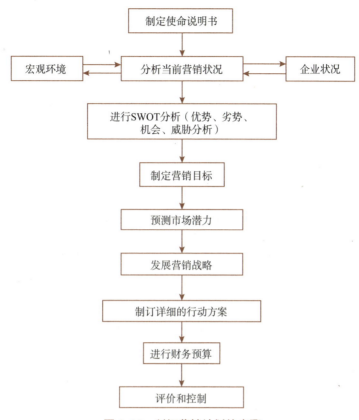

图 2-10　制订营销计划的步骤

1. 分析当前营销状况

当前营销状况分析包括两个部分。一部分是分析组织所处的宏观环境中那些会对企业造成影响但是企业很难控制或者根本无法控制的因素，这些因素分为政治因素、经济因素、社会文化因素以及技术因素，我们通常将对这些因素的分析称为 PEST 分析。另外一部分则是对企业状况的分析，也就是所谓的内部环境分析，其本质是企业对其自身能力的评估，包括对其生产能力、财务状况、人力资源等一系列因素的分析。对企业外部环境和内部环境的分析是企业编写营销计划的开端。

2. 进行 SWOT 分析

SWOT 分析是对企业的优势、劣势、机会以及威胁的全面评估。企业通过对外部环境进行评估得出企业面临的外部机会和威胁；通过对自身能力的评估也就是内部环境的分析，企业明白了自己相对于竞争者的优势和劣势。

企业通常会将自身面临的机会和威胁以及优劣势状况用一个表格列出来（见表 2-3），然后将优势和劣势、机会和威胁相比较，最后得出分析的结果（见图 2-11）。矩阵的左边表示企业的机会和优势，右边代表劣势和威胁，圆圈代表企业，圆圈在矩阵中的位置则表示企业目前的状况，如果圆圈更多地落在优势和机会这边，企业的营销活动最终获得成功的概率也会更高。

表 2-3   SWOT 分析表

优势（Strength）	劣势（Weakness）
可能是成本更低、拥有比竞争对手更完善的分销渠道或者技术更加领先等	可能是品牌、成本和价格方面的问题，或者创新能力不足等
机会（Opportunity）	威胁（Threat）
可能是符合国家的产业政策、马上可以开发出效果更好的产品等	可能是新的竞争对手进入、经济将进入萧条时期、成本增长等

图 2-11   SWOT 分析结果图

3. 制定营销目标

企业在完成 SWOT 分析之后，便可以制定特定的营销目标，营销目标展示了企业期望通过营销活动而达成的结果，通常以销售量、市场份额、利润及其他相关指标来体现。

企业在制定营销目标的时候，有几个因素需要考虑。首先，目标应该是特别的，它代表企业在某一方面特殊的立场，比如是取得利润的最大化还是获得更多的市场份额。一般来说，某一行业的市场领导者为了保证其市场地位，往往更多地关注其市场份额，甚至为了阻止竞争者的进入，牺牲利润来降低价格以加强行业进入壁垒。其次，目标应该是可以衡量的，也就是说目标应该包含一些可量化的指标，如销售额增长 20%。再次，目标应该是符合实际情况并且是可能达到的，一家新成立的公司为自己设立"半年之内世界闻名"这样的目标虽然听起来很鼓舞人心，但实际没有任何意义。最后，目标应该受到时间限制，也就是说目标应该是指企业在未来特定的一段时间内需要达成的目标，而不是无限期的。

4. 发展营销战略

在这一部分中，企业决定了其目标市场，并发展出一系列具体的策略（包括产品、价格、渠道、分销）来决定怎样向目标顾客传递价值。它意味着一个企业将通过哪些途径使其目标实现。制定营销战略的人员应该与组织的其他人员协商一致，如与采购、制造、销售、财务和人力资源等部门磋商来保证整个公司为营销活动提供适当的支持，使计划顺利进行。

5. 制订详细的行动方案

行动方案描述了企业为实施营销战略将要采取的特定和实际的营销方案，体现了企业将怎样通过一步步实际的行动最终达成业务目标。它通常表明企业将要在哪个具体的时间段做什么事情，营销经理通常会制作一个甘特图（见图 2-12）直观展示。

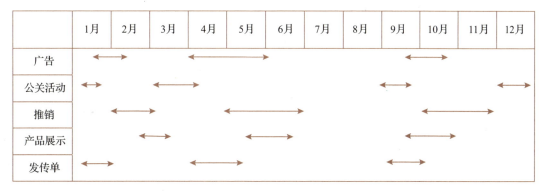

	1月	2月	3月	4月	5月	6月	7月	8月	9月	10月	11月	12月
广告												
公关活动												
推销												
产品展示												
发传单												

图 2-12 行动时间安排的甘特图

6. 进行财务预算

在制订了详细的行动方案之后，企业就需要对该方案进行财务预算。财务预算收入的一方表明了企业预计的销售数量以及平均实现价格，通过数量和价格的乘积，企业可以算出未来可能实现的销售收入。财务预算支出的一方包括企业为生产将要用于销售的产品需要的资源，即生产成本，还包括企业进行分销活动及其他营销活动所需要的成本。销售收入减去所有的成本就是预计可以得到的利润。一份经过仔细分析制作出来的财务预算报告是营销计划制订以及材料采购、计划生产、人力调度和安排具体营销活动的基础。

7. 评价和控制

一套可操作的评价和控制系统是营销计划的最后一个部分。企业的最高管理者不会让没有评价效果的计划付诸实施。通常上一级管理者会要求营销执行人员把长期目标分解成短期目标，然后通过这些短期目标来评价计划的执行情况。评价和控制系统更重要的作用还在于它能让企业了解制订的营销计划是否符合当前的外部环境以及是否充分利用了内部资源，如果没有，企业则需要及时调整营销目标或者计划的其他部分，以适应环境的变化。通常，这部分内容还包括企业在遇到突发事件的时候将采取的应对方案。

关键词

营销战略	营销观念	产品生命周期	定位 / 差异化战略	目标市场
营销组合	SWOT 分析	市场细分	战略规划	

本章小结

1. 规划营销战略包含的内容：确立营销价值观——在企业内部贯彻营销观念；明确目标——了解消费者，界定和选择市场；超越竞争——定位和差异化战略；界定产品——产品生命周期；分析市场——市场进入/退出决策。

2.企业处理消费者需要的方式有两种：①消费者十分相似并且能被影响，从而购买企业生产的产品；②消费者是不同的，他们只会选择能满足他们独特需要的商品。

3.典型的产品生命周期分为四个阶段：①导入期；②成长期；③饱和成熟期；④衰退期。

4.实施营销战略的步骤：①确定公司使命；②建立战略业务单位；③制定业务投资组合；④规划增长战略。

5.规划增长战略包括三方面：密集型增长战略、一体化增长战略和多样化增长战略。其中，密集型增长战略又分为市场渗透战略、市场开发战略和产品开发战略；一体化增长战略分为前向一体化战略、后向一体化战略和水平一体化战略；多样化增长战略分为同心多样化战略、水平多样化战略和集团多样化战略。

6.SWOT分析是对企业的优势、劣势、机会以及威胁的全面评估。通过对外部环境进行评估，企业得知面临的外部机会和威胁；通过对自身能力的评估也就是内部环境的分析，企业明白了自己相对于竞争者的优势和劣势。

7.营销计划需要注意的问题有：营销计划具有可操作性；充分分析竞争者；不要过分注重短期行为。

🌰 思考题

1.简述规划营销战略的过程。

2.营销计划的内容是什么？

3.简述你对数字时代超越竞争的营销战略的理解。

🌰 案例作业1

社区团购：巨头们的"鱿鱼游戏"？

从同程生活的破产，再到十荟团等的败退，曾经风光无两的社区团购仿佛一夜进入了寒冬。其实从同属本地生活服务的外卖和共享单车的发展历史来看，经历了社区团购初期的"群雄混战"，到现在同程生活的"市场洗牌"，这一切更像是行业格局优胜劣汰、自然演化的结果。随着行业洗牌的完成，如今看似平静沉寂的社区团购，或许正酝酿着一场决定未来的终极大战。

自从2020年互联网巨头们涌入社区团购赛道，各大平台纷纷烧钱补贴跑马圈地，期待后期垄断收割市场，但是经过1年的发展，社区团购平台陷入了赔本赚吆喝的困境，"烧钱抢人"的打法在社区团购赛道似乎并不那么奏效。同质化的运营和大同小异的产品，使得低价补贴成了平台获客的唯一手段，结

果恶意的低价竞争引来了监管层面的打击，"一分钱买菜"的烧钱大战被迫终止，而用户社区团购的消费习惯却依然未能养成。

烧钱补贴只是手段，不是目的。互联网商业竞争中最强的壁垒是什么？其实就是用户习惯，高频打低频，刚需带动非刚需，核心点就在于培养用户习惯。因此，社区团购盈利难的问题本质还在于用户消费习惯的培养。从流量的角度来看，社区团购高频、复购、刚需等流量特点，让社区团购不仅仅只是一门卖菜的生意，更是一场流量的生意。实际上美团等互联网巨头们入局社区团购赛道，并不是要成为"只惦记几捆白菜的菜贩子"，而是为了社区团购背后庞大的线下流量和生活场景。

当流量单体价值低时，流量价值释放的方式主要有两种：一是走规模，薄利多销；二是提高流量单体价值，走精而美的路线。目前社区团购产品本身的客单价和毛利率暂时无法提升，规模增长也到了市场的瓶颈，想要盈利获客，就只能深挖并延长用户现有的流量服务价值。社区团购平台基于生鲜品类刚需、高频的特点，用重履约模式和短视频等方式与用户产生极强的使用黏性，加速用户社区团购习惯的养成。一旦用户习惯养成，社区团购卖菜的生意其实就可以拓展为"最后一公里"的社区电商、城市电商等电商模式，社区团购平台盈利的想象空间也会更加庞大。

当前各大社区团购平台非标准化的生鲜类产品比重正在下降，日用百货甚至数码电器等标准化产品的 SKU 却在不断增加，同时美团优选已经开始涉足直播短视频模式，一些社区团购平台则增加了油烟机拆洗等生活服务功能。社区团购正在从单一生鲜品类，一步步进化为距离用户更近、品类更加丰富的本地生活社区电商。

虽然社区团购进化的终点是电商，但是由于基础设施不完善，因此社区团购本质上依然是新零售，也就是说社区团购更需要回归零售思维。新零售是线上线下和物流的一体化，从行业核心的本质来看，效率才是社区团购的第一要义。传统电商网购一般需要 2～3 天的时间，而社区团购通过预售、自提、次日达等先卖货再发货的运营模式，在 12～24 小时内就能完成交易。这其实非常考验平台在供应链、仓储、物流等基础设施方面快速响应和组织迭代的能力。

一般而言，社区团购要经过采购—中心仓—网格仓—团长—用户等一系列超长的业务链条。生鲜产品易损耗的特性，又要求社区团购在运输和储存等中间环节留存时间要短，这就意味着平台需要把供应链和仓储环节做重，从而真正形成自身的差异化壁垒。在这方面，美团已经走在了赛道的最前列。其实对于社区团购平台来说，一方面要通过源头直采、自建物流网络来减少流通环节，从而实现供应链的稳定性；另一方面还要在冷库、冷藏车、温控设备等方面广泛建设和应用，从而在物流运输途中降低生鲜产品高损耗的风险。只有平台实现了对各个环节的效率把控，才能达到降本增效的目的，才具备跨行业迁徙的能力。然而，社区团购供应链物流改革的目标是广大的四、五线城市，这等于在传统电商物流基础上延伸出更细、更快、更多的"毛细血管"，这注定是一场重资产、长周期的投资，社区团购必然要承受长时间的亏损，那些既没有造血能力，又无法持续获得融资输血的平台，将会被市场清退。

事实证明，社区团购是一个只有巨头们才能玩得起的"鱿鱼游戏"。

资料来源：百家号——钛媒体 app，2021-10-11。

讨论题

1. 运用所学到的知识为社区团购做 SWOT 分析。

2. 请运用本章所学的知识对社区团购营销策略进行简要分析。

3. 请阐述社区团购业务发展的营销策略。

 **案例作业2**

撰写一份营销计划

选择一家你熟悉的中国企业，假设你是它的营销经理，请为该企业撰写一份下一年的营销计划。

参考文献

[1] 曹虎，王赛，乔林，等. 数字时代的营销战略 [M]. 北京：机械工业出版社，2017.

[2] 科特勒，阿姆斯特朗. 市场营销：原理与实践：第 16 版 [M]. 楼尊，译. 北京：中国人民大学出版社，2015.

[3] 科特勒，凯勒. 营销管理：第 15 版 [M]. 何佳讯，于洪彦，牛永革，等译. 上海：格致出版社，2016.

[4] 波特. 竞争战略 [M]. 陈丽芳，译. 北京：中信出版社，2014.

[5] 毛卡尔 U，毛卡尔 H K. 客户关系管理 [M]. 马宝龙，姚卿，译. 北京：中国人民大学出版社，2014.

第三章
分析调研营销环境

内容提示

　　作为一名营销经理，在营销战略与营销计划确定之后，接下来要做的首要工作就是进行营销环境分析，也就是我们常说的市场调研。任何一家企业的市场营销活动都需要在一定的外界条件下进行，因此企业制定的营销战略必须与营销环境相适应。企业的市场营销环境是不断变化的，这种变化一方面会给企业带来新的市场机会，另一方面也会给企业带来威胁。因此，营销人员应审时度势，积极主动调研和预测其周围的市场营销环境的发展变化，并要善于分析和识别由于环境变化而产生的主要机会和威胁，及时采取适当对策，使企业经营管理与其市场营销环境的发展变化迅速适应。本章将为你介绍营销环境调研的常识与方法，使你熟练掌握营销环境分析的基本流程与常用工具，并能够利用这些方法对本企业的具体营销环境进行分析、评价。

专业词汇

市场营销环境（Marketing Environment）　　　微观环境（Micro Environment）

宏观环境（Macro Environment）　　　　　　环境扫描（Environmental Scanning）

机会 / 威胁矩阵（Opportunity / Threat Matrix）　营销调研（Marketing Research）

信息收集（Information Search）　　　　　　问卷（Questionnaire）

访谈（Interview）　　　　　　　　　　　　电话调查（Telephone Survey）

座谈小组（Panel）　　　　　　　　　　　　数据来源（Source of Data）

观测数据（Observational Data）　　　　　　实验数据（Experimental Data）

数据分析（Analysis of Data）　　　　　　　调研计划（Research Plan）

调研报告（Research Report）　　　　　　　营销计划 / 方案（Marketing Program）

定性预测（Qualitative Forecasting）　　　　定量预测（Quantitative Forecasting）

德尔菲法（Delphi Technique）　　　　　　　波士顿矩阵（Boston Matrix）

　　兵法有云，"知己知彼，百战不殆"。对于一名合格的营销人员而言，对企业内外部营销环境进行分析，以及准确开展市场调研，都是他们必须要掌握的基本功。

◎ 开篇案例

经营之神如何利用数据分析走上人生巅峰

无论是大数据时代，还是传统经营时代，数据对企业的发展都至关重要。

台塑集团的创始人王永庆被称为"台湾经营之神"，他16岁时不满足于在米店打工，靠借来的钱开了一家米店。由于米店的规模小，当地居民对其认知程度不高，因此王永庆的米店生意很冷清，于是他只能推着车走街串巷地推销。

王永庆在推销时，会随身带一个小本子，仔细记录顾客家里的人口数量、每天大概用掉多少米、家里米缸的大小以及每月发工资的日期等信息。回去后，他就通过这些信息，计算出每个顾客大概何时需要新购多少大米，到时候就主动送米上门，并且可以等到顾客发薪日再来收款。

就这样，在这个小本子的帮助下，王永庆米店的生意渐渐地红火起来。

第一节　如何理解市场营销环境

作为一名营销人员，要深刻理解"适者生存"既是自然界演化的法则，也是企业营销活动的法则。任何企业的市场营销活动都必须在一定的自然环境和社会环境中进行，也只有适应一定的环境，营销活动才能成功。企业的市场营销环境是不断变化的，这种变化一方面会给企业带来新的市场机会，另一方面也会给企业带来威胁。企业必须密切监视和预测其周围的市场营销环境的变化，具备分析、识别由环境变化而造成的主要机会和威胁的能力，善于随着环境的变化而不断做出适应环境变化的反应，这样才能增强自己的生存与发展能力。

一、如何理解市场营销环境的概念

市场营销环境是指与企业有潜在关系的所有外部力量与相关因素共同构成的有机体系，它是影响企业生存和发展的各种外部条件。

从市场营销环境概念的角度来看，对环境的研究是制定市场营销战略的基础，市场营销活动的开展必须以环境为依据。同时，分析营销环境也是企业实现营销目标、满足顾客需要的客观要求。此外，分析营销环境还可以帮助企业寻找营销机会和避免环境威胁，使之更好地适应环境和改善环境，增强自己的生存和发展能力。

二、如何理解市场营销环境的内容

一般来说，市场营销环境主要包括两类要素：一是宏观营销环境要素，二是微观营销环境要素。微观营销环境直接影响和制约企业的市场营销活动，而宏观营销环境主要以微观营销环境为媒介间接影响和制约企业的市场营销活动（见图 3-1）。

（一）宏观营销环境

企业的宏观营销环境主要由政治和法律
环境、经济环境、社会环境以及科技环境组
成，它们是企业赖以生存的外部空间。宏观
营销环境一般不直接对一次特定的企业营销
活动产生影响，而是通过那些可以对企业的
市场营销活动产生直接影响的微观环境因素
起作用，从而对企业的营销活动产生影响。
营销人员对宏观营销环境的分析，一般可按
PEST 模型展开。

图 3-1　企业营销环境

1. 政治和法律环境

政治和法律是影响企业营销活动的重要的宏观环境因素。政治环境是指企业市场营
销活动的外部政治形势和状况以及国家方针政策的变化。这些因素会给市场营销活动带
来一定的影响。

案例 3-1　　　　　**名人直播带货和消费者权益保护**

名人直播带货是指具备一定网络影响力的自然人通过电商平台、直播媒介向粉丝售卖
或者推荐商品的行为。名人直播带货的电子商务模式从 2016 年崛起至今依然保持着强劲
的发展势头。有数据显示，截至 2020 年下半年中国百大主播的带货销售总额接近 1 130 亿
元，占我国直播电商平台年度销售总额的 83%。有平台预测，未来，整个电商直播平台将
会实现上万亿元的销售额，而中国百大主播的带货销售总额将会占到 90% 以上。

在名人直播带货模式带动巨额销量并创造巨大经济利益的同时，行业背后的乱象也
不容忽视。数据显示，有 37.3% 的受访消费者表示曾在直播购物中遇到过消费问题。这
些消费问题主要包括"虚假宣传""退换货难""销售违禁产品""利用'专拍链接'误导消
费者""滥用极限词"等。另外，根据国家市场监管总局发布的统计数据，2021 年，全国
12315 平台共接到直播带货相关投诉举报 10.3 万件，占比达 83.7%。

专家指出，为了更好地保护名人直播带货模式下消费者的权益，应强化名人经营者在
直播带货各环节中的义务，如坚定恪守我国《消费者权益保护法》第 16 ~ 29 条、《电子
商务法》第 10 ~ 26 条，在交易前、交易中与交易后各个不同阶段履行严格的经营义务；
应降低"盲目消费者"保护标准，行政管理机构要严格执行《广告法》《消费者权益保护
法》《民法典》等法律法规中的相关规定，还要加强监管能力，努力做到法规前置，在一定
程度上遏制冲动消费。此外，还应加强互联网直播平台的监管义务，依据《电子商务法》
《网络安全法》《食品安全法》《网络交易监督管理办法》等的规定，严格对带货主播开展准

入阶段信息监管、交易过程行为监管和交易后信用评价监管。2022年"直播带货"首次被写入一号文件，如何推动其规范健康发展，将更值得关注。

资料来源：
1. 赖成宇. 名人直播带货的法理与消费者保护[J]. 中国政法大学学报，2021（5）：195-211.
2. 学习强国. 今年中央一号文件这些内容首次出现[EB/OL].（2022-03-01）[2023-07-01]. https://www.xuexi.cn/lgpage/detail/index.html?id=10696564736808423349.

政治因素调节着企业营销活动的方向，法律则为企业规定商贸活动的行为准则。政治与法律相互联系，共同对企业的市场营销活动产生影响和发挥作用。对企业来说，必须依法进行各种营销活动，才能受到国家法律的有效保护。因此，企业开展市场营销活动，必须了解并遵守国家或政府颁布的有关经营、贸易、投资等方面的法律法规。

2. 经济环境

经济环境是指企业营销活动所面临的社会购买力、消费者收入、消费者支出模式和信贷水平等外部社会经济条件，其运行状况及发展趋势会直接或间接地对企业营销活动产生影响。市场不仅是由人口构成的，这些人还必须具备一定的购买力，一定的购买力水平是市场形成和规模大小的决定因素。市场也是影响企业营销活动的直接经济环境。消费者收入的变化不仅对生产经营消费资料和服务的企业的营销活动有直接影响，而且会间接地对生产经营生产资料和服务的企业的营销活动产生重大影响。消费者支出模式指的是消费者个人或家庭的总消费支出中各类消费支出的比例关系。信贷允许人们购买超过自己现时购买力的商品，它创造了更多的就业机会、更多的收入以及更多的需求。

案例 3-2 国家统计局：2022年全国居民人均可支配收入和人均消费支出

2023年2月，国家统计局数据表明，2022年全年全国居民人均可支配收入36 883元，比上年增长5.0%，扣除价格因素，实际增长2.9%，略低于同期GDP增幅（3.0%），居民收入增长与经济增长基本同步。

按常住地分，城镇居民人均可支配收入49 283元，比上年增长3.9%，扣除价格因素，实际增长1.9%；农村居民人均可支配收入20 133元，比上年增长6.3%，扣除价格因素，实际增长4.2%。

2022年全年，全国居民人均消费支出24 538元，比上年增长1.8%，扣除价格因素，实际下降0.2%。

按常住地分，城镇居民人均消费支出30 391元，增长0.3%，扣除价格因素，实际下降1.7%；农村居民人均消费支出16 632元，增长4.5%，扣除价格因素，实际增长2.5%。

2022年全国居民人均消费支出及其构成如下：食品烟酒7 481元，30.5%；居住5 882元，24.0%；交通通信3 195元，10.1%；教育文化娱乐2 469元，10.1%；医疗保健2 120元，8.6%；生活用品及服务1 432元，5.8%；衣着1 365元，5.6%。

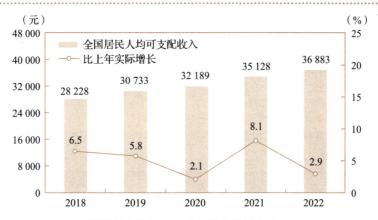

全国居民人均可支配收入及其增长速度

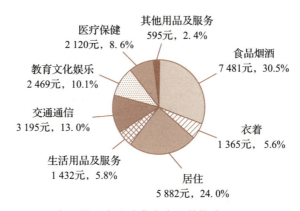

全国居民人均消费支出及其构成

资料来源：国家统计局，2022年国民经济和社会发展统计公报。

3. 社会环境

社会环境主要包括社会文化和人口两个方面。社会文化是指一个社会的民族特征、价值观念、生活方式、风俗习惯、伦理道德、教育水平、语言文字、社会结构等的总和。人口是构成市场的第一因素，人口的多少直接决定市场的潜在容量，人口越多，市场规模就越大。而人口的年龄结构、地理分布、婚姻状况、出生率、死亡率、人口密度、人口流动性及其文化教育等特性，也会对市场格局产生深刻影响，并直接影响企业的市场营销活动和企业的经营管理。

案例 3-3 　　　　　　　　　　　中国网民状况

根据中国互联网络信息中心（CNNIC）的报告，截至 2023 年 6 月，中国网民数量达到 10.79 亿，比 2022 年 12 月增加 1 109 万，互联网普及率达到 76.4%，比 2022 年 12 月提高 0.8 个百分点。中国移动互联网用户达到 10.76 亿，比 2022 年 12 月增加 1 109 万，网民使用手机上网的比例达到 99.8%。中国农村网民数量达到 3.01 亿，占网民总数的 27.9%；城镇网民数量达到 7.77 亿，占网民总数的 72.1%。

分析网民的年龄结构发现，20 ～ 29 岁、30 ～ 39 岁、40 ～ 49 岁网民占比分别为 14.5%、20.3% 和 17.7%，50 岁及以上网民群体占比由 2022 年 12 月的 33.2% 提升至 34.5%，互联网进一步向中老年群体渗透。

分析网民的性别结构发现，网民男女比例为 51.4 : 48.6，与整体人口中男女比例基本一致。

资料来源：中国互联网络信息中心，第 52 次《中国互联网络发展状况统计报告》，2023 年 8 月。

社会文化因素通过影响消费者的思想和行为来影响企业的市场营销活动。因此，企业在从事市场营销活动时，应重视对社会文化的调查研究，并做出适宜的营销决策。不同社会文化对同一产品可能持有不同的态度，直接或间接地影响产品的设计、包装、信息传递方法、被接受的程度、分销和推广措施等。如有些国家特定的文化习俗直接影响和制约消费者购买动机与购买决策的形成。

案例 3-4　　　Z 世代的新消费

所谓 Z 世代（Generation Z），是指 1995 年至 2009 年出生的一代人。这代人的成长时期几乎与互联网的形成和高速发展时期达到高度的一致。他们特立独行，标签鲜明，和"70后""80 后"有着极大的不同。他们是网络时代的原住民，他们极具个性，极富于自我表达，勇于说"不"，同时反向影响着他们父母这一代人。时代造就了他们，他们也成就了自己。

Z 世代的成长伴随着全球经济与技术的高速发展，他们尽管年轻，但已然成为一股不可忽视的经济力量。Z 世代以占我国 19% 的总人口（国家统计局，2018）贡献了 40% 的整体消费（腾讯，2019）。可以说，随着 Z 世代收入及消费水平的提升，Z 世代正逐渐成为带动消费增长的主力军。

Z 世代的消费特点主要体现在以下三个方面。第一，偏好社交性。Z 世代往往会因产品附带社交属性提升黏性，喜爱"种草"，分享经济，用消费行为交换"社交货币"。第二，Z 世代常以精神消费驱动实体消费，接受高溢价，愿意为兴趣买单，更喜欢情感代入感强的产品，如明星周边、IP 手办。第三，"颜值即正义"，在 Z 世代中，对颜值的追求，不仅体现在对自身颜值的塑造上，也体现在消费的方方面面。

资料来源："Z 世代"消费数据洞察，艾媒报告中心，2021 年 3 月。

4. 科技环境

科技环境作为重要的营销环境因素，不但可以改变消费者的消费习惯，还直接影响企业内部的生产和经营，而且与其他环境因素相互依赖、相互作用，影响企业的营销活动。

自 20 世纪以来，科学技术日新月异，二战以后，新科技革命蓬勃兴起，科学技术在现代生产中起着主导作用。工业发达国家的科技进步因素在国民生产总值中所占比重已从 21 世纪初的 5% ～ 20%，提高到现在的 80% 以上。科学技术特别是计算机技术的发展对于社会的进步、经济的增长和人类社会生活方式的变革都起着巨大的推动作用。

案例 3-5　　　　　　　　**区块链快速发展**

2019 年 10 月 24 日，习近平总书记在中央政治局第十八次集体学习中强调"把区块链作为核心技术自主创新的重要突破口，明确主攻方向，加大投入力度，着力攻克一批关键核心技术，加快推动区块链技术和产业创新发展"，我国区块链技术发展进一步提速。2020 年 4 月 20 日，国家发展和改革委员会首次明确新型基础设施的范围，基于区块链的新技术基础设施是其中的重要组成部分，为推动我国区块链技术基础设施和底层平台的部署建设注入新活力。2020 年，我国区块链相关的政策支撑不断强化，技术研发不断创新，产业规模与企业数量快速增长，实践应用取得实际进展。

政策支撑全面强化。在中央支持层面，国家各部委发布与区块链相关的政策 69 项，同比增长 8%，涉及生态治理、农业农村发展、产业转型升级、金融创新、文化出版等众多领域。

产业发展稳步推进。在企业与园区数量方面，全国区块链企业数已超过 1 400 家，全国已建成超过 40 个区块链产业园区，主要集中在环渤海经济区、长江三角洲、珠江三角洲和湘黔渝地区。在产业生态方面，我国区块链产业发展仍以应用为主，应用类区块链项目占比超过 1/3。其次为解决方案类。在产业市场规模方面，区块链产业市场规模由 2020 年的 50 亿元增加至 2022 年的 67 亿元，尽管新冠疫情对区块链产业产生了一定的影响，增速有所放缓，但产业仍呈现积极向好的发展态势。

应用实践深入发展。2022 年，区块链技术在多领域落地实施，涌现大量成功案例超过 1 500 个。在政务领域服务民生、助推治理改革。新冠疫情期间，基于区块链技术的数字身份合约和数据存证服务，有效保障"身份健康码"及人员数据安全和授权使用。国家信息中心、中国移动、中国银联共同成立了首个国家级联盟链应用——区块链服务网络（BSN），旨在建立面向工业、企业、政府应用的可信、可控、可扩展的联盟链，加快区块链技术在政务信息化领域的落地应用，并于 4 月底进入全球商用阶段。

资料来源：中国信通院，《区块链白皮书（2022 年）》2022 年 12 月。

（二）微观营销环境

微观营销环境又称直接营销环境。它是指与企业紧密相连的、直接影响企业为目标市场服务的各种参与者，主要由企业的供应商、营销中介、顾客、竞争者、公众以及企业内部参与营销决策的各部门组成（见图 3-2）。供应

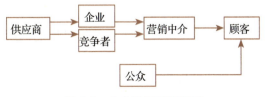

图 3-2　企业微观营销环境

商—企业—营销中介—顾客这一渠道链条构成了公司的核心营销系统。此外，竞争者和公众这两个因素也会对企业营销活动的成功与否产生直接的影响。

1. 企业

营销部门由品牌经理、营销研究人员、广告及促销专家、销售经理及销售代表等组成。营销部门负责制订现有的各个产品、品牌及新产品、新品牌研究开发的营销计划。企业各部门与营销部门在实际工作中都有可能产生或大或小的矛盾与冲突，营销部门在制订营销计划时，必须考虑到与公司其他部门的协调，如与最高管理层、财务部门、研究开发部门、采购部门、生产部门和会计部门等的协调，因为正是这些部门构成了营销计划中的公司内部微观环境。

2. 供应商

供应商是指向企业及其竞争者提供生产产品和服务所需资源的企业或个人。供应商是影响企业营销的微观环境的重要因素之一，供应商所提供的资源主要包括原材料、设备、能源、劳务、资金等。供应商对企业营销活动的影响主要表现在三个方面：供货的稳定性与及时性、供货的价格变动、供货的质量水平。企业要选择在质量、价格以及运输、信贷、承担风险等方面条件最好的供应商。此外，在通常情况下，企业应从多方面获得供应，而不可依赖任何单一的供应商，以免受其控制。

3. 营销中介

营销中介是协助公司推广、销售和分配产品给最终顾客的企业。它们包括中间商、实体分配公司、营销服务机构及金融机构等，它们是企业营销链的中间环节，是连接消费者和企业的桥梁，是企业营销的重要因素，大多数的企业营销活动都需要有它们的协助才能顺利进行。比如，生产集中和消费者分散的问题，必须通过中间商的分销来解决；资金周转不灵，则须求助于银行或信贷公司；等等。随着商品经济的发展，社会分工越细，这些营销中介的作用就越大。在营销过程中，营销人员必须处理好同营销中介的合作关系。

4. 顾客

企业与供应商和中间商保持密切关系的目的是有效地向目标市场提供商品与服务。如图 3-3 所示，企业的目标市场可以是下列五种顾客市场中的一种或几种。

（1）消费者市场：个人和家庭购买商品及劳务以供个人消费。

（2）工业市场：工业组织机构购买产品与劳务，供生产其他产品及劳务所用，以达到盈利或其他的目的。

（3）中间商市场：中间商购买产品及劳务

图 3-3　顾客市场的种类

用于加工或出售，从中盈利。

（4）政府市场：政府机构购买产品及劳务以提供公共服务或把这些产品及劳务转让给其他有需要的人。

（5）国际市场：买主在国外，这些买主包括外国消费者、生产厂商、中间商及政府。

一家企业往往将自己的产品销往不同类型的主体市场，这些市场有着不同的需求和购买行为，因此要求企业以不同的服务方式提供不同的产品。企业要认真研究所服务的不同顾客群，研究其类别、需求特点、购买动机等，使企业的营销活动能针对顾客的需求，符合顾客的愿望。

5. 竞争者

所谓竞争者，从广义上说是指向一家企业所服务的目标市场提供产品的其他企业或个人。从消费者需求的角度划分，企业的竞争者包括愿望竞争者、平等竞争者、产品形式竞争者和品牌竞争者（见表 3-1）。

表 3-1　竞争者分类

分类	定义	举例
愿望竞争者	提供不同产品以满足不同需求的竞争者	电视机制造商、冰箱制造商和洗衣机制造商之间是愿望竞争者
平等竞争者	提供能够满足同一种需求的不同产品的竞争者	自行车、摩托车、小轿车的生产经营者之间是平等竞争关系，它们都提供出行交通工具
产品形式竞争者	生产同种产品，但提供不同规格、型号、款式的竞争者	服装制造商之间是产品形式竞争关系，它们都生产服装，但款式、型号不同
品牌竞争者	产品、规格、型号等相同，但品牌不同的竞争者	美白化妆品的制造商之间是品牌竞争关系，商品功效相同，但品牌不同

竞争是市场经济的普遍规律，现代企业都处在不同程度的竞争环境中。企业在目标市场进行营销活动时，不可避免地会遇到竞争对手的挑战。竞争对手的营销战略及营销活动的变化会直接影响企业的营销，最为明显的是竞争对手的价格、广告宣传、促销手段的变化，新产品的开发，售前售后服务的加强等都将直接对企业造成威胁，企业必须密切关注竞争者的任何细微的变化，并采取相应的对策与措施。

6. 公众

公众就是对一个组织完成其目标的能力有着实际或潜在兴趣或影响的群体。由于企业的生产经营活动影响着公众的利益，因此政府机构、金融组织、媒介组织、群众团体、地方居民乃至国际上的公众必然会关注、监督、影响和制约企业的生产经营活动。公众可能有助于增强一个企业实现自身目标的能力，也可能妨碍这种能力。鉴于公众会对企业的命运产生巨大的影响，精明的企业就会采取具体的措施，从而成功地处理与主要公众的关系。但是，营销人员应该认识到，把公关工作仅仅交给公关部门负责是不行的。所有员工，上至高层管理者，下至基层业务员（包括电话接线员）都应为建立良好的公共关系负责，这是企业适应和改善微观营销环境的一个重要工作。

政府公众、金融公众、媒介公众、社区公众、一般公众、社团公众（见图3-4）构成了企业营销微观环境中的公众环境，也是一个企业的市场营销系统的重要组成部分。疏通、理顺公共关系，是营销部门极为重要的一项经常性任务。

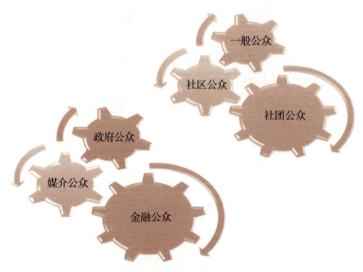

图 3-4　公众的构成

三、如何进行市场营销环境评价

企业的生存和发展与周围环境息息相关，企业必须积极地适应环境的变化，但这并不意味着企业对环境无能为力，只能消极、被动地改变以适应环境。企业既能够以各种不同的方式增加适应环境的能力，避免来自营销环境的威胁，也可以在变化的环境中寻找新的机会，并在一定的条件下改变环境，这也是营销人员在企业中的价值体现。

根据相关环境和相关环境要素发展变化对相关企业发生作用的性质，我们可以把环境变化的趋势分为环境威胁和市场机会。为了发现市场机会，避免环境威胁，营销人员必须对企业环境进行认真分析，环境威胁与市场机会分析是分析企业环境的有效工具。企业营销管理层可采用"环境威胁矩阵图"和"市场机会矩阵图"来分析、评价营销环境。具体可以按照以下步骤开展工作。

（一）首先要找出影响企业营销的相关环境因素

影响企业营销活动的市场营销环境包括宏观营销环境和微观营销环境，它们又各自包含若干因素。这些因素数量多、变化快，相互关联，复杂性强，但它们并不一定都与该企业的营销活动相关，企业也不可能一一地详细分析、评价。因此，企业有必要先从各种环境因素中找出与本企业营销活动密切相关的重要因素，以便缩小范围。

分析辨别营销环境因素的实用方法是环境扫描法，即由熟悉外部环境的专家和营销人员组成环境扫描小组，将所有可能出现的与营销活动有关的因素都列举出来，最后将比较一致的意见作为环境扫描的结果，即发现相关的主要环境因素。

案例 3-6

某烟草公司营销环境评价

某烟草公司通过市场调查发现了影响企业营销的一些相关环境因素，最后确定以下因素足以影响其业务经营的动向：①有些国家的政府颁布了法令，规定所有的香烟广告和包装上都要印上“吸烟危害健康”之类的严厉警告语。②有些国家的政府禁止在公共场所吸烟。③许多发达国家的吸烟人数在下降。④这家烟草公司的研究实验室在研制用莴苣叶制造无害烟叶的方法。⑤发展中国家的吸烟人数在迅速增加。

显然，上述①～③条环境因素会给这家烟草公司造成环境威胁，④、⑤条环境因素则会给这家烟草公司带来市场机会，使这家烟草公司可能享有“差别利益”。

（二）确定各影响因素的重要程度

当营销人员找出影响企业营销的主要环境因素后，还必须确定其重要程度。因为并不是所有的威胁因素对企业的威胁程度都一样，也不是所有的机会对企业具有同样的吸引力，所以企业可以用环境威胁矩阵图（见图 3-5）和市场机会矩阵图（见图 3-6）来加以分析、评价。

环境威胁矩阵图的横轴代表出现威胁的可能性，纵轴代表潜在的严重性，即表示企业盈利减少程度。根据上述烟草公司的案例，在环境威胁矩阵图上有 3 个环境威胁，其中威胁②和威胁③的潜在严重性大，出现的可能性也大，因此，这两个环境威胁都是主要威胁，公司对这两个威胁应加以重视；威胁①的潜在严重性大，但出现的可能性小，即吸烟者看到警告后在目前水平下并不会接受警告而戒烟，因此这个威胁不是主要威胁。

出现威胁的可能性

潜在的严重性	大	小
大	③　②	①
小		

图 3-5　环境威胁矩阵图

成功的可能性

潜在吸引力	大	小
大	⑤	④
小		

图 3-6　市场机会矩阵图

市场机会矩阵图的横轴代表成功的可能性，纵轴代表潜在吸引力，表示潜在盈利能力。根据上述烟草公司的案例，在市场机会矩阵图上有两个“市场机会”，其中最好的市场机会是⑤，其潜在的吸引力和成功的可能性都大，市场机会④的潜在吸引力虽然大，但其成功的可能性小，可能不会被消费者所接受。

从上面的分析和评价可以看出，这家烟草公司共有两个主要威胁和一个最好的主要机会，也就是说，这家烟草公司属于高机会和高风险的冒险企业。

（三）评价企业营销环境及对策

用上述方法来分析和评价企业，可能会出现四种不同的结果（见图 3-7）。

威胁水平 →

机会水平 ↑	低	高
高	（1）理想的企业	（2）冒险的企业
低	（3）成熟的企业	（4）困难的企业

图 3-7　企业类型

（1）理想的企业，即高机会和低威胁的企业。

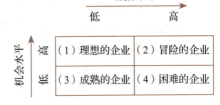

（2）冒险的企业，即高机会和高威胁的企业。

（3）成熟的企业，即低机会和低威胁的企业。

（4）困难的企业，即低机会和高威胁的企业。

这四种类型，我们还可用图 3-8 来表示。

图 3-8　业务的种类

企业对所面临的市场机会，必须慎重地评价其质量；而对所面临的主要威胁，有以下三种可供选择的对策。

（1）反抗策略（也称抗争策略），即通过自己的能力限制或扭转环境中不利因素的发展。例如，这家烟草公司试图疏通议员通过一个允许人们在公共场所随意吸烟的法令。

（2）减轻策略（也称削弱策略），即通过改变自己的营销组合等来改善环境，达到降低环境变化对企业的负面影响程度。例如，这家烟草公司可大力宣传在公共场所设立单独吸烟区。又如，本田汽车公司就曾通过"卖一辆车，种一棵树"的做法来减轻汽车尾气污染对汽车销售的负面影响。

（3）转移策略（也称回避策略），即通过改变自己受到威胁的主要产品的现有市场，或将投资方向转移来避免环境变化对企业的威胁。如果行业中面临的环境威胁危及整个行业的发展，且又无法扭转和减轻，企业就必须对目前的经营方向等重大问题进行审定，做出决策，退出或部分退出目前的经营领域，寻找新的发展机会。例如，这家烟草公司可以适当减少香烟业务，增加食品和饮料等业务，实行多元化经营。

第二节　如何进行市场营销调研

市场营销调研就是企业为了达到特定的经营目标，运用科学的方法，通过各种途径和手段收集、整理、分析有关市场营销方面的情报资料，从而掌握市场的现状及发展趋势，以便对企业经营方面的问题提出解决方案或建议，供企业决策人员进行科学的决策时作为参考的一种活动。市场营销调研是从市场环境、市场参与、市场运营、市场行为、市场消费几个方面来层层推进、刻画市场真实状况的活动，所以说无论是宏观市场环境还是微观市场环境，都是市场营销调研的研究对象和内容。

市场营销调研的任务就是为管理和决策部门提供相关的、准确的、可靠的、有效的信息。正确的决策不是通过直觉和猜测得到的，缺乏充分依据的信息很可能导致错误的决策。

那么，该如何开展市场营销调研呢？

一、进行市场营销调研的步骤

营销人员可以按照以下五个步骤开展市场营销调研（见图3-9）。

图 3-9　进行市场营销调研的步骤

（一）确定问题和调研目标

市场营销调研的第一个步骤是确定所要调研的问题及调研工作所要达到的目标。在任何一个问题上都存在许多可以进行调研的内容。例如，当某企业需要了解某种新型化妆品有多大市场时，可以提出如下问题："消费者喜欢什么样的化妆品？""消费者使用化妆品的目的是什么？""消费者愿意花多少钱购买化妆品？"市场营销调研的侧重点可以有很多，这就要求企业营销管理者必须善于把握问题，对问题的规定要适当。

在组织每次营销活动时，营销人员应当首先提出需要解决的最着急、最迫切的问题，选定调研的专题，明确调研活动要完成的任务、实现的目标。调研专题的界定不能太宽、太空泛，避免出现调研专题不明确、不具体的现象。例如，"研究怎样才能使我们的顾客感到满意"就是一个过于空泛、模糊的调研专题。因为对于任何一家企业来说，影响顾客满意程度的因素太多了，绝不是借助一两次市场营销调研就能真正弄清楚的。调研专题如果界定得太宽，将会使调研人员无所适从，在大量的不必要信息面前迷失方向，反而不能让调研人员发现真正重要的信息。反之，如果调研专题界定得过窄，则不能充分反映市场营销的情况，使调研不能起到应有的作用。

案例 3-7　　　　　　**中小企业应怎样进行卓有成效的营销调研**

中小企业在进行营销调研时，往往会基于成本的考量，过多依赖二手资料，或者公司自行组织销售人员到市场上进行一些简单的调研。由于缺乏专业性，他们的调研效果往往不好。那么，中小企业应该怎样进行卓有成效的营销调研呢？

第一，必须正确意识到，营销调研对于不同类型、不同规模和实力的企业来说，有同样的重要性和必要性。

第二，要清晰地认识自己的需求，有重点、有选择地进行调研。在调研公司的选择上，可以选择那些规模虽小，但在某领域有较强研究能力的公司。给予这样的调研公司信任和机会，将会得到高配合度和贴心的服务，调研质量也能满足要求。在调研问题的选择上，应将资源集中到需要重点解决的问题上。对于单个项目来说，不能要求解决多方面的问题，否则会导致需要搜集的信息过多、过全、过杂，结果可能会得不偿失。

第三，尽量选择简单而实用的调研方法。例如，当需要洞察用户需求和反馈时，可以到陈列企业产品的终端销售点去观察，实地了解用户在选择品牌时的情景，并适时与他们进行必要的沟通，听取其真实的心声，了解其选择某品牌的理由和不选本企业品牌的理由。

第四，注重把握行业发展趋势。可从各种行业资讯中加以分析和判断。应多关注各种媒体中的行业新闻，特别是关于新技术的动态、国家政策中与行业相关的信息等。中小企业的决策者应养成搜集行业信息的习惯。

第五，中小企业在进行资料整理和数据分析时，一定不要陷入数字陷阱而不能自拔。由于受资金、人力成本等多方面的制约，中小企业对于数据统计精度的要求，要从自身实际需要出发，切不可过分追求数据的准确性。

资料来源：周建波. 市场营销学：理论、方法与案例［M］. 2版. 北京：人民邮电出版社，2019.

（二）制订调研计划

市场营销调研的第二个步骤是制订一个最有效的调研计划。营销调研计划应由专业人员设计。营销管理人员必须具备充分的营销调研知识，以便能够审批该计划和分析调研结果。营销调研计划的内容应包括组织本次市场营销调研的目的、总体范围、搜集资料和信息的方法，确定调研人员，明确调研步骤的进度与工作内容，拟定调研提纲，审核本次调研的必要性，提出调研过程中可能遇到的问题及解决办法，同时还要确定调研资料的处理与分析方法，制定调研预算并报批等。

（三）收集信息

根据企业需要调查的问题和要求，调研人员必须寻找到科学、准确的调研资料。这是市场营销调研的第三个步骤，也是花费最高又最容易出错的阶段。调研人员在进行调研时应注意以下主要问题：如果未能拜访到被调查者，那么调研人员必须再度访问；如果被调查者拒绝合作，那么调研人员应重新设计问卷或对拒绝理由做深入追踪；如果被调查者的回答带有偏见或不够真实，调研人员应尽量使被调查者正确理解问题的原意，并对被调查者回答的准确性和可靠性做出判断。

在现代通信和电子技术的影响下，数据收集的方法正在迅速改变。计算机辅助电话调查在发达国家的应用日益广泛，企业可以使用中心网络终端，在一个集中的地点进行它们的访问工作。

案例 3-8　　　　**读秒：基于用户数据的智能信贷解决方案**

传统的信贷有很多弊端，如主观色彩强烈、流程烦琐、成本高、效率低等。为了消除这些弊端，"读秒"应运而生，它是一个基于用户数据的智能信贷解决方案。

读秒充分利用客户在申请信贷时产生的各种各样的数据（包括交易数据、信用数据、行为数据等），结合自身在日积月累过程中收集的其他海量的相关数据，帮助平台深入了解客户。在巨量数据的基础上，读秒还通过多个自建模型（如预估负债比、欺诈、预估收入等）对数据进行高效的清洗和挖掘，然后综合平衡卡和决策引擎的相关建议做出最终的信贷决策。

如果客户在多个平台借款，读秒还会将客户在不同平台留存的数据进行网络交织，然后分析这个客户的借款频率与借款平台数量之间的关系，然后建立模型。随着客户数量的不断增加，这些留存的数据和相互关系也会越来越多，如此，读秒的自创模型便得到了进一步优化，从而适用于更多场景。

如今，以读秒为代表的智能信贷解决方案不仅让信贷决策变得更加科学、合理、准确、便捷，也让借贷方和金融机构免遭大的风险，有效提升了金融交易的稳定性和安全性。

资料来源：邓文浩. 人工智能：理论基础＋商业落地＋实战场景＋案例分析［M］. 北京：电子工业出版社，2021.

（四）分析信息

对所收集到的各种信息，调研人员还需要进行整理分析，包括将资料分类、编号并进行统计分析和整理，对实地调查得来的资料要检查误差，发现记录不完整和数据前后矛盾的地方，应审核情报资料的根据是否充分、推理是否严谨、阐述是否全面、结论是否正确。

调研人员可以把数据列成表格，还可以对主要变量计算其平均数和衡量数据分布特征，以期最大限度地利用收集到的信息，得出更多的调查结果，为营销决策提供更为有效的依据。一般来讲，按信息分析的性质不同，可以分为定性分析与定量分析；按信息分析方式的不同，可以分为经验分析与数学分析。当前的趋势是，越来越多的企业借助数学分析方法对调研资料进行定量分析。人们通常认为，利用先进的统计学方法和决策数学模型，辅之以经验分析与判断，可以较好地保证调查分析的科学性与正确性。

（五）提出调查结论

在对调查资料分析处理的基础上，调研人员必须得出调研结论，通常以调研报告的形式总结汇报调研结果。调研报告要简明扼要，避免占用营销决策人员太多的时间，并能使其抓住要点。调研报告一般包括以下几个部分。

（1）引言。引言包括标题和前言。前言应阐述调研的目的、时间、地点、对象、范围，以及采用的调研方法、样本的分配及调研的局限性（如问卷的回收率、有效率）等。

（2）正文。这是调研报告的主体。正文包括调研过程、结果的描述和分析、提出的结论和建议等。

（3）结尾。这是调研报告的结束部分。结尾包括样本误差的说明，要和调研报告前言相呼应，还可重申有关论点以加强认识。

（4）附件。附件包括所有与研究结果有关但不宜放在正文中的资料，如图表、附录、问卷、抽样设计的详细说明、决定样本大小的统计方法等。

案例 3-9　　　　　　　　　　**关于中国营商环境的调研**

从 2018 年开始，中山大学"深化商事制度改革研究"课题组连续开展针对我国营商环境的实地调研。2019 年，课题组在前一年成果的基础上，继续扩大调研范围，实地走访了 24 个省级行政区 110 个市的 281 个政务办事大厅，收集了 8 293 份有效调查问卷，调研访谈成功率约为 75%。基于这些实地调研的一手素材，课题组撰写了《中国营商环境报告（2020）》。

《中国营商环境报告（2020）》以市场主体感受为依据，评价全国营商环境建设的进展、成效、问题。报告主要由四个部分构成：第一部分为总报告，包括中国营商环境和中国"数字政府"需求侧建设调查报告；第二部分是典型省级行政区营商环境，包含吉林、江苏、浙江、安徽、山东、河南、湖北、广东、云南、甘肃；第三部分是典型省级行政区"数字政府"需求侧建设调查，包含北京、天津、河北、山西、上海、福建、湖南、广西、海南、重庆、贵州、陕西、青海、宁夏；第四部分为附录。

调研过程历经了三个阶段，具体如下。

（1）前期准备。2019 年 5 月至 7 月，开展工作人员招募、调研方案确立、问卷系统及电子问卷系统调试和人员培训。

（2）预调研。2019 年 6 月 3 日、11 日、12 日，组织调研队全体成员分组在广州海珠区、越秀区、黄埔区、白云区、番禺区进行预调研，培训工作人员，检查问卷设计是否合理，检查电子问卷系统能否正常工作，从而为在全国开展正式调研做好准备。

（3）全国正式调研。2019 年 7 月 15 日至 8 月 10 日，中山大学"深化商事制度改革研究"2019 年暑期全国调研队赴全国 24 个省级行政区 281 个政务办事大厅进行实地调研。

课题组的调研总体上程序科学、过程规范、数据可靠，调研成果得到了国家领导、相关部委、部分省市的关注。《人民日报》、新华网、人民网、澎湃网等相继报道了其调研成果。

资料来源：徐现祥，毕青苗，马晶. 中国营商环境报告（2020）[M]. 北京：社会科学文献出版社，2020.

二、市场营销调研可以采用的方法

市场营销调研可以采用的方法有很多，选用的方法是否得当，对调研结果的功效影响极大。一般有以下几种方法。

（一）询问法

询问法是指以询问的方式了解情况、搜集资料，并将所要调查的问题以面谈、电话、会议、书面等形式向被调查者提出，从而获得所需的各种资料的方法。这是一种最常用的市场营销调研方法，也可以说是一种特殊的人际关系或现代公共关系。正因为如此，调研人员应清楚地认识到，通过调查不仅要收集到所期望的资料，还应在调查过程中给调查对象留下良好的印象，树立公司的形象，可能时应将被调查者作为潜在的用户，以进一步说服其成为自己的用户。

按调查者与被调查者的接触方式和问题传递方式的不同，询问法可分为访问调查、电话调查和邮寄调查三种，企业可以综合考虑自身的财力、物力、人力以及调查的时间限制情况加以选择。

（二）观察法

观察法是指在不向当事人提问的条件下，通过各种方式对调查对象进行直接观察，在不知不觉中，观察和记录被调查者的行为、反应或感受的方法。观察法常用的方法有以下几种。

（1）直接观察法。直接观察法即在现场由调查人员直接对调查对象进行观察。例如，调查消费者对品牌、商标的喜好与反应，可派人到零售商店的柜台前观察购买者的选购行为；若要调查销售人员的工作表现，可派人员对调查对象的服务态度、方法、效率进行直接观察。

（2）间接观察法。间接观察法也称痕迹观察法，就是通过对现场遗留下来的实物或痕迹进行观察以了解或推断过去市场的行为。例如，美国汽车经销商都同时经营汽车修理业务，它们为了了解在哪一个广播电台做广告的效果最好，对开过来修理的汽车所做的第一件事情，就是派人看一看汽车里的收音机的指针对准哪一个电台，从这里它们就可以了解到哪一个电台的听众最多，下一次就可以选择在这个电台做广告。

案例 3-10　　　　　　　　　　**大师们的挖掘术**

在挖掘消费者隐性目标上，不同的"门派"有不同的做法，一个很有意思的例子，就是世界知名的品牌营销大师马丁·林斯特龙。他是很多知名世界级公司（如可口可乐、麦当劳、宝洁、雀巢和微软等）的营销顾问。他不但是一位整年全世界到处飞的营销顾问、一位多产的作家，同时也是一位奇人。在挖掘消费者隐性目标上，他摸索出了一种人类学的研究方法，就是深入消费者的真实生活场景挖掘蛛丝马迹，以探究人们消费背后的深层次隐含动机。用这种方式找到的信息，他称之为"小数据"，用来与现在流行的大数据做对比；他认为对人性化的洞察，根本不是从海量的大数据当中能找到答案的。在调研中，他不只跟受访者聊天，还会详细观察（甚至搜查）人们家里的一切：从打开冰箱检查哪些食物会被长期埋在储存格的最深处，到打开少女的电脑浏览其照片，并与她在社交媒体上发布的照片进行对比，甚至会跟着印度的家庭主妇一起上菜场看她买菜。他的《痛点：挖掘小数据满足用户需求》一书里讲了很多他如侦探般寻找线索的故事。其中一个最具戏剧性的例子，就是他从德国一名 11 岁的小男孩磨得破烂的滑板鞋上找到了今天的孩子们真正追求的目标，以此扭转了乐高的产品设计与经营方向，让乐高从之前的一蹶不振，反弹成为世界玩具之王。

资料来源：王直上. 品牌创造增长：如何让你的产品成为用户的首选［M］. 北京：中信出版集团，2020.

（3）亲身经历法。亲身经历法是指调查人员亲自参与某种活动从而搜集有关的资料信息。

案例 3-11

马行长"自己做消费者"

要想了解市场对产品的反应，最简单的办法就是自己做一回消费者。

中国招商银行行长马蔚华先生自发明"一卡通"后，钱包里经常有十几张信用卡（主要是其他银行的产品），目的是通过尝试比较自己和他人的产品，吸取他行好的做法，改进自身的不足。

雷军晒自己"日理万机"

2020 年 4 月的一天，小米公司董事长雷军在微博上晒出自己过去一年内用过的部分工程机，经网友辨认，有小米 10、CC9 系列、黑鲨 3、红米 K20 Pro，三星 S20 系列、华为 P40 等。一直以来，雷军都亲力亲为，通过亲身体验去深入了解竞争性产品的优缺点，他这种极客精神赢得了广大消费者的信赖和认可，为小米公司树立了良好的口碑。

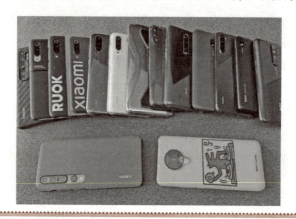

（4）行为记录法。行为记录法就是通过使用仪器设备来搜集有关信息。这方面最典型的案例是美国钢柜公司利用调查信息设计出别具一格的新办公家具。为了掌握关于办公室人员实际如何工作的第一手资料，该公司在不同的企业布置了录像机，并通过研究录像，寻找顾客自身可能也未注意到的动作与行为方式。该公司发现办公室工作的最佳方式就是大家既能一起做某项工作，又具有独立性，所以钢柜公司成功地设计出了组合办公家具"个人港湾"。

案例 3-12

2021 年欧洲杯用户：在独享与同乐之间

2021 年欧洲杯观众群体呈现出越发多元化的趋势，新老球迷对赛事内容、观赛形式的偏好差异越来越大，各视频平台紧盯赛事热点，追踪用户数据，推出了一系列精彩的内容。

机构统计数据表明，在观众性别方面，男性比例为 75.32%；在观众属地方面，广东、江苏和山东的关注体量居前，其次是北京和上海。根据观看动机，本届欧洲杯观众可分为四类主要人群：①狂热足球派，看球的底层原因是热爱足球，该类人群也是欧洲杯的主要观众，占比达 45%；②忠实粉丝派，该类人群是某球队和球星的"粉丝"；③社交话题派，该类人群占比约为 24%，看球的核心动机是为了能和其他欧洲杯观众拥有共同话题；④温馨陪伴派，该类人群视陪伴家人和朋友看球为快乐，占比约为 16%。

在观赛行为偏好方面，年轻观众更爱社交，因此更喜欢与他人一起看球，而年长球迷则更多地选择一个人看球；年轻球迷更愿意为超高清画质而付费。并且，欧洲杯球迷对赛事解说的要求较高，更倾向于选择专业性强、富有激情、具备一定幽默感的大咖解说，以詹俊、张路为代表的老牌名嘴备受观众喜爱，知名电竞解说管泽元在本届欧洲杯的跨界联动也是杯赛解说的一次突破性创新。

另外，有 10% 左右的观众倾向于收看粤语、四川话等"方言版"解说，对此，赛事转播平台也采取了一系列创新举措，以响应多元化的用户需求。观众在选择欧洲杯的观看内容时，对精彩进球和赛事结果的关注度最高，大咖解说、线上互动、球星八卦等也是较为受欢迎的内容。为此，视频平台在内容的资源升级上"做足功夫"，以咪咕视频为例，本届欧洲杯开设"全集锦""鏖战欧洲杯""瞻前顾后"等多个独立的栏目，全面覆盖了精彩赛事、球队动态、球员周边等内容。

资料来源：艾瑞咨询和咪咕视频，《2021 年欧洲杯用户研究报告》，2021 年 7 月。

（三）实验法

实验法是指从影响调查问题的许多可变因素中选出一个或两个因素，将它们置于同一条件下进行小规模的实验，然后对实验结果进行分析，确定研究结果是否值得大规模推广，它是研究产生问题的各因素之间的因果关系的一种有效手段。实验法应用范围十分广泛，例如，改变某种产品的设计、质量、包装、价格、广告、陈设或改变该产品的销售渠道后，销售量会发生哪些变化，都可以先在一个小规模的市场范围内进行实验。通过观察顾客的反应和市场变化的结果，企业再决定是否推广该产品。常用的实验法有以下几种。

（1）实验室实验法。实验室实验法是指在因素可以控制或消除的环境下进行实验而获得调研资料的方法。这种方法在研究广告效果和选择广告媒体时常常被使用。例如，某工厂为了了解什么样的广告信息最吸引人，就可以找一些人到一个地方，给每人发一本杂志，让他们从头到尾翻一翻，问他们在每本杂志里哪几个广告对他们最具吸引力，以便为本厂在设计产品广告时提供一些有用的参考。

实验室实验法可以在较短的时间内完成，能有效地控制外来因素，还能持续地进行观察，并多次进行同种实验。正因为它能对外来因素实现高度控制，因而具有较高的内部有效性，即实验结果与刺激措施有关而与外来因素基本无关，但它的外部有效性，即实验结果应用于现实市场中的有效性相对较低。

（2）现场实验法。现场实验法是指在选定的有代表性的市场环境中进行实验的方法。如将产品在选定的具有可比性的几个市场上以不同的价格进行试销，从而测量价格对产品销量的影响，以确定产品的最终价格。这种方法是在正常的消费场景进行的，因而具有较高的外部有效性，但由于在现场实验法中实验人员对外来因素不能实现高度控制，因而它的内部有效性较低，即不能认为实验结果完全是由刺激措施所引起的。

案例 3-13

神策数据：2020 年度中国科创百强企业

神策数据（Sensors Data）于 2015 年 4 月正式成立，创始人包括来自浙江大学、清华大学等名校的计算机硕士，是国内专业的大数据分析和营销科技服务提供商。公司为企业提供神策营销云、神策分析云、神策数据根基平台三大产品方案，通过全渠道的数据采集与全域用户ID 打通、全场景多维度的数据分析、全通道的精准用户触达，帮助企业实现数字化经营。

神策数据诞生以来，赢得了创投行业的广泛认可，如在 2020 年入选毕马威"2020 消费科技企业 TOP 50"，入选由《创业家》和 i 黑马网联合《证券日报》、新浪财经、财联社旗下《科创板日报》等多家媒体携手 60 家投资机构共同发起的"新基建产业独角兽 TOP 100"榜单，入选中国企业家发布的"2020 年度中国科创企业百强榜"。神策数据的付费客户包括中国银联、小米、中邮消费金融、海通证券、广发证券、东方证券、中原银行、百信银行、樊登读书[⊖]、四川航空、VIPKID、东方明珠、华润、有赞、百姓网、货拉拉、闪送、驴妈妈、KEEP、36 氪、拉勾、VUE、春雨医生、边锋游戏、纷享销客等 1 500 余家。

以零售行业为例，神策数据通过全域数据接入、消费者统一识别、动静态结合的用户画像分析、全渠道全触点营销等技术，可以为客户全面提供指标梳理、数据模型搭建等专业的咨询、实施和技术支持服务。

资料来源：神策数据官网。

实验法的优点是：实验结果具有较强的客观性和实用性，可以按照调查需要，进行实验过程设计，有效地控制实验环境和调研过程，提高调查的精确性。另外，实验法具有主动性和可控性，这是其他几种调查方法无法做到的。

实验法的缺点是：实验时间长、费用高，只能掌握因果变量之间的关系，容易泄露企业的营销计划。此外，由于市场现象与自然现象相比，随机因素、不可控因素更多，政治、经济、社会、自然等各种因素都会对市场产生作用，因此这些因素必然会对实验结果产生影响，完全相同的条件是不存在的。

除询问法、观察法和实验法外，新兴的网络技术也为市场营销调研提供了现代化的技术工具，为企业快速、充分地获得市场信息提供了巨大帮助。网络调研是一种通过网络来进行问卷设计和填写，从而获得所需市场信息的方法。互联网给市场调查人员提供

⊖ 2023 年 2 月 21 日，樊登读书宣布正式启用新品牌名"帆书"。

了一个全新的、具有很多先天优势的问卷调查工具。每次打开网页，我们几乎都能看到一些网络问卷。网络调研具有费用低廉，简单高效，不受时空、地域限制等优点，一般可以通过网站调研、电子邮件调研以及软件下载调研等方式进行。随着信息技术的发展，网络调研会越来越被市场调研人员所重视，它将在市场调研中发挥更加重要的作用。

资料 3-1　　　　　　　　**在线问卷调查系统：问卷星**

　　问卷星是一个专业的在线问卷调查、测评、投票平台，专注于为用户提供功能强大、人性化的在线设计问卷、采集数据、自定义报表、调查结果分析系列服务。与传统调查方式和其他调查网站或调查系统相比，问卷星具有快捷、易用、低成本的明显优势。从 2006 年上线至 2023 年 1 月，问卷星累计发布了超过 2.32 亿份问卷，累计回收超过 184.84 亿份答卷，问卷星累计服务 300 万家企业和国内 90% 的高校，问卷星已成为备受各行业知名品牌信赖的在线问卷调查平台。

　　问卷星的问卷调查部分主要包含以下功能。

　　（1）在线设计问卷。问卷星提供了所见即所得的设计问卷界面，支持多种题型以及信息栏和分页栏，可以给选项设置分数（可用于量表题或者测试问卷），也可以设置跳转逻辑，同时还提供了数十种专业问卷模板。

　　（2）发布问卷并设置属性。问卷设计好以后可以直接发布并设置相关属性，如问卷分类、说明、公开级别、访问密码等。

　　（3）发送问卷。通过发送邀请邮件，或者用 Flash 等方式嵌入到需调研公司的网站或者通过 QQ、微博、微信等将问卷链接发给好友填写。

　　（4）查看调查结果。可以通过网站自动生成的柱状图和饼状图查看统计图表，卡片式查看答卷详情，分析答卷来源的时间段、地区和网站。

　　（5）创建自定义报表。在自定义报表中可以设置一系列筛选条件，不仅可以根据答案来做交叉分析和分类统计，还可以根据填写问卷所用时间、来源地区和网站等筛选出符合条件的答卷集合。

　　（6）下载调查数据。调查完成后，调研人员可以下载统计图表到 Word 文件中保存、打印，或者下载原始数据到 Excel，导入 SPSS 等调查分析软件做进一步的分析。

　　资料来源：问卷星官方网站。

第三节　如何进行市场需求预测

一、如何认识市场需求预测

　　市场需求预测就是运用科学的预测理论与方法，对影响市场需求变化的因素进行调查研究，分析和预见其发展趋势，掌握市场需求变化的规律，为市场营销决策提供可靠的依据。企业为了使自己的产品最大限度地适应市场需要，不仅要运用市场营销原理对市场需求进行各种定性分析，而且必须运用科学方法，从量的角度分析研究市场，估计目前和未来市场需求规模的大小。

案例 3-14　　　　　　　　　　北京驾驶员培训行业需求预测

机动车驾驶员的素质会对城市交通运行产生重大影响，有良好的技术水平和高尚的道德素质的驾驶员对于保证城市交通安全运行和人民生命财产安全至关重要。但是，近些年来，由于对市场未来需求的预计不足，驾驶培训市场在经历过爆发式增长后，市场需求持续走低，驾校培训能力过剩。一方面，供求关系失衡导致低价竞争，盈利能力大幅下降；另一方面，驾校的同质性过于严重，优质化、差异化服务稀缺，低端供给过剩与高端供给不足并存。因此，开展驾驶培训市场未来需求总量预测，能够有效引导培训市场的合理竞争，推动驾驶员培训行业的高质量发展。

2020 年，来自北京交通发展研究院的研究人员对北京市驾驶培训市场的需求情况进行了预测。他们综合考虑了城市新总规、经济社会发展、城市人口变化、城市机动车调控和驾驶证饱和率等多种因素，针对驾驶培训的三类主要生源（在校大学生、本地适龄社会待培人员、本地新进 18 周岁人员）的需求特征差异，采用三种计量分析方法进行了预测，得出结果如下（见表 3-2 和表 3-3）。

表 3-2　依生源预测待培人员驾培量总数　　　　　　　（单位：万人）

年份	在校大学生	本地适龄社会待培人员	本地新进 18 周岁人员	总数
2020	21.70	19.52	1.9	45.2
2021	21.85	19.65	2.0	45.9
2022	22.00	19.79	2.0	46.6
2023	22.15	19.92	2.1	47.2
2024	22.30	20.06	2.2	47.6
2025	22.40	20.15	2.2	48.1

表 3-3　依计量分析法预测待培人员驾培量总数　　　　（单位：万人）

年份	相关回归分析法	分项预测法	趋势增量预测法	平均
2020	45.0	45.2	48.1	46.1
2021	40.9	45.9	48.1	45.0
2022	42.1	46.6	48.1	45.6
2023	43.3	47.2	48.1	46.2
2024	44.5	47.6	48.1	46.7
2025	45.8	48.1	48.1	47.3

2019 年统计数据显示，北京市驾培行业教练车位 8 475 辆，根据培训能力每辆教练车 1 年能够培训 70 人，由此可以计算出行业年培训能力约 60 万人次。而根据此次研究的相

关测算，北京实际市场需求为 45 万～48 万，行业培训供大于求，市场趋于饱和。因此，建议拟在北京市范围内新进、扩大培训规模的企业，正确评估投资风险，谨慎投资，避免造成投资损失。

资料来源：刘跃军，顾涛，王晴. 北京驾驶员培训行业需求预测和发展研究［J］. 综合运输，2021, 43（3）：119-124.

二、如何使用市场需求预测方法

（一）大数据下的客户需求分析方法

企业要想在激烈的竞争环境下凸显其竞争力，捕捉客户需求要精确到个体，依据个体需求提供定制化服务。而企业要想知道客户需要什么，就要像医生给病人看病一样，学会望、闻、问、切，如图 3-10 所示。

1. 望：用数据察言观色

用数据察言观色就是用数据对客户进行全方位的分析和大致的定位，通过观察客户的所处环境和行为特点来对客户进行判断。

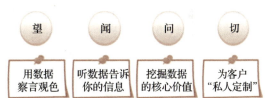

图 3-10　大数据下的客户需求分析方法

（1）环境信息包含客户的爱好、品位以及周围的环境。例如，某一商场的会员信息显示的是该会员住在高档小区，那么该会员的消费水平应该是很高的。

（2）行为特点是指客户的一举一动都是有特殊意义的。例如，某一客户经常在互联网上搜索某种化妆品，那么互联网的另一端就能对这名客户进行简单的刻画：她应该是一名女性，需要的是某种化妆品。

2. 闻：听数据告诉你的信息

数据带来的信息量的多少在于企业对用户进行了多少分析、倾听，目的是开始深入了解用户。例如，一家超市的会员购买记录显示，在 5 月 14 日、5 月 28 日、6 月 10 日和 6 月 22 日，该会员除了购买日常生活用品，还购买了纸尿裤和奶粉。由此可以很容易地得出结论——该会员的家里有婴儿。但是如果仔细分析，她下次购买用品的时间大概为 7 月 5 日，那么商场就可以在 7 月 5 日之前向这位会员发送促销短信，这就是深度分析数据带来的重要信息。

3. 问：挖掘数据的核心价值

数据最核心的价值不会主动浮出水面，可能需要更多的数据来佐证其是否为核心价值，而"问"的方法是挖掘数据核心价值的重要途径。以上述超市的会员购物为例，通过对该会员半年的消费记录进行分析，该超市发现她前两次购买了 A 品牌纸尿裤，而之后每次都买 B 品牌纸尿裤，这就说明该会员逐渐偏向使用 B 品牌纸尿裤，那么超市在推荐时就应尽量避免对 A 品牌的推荐。

4. 切：为客户"私人定制"

当分析并掌握了这些数据之后，企业就可以将客户精准地定位到某一坐标点上，接下来要做的就是围绕这一坐标点对客户进行"私人定制"。例如，上面说到该会员放弃使用 A 品牌纸尿裤，那么 A 品牌纸尿裤肯定是有什么原因导致该会员放弃购买，因此就要找到 A 品牌纸尿裤的缺点，通过比较两种品牌，找到该会员想要的那种类型的纸尿裤，再通过类比的方式找到该会员对于其他商品的选择态度，帮助商家和企业推出更贴合客户实际需要的产品。

（二）客户需求预测方法

1. 头脑风暴法

头脑风暴法又称智力激励法、BS 法、自由思考法，是由美国学者奥斯本在 1957 年提出的，它是指通过一组专家共同开会讨论，进行信息交流和相互启发，从而诱发专家发挥其创造性思维，促进他们产生"思维共振"，以达到思考结果相互补充并产生"组合效应"的预测方法。它既可以获取所要预测事件的未来信息，也可以弄清问题，形成方案，知道影响，特别是一些交叉事件的相互影响。

（1）头脑风暴法的实施步骤。头脑风暴法一般可以参照以下程序进行。

第一步，确定领导负责人。头脑风暴会议的领导工作一般由预测专家负责。因为预测专家不仅熟悉预测程序和处理方法，而且对所提出的问题和科学辩论均有充足的经验。

第二步，确定主持人。头脑风暴会议的主持人应具有良好的沟通技巧和一定的经验。主持会议者在会议开始时要有诱发性发言，尽量启发专家的思维，引导专家产生思维共振，鼓励专家对已经提出的设想进行改造和综合，为想要提出修改意见的专家提供优先发言的机会。

第三步，选择专家。选择专家要与预测的对象相一致。一般来说，要有预测专家和相关专业领域的专家参加会议。例如，对下一年度春秋时装流行款式的预测，可选择时装设计师、服装领域的销售专家和有较高判断能力的专家。另外，被挑选的专家应该尽量彼此不认识，这样更能激发各位专家各抒己见。如果各位专家是彼此相识的，那么应从同一职称或级别中挑选，以免造成相识的不同级别专家在议论时有所顾忌。在会议上，不公布专家所在的单位、年龄、职称或职务，让专家认识到与会者一律平等，应一视同仁。

第四步，创造良好的会议环境。会场的布置要轻松、活跃和随意，能激发与会人员的创造性。此外，会场还应该是一个真正自由发言的环境。会议主持者要说明政策，使专家没有顾忌，以便专家高度集中注意力于所讨论的问题，做到知无不言，言无不尽。

（2）实施头脑风暴法的注意事项。实施头脑风暴法的目的是要突破思维的固有框架，创造没有边界的思想，是思维上的一种剧烈运动。要想组织一次成功的头脑风暴会议，还应注意以下几点。

首先，要鼓励专家自由畅想。专家要放开思维，充分表达，不能因考虑其他因素而有所顾忌。

其次，组织者要延迟评判。头脑风暴的开始阶段是尽可能多地提出各种新设想，此时不宜评判各种设想的质量，以免破坏会议气氛，阻碍专家提出更富创造性的设想。

最后，要注意把握会议节奏。头脑风暴会议往往呈现出一系列的智能曲线，开始时观点表达不踊跃、不充分，焦点也比较分散；中间阶段专家们抓住要点后，集体智慧爆发，形成陡峭的智能曲线；在后期，确定观点的范围，并进入发言的平缓期。

2. 德尔菲法

德尔菲原为古希腊的城市名，据传因希腊神在此降服妖龙而闻名。后人以"德尔菲"比喻神的高超预见力。这种方法由美国兰德公司首创，在国外应用广泛。德尔菲法的特点是利用"背靠背"的方式，使参与预测的专家能够自由地发表看法。在用此法进行预测时，先要确定预测主题，根据预测主题，选择专家，组成专家预测组，专家组的人数一般以20人左右为宜，然后采用函询方式向专家分别提出问题，并提供有关资料，请专家做出自己的预测。将专家回答的意见经过综合、整理、归纳后，再匿名反馈给专家，征求修改意见，然后进行综合反馈。这样经过多次反复循环，滤去极端意见，最后得到一个比较一致的可靠性较大的意见。

（1）德尔菲法的实施步骤。

首先，要做好实施准备工作。

第一步，成立预测领导小组，确定预测项目。预测领导小组是预测的组织者，应由公司、企业领导者、各业务部门负责人和预测工作人员组成，负责组织、领导预测工作。预测项目的目标要明确，应根据决策和计划要求，选择对业务发展有重要影响的问题进行预测。

第二步，选定专家，准备背景资料。选定的专家是否合适，是德尔菲法成败的关键。应选择见多识广、经验丰富、有真才实学、分析判断能力强、同预测问题有关的业内人士组成专家组。专家组的人数可根据预测项目的复杂程度而定，一般为10～50人。背景资料是指有关预测项目的各种相关资料。这些资料通过整理、加工后，与征询表一同寄给专家，以便专家能更全面、系统地考虑问题。

第三步，设计征询表。设计征询表就是要根据预测的目的和要求，拟定需要了解的问题，列成预测意见征询表。征询表的设计应做到：紧紧围绕预测项目，从各个方面提出有针对性的问题；内容要简明扼要，问题数目不宜过多，含义要明确；为了使专家了解预测的意图，对容易出现歧义的问题应有特别说明；问题之间应有一定的内在联系，以便专家能够保持连贯的思路；问题的解答应当便于量化处理；等等。在征询意见的过程中，调研人员可以根据实际需要对征询表进行相应的调整。

其次，在做好实施准备之后，即可进入轮番征询阶段。这一阶段主要是反复地征询专家意见。

第一轮，预测组织者将预测项目、征询表、背景资料以书信的方式寄给每位专家。这一轮要求专家根据自己的实际情况，提出个人初步预测结果的论据和进一步研究所需要的资料，并在规定的时间内寄回征询表。收回专家征询表后，要对搜集到的不同专家的意见进行汇总整理，并准备下一轮的预测。

第二轮，将第一轮汇总整理的意见、预测要求、补充的背景资料、征询表再寄给每位专家进行第二轮征询，请他们对别人的预测意见加以评论，对自己的预测意见加以补充说明。专家接到有关资料后，可以胸怀全局、慎重考虑，或附和其他专家的看法；或根据新的信息做出新的判断，修改自己原有的意见，提出新的看法。在规定的时间内收回专家意见，汇总整理和准备第三轮预测。

第三轮，重复第二轮的步骤，根据实际情况可以进行若干轮征询，直到多数专家对预测问题的意见渐趋一致，少数专家的分歧意见也逐渐明朗化。

征询阶段结束后，就可进入预测结论阶段，对最后一轮的专家意见加以整理、分析、评价，得出代表专家意见的预测值。

（2）德尔菲法应用举例。某企业要对某种商品某年的销售趋势进行预测，它聘请了12位专家采用德尔菲法进行预测，具体的专家反馈结果如表3-4所示。

表3-4　专家反馈结果　（单位：百万台/年）

轮次	专家												预测差距
	1	2	3	4	5	6	7	8	9	10	11	12	
一	50	60	55	12	55	25	22	30	30	32	22	32	48
二	50	50	50	33	45	35	30	34	34	35	28	35	22
三	50	50	50	42	50	35	34	35	34	37	36	37	16

从预测结果可以看出，在第二轮中，大多数专家修改了自己的意见，预测差距（预测的最大值与最小值之差）大幅缩小，预测结果趋于一致，这说明第一轮的反馈意见起了作用。到第三轮时，修改意见的专家减少了，而且数字的变动幅度不大，这时可以根据具体情况将12位专家的预测平均数作为销售预测值。

3. 波士顿矩阵法

波士顿矩阵法以生产者为调研对象，通过市场增长率-相对市场份额矩阵模型，评估一家企业的产品在市场中所处的态势，并预测其产品的未来市场趋势，进而提出对该企业投资战略和产品组合的改进措施，提高市场效益。该方法的具体实施过程已在本书的第二章中详细阐述，在此不再赘述。

4. 定量预测方法

常用的定量预测方法主要有时间序列分析法和因果分析法。

时间序列分析法是将经济发展、购买力增大、销售变化等同一变数的一组观察值按时间顺序加以排列，构成统计的时间序列，然后运用一定的数学方法使其向外延伸，预计未来的发展变化趋势，确定市场预测值。时间序列分析法主要包括简单平均法、移动平均法、加权移动平均法及指数平滑法等。

因果分析法是利用事物发展变化的因果关系来进行预测的方法。它以事物发展变化的因果关系为依据，抓住事物发展的主要矛盾与次要矛盾因素的相互关系，建立数学模型进行预测。运用因果分析法进行市场预测，主要采用回归分析。

回归分析的主要步骤为：先从一组原始数据（一般要求数据多于 20 个）出发，确定变量之间的定量关系式，即确定回归模型的具体形式和模型参数的估计值，然后对这些变量关系式的可信程度进行统计检验。接着从影响某一个经济变量的许多变量中，判断和选择重要的影响因素。最后，给出预测精度估计。

根据变量个数的多少，回归分析可以分为一元回归分析（1 个自变量）和多元回归分析（2 个以上自变量）；根据原始数据分布趋势，回归分析还可以分为线性回归分析和非线性回归分析。回归分析尤其是多元回归分析和非线性回归分析计算方法比较复杂，一般均需通过计算机来辅助完成，读者可参阅有关书籍，做进一步了解。

 关键词

市场营销环境	微观营销环境	宏观营销环境	营销环境分析
市场调研	市场预测		

本章小结

1. 市场营销环境包括微观营销环境和宏观营销环境。

2. 微观营销环境包括企业、供应商、营销中介、顾客、竞争者与公众等要素。

3. 宏观营销环境包括政治和法律环境、经济环境、社会环境、科技环境。

4. 机会 – 威胁矩阵常用来分析、评价市场营销环境。

5. 询问法、观察法、实验法是三种常用的市场调研方法。

6. 市场需求预测的主要方法有头脑风暴法、德尔菲法和波士顿矩阵法等。

思考题

1. 制订一份市场营销环境调研计划，针对你所在城市的某一行业的营销环境进行调研。将大家的调研计划放在小组内进行讨论，发现其中存在的问题。

2. 什么是市场营销环境？简述它的构成。

3. 企业营销活动与营销环境的关系如何？

4. 如何分析和评价企业所处的营销环境？

5. 营销调研对营销管理有何作用？

6. 市场营销调研有哪些程序及方法？

7. 市场需求预测的方法主要有哪些？

案例作业

麦当劳：到消费者聚集的地方去

2021年7月28日麦当劳抖音金店上线，0粉开播，冷启动，在抖音开启品牌自播，上线第一天GMV（商品交易总额）便接近70万元。试运营10天之后，麦当劳中国COO（首席运营官）、CMO（首席市场官）、CFO（首席财务官）等高管纷纷空降直播间，掀起麦当劳"88金粉节"的热潮。第三方数据显示，"麦当劳板烧鸡腿堡单次券"已连续多日蝉联"抖音商品榜"日榜第一，成为快餐界的新爆款。

取得如此佳绩，麦当劳中国CMO须聪归因为"去新阵地，找消费者"。她说，一个市场兴起了，企业就得去，因为消费者在那里活动。餐饮界从线下到外卖，再到抖音电商直播，或其他电商平台，如果消费流向了那里，它就是一个新的市场，企业就必须要去那个市场，接受它的游戏规则。如果你不去的话，就损失了这个机会。

对此，《哈佛商业评论》编者点评道，社会日新月异，每天都有营销手法、营销渠道和行业认知被颠覆，但一些营销的底层逻辑没有变化：一是洞察人性，这是营销不变的密码，所有营销的基础都是从洞察人性开始的，然后分析行为，再找其背后的原因；二是创造价值，这也是消费者买单的本质原因，如果企业不创造价值，消费者大概率不会买单，或者即使买了一次单，也不会买第二次。

资料来源：餐饮O2O，《专访麦当劳中国CMO须聪：消费者去哪儿了？》，2021-09-28。

讨论题

请结合上述案例，阐述市场调研在企业营销过程中应该发挥的重要作用。

参考文献

［1］王方华. 市场营销学［M］. 2版. 上海：复旦大学出版社，2005.

［2］陈水芬，余丽，叶枫. 现代市场营销学［M］. 杭州：浙江大学出版社，1995.

［3］李农勤. 市场营销学［M］. 北京：清华大学出版社，2006.

［4］徐井岗. 市场调研与预测［M］. 北京：科学出版社，2004.

［5］张明立. 市场调查与预测［M］. 哈尔滨：哈尔滨工业大学出版社，2003.

［6］姚小远，杭爱明. 市场调查原理与方法［M］. 2版. 上海：立信会计出版社，2006.

［7］陶广华，刘乐荣，徐嵘. 市场调查与预测［M］. 2版. 北京：北京理工大学出版社，2010.

［8］许以洪，熊艳. 市场调查与预测［M］. 北京：机械工业出版社，2010.

［9］李军. 实战大数据：客户定位与精准营销［M］. 北京：清华大学出版社，2015.

［10］于勇毅. 大数据营销：如何利用数据精准定位客户及重构商业模式［M］. 北京：电子工业出版社，2018.

第四章
分析消费者购买行为

内容提示

在对营销环境进行充分的调研与分析后，下一步，我们需要分析消费者的购买行为。何谓消费者市场？影响消费者购买行为的因素有哪些？消费者的购买决策是如何做出的？本章将对这一系列引人入胜的问题予以探讨。我们首先分析消费者市场与消费者购买行为的基本概念和特征，在第二节分析影响消费者购买行为的因素，然后在第三节讨论消费者究竟是如何做出购买决策的。

专业词汇

消费者行为（Consumer Behavior）

习惯性购买行为（Habitual Buying Behavior）

文化（Culture）

求变性购买行为（Variety-seeking Buying Behavior）

亚文化（Subcultures）

理性购买行为（Calculated Buying Behavior）

社会阶层（Social Classes）

冲动性购买行为（Impulsive Buying Behavior）

相关群体（Reference Groups）

诱发性购买行为（Induced Buying Behavior）

角色与地位（Role and Status）

移动购买行为（Mobile Buying Behavior）

动机（Motive）

家庭生命周期（Family Life Cycle）

认知（Perception）

价值及生活方式（Values and Lifestyle，VALS）

短期记忆（Short-term Memory）

长期记忆（Long-term Memory）

记忆恢复（Memory Retrieval）

记忆编码（Memory Encoding）

品牌联系（Brand Associations）

什么是市场？我们可以这样理解，市场是指有购买力、有购买欲望的顾客群体。为进一步研究市场，按购买的目的或用途不同，我们可以把市场分为消费者市场和组织市场两大类。本章主要分析消费者市场。

🌑 开篇案例

新媒体广告生态下营销服务平台——巨量引擎的赋能逻辑

数字媒体时代，市场环境、媒体生态与营销规则正在加速变革。以头部互联网集团为母体的营销服务平台快速崛起，给新媒体环境下的广告营销生态注入了新的活力，也成为当下广告主营销活动中重要的工具。字节跳动旗下的巨量引擎就是众多营销服务品牌中的典型代表。

互联网营销服务平台的关键优势

以巨量引擎为代表的互联网营销服务平台，能够依据用户习惯和内容浏览轨迹为用户匹配感兴趣的广告信息，实现精准触达，从而满足广告主品牌推广、粉丝增长、效果转化等多维营销需求。从巨量引擎来看，它在营销方面主要有以下四个关键优势。

（1）海量数据助力深度洞察及营销转化。依托字节跳动的多元产品，巨量引擎汇集了移动互联网海量高精度数据资源，形成巨型流量池，可以帮助广告主实现深度洞察及营销转化。

（2）智能辅助工具助力广告投放效率提升。巨量引擎拥有包括广告创意制作、广告效果优化在内的多款智能工具，可以辅助广告主进行一站式投放，大大提升了广告投放效率。

（3）产品灵活丰富，满足多维营销需求。巨量引擎既拥有形式丰富的营销产品，又可以提供各行业解决方案，还拥有巨量星图这样的内容交易服务平台，不但能满足广告主差异化的营销诉求，还可以为其达成真实交易转化，实现品效合一。

（4）营销服务迭代升级，激发商业增长势能。巨量引擎以用户为原点，以广告主需求为旨归，在营销服务方面不断迭代升级，形成多连接营销闭环，激发广告主的商业增长势能。

互联网营销服务平台与新媒体广告的关系

互联网营销服务平台依托巨大的流量资源和技术优势，在服务广告主的过程中不仅助力广告主实现商业的增长，也为新媒体广告生态注入了全新活力。

（1）互联网营销服务平台既是桥梁又是工具箱。相较于传统广告，互动广告实现了与用户的双向连接，增强了用户的参与感，更容易引发情感共鸣，而个性化的精准传播则可以最大限度地降低广告费用支出，有利于实现品效合一。

（2）互联网营销服务平台既是聚合平台又是"私人裁缝"。对于广告主而言，巨量引擎是广告资源的聚合平台，可以提供一站式智能投放服务；同时，巨量引擎又像"私人裁缝"一样，可以为广告主量身定制营销传播各个环节的专门服务，从而提升营销传播效果和投放质量。

运用互联网营销服务平台赋能商业增长的策略

以巨量引擎为代表的互联网营销服务平台跟随时代的步伐、凭借领先的技术能力撬动了新媒体广告生态的效率杠杆，打造了数字广告的大时代。

（1）利用互联网营销服务平台打通线上线下业务。

中小企业在转型线上的过程中，需要重新审视整个广告生态系统，改变传统模式，利用媒体直播带货、线上展示等方式触达更多目标客户，实现商业增长。而要实现这一目标，互联网营销服务平台就成为企业打通线上线下业务的重要伙伴。

（2）利用互联网营销服务平台突破内容边界。

在技术和服务创新的加持下，巨量引擎广告投放的内容边界不断被打破，一方面，内容生态逐渐成熟，广告的原生性、互动性有了更好的表达形式；另一方面，内容承载的方式也更加多元，多触点交互，聚粉效果更加显著，可以在短时间内引爆品牌价值传播。

（3）利用互联网营销服务平台实现多样性转化目标。

以巨量引擎为代表的互联网营销服务平台覆盖广阔的平台和信息渠道，聚合了多元产品的使用场景，既可以更高效率地获取用户，在短时间内裂变式地、几何式地传播，也可以依托海量的数据形成多样化广告创意，提升用户品牌好感度，还可以通过数据沉淀，积累数据资产，有效反哺内容营销和广告投放。

以巨量引擎为代表的互联网营销服务平台具有与生俱来的数据和技术基因，通过海量数据可以实现对消费者的深度洞察，在 AI 技术的加持下能够助力广告生产和投放效率提升，满足广告主多维度的营销需求。在新媒体广告生态下，互联网营销服务平台释放了巨大的赋能作用，已经成为广告主实现商业增长的利器。

资料来源：李红妮. 新媒体广告生态下互联网营销服务平台的赋能逻辑：以巨量引擎为例［J］. 传媒，2021（10）70-72.

第一节　如何分析消费者市场与消费者购买行为

一、消费者市场及其特征是怎样的

在日常生活中，我们每个人都是消费者市场的一分子，每天都在进行各种各样的消费活动。消费者市场是个人或家庭为了生活消费而购买产品和服务的市场。我们只有深刻认识消费者市场的特点，准确把握消费者购买行为，才能科学确定产品的销售对象，有针对性地制定产品、价格、渠道和促销策略，提高市场营销的效率，在充分满足消费者需要的前提下实现企业的发展目标。消费者市场具有广泛性、分散性、差异性、易变性、发展性、替代性、地区性和季节性等特点，令其错综复杂、扑朔迷离。

> **案例 4-1**　　　　　　　　　**阿里巴巴生态圈进化**
>
> 从 B2B 到生态圈，基础设施支撑起阿里巴巴的零售帝国梦，阿里巴巴以零售业务为核心实现跨越式增长，打造线上线下生态圈。
>
> 随着天猫+淘宝龙头地位的日益稳固，阿里巴巴逐渐开启下沉市场，通过"人、货、场"打通生态体系内的用户，满足下沉用户的需求，通过打造动态消费者的消费场景，更好地服务消费者。
>
> 阿里巴巴以淘宝、天猫核心业务为依托，物流、跨境、本地生活等领域协同发展，其中核心主业为其他业务输出现金流，各赛道背靠生态逐渐走出差异化供给，生态协同性增

强。各业务线聚焦作用如下。

（1）淘宝＋天猫：龙头地位显著，下沉市场开启。

（2）天猫国际：布局进口生态，推动进口升级。

（3）菜鸟网络：补足物流短板。

（4）速卖通＆Lazada：聚焦跨境B2C。

（5）盒马＆淘鲜达＆饿了么：线下服务探索。

（6）蚂蚁集团：零售生态工具。

（7）阿里云：增长强劲，龙头领跑。

（8）阿里文娱：数字经济体商家精准营销。

阿里巴巴从2015年全盘收购优酷后，便进入了全面内容化的转型，外部通过优酷、UC浏览器、阿里影业、新浪微博等流量来源为阿里的核心电商平台引流，同时内部通过造物节、微淘、直播等为用户创造内容，最终将淘宝转化为一个综合性生活类平台。

阿里巴巴通过打通生态体系内的用户，实现以支付宝为基础、阿里文娱为辅的非淘系用户的转化；通过聚划算，用好货布局下沉市场，挖掘市场需求增量；通过打造动态的、内容化的消费者场景，重新联合"人、货、场"，实现全人群、全品类覆盖。

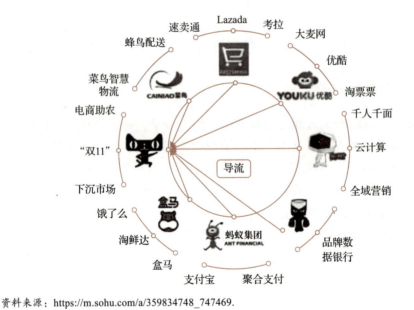

资料来源：https://m.sohu.com/a/359834748_747469.

二、消费者的购买行为有哪些种类

著名营销学者刘宝成认为，消费者的购买行为类型主要分为以下几种。

（一）习惯性购买行为

习惯性购买行为是指消费者几乎不假思索而经常重复的购买行为。在这种购买行为的支配下，消费者只要走进商店，买回某个产品就够了，不需要对产品搜集更多的信息，也不需要比较各个品牌之间的差异，而且是毫不犹豫地做出购买决定的。

针对习惯性购买行为，企业有两种策略。一种是维持消费者习惯性购买行为，一方面尽量保持为消费者购买产品提供便利，因为此类消费者不会或不愿意投入过多的时间和精力，另一方面是杜绝招致不满的因素，防止消费者在购买和使用产品的过程中产生不良的体验。另一种是改变习惯性购买行为，利用新的信息刺激，改变其购买行为。这种信息刺激来源于两个方面：一是对现有产品的不良体验，对产品的不满会促使消费者主动去寻找其他产品来避免这种体验的再现；二是如果竞争对手的优势已经深入人心，消费者也有可能放弃对原产品的购买习惯。

（二）求变性购买行为

求变性购买行为是指消费者在购买过程中经常寻求变化而不是"从一而终"的购买行为。这种行为只是为了丰富生活的内容，换一种口味，尝试一下新东西。由此可见，消费者在这种情况下更换品牌并不是因为他们对目前产品有任何不满，而是因为想要寻求一种变化，获得一种新的感受。

对于求变性购买行为，已有一定市场份额的企业可以考虑两种营销策略：一是当没有能力给消费者提供多种选择时，设法提高消费者的忠诚度；二是在企业实力允许的条件下，推出系列产品或多种品牌，既可以满足消费者求变的心理，又不使肥水流入外人田，比如，宝洁的洗发水产品有飘柔、潘婷、海飞丝、沙宣、伊卡璐等多个品牌。对于产品新上市的企业来说，求变性购买行为意味着更多的机会，因为它们面对的不是那些已经被先入者套牢的消费者。它们的营销目标是鼓励其他品牌的消费者"喜新厌旧"，为他们与本企业产品的第一次接触创造条件。

案例 4-2　　　　　　　　　　　**可口可乐：老牌换新装**

无论业界还是外行一直称可口可乐是被可乐事业耽误的"设计公司"，从诞生起至今，它在瓶身上花了不少心思。

瓶身本身是可口可乐百年发展不变的坚持和灵魂所在，无论是弧形玻璃瓶，还是便携易拉罐，或是弧形塑料瓶，相较于其他品牌来说，可口可乐都是先行者，这让可口可乐具备了极佳的视觉辨识度，形成了大众对品牌独有的形象认知。

随着时代的发展，消费者的需求也随之发生了巨变，越来越多的新兴品牌诞生，有着百年历史的可口可乐除了要与老对手竞争，还要严防新兴品牌的逆袭。而注意力经济时代，越来越多的品牌知道了包装的重要性，不少品牌就借助高颜值的包装成功抓住了人们的眼球。

已经形成独特辨识度的可口可乐便换着花样在瓶身包装上做文章，推出了"歌词瓶"，利用歌词以及背后歌手的魅力，拉近了与消费者的距离。

2015年可口可乐推出了"台词瓶"，2016年推出了"金牌点赞瓶"，2017年推出了"密语瓶"，2018年推出了"摩登都市瓶"，2019年推出了"城市美食"城市美食"反转瓶"，2021年推出了为疫情而祈福的"心愿瓶"。从弧形玻璃瓶到易拉罐，再到弧形塑料瓶，从"昵称瓶""歌词瓶"到"台词瓶""摩登城市瓶"，再到"反转瓶""心愿瓶"，等等，这些包装已经成为可口可乐特有的传播媒介，是可口可乐进行品牌营销和社会化传播的一个重要切口。

尽管我们都知道这是"新瓶装老酒"，却总也抵挡不住"新瓶"的魅力，那么，这背后到底是什么逻辑呢？

首先，对品牌来说，相较于其他的营销方式，包装创意是最简单的，它们往往是结合当时当下消费者的需求而产生的。比如，易拉罐装是为了满足人们随带走且轻便的需求，具有精准直击消费者心智的属性。同时，包装制作成本是很低的，能够大大降低品牌营销的成本。

另外，消费者消费意识的觉醒，使得传统的"品牌说、消费者听"的模式变得越来越难以适应市场，人们更热衷于互动性的宣传模式，即消费者热爱社交、喜欢交流、乐于分享。

包装不再仅仅是包装，也是载体，它承担了信息传播的对话功能，是社交化的链接渠道，是吸引更多消费者参与其中的关键。

时代在变，品牌包装自然也需要与时俱进，方能符合时下消费者的喜好。

其次，对于消费者来说，瓶身包装是他们对于品牌的最初认知，在时间越来越碎片化的当下，这样一个最直接、最显眼的接触点决定着消费者能否一眼就看到品牌并有兴趣继续了解下去。

"新瓶"的魅力在于新鲜感，以及隐藏在其后的认同感。

消费市场日新月异，新品牌、新产品层出不穷，消费者在琳琅满目的环境中难免会挑花眼，好看的包装、有趣的包装能够瞬间抓住消费者的注意力。

当一个品牌在好看、有趣的同时，还能根据人们生活习惯的内容、方式重构瓶身表达，则其影响力更甚。于消费者而言，这是一种更深层次的精神交流，代表着品牌认同和肯定了消费者的观点和情感，由此，就形成了消费者与品牌之间特有的情感共鸣，从而加强了消费者与品牌之间的黏性。

回到可口可乐的瓶身营销，这些创意是可口可乐瞄准市场消费主力，深刻洞察到消费者的精神需求而做出的改变，瓶身在此变成了一座座沟通的桥梁。可口可乐首席市场官Marcos de Quinto曾说过，"包装是我们最可见、最有价值的资产"。

通过瓶身的变化，可口可乐能够在较大的可能性范围内获取消费者的注意力资源，并通过与消费者进行的情感互动，击中消费者的心理，提升他们对品牌的认同感，而这也正是可口可乐真正能够扎根市场且有生命力的方式和竞争力所在。

资料来源：公众号——品牌观察官。

（三）理性购买行为

理性购买行为是指消费者在购买商品前要经过深思熟虑、精心盘算。理性购买行为大多是针对开支较大、风险较高的商品，如住房、汽车和假日旅游等。消费者在购买决策过程的各个阶段花费相当多的时间和精力，对商品的特点、性能和使用方法等做到心中有数，在购买商品时往往心无旁骛，直奔目标，表现出十足的自信。

对理性购买行为，企业应注重向消费者提供事实依据，帮助他们掌握产品的知识，甚至敢于将自己的产品和同类的竞争产品进行对比。情感或直觉能够吸引这类消费者的注意力，但难以促成其做出购买决策。比如，车展可以布置得奢侈华丽，但真正打动消费者的仍然是那些有经验的专业销售人员对汽车的性能、特点等做出的理性讲解和企业提供的各种承诺。从推广手段的效果来看，平面媒体上的长篇描述性广告要优于视觉媒体的短暂渲染，专业人员和消费者一对一的深度对话要优于面对大众的产品推介。

（四）冲动性购买行为

冲动性购买行为是指消费者在购买商品时，常常被商品的外观、样式或包装所吸引，不再过多地考虑和比较而做出购买决策。他们的购买模式通常是这样的：看到某种商品一眼前一亮—买下再说—不计后果。因此，这种购买行为最容易令消费者后悔。

冲动性购买行为与理性购买行为是相互对立的。在消费者的日常购买活动中，理性购买行为并不多见，而冲动性购买行为则经常发生。企业对冲动性购买行为的营销对策主要是找出吸引眼球并能引发购买冲动的刺激物。

（五）诱发性购买行为

诱发性购买行为是指消费者的购买行为是在外部力量的诱导之下产生的，其心理过程常常是：好奇心—探究竟—被说服—掏钱买。它与冲动性购买行为十分像，但二者又有不同，具有冲动性购买行为的消费者是主动的，而且决策迅速；而具有诱发性购买行为的消费者则是被动的，其中销售人员的诱导有很大作用，其购买决策比较缓慢。

诱发性购买行为主要是受环境和他人的影响或诱导而产生的，产生这类购买行为的多数是女性消费者，因此商家往往会对化妆品实施人员推销策略，目的是通过促销员来诱导消费者购买。

三、不得不提的移动购买

移动购买行为（在移动互联网情境下顾客对需要的商品采取的购买行为），是移动互联网产业链中的主要推动助力。移动互联网视角下的顾客购买行为具有双重特性，一是移动的随时随地性，二是购买活动的目的性。移动互联网情境下的购买行为具有四个特征：使用广泛性（移动购买不受时间、地域的限制）、使用便携性（移动智能终端方便顾客随身携带，操作简单）、使用个性化（能够实现定位等功能，给顾客提供多种特殊服务）、搜索方便性（利用搜索功能查找需要的商品，方便日常生活）。

(一) 谁在移动购买

移动购买者的一般特点包括：喜欢购物，并易于接受新鲜事物；渴望移动购物的便利；对价格敏感；追求多样性；对网络交易持乐观积极态度；精通手机的各项功能，喜欢频发微信。大多数移动购买者是年轻人，主要是学生。相对其他群体而言，学生有更多的手机上网机会与明显的购物倾向。另一类重要的移动购买者是白领阶层，他们有较高的教育背景和足够的购买力，喜欢自助式购物，喜欢快捷、可靠、方便的付款方式。女性购买者享受整个购买过程，愿意花更多的时间购物；男性购买者明晰自己的购买对象，更喜欢通过手机快速获取商品信息。

(二) 移动购买什么

移动购买的产品包罗万象，消费者日常生活涉及的衣食住行都可移动购买，如服装、餐饮、旅游等产品。随着超市、百货商场等消费领域利用 SMS、GPRS 以及 CDMA 制式作为传递交易数据的通信载体，零售企业和饮食服务企业广泛应用销售终端（POS）系统，顾客能够通过移动终端在商场轻松实现移动支付。

(三) 什么时间、在哪儿移动购买

移动购买突破了购物时间和地点的局限，为购买者提供了更大的灵活性，让购买者可以随时随地购买商品。只要你愿意，只要有网络，只要钱够，你可以任性消费！

(四) 怎么付钱

移动购物设备不但能够帮助购买者随时随地下订单，而且可以进行移动支付，省去了使用现金或银行卡进行结算的麻烦。移动消费者生活在数字的世界里，工资是数字，消费也是数字，未来的某天，我们会怀念纸币吗？

案例 4-3　　　　　**依赖网红营销，SHEIN 如何撑起 3 000 亿元估值**

当许多人第一次听说 SHEIN 时，这家神秘的中国服装巨头的估值已经超过了 3 000 亿元。

在营销方面，SHEIN 将中国网红经济的核心经验复刻到广阔的全球市场，借此大获成功。2020 年业绩数据显示，SHEIN 全年营收近 100 亿美元，连续 8 年实现超 100% 增长。SHEIN 的成功还离不开对全球社交媒体发展趋势的最大程度的利用。

SHEIN 的社交媒体策略，是通过其"红人联盟计划"获得广泛的关注。它与大网红建立了非常稳健的伙伴关系，同时与庞大的小网红群体保持密切合作。也就是说，当如今的 DTC（直接面向消费者）品牌新秀大谈对消费者的直接触达，以及与 KOL（关键意见领袖）、KOC（关键意见消费者）的合作时，SHEIN 已经把"网红经济"玩出了花儿。

在刚进入印度市场的 2018 年，SHEIN 就与大约 2 000 名有影响力的人进行了合作，并且该公司几乎每天都在与潜在的合作伙伴联系。实际上，从 2010 年起，SHEIN 就开始在海外平台 Instagram、YouTube、Facebook 寻找网红，用免费的服装或商业合作的方

式换取推广流量和销售转化。SHEIN 还与 TikTok 上的顶流网红、拥有 7 900 万关注者的 Addison Rae 建立合作并发布相关的短视频内容。在 TikTok 上，截至 2021 年 4 月，打着 "SHEIN" 标签的相关话题内容视频浏览量已达 65 亿次。

点开这些标签，你能看到拥有上千万粉丝的 TikTok 达人试穿 SHEIN 服装的内容，以及只有几千粉丝的小网红展示开箱 SHEIN 包裹的兴奋过程，这些配合着动感音乐和有趣剪辑的短视频，无不在挑起观看者的购买欲。

据媒体报道，SHEIN 已在自己的独立 app 中上线了直播带货功能。在国内常见的直播带货之外，SHEIN 还结合海外环境摸索出新的模式，例如，在一些直播带货活动中，SHEIN 同时邀请了多位外国 KOL 进行线上连线和圆桌讨论。不过，中国制造业劳动力成本优势正在逐渐消退，SHEIN 的社交媒体营销策略也被越来越多的后继者模仿。长远来看，SHEIN 或许还有很长的路要走。

资料来源：根据"霞光社"文章整理而成，2021-05-31。

案例 4-4　　**"00 后"网购报告：爱"薅羊毛"爱拼团，边社交边购物**

相比"80 后""90 后"以"00 后"为代表的新青年群体一出生就与消费社会绑定密切，正在成为社会新消费的重要支柱。从社会学来看，在"00 后"网购行为消费模式的背后，是他们"凸显独特人设、追求美好生活、实现个人价值"及"寻求圈层归属"的心理诉求。

"00 后"是移动互联网时代的原住民，也是伴随着经济发展，在独生子女核心家庭中成长起来的一代，具有很高的自主消费意识、消费能力，消费理念更加性格鲜明，更加倾向于快速适应新的媒介技术与新的商业与消费模式。

根据调研数据，"00 后"在选择线上购物平台时，最关注的还是平台使用便捷性（79.2%）以及商品价格和性价比（77.2%）这两个因素。商品的丰富程度（47.7%）、用户的购物体验（45.9%），如售后服务、物流速度等因素紧随其后。平台精准、个性化的推送也是他们考虑的因素，选择率为 36.1%（见图 4-1）。从地区来看，一、二线城市的新青年群体更倾向于为高品质商品花钱且勇于尝试新奇的产品。

图 4-1　"00 后"选择线上购物平台的考虑因素

资料来源：《"00 后"网购行为分析报告》，钱江晚报，2021-02-25。

四、"刺激－反应"模型解释了消费者的购买行为模式

在研究消费者购买行为的众多理论中，最有代表性的是"刺激－反应"模型，如图 4-2 所示。

营销刺激	外部刺激	购买者的特征	购买者的决策过程	购买者的决策
产品 价格 地点 促销	经济的 技术的 政治的 文化的	文化 社会 个人 心理	问题认识 信息收集 方案评估 购买决策 购后行为	产品选择 品牌选择 经销商选择 购买时机 购买数量

图 4-2　消费者购买行为模式

从这一模式中我们可以看到，具有一定潜在需要的消费者首先是受到企业的营销活动刺激和各种外部环境因素的影响而产生购买意向的。不同特征的消费者对于外界的各种刺激和影响又会基于其特定的内在因素和决策方式做出不同的反应，从而形成不同的购买取向和购买行为，这就是消费者购买行为的一般规律。

在这一购买行为模式中，"营销刺激"和各种"外部刺激"是可以看得到的，购买者最后的决策和选择也是看得到的，但是购买者如何根据"外部刺激"进行判断和决策却是看不见的。这就是心理学中的"黑箱"效应。购买者行为分析就是要对这一"黑箱"

进行分析，设法了解消费者的购买决策过程以及影响这一决策过程的各种因素的影响规律。因此，对消费者购买行为的研究主要包括两个部分：一是对影响购买者行为的各种因素的分析，二是对消费者购买决策过程的研究。

案例 4-5　　　　　　　　　　　**生鲜电商的崛起**

新冠疫情期间，虽然餐饮、旅游等行业受到强烈冲击，但电商平台、商超线上应用、社区微信团购等"云买菜"方式成为大部分居民的首选。电商企业在危机中积极自救，特别是生鲜电商在疫情中为维持供应稳定发挥了巨大作用。

连接产销，解围农产品滞销

疫情期间，由于消费者外出采购风险较大，线上买菜有便利性和无接触的特点，可以降低交叉感染风险，生鲜电商订单翻倍增长。在城市生鲜产品供不应求时，农村农产品却陷入滞销困境。为解决疫情之下突发的供需矛盾，各大电商平台或直播平台开始"连麦带货"，或推出"爱心助农计划"，或开通"全国生鲜产品绿色通道"，或专辟"抗疫农货"专区，或上线"吃货助农"直播会场，连接产销两端，共同解决农产品滞销问题。

"宅"经济下，生鲜电商价值凸显

一是渗透率进一步提升。疫情之下，生鲜电商平台迎来大批新用户，特别是平时无法触及的中老年用户。此外，用户还养成了线上购买生鲜的习惯。疫情之后，一部分线上用户可能会重返线下门店，一部分用户会继续留存。总的来看，生鲜电商渗透率有望进一步提升。

二是线上线下进一步融合。随着超市到家业务在疫情期间的高速增长，越来越多的商超开辟线上销售渠道，积极上线自建 app 或微信小程序，抑或加速入驻第三方电商平台。同时，社区生鲜团购也有望得到进一步发展。但是生鲜电商还需不断优化创新运营和商业模式，积极构建全产业链配置，进行全渠道资源深耕，更好地推动生鲜电商线上和线下融合发展。

资料来源：现代物流报，2020-04-10。

第二节　如何识别影响消费者购买行为的因素

无论在线上还是线下消费，消费者由于在年龄、性别、受教育程度、收入状况、性格和心理特征等方面存在很大的差异，而且所处的外部环境也不尽相同，因此消费者拥有不同的审美观念和偏好是完全正常的。影响消费者购买行为的因素主要有文化因素、社会因素、个人因素和心理因素，如图 4-3 所示。

一、文化因素如何影响消费者的购买行为

文化、亚文化和社会阶层对消费者购买行为起到了重要作用。

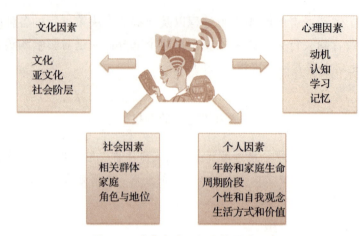

图 4-3　消费者购买行为的影响因素

（一）文化

简而言之，文化就是特定的生活方式，而消费是生活方式的主要内容，每一个人都在一定的社会文化环境中成长，通过家庭和其他主要机构的社会化过程学到和形成基本的价值观念、信仰、行为规范等。不同的文化背景下，人们信奉的价值观念不同。例如，西方文化中崇尚个人主义和物质享受，消费行为倾向于满足个人欲望；东方文化强调集体主义和勤俭节约，消费行为倾向于满足集体利益。我们还需要注意，随着社会的发展、科技的进步，当今的国内和国际市场文化都发生了翻天覆地的变化。因此，企业在考虑传统文化背景的同时，也必须考虑到时代的变迁。

案例4-6　　　　　　　　**大胃王营销**

向各种纪录发起挑战始终是许多人的理想和愿望，在市场营销中，有不少公司或企业借用正常体育比赛的模式举办另类比赛，以引起更广泛人群的注意，进而达到提升品牌和销量的目的。

美国加州内森食品有限公司从1916年开始创办"内森杯"全球吃热狗大赛，这项比赛每年一次在纽约举行。在某年"内森杯"全球吃热狗大赛中，日本超级"大胃王"小林建以12分钟吃下49个热狗的"绝对优势"轻松取胜，第5次戴上冠军黄腰带。据美联社报道，这场饕餮大战非常壮观，可谓"吃手"云集。27岁的小林建身高1.68米，体重65公斤，如此"小身材"居然有这般"大食量"，令在场选手自叹弗如。遗憾的是，小林建这次没能打破自己之前的纪录——12分钟吃下53个热狗。不管各界的评价如何，比赛的最大赢家绝不会是日本人，而是美国加州内森食品有限公司，据统计，每次比赛前后1个月，该公司的热狗销量都比其他月份高出200%以上。

资料来源：公众号——极端营销。

（二）亚文化

在主流文化的基础上，依据具体的文化因素又可以细分为若干不同的文化分支，叫作亚文化。亚文化包括民族亚文化、宗教亚文化、种族亚文化和地理亚文化。具有亚文化特征的人群叫作亚文化群，如民族亚文化群、宗教亚文化群、种族亚文化群、地理亚文化群、特殊亚文化群等。

亚文化群共同遵守主流的文化规范，但也保持自己独特的信仰、态度和生活方式，由此会表现出消费行为的差异，企业在选择目标市场和制定营销决策时，必须注意亚文化差异以及由此导致的消费者购买行为的差异。

案例 4-7　　　　　　　　　　　　　**世界茶文化差异**

除了中国人，其他国家的人也有饮茶的习惯。

（1）巴基斯坦的茶文化：巴基斯坦人最喜欢的饮料就是牛奶红茶。他们泡牛奶红茶的方法是用水壶烹煮。其步骤是：将水壶里的水煮沸后，加入红茶，再煮沸，将茶渣过滤掉，斟入茶杯，再加入牛奶、白糖，搅拌均匀后就可以饮用了。

（2）印度的茶文化：印度人传统的饮茶方式较特别，他们把茶倒在盘子里用舌头舔饮。印度人绝不用左手递送茶具，因为左手是用来洗澡和上厕所的。当地人习惯把茶叶、牛奶和砂糖一起放入锅子里熬煮，过程中会加入肉桂、豆蔻、丁香、茴香、姜等香料调味，并尽可能煮成很浓的状态，才认为是好喝的。

（3）俄罗斯的茶文化：俄罗斯人把饮茶当成一种交际方式、伴以烤饼、甜面包、蜂蜜等"茶点"，尤其喜欢饮甜茶，习惯于加糖、柠檬片或牛奶。

不同的茶俗构成了别样的茶文化，也因为这份独特性才更让人感受到茶的包容性。

资料来源：搜狐号"贵台红茶业"，《世界茶文化》，2020-09-14。

（三）社会阶层

社会阶层是社会学家根据职业、收入来源、受教育程度、财产数量和居住区域等因素对人们进行的一种社会分类。社会阶层是按层次排列的、具有同质性和持久性的群体，每一阶层成员具有类似的价值观、兴趣爱好和行为方式。营销大师菲利普·科特勒认为，社会阶层有以下几个特点。

（1）来自同一社会阶层的消费者的行为要比来自不同社会阶层的更加相似。

（2）人们往往以自己所处的社会阶层来判断各自在社会中占有的地位的高低。

（3）一个人所处的社会阶层并不是仅仅由一个变量决定的，而是受到职业、收入、教育和价值观等多种变量的制约。

（4）一个人所处的社会阶层并不是一成不变的。人在一生当中可以改变自己所处的社会阶层，既可以迈向高阶层，也可以跌至低阶层，这种升降变化的程度随着所处社会的阶层森严程度的不同而不同。

二、社会因素如何影响消费者的购买行为

消费者的购买行为不但会受到文化因素的影响，还会受到一系列社会因素的影响，比如相关群体、家庭、角色与地位。

（一）相关群体

所谓相关群体，是指那些直接或间接影响消费者的态度、意见和行为的群体。有营销学者认为，相关群体有两种基本类型：成员群体和非成员群体。相关群体为消费者提供了行为标准，主要通过信息性影响、规范性影响和价值表现影响三种方式体现出来。

（1）信息性影响。信息性影响是指相关群体的价值观和行为被消费者作为有用的信息加以参考。比如，消费者想要购买一台笔记本电脑，通常会提前做一番调查，观察朋友、同事、同学都在用什么品牌的电脑，或者干脆直接询问他们，并在做出购买决策时把所获得的信息作为重要的参考资料。

（2）规范性影响。规范性影响是指消费者接受了相关群体的价值观和行为方式后可以获得奖赏或避免惩罚。比如，在日本，高中女生经常会为她们在资生堂等化妆品上的巨大开支而借债，尽管如此，她们依然乐此不疲，因为她们觉得这样会受到同学圈子的认同。但如果消费者觉得他购买某个品牌的产品会受到圈子里的人嘲笑，那么他往往会避免这种购买行为的发生。

（3）价值表现影响。价值表现影响是指相关群体的价值观和行为方式被消费者内化，不需要任何外在的奖惩就会依据群体的价值观或规范行事。这时，群体的价值观和行为规范已经完全被个体接受，成为个体的价值观和行为规范。

（二）家庭

根据营销人员对家庭成员在各种商品和服务采购中所起的不同作用和相互之间的影响的研究，在传统的认知中，夫妻在产品购买行为和购买决策作用方面分工不同。一般来说，妻子主要购买家庭的生活用品，特别是像食物、日用百货和服装等项目。但需要注意的是，现在传统的消费角色正在发生转变，对聪明的营销人员来说，不管是男性还是女性都可以成为他们的目标顾客。

研究表明，在耐用品的购买决策中，性别也起着一定的作用。一般来说，丈夫主要在汽车、电视等商品的购买决策中更具影响力，而妻子则对洗衣机、厨卫用具及地毯等商品的购买决策更有影响。在住房、家具等商品的购买决策中双方的影响力相当，丈夫一般在是否购买、购买时间、购买地点等方面影响力较大，而妻子则一般在所购商品的款式、颜色等方面更有影响。

案例 4-8　　　　　　　肯德基进军香港的沉浮

　　1973 年 9 月，香港市场的肯德基公司突然宣布多家家乡鸡快餐店停业，只剩下四间还在勉强支撑。到 1975 年 2 月，首批进入香港市场的肯德基连锁店几乎全军覆没。

　　为了取得肯德基家乡鸡首次在香港推出的成功，肯德基公司开展了声势浩大的宣传，在新闻媒体上大做广告，传播该公司的世界性广告语——"好味道舔手指"。

　　凭着广告攻势和新鲜劲儿，肯德基家乡鸡还是火了一阵子，很多人都乐于一试，一时间也算门庭若市，可惜好景不长，3 个月后就"门前冷落车马稀"了。

　　在世界各地拥有数千家连锁店的肯德基为什么唯独在香港地区遭受如此厄运呢？肯德基经过认真总结经验教训，发现对中国人固有的文化观念缺乏深层次的了解，注定了它的惨败。

　　首先，在世界其他地方行得通的广告语"好味道舔手指"在中国人的观念里不容易被接受。舔手指被视为肮脏的行为，味道再好人们也不会去舔手指。人们甚至反感这种广告。

　　其次，家乡鸡的味道和价格不容易被接受。肯德基采用的是当地鸡种，但喂养方式仍是美国式的，用鱼肉喂养出来的鸡破坏了中国鸡的特有口味。另外，家乡鸡的价格对于一般市民来说还有点承受不了，因而抑制了需求量。

　　此外，美国式服务难以吸引回头客。在美国，顾客一般是驾车到快餐店，买了食物回家吃，因此店内通常是不设座位的，而中国人通常喜欢一群人或三三两两在店内边吃边聊，不设座位的服务方式难寻回头客。

　　1985 年，肯德基带着对中国文化的一定了解重回香港市场，并大幅度调整了营销策略——广告宣传颇为低调，广告语改为"甘香鲜美好口味"，市场定价符合当地消费水平，市场定位于 16 ～ 39 岁的人。这样的策略调整后，肯德基在香港市场的连锁店数量迅速增加，并且在香港快餐业中，与麦当劳、汉堡王、必胜客并称四大快餐连锁店。

　　肯德基在香港市场上的沉浮深刻地说明了：市场营销环境犹如一匹烈马，只有了解它才能更好地驾驭它。

　　资料来源：搜狐号"尹武泉"，2020-03-26。

（三）角色与地位

　　角色是由一个人应该进行的各项活动组成的，每一角色都伴随着一种地位。人们在购买商品时往往结合自己在社会中所处的地位和角色来考虑。例如，公司总经理会坐高级轿车，穿昂贵西服，喝价值不菲的葡萄酒。营销人员必须意识到产品和品牌成为地位标志的潜力。

案例 4-9　　**奥利奥跨文化营销策略：黑科技和 50 万美元之间，你选哪个**

"扭一扭，舔一舔，泡一泡"一直是奥利奥的代名词，也是奥利奥在广告宣传中的一大特点——以动作作为独特的品牌识别。

中国黑科技

在中国，除了强调"扭一扭，舔一舔，泡一泡"的玩法，奥利奥还在不停探寻新吃法。2017 年，奥利奥在天猫超级品牌日上推出了奥利奥的 2.0 吃法——边听音乐边吃奥利奥，还推出了一款黑科技产品，即奥利奥音乐盒。

这款奥利奥音乐盒将饼干变成了唱片，只要把饼干放进音乐盒里就可以播放音乐，它还会根据饼干的大小切歌，所以如果你想换一首歌听，咬一口饼干就可以了。

其实，音乐盒的想法在 2016 年就出现了。2016 年 4 月，奥利奥请来一位科技达人制作出了黑胶唱片版奥利奥饼干，里面有 6 款不同曲风，摇滚、爵士、电子、中国风……不过，当时奥利奥只制作了一支广告片，并没有批量发售。这一次，奥利奥是真的把这款音乐盒作为商品发售了，不过是限量发售，而且几乎瞬间就被抢空了。奥利奥这次的黑科技营销不仅用科技让零食变得更好玩、更有趣，而且增加了产品和消费者的互动性，受到了很多年轻消费者的青睐。

美国创新口味

奥利奥在中国是变着花样想如何把奥利奥玩得更有趣，但在国外，奥利奥把注意力放在产品本身上。奥利奥官方表示，奥利奥之所以成为美国销量第一的饼干品牌，一个很重要的原因是它的口味多样。因此，奥利奥决定继续发挥这一优势，将"奇葩口味"玩下去。

奥利奥在美国推出了一个比赛：你可以发挥你的无尽想象力和创造力去设计一款新奇、独特的口味，并在社交媒体平台的挑战赛页面提交个人作品，最终进入决赛的三种口味将被真正生产销售，第一名可以获得 50 万美元。与此同时，奥利奥在美国还推出了一款"烟花"口味的饼干，说是烟花，其实里面包含的是跳跳糖，放在嘴里发出噼里啪啦的响声。

资料来源：赵莹. 奥利奥品牌在国际营销中的跨文化策略 [J]. 企业改革与管理，2014（10）：87；49。

资料 4-1 **明星代言的运用**

明星代言是指利用名人、明星的平面肖像或录像，通过一系列的宣传载体让产品的终端受众广为知晓的一种营销方式。明星代言已经成为一种流行的推广方式，现在一出门随处可见明星代言的广告，各品牌依靠明星的影响力，塑造优质的口碑，提升市场的知名度，最终达到提高商品销售量的目的。

对于企业而言，明星代言的积极影响有以下几个方面。

第一，提升企业形象。名人、明星代言费不菲，请得起名人、明星做广告的企业往往资金实力非常雄厚，无形之中提升了该企业的形象。

第二，吸引消费者眼球。许多明星都有自己的追随者、崇拜者，明星的一言一行都会引起他们的关注。明星广告会因明星而得益，提高广告的受众接触率，明星代言的品牌知名度也会因此提高。

第三，吸引合作者。吸引合作者往往是企业着重考虑的一方面。聘请明星担任品牌代言人，意味着企业花重金搞营销，意味着产品销售前景看好，不仅能吸引经销商，增加经销商的信心，提高经销商的积极性，而且还有助于企业得到原材料供应商的支持。

第四，示范作用。明星对普通消费者具有很大的影响力，人们在生活方式、衣着打扮和行为举止上常常会仿效名人。因此，请名人在广告中表演、介绍和推荐产品，能产生较强的感染力和说服力，从而达到促进产品销售的目的。

第五，延续广告效果。经过长时间的营销努力和广告宣传，消费者会在记忆中建立起明星与品牌的密切关系，当消费者在其他场合或情景中再见到明星时，会不由自主地联想起其曾经代言的品牌，从而起到延续广告效果、维持品牌知名度的作用。

第六，提高品牌的品质形象。明星给人们的印象是收入高，属于高消费群体，因此，人们也会有明星用的品牌也具有高品质的推断。

第七，丰富品牌内涵。明星一般都有已被消费者所了解的故事，为消费者所接受的独特个性，将明星与品牌联系起来，品牌也就增加了一些深刻的内涵。

第八，提供购买理由。在许多情况下，消费者不知道应该购买什么品牌的产品比较合理，因而"名人推荐"就成为理由。

资料来源：https://zhuanlan.zhihu.com/p/337334214.

案例 4-10 **山姆云家为家庭消费带来更多惊喜**

山姆云家在自营电商平台上提供了户外运动器材及用品、珠宝、宠物用品、家居、乐器、大型儿童玩具等多个品类的商品。作为高端会员制零售商，山姆再次以"山姆云家"带领会员家庭实现消费升级，从简单的日常生活消费步入"愉悦型精神消费"。

会员家庭逐步开始涉足新兴的生活方式类活动，但缺乏足够专业的知识和技能来选择合适的商品。为满足他们的需求，山姆深度参与学习和了解相关产业，细化会员需求，研发出一系列有针对性的选品指标，反向在全球范围内搜索最适合的商品。

例如，近几年越来越多的家庭参与户外活动，疫情后这股风潮更加明显，野营、户外器材等的需求明显提升。以户外野营帐篷为例，涉及的品类就非常具有专业性，但零售渠道的各种帐篷类型多样，质量参差不齐，消费者即使花费了相当长的时间去了解，也未必能买到适合野营的商品。山姆帐篷品类组开发了可容纳不同人数的防水帐篷及配套用品，从寝具、桌椅、睡袋到烹饪、餐具、应急灯等一应俱全，适合各种场景。

考虑到"80后""90后"家庭式顾客正在成为消费主力，山姆会员店在品类布局上基本涵盖了一家三口的一半需求，包括针对男性消费者体验的 BOSE 音响体验区、健身器械、数码产品等品类，针对 0～3 岁儿童设置的儿童城堡、爬行垫等商品，以及对标家庭式购物的生鲜食材、日用百货、熟食烘焙等商品。

山姆云家的上线意味着山姆会围绕城市中高端收入家庭，提前思考他们未来关注的方向，并通过在全球精选商品满足他们的精神型消费需求，用意想不到的惊喜商品带领会员实现消费升级，创造更有品质的生活方式。

资料来源：深圳特区报，《山姆云家全国上线，为家庭消费带来更多惊喜》，2021-06-08。

三、个人因素如何影响消费者的购买行为

个人因素包括年龄和家庭生命周期阶段、个性和自我观念以及生活方式和价值等。

（一）年龄和家庭生命周期阶段

1. 年龄

从年龄上看，儿童是玩具的主要消费者，青少年是文体用品的主流市场，成年人是家具和住房的主要购买者，老年人则是保健品的最大消费市场之一。青少年受广告影响较大，购买决策的随意性和模仿性强；老年人则较少受广告影响，购买决策比较理性。

2. 家庭生命周期阶段

消费者所处的家庭生命周期阶段对消费行为也有很大的影响，西方营销学者把家庭生命周期划分为 6 个阶段。①单身阶段：几乎没有经济负担，是新观念的带头人，追求自我表现，大量购买时装和从事文体、娱乐活动。②新婚无子女阶段：经济状况较好、购买力强，是电器、家具、汽车、旅游产品的主力购买者。③满巢阶段Ⅰ：子女不到 6 岁，处于家庭用品采购的高峰期，更注重产品的实用价值，对广告宣传敏感，购买大包装商品，是婴儿用品的主要需求者。④满巢阶段Ⅱ：子女 6 岁以上但尚未独立的中青年夫妇，经济状况较好，对耐用品及日常用品购买力强，对生活必需品、教育、医疗保健、旅游和娱乐产品有巨大需求。⑤空巢阶段：子女已经独立，经济状况良好且有储蓄，对

旅游用品、礼品、奢侈品、保健品有一定的需求。⑥单身老人阶段：多数已退休，失去配偶，主要购买特殊食品、保健用品和医疗服务。

（二）个性和自我观念

个性是指一个人所特有的心理特征，它导致一个人对他所处的环境有相对一致和持续不断的反应。保守的人往往不容易接受新产品，自信的人做出购买决策的过程较短，控制欲强的人喜欢在决策中居于支配地位。

此外，西方营销学者认为消费者在选择品牌时，常常努力使品牌个性与自我概念相一致。人的实际自我概念（即他如何看待自己）与理想自我概念（即他希望别人如何看待自己）和他人自我概念（即他认为别人如何看待自己）是截然不同的。一些对他人看法比较敏感的消费者，很可能会选择一些符合消费趋势的品牌。

案例 4-11　　　　　　**觉醒中的下沉市场：品牌增长新引擎**

近年来，下沉市场成为从互联网到品牌关注的热点，泛指三线以下城市、县镇与农村地区的消费市场，不仅范围大，而且由于拥有庞大的人口基数、不断普及的互联网覆盖和快速增长的消费需求，成为备受关注的宝藏市场。

刚性消费的品质化升级需求凸显

日本著名社会学家三浦展在《第四消费时代》一书中，对日本的消费在近百年来的四次巨大改变做了总结，三浦展将当前日本的消费模式定义为"第四消费时代"。第四消费时代最明显的特征就是从个人意识向社会意识的转变，从私有主义到共享意识（共享经济）、从追求名牌到追求简单休闲（无印良品、优衣库），年轻一代作为高收入人群，更追求人与人之间的社会性而非差异性。

依照三浦展的论述，可以发现中国的消费也经历着类似的变迁。一、二线城市正在从第三消费时代向第四消费时代过渡，消费者越来越看重探索消费、本真消费、精研消费和意义消费，也就是说一、二线市场正在告别"符号化"，转向去商标化甚至去品牌化的消费，更加务实。下沉市场则还处在第二消费时代向第三消费时代的过渡期，品牌对于消费者的影响非常重要，而且熟人和口碑效应的影响明显，但是在这个转型的过程中，他们越来越希望和一、二线市场"求同"，这种追逐效应，也投射出消费意识的觉醒：他们正处于品质的进阶中。

"简、质、微、真"的下沉市场

如何界定下沉市场人群的生活和消费？知萌咨询机构每年都会对消费趋势开展研究，通过观察和分析，它将下沉市场的消费定义为"简、质、微、真"的"自在乐活"或许再合适不过。简，即生活模式相对较为简单；质，即他们追求品质消费，却又不像一线城市消费者那么挑剔精明；微，即他们依托于自己的小圈子，有一些微焦虑，但是绝对不会像一线城市消费者那样跌宕起伏；真，即他们更崇尚真实，绝对不会像一线城市消费者那样在钢筋水泥的包围下拥有更多面具，需要大量掩饰或者修饰，甚至需要"疗愈"。

"自在乐活"的下沉市场消费者，不像一线城市消费者那样快节奏地生活，没有经常加班的压力和住房困扰，完全处在一个熟人社会。因此，他们更能遵从自我内心的召唤，平衡生活与工作，可以完全按照自己既定的节奏去生活。

资料来源：肖明超. 觉醒的下沉市场：品牌增长新引擎［J］. 销售与市场（管理版），2021（8）：36-39.

（三）生活方式和价值

我们在现实生活中可能会接触到不同的生活方式群体，如节俭型、奢华型、守旧型、革新型、高成就型、自我主义型等。不同生活方式群体对产品和品牌会有不同的需求，如节俭型消费者很少有对奢侈品的需求，守旧型消费者不太会对创新产品感兴趣。营销人员需要深入了解产品与不同生活方式群体的关系，从而有针对性地开发和推广产品。

案例 4-12　　　　　　　　**劳力士的身份营销**

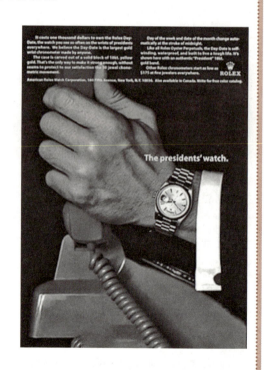

大家都知道，劳力士 Day-Date 系列腕表有个"总统表"的雅称，那么"总统表"的名号究竟是从何而来的呢？

劳力士 Day-Date 被称"总统表"，其实还要从它的几个"代言人"说起。1950 年，劳力士曾送了一款 Datejust 腕表给当时正任北大西洋公约组织武装部队最高司令的艾森豪威尔（Dwight David Eisenhower），腕表底盖上刻有代表其姓名首字母缩写的"DDE"，以及代表其官阶的美军五星上将的五角星图案。众所周知，1952 年艾森豪威尔成功当选美国总统，并于 1956 年连任，这位佩戴劳力士的将领及元首，自然无形间成为劳力士的最佳"代言人"。

1956 年，劳力士在杂志上的广告以一张两位男士在签约的黑白相片画面为基础，在人的眼睛处打上马赛克，并写着标语"掌握世界命运的男人佩戴着劳力士"，隐隐约约便暗示着元首级尊贵人物会选择佩戴劳力士。在 Datejust 的基础上，1956 年劳力士又推出世界上第一只在表面上同时显示日期及全写星期的腕表，由于结构之创新，因此当时只发布了铂金以及 18K 金表壳材质，同年，发布了一款名为"President"的链带。

而美国总统约翰逊，则是真正佩戴了劳力士 Day-Date 腕表，在他任职期间，劳力士的广告出现了"The presidents'watch."标语。一张 20 世纪 60 年代劳力士的杂志广告，画面中一个佩戴 Day-Date 的男人左手正持着"红色电话"，而红色电话代表的正是传说中连接华盛顿五角大楼与莫斯科克里姆林宫的美苏热线，虽然后续证实"红色电话"的存在仅为大众以讹传讹，但能使用这部电话、佩戴这只 Day-Date 的主人的身份是谁，自然不言而喻。

资料来源：腕表之家。

一个有趣的现象是，生活方式部分取决于消费者是比较在乎钱还是时间。对于在乎钱的消费者，他们喜欢低成本的服务和商品，而那些在乎时间的消费者更倾向于多任务处理，即在同一时间做两样或更多的事，如骑车上班顺便锻炼身体，他们更愿意付钱让别人替自己做事，因为他们的时间比金钱更宝贵。

测量生活方式的著名工具是 VALS2 模型，即价值观及生活方式调查（Values and Lifestyle Survey），如表 4-1 和图 4-4 所示。尽管 VALS2 是基于美国消费者开发出来的，但它目前也被用于欧洲的消费者，这种技术在略加修改后同样被用于日本市场。

表4-1 八种美国大众的生活方式

自我实现者（Actualizers）
自我实现者是指收入最高的人，其资源足可以让他执着于任何一种自我导向。形象对他们来说相当重要，但形象并非指地位或者权势，而是品位、独立性格和人格。他们兴趣广泛，个性开放

原则导向
履行者（Fulfilleds）
履行者是指成熟、负责、有学识的专业人员。他们能熟知天下大事，并且易于接受新观念和社会的变迁。他们虽有高收入，却属于踏实、价值导向型的消费群
信仰者（Believers）
信仰者是指具有中等收入的原则导向者。他们相当保守内向，偏好本土产品并且对品牌忠诚，属于以家庭、教堂、社区和国家为生活重心的消费者

地位导向
成就者（Achievers）
成就者属于工作为导向的成功人士。他们的满足来自工作和家庭，其政治观念保守并尊敬权威和地位。他们偏好能夸耀其成就的产品和服务
奋斗者（Strivers）
奋斗者是指具有与成就者相似的价值观，但在经济、社会及心理资源方面较差的人

行动导向
体验者（Experiencers）
体验者是最年轻的消费群，偏好以具体行动影响环境。他们喜欢新奇事物，消费欲望强烈
制造者（Makers）
他们属于以实际方法影响环境的人，他们重视自给自足，认同熟悉的环境

挣扎者（Strugglers）
挣扎者的收入和资源很少，无法判断其属于哪一种消费导向。由于财力有限，他们倾向于对品牌忠诚

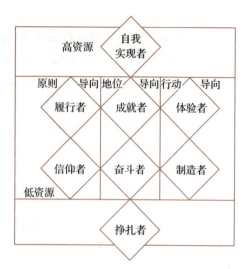

图 4-4 VALS2 八种美国大众的生活方式

四、心理因素如何影响消费者行为

心理因素也是影响消费者行为的重要因素之一。四个关键的心理过程——动机、认知、学习和记忆，从根本上影响着消费者对于外界刺激的反应，如图 4-5 所示。

图 4-5 影响消费者行为的心理因素

（一）动机

动机就是人们为了满足某种需要而引起某种活动的欲望和意念。在任何时期，每个人总有很多需要，有些需要是生理性的，诸如饥饿、口渴、焦虑不安等；另外一些需要则是心理性的，它是由心理紧张而引起的，如尊重和归属等。当需要升华到一定的强度水平时，这种需要会变为动机。动机也是一种需要，它能够产生足够的压力去驱使人行动，如图 4-6 所示。

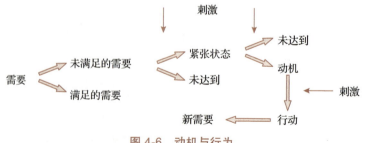

图 4-6 动机与行为

简·卡列波特确定了产品能满足的各种动机。例如，不同的威士忌品牌能够使人获得放松感、地位或者快乐。另一位动机调查者克洛拉·拉贝利致力于破译隐藏在很多产品行为背后的密码。他对纸巾的研究表明，纸巾对母亲们的吸引表面上看在于清洁的需要，深层次的原因则是保护家人健康的本能欲望。

案例 4-13 宜家之个性化定制营销

瑞典著名家具卖场宜家（IKEA）于 1943 年创建，"为大多数人创造更加美好的日常生活"是宜家自创立以来一直努力的方向。宜家品牌始终和提高人们的生活质量联系在一起，并秉承"为尽可能多的顾客提供他们能够负担，设计精良、功能齐全、价格低廉的家居用品"的经营宗旨。宜家推出了一款名为 IKEA Now 的 app 应用。当你用智能手机下载这款应用后，可以在 app 上"设计自己的家"。消费者可以在该应用上选择卧室、客厅、厨房或者书房，然后按照自己的兴趣爱好在 app 上的虚拟房间摆放宜家的家具。

尽管只是虚拟的房间布置游戏，但许多手机用户乐此不疲。他们不一定都是宜家家具的消费者，但是亲手设计自己的家却是大部分人的兴趣点。在现实中，人们受制于财力、时间、人力等因素，无法把房间完全布置成自己最喜欢的个性化风格，但在宜家的 app 应用中，人们只需要轻轻滑动手指，就能轻松创建出五花八门的自定义家具布局。此外，宜家还通过投票的方式鼓励大家支持自己最喜欢的布局，然后对那些创意优秀的布局者进行奖励。

宜家并不是一家互联网公司，它做的是以线下发展为主的实体生意，电子商务非其所长，也不是其主攻方向。鉴于很多消费者缺少时间在线下充分体验宜家的家居产品，于是宜家营销团队想到了手机 app 应用这种特殊的营销工具。

消费者可在手机上通过虚拟的家具布局场景来了解宜家的最新产品，较轻松地完成一部分产品体验。尽管他们还没有接触到真正的家具，但在用 app 设计好自己心中理想的家具布局后，消费者也就大致清楚自己需要预订什么样的产品了。这种利用 app 的个性化定制营销来扩大品牌影响力的策略，进一步提升了宜家的口碑，一并打通了会员营销、产品体验与服务体系。

资料来源：毕夫. 宜家的个性化营销［J］. 中外企业文化，2013（3）：40-41.

案例 4-14 万宝路的转型之路

在全球消费者心中，万宝路绝对是知名度最高和最具魅力的国际品牌之一，但万宝路有今天的成就却不是一帆风顺的。

1854 年万宝路以一家小店起家，在创业早期，万宝路的品牌定位是女性，消费群体以女性为主，广告语为：像五月的天气一样温和。可是事与愿违，尽管抽烟的人数在增加，但万宝路的销路却始终反响平平，女性朋友们认为白色的烟嘴会破坏她们鲜艳的口红，即使后来万宝路将烟嘴的颜色改为红色也难以改变颓势。

后来万宝路找到了当时著名的营销策划人李奥·贝纳，才得以摆脱困境。贝纳没有被现有资源限定住，而是反女性定位方向，强调万宝路香烟的男子气概，以散发着粗犷、豪迈气质的西部牛仔作为品牌形象，在包装的设计上也更硬朗化。由温文尔雅到粗犷豪迈风格的转变，是万宝路适应市场需求做出的大胆尝试，温和的主题适合一战过后为了修复战争创伤而主张及时行乐的人群，显然时间抹平了创伤，温和不再适应市场，角逐才是希望。

这两种不同风格的戏剧化转换效果，正是广告策划的力量，广告塑造品牌形象，附加品牌价值，使万宝路成为全球第一大香烟品牌。

资料来源：公众号——智恩品牌设计。

（二）认知

当消费者产生购买动机之后，就要采取行动，他的行动取决于他的认知过程。营销大师菲利普·科特勒认为，在产品营销中消费者的认知比真实更重要。人们会对同一刺激物产生三种认知过程具体如下。

1. 选择性注意

在日常生活中，人们每天都要面对众多的刺激物，但一个人不可能对所有刺激物都加以注意，其中多数被过滤掉，这个过程称为选择性注意。研究表明：

（1）消费者会更多地注意那些与当前需要有关的刺激物；

（2）消费者会更多地注意他们期待的刺激物；

（3）消费者会更多地注意跟一般刺激物相比有较大差异的刺激物。

2. 选择性扭曲

即使是消费者注意到的刺激物，也并不一定能与营销人员的预期相一致。选择性扭曲就是人们将信息加以扭曲，使之合乎自己意思的倾向。消费者对自己喜爱的品牌产品的忠诚，无形中往往改变了他们对产品的认知。一项研究表明，当消费者被蒙住眼睛的时候，他们根本分不出自己喝的是可口可乐还是百事可乐。然而，在被指示品牌后，他们就会觉得自己喜欢的品牌的可乐更好喝。更有趣的是，人们往往感到，有品牌的啤酒似乎味道更好，有品牌的汽车开起来似乎更平稳，有品牌的化妆品似乎效果更好，甚至有品牌的银行连排队也会短一些，等等，尽管事实并非如此。这些认知都是选择性扭曲造成的。很多假冒伪劣产品就是利用了选择性扭曲来误导消费者的，如图4-7所示。

3. 选择性保留

选择性保留是指人们会忘记他们知道的许多信息，但会倾向于保留那些能够支持其观念和态度的信息。由于选择性保留的原因，我们很可能记住了一个产品的优点而忘记了其竞争对手同类产品的优点。选择性保留对强势品牌很有用，这也解释了为什么很多营销人员都在不断地向目标市场传递消息——这是为了确保自己的品牌被消费者关注。

图 4-7　视觉上的选择性扭曲

（三）学习

学习是指由于经验而引起的个人行为的改变。学习过程是驱动力、刺激物、诱因、反应和强化诸因素相互影响和相互作用的结果，如图 4-8 所示。比如，我们购买某品牌的卧房家具，对其设计、质量以及售后服务都很满意，那么这种经验经过学习后就会被强化，以至于我们以后再有购买其他家具的需要时，就会联想到该品牌。

图 4-8　学习的模式

（四）记忆

在日常生活中，人们累积的信息和经验都可以发展成为他们长期的记忆。营销人员必须确保消费者对产品和服务有正确的认识和评价，这样正确的品牌知识结构才能在他们的记忆中形成与维持。西方营销学者把记忆处理过程分为记忆编码与记忆恢复两个部分。

1. 记忆编码

记忆编码解释了知识是怎样和在哪里进入记忆中的。一般来说，在编码的过程中对信息内容的关注程度越大，最终的记忆就会越强烈。当一个消费者主动去了解产品和服务的详细信息，较强的关联性就会在记忆中产生。另外一个对关联性起重要作用的因素是已经存在于记忆中的该信息的内容、结构和强度。当消费者的记忆中已经对该信息有了一定的认识和组成了框架，那么再来建立新信息的联系就很容易了。

2. 记忆恢复

记忆恢复指的是信息是怎样从记忆中回想起来的。消费者成功回忆起来的信息不仅仅取决于存在于记忆中的信息的强度，还取决于三个重要因素。

（1）记忆中其他产品的信息，特别是竞争对手产品的信息，会对记忆中的信息产生干扰，这会使记忆中的信息变得混乱和模糊。

（2）所编码信息在头脑中的时间会对这种关联性的强度产生影响——时间越长，关联性越弱。一般情况下，记忆强度从最后一次接受该信息开始慢慢地衰退。

（3）信息可能存在于记忆中，但没有适当的暗示或提示未必能够被回想起来。提示越多，就越有可能回忆起这些信息。

这些因素都从一定程度上说明了为什么各种广告铺天盖地地冲击我们的视听感官，为什么超市里有那么多的信息出现在产品包装上或者醒目的标牌上，提示我们各种产品的特色以及特价信息。

案例 4-15　　　　　　　　　　　**不买红李子的老太太**

一天早晨，一位老太太提着篮子，来到菜市场买水果。她遇到的第一个小贩问："你要不要买一些水果？"老太太说："你有什么水果？"小贩说："我这里有李子、桃子、苹果、香蕉，你要买哪种呢？"老太太说："我正要买李子。"小贩赶忙介绍："我这个李子，又红又甜又大，特好吃。"老太太仔细一看，果然如此。但老太太却摇摇头，没有买，走了。老太太继续在菜市场转。她遇到了第二个小贩。这个小贩也像第一个小贩一样，问老太太买什么水果。老太太说买李子。小贩接着问："我这里有很多李子，有大的，有小的，有酸的，有甜的，你要什么样的呢？"老太太说要买酸李子，小贩说："我这堆李子特别酸，你尝尝？"老太太一尝，果然很酸，酸得她满口酸水。老太太受不了了，但越酸她越高兴，马上买了一斤李子。

老太太买完李子后没有回家，而是继续在市场转。她遇到了第三个小贩，这人同样问她买什么，老太太还是说买李子。小贩接着问她买什么口味的李子，老太太说要买酸李子。小贩很好奇，又接着问："别人都买又甜又大的李子，你为什么要买酸李子？"老太太说："我儿媳妇怀孕了，想吃酸的。"小贩马上说："老太太，你对儿媳妇真好！儿媳妇想吃酸的，就说明她想给你生个孙子，所以你要天天给她买酸李子吃，说不定真生个大胖小子！"老太太听了很高兴。小贩又问老太太知不知道孕妇最需要什么样的营养，老太太不懂科学，说不知道。小贩说："其实孕妇最需要的是维生素，因为她需要供给胎儿维生素，所以光吃酸的还不够，还要多补充维生素。"他接着问老太太知不知道什么水果维生素含量最丰富，老太太还是不知道。小贩说："水果中，猕猴桃维生素含量最丰富，因此你要经常给儿媳妇买猕猴桃才行。这样的话，你儿媳妇肯定能生出一个漂亮、健康的宝宝。"老太太一听很高兴，马上买了一斤猕猴桃。当老太太要离开时，小贩说："我天天在这里摆摊，每天进的水果都是最新鲜的，下次来我这里买，还能给你优惠。"从此以后，这位老太太每天都在这个小贩这里买水果了。

资料来源：网易号——李营说。

案例 4-16

购物中心的减压经济

一边喊着"躺平即正义",一边兢兢业业做着"996""007"打工人,这或许就是当代年轻人的现状。而这样的环境,催生了巨大的"减压经济"市场,花钱买快乐、买放松成为新生代年轻消费者的日常。

一直致力于为人们提供休闲场所的购物中心,在此风口下也表现出了对"减压"业态更高度的聚焦。各式体验业态经过一轮轮焕新升级,分化出宣泄情绪、容貌打理、治愈心情、碎片化运动等越来越多的细分赛道。

情绪宣泄类

以不可思议减压馆为例的"情绪宣泄类"减压业态,更多是一种将游乐场、运动馆、闯关解谜和减压治愈融合在一起的场馆。这类场馆打卡属性强,既有景点的特质,吸引了游客;也是亲子乐园,吸引了亲子客群;还是成年人的游乐场,吸引 Z 世代客群;同时又有减压的属性,进行团建的公司、考生、失恋人群等都是亟须解压的目标消费群体。

容貌、身体护理类

Mr.JUDY 洗头作为更聚焦职场人碎片化时间减压的业态,在传统美发服务流程中做了减法:不剪、不烫、不染,专注"健康洗发、吹风造型、专业头发和头皮护理"。目前该品牌受到不少写字楼商务客群的青睐。除此之外,一对一化妆、补妆的"共享化妆间"美舱化妆间以及众多肩颈按摩、调理身心的门店也正迎来固定的消费客群。

宠物治愈类

撸猫、撸狗等宠物治愈类业态近两年在购物中心也不少见,相比于撸猫、撸狗,撸猪正成为新潮流。在白日梦撸猪社,店里都是 3 个月左右的小香猪,每只小香猪只有人的小臂长短,特别黏人。对于不少喜欢萌宠的消费者来说,和动物相处的时光不仅解压,还十分治愈,但由于这届年轻人养猫、养狗已经成为标配,其他物种的萌宠减压业态正受到欢迎。

资料来源:公众号——奇点商业。

资料 4-2

男性主义:精准营销 极致呈现

从 2002 年起,男性主义(MENPLUS)正式登陆中国。那时男士护肤品除了国外的一两个知名品牌有极度细微的用户群体,男士护肤这个概念在市场上的认可度几乎为零。但男性主义看到了男士护肤在中国是有很大潜力的,男士也应该有享受专业男士护肤品的权利,于是,做"专业男士护肤品"的想法就从那个时候萌芽了。

专注精神成就男性主义

本土化妆品品牌都面临着一样的市场环境,那就是国外知名化妆品品牌在资金、品牌运作以及运营经验上的优势。过去的几十年,一些国外品牌通过产品+渠道、代言+广告的方式在国内占领了市场先机，建立了强大的份额。现在国内一线城市的消费者能够接触到更多的国内外市场资讯，对产品和品牌产生了更多个性化的需求，有一些本土化妆品品牌也逐渐做大，赢得了众多顾客的好评。这是一个向国外一线品牌挑战的机会，一个让本土品牌扬名世界的机会。男性主义的定位是"专注男士护肤"的品牌。所谓专注，就是看准一个方向，只为一件事情存在，然后想尽一切办法，调动一切资源去达成。在当时，这是一个在别人看来很冒险的决定，但没有当时的坚持和专注，也就没有今天的男性主义。

男士护肤品主要消费群的年龄为 18～35 岁，而其中最核心的一群顾客是 23～28 岁的男士，他们在工作中需要时刻保持自信和体面的状态，以应对当今社会无处不在的挑战。与男性主义一样，目前在男士护肤领域，因为市场规模和顾客认可程度不断扩大，未来会有更多国内外的品牌加入这个市场，市场将会不断地细分，促使它不断进步，做更好的产品，铸更好的品牌。男性主义始终相信成功营销的基础是优秀的产品，因此一直在产品上跟自己过不去，在配方、外观、陈列等方面都尽可能地贴近中国男士的审美、使用习惯和护理需求。

将营销做到极致

男性主义在广告上的投入远远没有在产品上的投入大，但是每一次广告都是全情投入，做到极致。2010 年，男性主义正式启动了日化专营店的渠道开拓，策划了一场叫"时尚之夜"的晚会，将经销商大会做成了时尚派对。活动前，男性主义邀请了行业内的几位代理商代表与知名模特一起，拍摄了主题为"男得时尚"的时尚大片，通过在时尚杂志、主题网站、微博互动的全面宣传，消息迅速传播。晚会举行得很成功，各种时尚元素融合，激发出新的生命力，品牌知名度在业内显著提升。男性主义在晚会上完全没有进行招商，但后来却取得了远比招商会更有效的渠道开拓效果。2010 年，男性主义是唯一获得美国孩之宝公司《变形金刚》授权的企业，男性主义在屈臣氏推出的变形金刚限量版洁面皂用短短几周时间就成为该品类的冠军。

铁血男儿诠释"男性主义"

2012 年，男性主义与云南卫视合作的节目《男性主义士兵突击》所彰显的新一代年轻男人的"使命感""勇于挑战""铁血男儿"等理念，十分契合品牌诉求。节目用真实的年轻男人的行动和成长来诠释品牌所一直传播的新"男性主义"，节目的励志、积极、向上与男性主义不谋而合。这次的推广不但让男性主义在地域上覆盖全国，而且整合了更多方面的推广资源，在卫视频道、地面频道、平面媒体、视频网站、微博、分众卖场视频等推广渠道都有了更为严密的计划，而且同样推出了限量版的产品套装。总的来说，男性主义以前偏向于增加品牌的知名度，现在希望让消费者认可这个品牌，并且成为品牌的忠诚顾客。男士护理市场近年来发展速度非常快，男性主义的营销说到底只有两个本质的东西——顾客和产品。根据顾客的需求变化，不断推出更优秀的产品，这是男性主义一直坚持的营销之道。

资料来源：范侃. 男性主义：精准营销 极致呈现［J］. 声屏世界：广告人，2012（5）：108.

> **案例 4-17** **铂爵旅拍的洗脑营销**
>
> 　　铂爵旅拍有三大标签：一是"中国旅拍领军品牌"，二是"想去哪儿拍就去哪儿拍"，三是"明星指定旅拍官"。特别是第二个标签，相信不少人深有体会，不管是看综艺节目还是乘坐电梯，经常能感受到铂爵旅拍洗脑式的宣传。
>
> 　　问你一个问题：假如现在你和你的另一半即将结婚，你们想去海外拍婚纱照，你会找哪个机构？大概率你会想到铂爵旅拍，除此之外，你基本想不到第二个品牌。而你大概率也会搜一下"铂爵旅拍"，看看它们的产品，没准儿觉得挺合适的就预约下单。这就说明，当初的广告在某种程度上是有效的。
>
> 　　互联网运营与传统推广、营销之间显著的不同点之一就是"用户的话语权越来越大"，或者说是"用户的能量越来越大"。你身边有没有人会谈论铂爵旅拍"洗脑式"的营销广告？如果有，那么你已经被"传播"了。同时，当人们正在基于自身看法、非盈利地谈论铂爵旅拍时，会让一些不知道铂爵旅拍的人产生好奇，也会让一些知道铂爵旅拍的人再次审视它，这也是一种传播。不得不承认，铂爵旅拍是非常有魔性的，让人喜爱它的拍照技术和风格，讨厌它的病毒式营销，更能够让人在不知不觉中为它打了广告。
>
> 　　资料来源：https://m.sohu.com/a/400458114_630293.

第三节　消费者怎样做出购买决策

　　在了解了消费者行为特征与消费决策的影响因素以后，我们不免要问：消费者究竟如何进行购买决策？不同消费者的购买决策过程有特殊性，也有一般性。我们首先来分析在消费者购买决策过程中有哪些参与者，然后再分析消费者通过哪几个阶段完成购买决策。

一、消费者购买决策过程的参与者有哪些

　　学界普遍认为，消费者在一项完整的购买决策过程中，可能扮演下列五种角色中的一种或几种。

　　（1）发起者：是指提出购买要求或购买欲望的人。

　　（2）影响者：是指影响购买决策的人，如家人、朋友、同事等。

　　（3）决策者：是指实际决定购买的人。

　　（4）购买者：是指实际执行采购任务的人。

　　（5）使用者：是指具体使用或消费产品的人，在很多情况下也是发起者。

　　比如，我们分析一个购买电脑的决策过程的参与者：家里上高中的孩子（发起者）提议买一台电脑，爸爸、妈妈（决策者）经过仔细考虑，征求了亲戚、同事、朋友（影响者）的意见，觉得可以购买，由于孩子的叔叔（购买者）精通电脑，所以请孩子的叔叔帮忙

到现场采购，而电脑的使用者则是一家三口。如果你是营销人员，你会关心上述哪种角色呢？

　　显而易见，这里最重要的是决策者。统计数据表明：丈夫一般是烟酒产品的决策者，妻子一般是化妆品的决策者，小零食的购买一般由孩子说了算，高档耐用消费品往往由夫妻双方或所有家庭成员共同决策。有些消费品的决策者不那么容易被识别，这时就要分析家庭里不同成员的影响力。我们关心的另一个重要角色是购买者，因为他有可能在一定程度上更改购买决策，如改变购买的数量和品牌，改变购买的时间和地点，等等。了解了这一点，企业就可以有针对性地采取广告促销活动。

案例 4-18　　　　　　　　　　**笔记本电脑的购买决策过程**

　　周末，我去赛格电脑城买了一台联想的小新笔记本电脑。以下从消费者决策过程的角度回顾一下这次购物经历，希望对企业和消费者有所启示。

　　（1）问题识别/确认需求。以前买的 Acer 的笔记本电脑用了四五年了，速度很慢。最近孩子上网课，也经常要用我的电脑。是时候买一台新的笔记本电脑了，以满足我在教学和科研方面的工作需求。

　　（2）信息搜集。电脑是相对较贵的产品，所以我想去实体店看一下。西安的赛格电脑城挺有名的，所以我就去了赛格电脑城看电脑。想着自己的外甥是学软件专业的，所以我在去赛格电脑城的路上打电话问了他一些买电脑方面的建议，他让我注意 CPU、内存、硬盘、色域、外观设计等指标。赛格电脑城里有各种品牌的展示区域。我想着应该支持一下国货，而联想的电脑在国内做得还挺好的，于是就去了联想的销售区域。先后有三个人给我介绍联想的笔记本电脑，我表达了自己对电脑的使用需求和心理价位，他们根据我的需求给我推荐了好几款产品。介绍产品时有个销售人员把报价搞错了，我不知道他是故意为之还是无意的，但这让我对联想的服务很不满意。

　　（3）备选方案评价。销售人员给我推荐的几款产品，每一款我都要看一下它们的各项技术参数，外观设计和大小，以及价位。我觉得还可以的，就给我的外甥发照片过去，让他帮我再看看。我的外甥帮我在京东上查了同款产品的价格，很明显同款产品网上销售的价格比实体店的价格便宜。店铺销售人员解释，由于店铺的运营费用较网店高，而且实体店铺内销售的产品质保时间更长，还提供现场的咨询和软件安装服务，赠品的质量更好，因此实体店的价格会贵一点。我看了网络上同款产品的顾客评价，发现网上销售的产品中有些会出现黑屏、账号已被注册等问题，因此觉得还是在实体店买电脑风险更小一些，更让我放心、省心，哪怕这样会多花一点钱。

　　（4）选择。经过与销售人员、我的外甥反复沟通，我最终在两款产品中选择了一款。联想小新 Air14 2020 虽然各方面配置都很好，但价格为 6 000 元，我觉得有点贵。联想小新 Air14 2019 配置虽然略低了一点点，但其配置完全可以满足我办公的需求，价格为5 200 元，我还是可以接受的。于是，我选择了后一款产品。

（5）购后行为。我在店铺里待了半天，终于做出了选择并付了款。工作人员将新机在我面前开封，并按照我的要求帮我安装了各种软件，还赠送了鼠标、鼠标垫、双肩电脑背包以及一套锅具，还给我的电脑贴了膜。工作人员说这台机子买得挺好的，配置还是挺高的。这让我相信自己这次的购买决策是正确的。工作人员还让我加了他的微信以便他做好售后服务。他还一再跟我强调，说以后单位电话回访的时候，我一定要给他打个好评。买了这款电脑之后我就再也不想在网上查同类产品的价格了，害怕自己查到更便宜的价格而后悔。我回家后使用了一下，觉得目前来说总体感觉还挺满意的。我向我的朋友聊起买电脑这件事，她问我为什么不买苹果的，我说一方面要支持国货，另一方面国产的还是便宜点，适合自己的产品就是最好的，这款还是比较能满足我的使用需求的。

资料来源：https://zhuanlan.zhihu.com/p/148221877.

二、消费者购买决策的五步模式

资料4-3 **绿色情感诉求对购买决策过程的影响机制**

随着经济的发展，气候变暖、资源耗竭、空气污染、水源污染、固体废弃物污染等全球环境问题日趋严重，提高消费者的资源节约和环境保护意识、促进绿色购买行为日趋重要。绿色诉求广告通过向消费者传播绿色、低碳、节能、环保的产品和消费信息，对提高消费者绿色购买意识、促进绿色购买行为非常重要。

影响绿色购买决策过程的绿色诉求广告可以分为理性诉求和情感诉求。研究表明，相对于理性诉求，情感诉求有时对行为有更重要的影响。西方文化更偏向理性和物理相对应，而东方文化更偏向情感和情理。成功的绿色诉求广告在于洞悉并激发人的情感，以便让接受者以某种方式达到心灵触动。

绿色情感诉求中传递正面情感诉求更能产生积极效果，即相对于负面情感诉求，正面情感诉求对绿色购买决策过程的影响更显著；绿色情感诉求对购买决策过程的作用不受消费者与情感对象间心理距离的影响，即自豪诉求与赞赏诉求的影响没有显著差异，内疚诉求与鄙视诉求的影响也基本没有显著差异；广告态度和感知价值能显著中介绿色情感诉求对购买意向的影响，对比两个变量的中介效应，广告态度的中介效应更大，中介路径也更重要。不同情景特征消费者对绿色情感诉求的绿色购买决策过程不同，对于高绿色涉入度、高儒家价值观消费者，绿色情感诉求对其绿色购买决策过程的作用更显著，绿色涉入度和儒家价值观对解释变量与结果变量之间的直接路径不存在调节作用，但对于感知价值与购买意向这一间接路径存在正向调节作用。

对于企业而言，绿色情感诉求应更多聚焦于正面情感诉求，可以达到更好的沟通效果。在绿色诉求中多纳入自豪、赞赏等正面情感元素，可以更好地吸引消费者对特定绿色广告和绿色产品的关注，激发积极的广告态度，获得更高的感知价值，促进绿色购买意向。

资料来源：王建明，王丛丛，吴龙昌. 绿色情感诉求对绿色购买决策过程的影响机制［J］. 管理科学，2017（5）：38-56.

消费者的购买决策过程有一定的规律性。这个过程早在实际购买发生之前就已经开始，而且一直延伸到购买结束之后。西方营销学者对消费者购买决策的一般过程做了深入研究，提出了若干模式，采用较多的是五步模式，即购买决策过程一般经过识别需要、信息收集、方案评价、购买决策和购后行为五步（见图 4-9）。

图 4-9　消费者购买决策过程的五步模式

1. 第一步：识别需要

这种需要可能由某种内在因素的演化得以激发，如饥饿、寒冷等；也可能由外部刺激引起，如一炉新鲜烘制的面包，一则去夏威夷海滩度假的广告，同事的新手机，都可能激起消费者的购买欲望。营销人员需要去识别一些常见的会让人们对产品感兴趣的刺激因素，这样就可以拟定引起消费者兴趣的各种营销战略，这对购买奢侈品、旅游产品和娱乐产品等来说尤其重要。

2. 第二步：信息收集

消费者通常会采取两种方式收集信息：一种是加强注意，这是一种适度的收集状态，在这种状态下，消费者对某种产品的信息变得更加关心；另一种是积极收集信息状态，在这种状态下，消费者会通过寻找阅读材料，与朋友电话联系，上网查询或者干脆直接去找店里的营销人员询问来收集产品信息。

在这一步中，营销人员关心的是消费者的各种主要信息来源，以及每种信息对今后的购买决策的相对影响。消费者信息来源可分为四种：①个人来源，如家人、亲戚、邻居、朋友、同事、网友等；②商业来源，如广告、推销员、经销商、包装、展览等；③公共来源，如电视、报刊、网络等大众传播媒体；④经验来源，如处理、检查和使用产品。

一般来说，由企业控制的商业性信息来源起通知作用，消费者从该处获得最多的信息；其他非商业性信息来源起验证和评价作用，而消费者最信任的信息来源是经验来源和个人来源。互联网正改变着人们的生活，如今的市场是由传统消费者、网络消费者和混合消费者（二者兼而有之）组成的，其中混合消费者占大多数，他们既在网上消费，也喜欢到卖场去亲手摸摸布料、闻闻香水，并且和营销人员打交道。因此，许多公司同时提供网络和实体店铺两种购物方式来迎合这些混合消费者。

3. 第三步：方案评价

消费者如何评价可行方案？这是营销人员关心的问题，可是消费者从来不是采用一种简单、单一的评价方法，并且也没有一个所有消费者都适用的统一评估模式或评估过程。

有的时候，消费者的购买决策只不过是凭直觉或冲动，这种状况分析起来比较复杂；另一些时候，消费者通过逻辑思考以及计算进行品牌评价，我们在这里介绍一种期望价值模型，举一个实际的例子来说明。

假设某消费者通过信息收集已经把笔记本电脑的品牌选择范围缩小，并最后确定为四种：A、B、C、D。他所关心的产品属性是速度、大小与重量、外观和价格，并且根据自己对不同属性的关心程度赋予各属性不同的权重。由于工作原因，速度最重要，权重为0.4；电脑要随身携带，所以大小与重量也很重要，权重为0.3；外观不能太差，要在同事、朋友中拿得出手，权重为0.15；价格方面，由于他刚刚涨了工资，所以对价格不像以前那么敏感了，权重也为0.15。通过各种渠道的考察，他已经按属性对各品牌的产品进行了打分，分值范围为1～10分，分数越高，表示越符合要求（注意：价格属性则相反，价格越高，打分越低），如表4-2所示。

表4-2　消费者对不同品牌笔记本电脑的打分

笔记本电脑品牌	产品属性			
	速度	大小与重量	外观	价格
A	7	9	10	3
B	10	7	8	5
C	6	6	7	8
D	9	10	7	6

显然，如果某一品牌的笔记本电脑在一切标准方面都优于其他品牌，消费者就会毫不犹豫地选择这一品牌。但这种情况非常少，更多的是不同品牌的各个产品属性各有千秋，让消费者难以选择。如果消费者只比较他最看重的产品属性（速度），他就会选择此项属性得分最高的品牌（B）。但大部分消费者不会只考虑一种属性，而是权衡多种属性，做出判断。我们可以做出以下计算：

A 笔记本电脑 $=0.4 \times 7 + 0.3 \times 9 + 0.15 \times 10 + 0.15 \times 3 = 7.45$（分）

B 笔记本电脑 $=0.4 \times 10 + 0.3 \times 7 + 0.15 \times 8 + 0.15 \times 5 = 8.05$（分）

C 笔记本电脑 $=0.4 \times 6 + 0.3 \times 6 + 0.15 \times 7 + 0.15 \times 8 = 6.45$（分）

D 笔记本电脑 $=0.4 \times 9 + 0.3 \times 10 + 0.15 \times 7 + 0.15 \times 6 = 8.55$（分）

由于D笔记本电脑得分最高（8.55分），所以经过综合权衡，消费者会选择D品牌笔记本电脑。

4. 第四步：购买决策

消费者对购买方案进行评价以后，便会做出购买他所偏好的品牌产品的决策，包括品牌决策、卖主决策、数量决策、时间决策和支付方式决策。但现实中，消费者并不一定全部实现购买行为，即便购买也不一定是他最初选定的品牌，原因有三。

（1）其他人的否定态度。其他人的否定态度越强烈且与消费者的关系越密切，消费者就越有可能修改他的购买决策，反之亦然，消费者对品牌的偏好也因其喜欢的人的喜欢而增强。

（2）意外情况发生。某些突然事件可能会改变消费者的购买决策，如失业或者计划购买的品牌突然出现负面消息，还有可能仅仅是因为营销人员的态度不好。

（3）预期风险。消费者在购买性能复杂、价格昂贵的商品时，往往会承担较大风险，为降低风险，可能会采取暂缓购买的决策。

5. 第五步：购后行为

现代市场营销观念最重要的特征之一是重视对消费者购后行为的研究以提高其满意度。消费者的购后行为分为三个阶段，具体如下。

（1）购后使用和处置。营销人员应当关注消费者如何使用和处置产品。如果产品的使用频率很高，那么说明该产品有较高的价值，会增强消费者对购买决策正确性的信心。如果一个应该有高使用频率的产品而消费者实际使用频率很低或闲置不用，甚至丢弃，那么说明消费者认为该产品无用或价值较低，或产生不满意，进而怀疑或懊悔自己的购买决策。

消费者对所购买产品的使用和处置过程如图 4-10 所示。

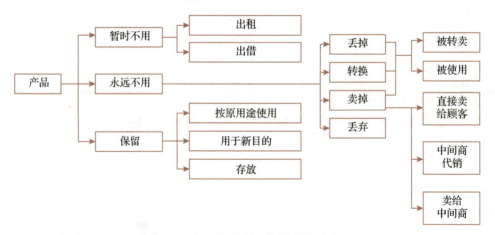

图 4-10　消费者使用和处置产品的过程

资料来源：科特勒，凯勒. 营销管理：第 12 版 [M]. 梅清豪，译. 上海：格致出版社，2006.

（2）购后评价。消费者通过使用和处置过程对所购产品和服务有了更加深刻的认识，检验自己购买决策的正确性，这些经验都会作为以后类似购买活动的参考。

（3）购后行动。顾客对产品的评价会形成其对该产品的忠诚或者排斥的态度，顾客的态度决定了相应的购后行动：信赖产品，重复购买同一产品；推荐、介绍产品给周围人群；抱怨、投诉，直接向生产厂商索赔；个人抵制，不再购买，并劝阻他人购买；控诉，通过大众媒体和法律手段维权。

研究表明，有 13% 的人会把他们不愉快的经历告诉 20 个以上的人。"好事不出门，坏事传千里"的谚语提醒营销管理人员要采取积极主动的措施，定期检查消费者的满意度。营销人员除了对消费者的意见进行收集和处理，也可以采取措施减少消费者购买之后的不满意情绪或者增加他们的满意度。

资料 4-4　　　　　　　　　　　**人工智能助力精准营销**

　　人工智能营销，简单来说就是运用人工智能技术开展的市场营销活动。计算机视觉、语音识别、自然语言处理、机器学习等技术的广泛应用，正在掀起一场新的营销革命。

　　人工智能驱动着产品创新。企业在制定营销战略时，首先要明确自己能够提供什么样的产品和服务，以满足消费者的需求。在万物互联的时代，人工智能为企业提供了自我赋能以及能提高核心竞争力的契机。

　　随着技术的进步以及人力成本的不断提高，智能化设备开始在产品制造和管理过程中广泛应用，有效地促进了高效率、低成本产品生产机制的形成。同时，私人定制、小批量生产逐渐成为企业加工的常态，这对产品生产提出了更高的要求。面对更加个性化的订单，大数据挖掘、机器学习、计算机仿真等技术为摒弃流水线、实现产品定制化生产提供了可能。

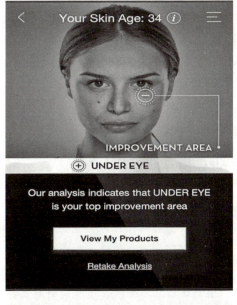

　　移动互联网时代的消费者群体具有分众化、个性化特征，喜好和需求丰富多样。满足每个消费个体的需求在过去简直是天方夜谭，在人工智能时代却能够实现。人工智能技术能够根据每位消费者的身份背景、兴趣爱好、消费习惯等进行标记，洞察消费者的行为特征，完成消费者画像，从而为其定制专属的产品，实现真正的"千人千面"。

　　例如，谷歌在 2016 年推出了基于大数据和人工智能的在线时装设计项目 PROJECT MUSE。用户选择性别、偏爱的音乐、艺术种类、个性特点、年龄、穿衣风格，并在 3D 模特上简单勾画几笔后，系统会自动根据这些信息生成一套带有序列编号的 3D 时装效果建模以及设计动机和灵感概述。再如，宝洁旗下品牌玉兰油在 2017 年宣布推出全新皮肤测试 app——玉兰油皮肤顾问（Olay Skin Advisor），消费者只需提交一张自拍照，回答若干自己关心的皮肤问题并提供使用偏好信息，就会得到一份定制化的产品方案建议。

　　资料来源：阳翼. 人工智能营销［M］. 北京：中国人民大学出版社，2019.

关键词

消费者市场　　　消费者的行为　　　文化　　　心理因素　　　购买决策

本章小结

1.消费者市场是个人或家庭为了生活消费而购买产品和服务的市场。生活消费是产品和服务流通的终点，因而消费者市场也称为最终产品市场。消费者市场具有广泛性、分散性、差异性、易变性、发展性、替代性、地区性和季节性等特点。

2.消费者的购买行为是指消费者为满足各自的需要，在寻求、购买、使用及评估产品的过程中表现出来的行为。消费者的购买行为主要包括习惯性购买行为、求变性购买行为、理性购买行为、冲动性购买行为和诱发性购买行为。

3.移动购买行为是在移动互联网情境下顾客对需要的商品采取的购买行为。它具有双重特性：一是移动的随时随地性，二是购买活动的目的性。移动互联网情境下的购买行为具有四个特征：使用广泛性、使用便携性、使用个性化、搜索方便性。

4.消费者购买行为受多种因素的影响，概括起来主要有文化因素、社会因素、个人因素和心理因素。其中，文化因素和社会因素属于外在因素，个人因素和心理因素属于内在因素，而在所有因素中，文化因素的影响最为广泛和深远。

5.购买决策过程是购买动机转化为购买活动的过程。在这一过程中，消费者可能扮演以下五种角色中的一种或几种：发起者、影响者、决策者、购买者、使用者。

6.消费者的购买决策过程有一定的规律性。这个过程早在实际购买发生之前就已经开始，而且一直延伸到购买结束之后。购买决策过程一般经过识别需要、信息收集、方案评价、购买决策和购后行为五步。

思考题

1.联系实际讨论消费者市场的特点。

2.消费者的购买行为有哪些类型？请举例说明。

3.移动购买行为的特征有哪些？

4.影响消费者购买行为的文化因素有哪些？

5.相关群体有哪些类型？它们对消费者的购买行为有哪些影响？

6.消费者的购买决策过程分哪五步？

7.在消费者购买决策过程中，企业应该采取哪些营销对策？

8.假设你是某化妆品公司的营销经理，当你注意到有些消费者对公司新上市的美白产品的效果持不相信态度时，你将如何针对这些消费者制订营销方案？

案例作业

方小萌的"双11"

方小萌10月就开始想给自己买一件黑色羽绒服，用来过冬，但她一直等到11月11日。

她看网上各大页面都在宣传"双 11"这天天猫的很多商品会降价，身边的朋友也对即将到来
的"双 11"非常兴奋，跃跃欲试。她输入黑色、加厚、带
帽子，关键词对天猫上的黑色羽绒服进行筛选，在加入购
物车之前，方小萌还特别关注了一下"商品评价"栏，她
特别关注的是那些买家秀。在一个月的耐心等待之后，"双
11"这天，羽绒服果然降价了，还能包邮！只是它是限时
抢购的。没有过多的犹豫，方小萌选择了立即购买。快件
到了，方小萌迫不及待地打开包裹，忍不住道："是我想要
的那种，摸着质量也不错。"忙完手头的事，方小萌赶紧去
给了店家五星好评。

资料来源：http://www.docin.com/p-1652781114.html

讨论题

1. 案例中，天猫是如何缩短购买时间的？除了这种方
法，还有哪些方法可以缩短购买时间？请举例说明。

2. 该案例具体体现了消费者决策过程哪些步骤？

参考文献

[1] 科特勒，凯勒. 营销管理：第 12 版[M]. 梅清豪，译. 上海：格致出版社，2006.

[2] 霍金斯，贝斯特，科尼. 消费者行为学：第 7 版[M]. 符国群，等译. 北京：机械
工业出版社，2000.

[3] 吴健安. 市场营销学[M]. 北京：高等教育出版社，2004.

[4] 吕一林. 市场营销学[M]. 北京：科学出版社，2006.

[5] 刘宝成. 营销学简明教程[M]. 北京：对外经济贸易大学出版社，2006.

[6] 吴垠. 关于中国消费者分群范式（China-Vals）的研究[J]. 南开管理评论，2005
（2）：9-15.

[7] 王旭. 消费者行为学[M]. 北京：电子工业出版社，2009.

第五章

实施 STP 营销战略

☙ 内容提示

　　对于营销经理来说，在分析完消费者的购买行为之后，下一步应该是实施营销战略。然而，随着消费需求差异化的不断发展，通常情况下，企业无法为市场上的所有顾客提供最佳服务。因此，企业为了取得竞争优势，就要识别自己能够有效服务的最具吸引力的细分市场，从而确定哪些市场是适合自己的目标市场，同时也需要在目标市场中树立自己的独特优势，即进行正确的市场定位。作为现代目标市场营销理论的核心，STP 营销，即细分市场（Segmentation）、选择目标市场（Targeting）、市场定位（Positioning），是企业制定有效营销组合策略的基础和前提。如何进行市场细分？如何选择目标市场？如何进行市场定位？这些问题都是企业营销经理需要掌控的。因此，STP 营销战略的制定与实施是企业制定产品策略、价格策略、渠道策略和整合营销传播沟通策略的必备前提与基础。

☙ 专业词汇

STP（Segmentation，Targeting，Positioning）　营销方案（Marketing Plan）

细分变量（Segmentation Variable）　市场细分（Market Segmentation）

目标营销（Target Marketing）　目标市场（Target Market）

产品专业化（Product Specialization）　市场专业化（Market Specialization）

无差异营销（Non-differentiation Marketing）　差异性营销（Differentiation Marketing）

选择性专业化（Selective Specialization）　市场定位（Market Positioning）

消费者市场（Consumer Market）　产品－市场集中化（Product-Market Concentration）

选择策略（Selection Strategy）　全面覆盖（Complete Overage）

竞争优势（Competitive Advantage）　营销策略（Marketing Strategy）

集中营销（Concentrated Marketing）　产业市场（Industry Market）

🔵 开篇案例

夸克浏览器：由简至极，向未来而生

1 产品介绍

1.1 产品概述

产品名称：夸克。

产品类型：手机端搜索引擎。

产品标语（slogan）：夸克，是追求极速智能搜索的先行者，为用户的信息获取提供极速精准的搜索体验。搜索，就该更好的！

1.2 产品特点

（1）极速极简：毫秒启动，网页瞬间呈现。

（2）AI 引擎：人工智能内核，给你最想要的搜索结果。

（3）AI 识图搜索：拍照识图，更潮、更智能的搜索方式。

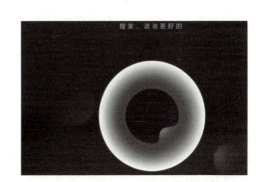

（4）生活小捷径：热点新闻、壁纸美图、高分电影能第一时间发现。

（5）夸克宝宝：能聊的小伙伴，你的 AI 小助手。

2 夸克的市场产品定位

2.1 从功能视角进行差异化，将产品形态进行定位分析

市场上目前比较具有代表性的手机浏览器的产品定位均具有各自的倾向性，为满足不同需求的用户提供偏向于工具型和服务型的两类浏览器（见图 5-1）。

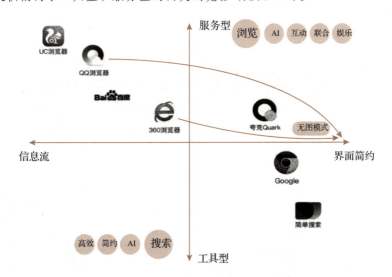

图 5-1 市场上浏览器的产品定位分类

以服务型为代表的浏览器主要包括百度浏览器、UC 浏览器等。这类浏览器常常以运营为核心，主要以信息流的形式输出用户所需内容，精耕用户喜好和智能推荐，将图文资讯、短

视频、漫画、小说等丰富的内容集结在一起，触达用户的同时利用硬件创新对内容形式进行价值放大。

以工具型为代表的浏览器主要为谷歌浏览器。这类浏览器专注于用户的搜索体验，但使用场景单一，忽略了用户想要浏览资讯、生活服务信息的需要。

由上可知，合理平衡简洁精准的需求同内容丰富有趣的需求矛盾成为夸克打入市场的关键性因素。

2.2　夸克的搜索引擎定位

目前搜狗搜索和百度搜索的搜索引擎都以其各自的公司名命名，而夸克浏览器使用的搜索引擎叫作"AI引擎"，光看这个名字是无时无刻不在强调产品的瞩目特点。以用户为核心的夸克浏览器，逐渐成为很多用户的新选择。

夸克浏览器以极简主义和AI智能搜索为产品定位。

夸克浏览器是一款以轻、快为核心，设计风格简约，专注用户搜索浏览体验的信息获取工具。

夸克浏览器致力于用极简思路对抗信息冗余，满足用户对于浏览器最本质的需求，启动时无任何多余加载项，瞬间启动无须等待。浏览器本身从底部自动缩放、菜单分层设计、导航栏设置、AI智能检索等方面，力图给用户沉浸式浏览体验。

3　用户分析

3.1　用户属性

从Talkingdata数据分析中可以发现：在夸克浏览器的用户人群中，女性用户占35.05%，男性用户占64.95%，男女比例相差较大（见图5-2）；75%的用户年龄在35岁以下，用户偏年轻化（年轻用户更乐意尝试新鲜事物和接受AI智能类产品）（见图5-3）。

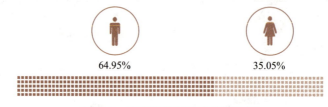

64.95%　　　35.05%

图5-2　夸克浏览器用户性别比例

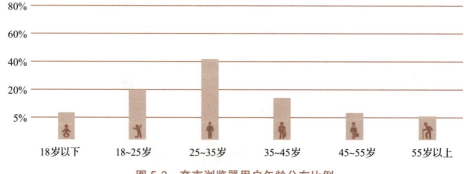

图5-3　夸克浏览器用户年龄分布比例

25～35岁用户占到42%，用户数量最多，这批人是在职场奋斗的年轻白领群体。他们工作压力大，生活节奏快，日常使用浏览器的定位分为两种情况：第一种情况是在工作或者生活中，可以高效、准确地带有目的性地搜索到想要的常识和信息，所以对浏览器的普遍要求是界面简约、搜索智能、无广告等冗余信息，以满足自己的需求；第二种情况是在通勤、闲暇的时间在夸克浏览器上找感兴趣的小说来解压放松。

25 岁以下用户群体基本是在校学生，占比 25%，这一用户群体会有更多的精力来尝试和探索新鲜事物。夸克浏览器的夸克宝宝语音智能 AI 机器人和夸克实验室等新鲜的尝试特别符合青少年对新鲜智能产品的探索，而且夸克浏览器语音智能交互不仅是未来移动端交互的发展趋势，同时也满足了弱势群体的需求，在无障碍关怀上做出了很大努力。

3.2　地域特征

从使用区域来看夸克浏览器用户的分布情况，可以看出夸克浏览器的用户较为平均，全国各地除西藏、贵州、宁夏、内蒙古等地区，都有相当的夸克浏览器使用者，尤其是广东、河南、江苏、浙江等人口大省用户数量更多。

3.3　用户 – 场景 – 需求分析

根据用户年龄，夸克将用户分为学生和白领两类，分别对不同用户的不同使用场景进行需求分析。

（1）学生：

- 查阅学习资料，以搜索学科题目为主，要求查询内容精准快捷，不希望受到过多无用信息的干扰。
- 乐于接受新鲜事物，愿意体验互联网 AI 智能类产品。
- 喜爱简约风格，有自己关注的领域。
- 休闲时间关注热点新闻、娱乐八卦，有阅读电子书的需求。

（2）白领：

- 一线城市生活，生活节奏快，希望利用碎片化时间娱乐、阅读。
- 互联网科技爱好者，关注热点新闻事实，热衷于体验 AI 智能类产品。
- 工作中追求效率，关注检索内容方便快捷、界面简约，不希望受到过多广告信息的干扰。
- 生活中追求简约，更关注于自己喜欢的领域内的事物。

根据不同用户在不同场景下的使用需求，浏览器所触达的用户痛点主要包括浏览和搜索。为了提升用户体验，夸克从用户角度出发，通过智能 AI 搜索引擎致力于达到精准搜索；同时将生活服务信息以模块化的方式进行封装，达到交互简单、界面简约的目的。

夸克在满足大部分用户使用浏览器查询刚需性信息的同时，也能帮助他们更快更好地查询生活化、碎片化等短时时效性资讯，使用户体验有很强的提升。

对于用户痒点需求，夸克相对于其他浏览器做出了改动。从用户对简约设计的需求与丰富的信息内容的矛盾点出发，夸克放弃了信息流智能推荐模式让用户"被动"接受信息轰炸，而是提高了用户自主选择的权力。用户可以主动选择自己喜欢的内容添加至主界面，夸克根据产品定位与目标用户的独特性做出了战略性的改革。

对于用户碎片化娱乐的需求，夸克通过 AI 黑科技、AI 技能、夸克宝宝等互动性的趣味体验取代了短视频、娱乐新闻带来的娱乐化社交，这也吸引了一大批科技爱好者和乐于体验新鲜事物的年轻用户。此外，随着越来越多的如商品识别、图片转文档等实用功能的加入，夸克浏览器变得简约而不简单。

4 小结

夸克浏览器在优化 AI 智能引擎的搜索效率和搜索精准度上一直做着不断的努力；语音功能也从最初的单纯语音输入向 AI 机器人演变；夸克实验室、AI 电台、AI 助手等工具的出现让夸克浏览器具有极强的科技感和未来感，其智能程度在目前市场上的浏览器中首屈一指。同时，简洁无广告的界面、无障碍的交互体验更是让夸克浏览器吸引了一大批年轻人的眼球。

资料来源：http://www.woshipm.com/evaluating/3235059.html.

在进行顾客调研时，营销人员要把目标顾客的心理作为主要的研究对象，不能流于表面工作，但大多数调研机构都把表面工作做足了，却忽略了顾客的心理核心需求层面。营销人员要切身体会顾客群体的所有消费习惯与对消费品项的要求，确认门店所针对顾客的核心需求才能真正做到对症下药，结合目标顾客的最核心兴趣点来进行品项、环境与服务的优化，才能真正迎合顾客心理，达到稳赢的目的。

营销经理在制定有效的营销战略时需要问以下三个问题。

（1）我的顾客在哪里？

（2）我以何种方式参与竞争？

（3）我的资源能力是否允许我以这种方式为我的顾客提供价值？

探寻这三个问题的答案的过程，就是企业制定营销战略的过程，最终制定的营销战略被称为目标市场营销战略。目标市场营销战略决策过程包含三个重要步骤：一是市场细分（Segmentation），二是选择目标市场（Targeting），三是市场定位（Positioning）。

人们也称这三个步骤为 STP 营销。

第一节　如何进行市场细分

一、什么是市场细分

市场细分是 1956 年由美国学者温德尔·史密斯提出的一个重要概念。通常来讲，市场细分是指根据消费者需求的不同特性，把整体市场分割为若干个具有类似需求消费者群的过程。其中，每个消费者群可以说是严格的细分市场，各个细分市场都是由具有共同消费者需求的顾客组成的。那么，具体来说，实行市场细分对企业会产生什么作用呢？让我们先看一个案例。

> **案例 5-1**　　　　　　　　　**康养旅游的五大细分市场**
>
> 经过多年开发，国内康养旅游仍然只占整体旅游市场总交易规模的 1% 左右，而 2020 年新冠疫情暴发后"健康才是真刚需"逐渐被从"60 后"到"90 后"的全年龄层人群接

纳，"大健康"概念及相关产业也得到高度关注，基于大养生的生活观念及生活方式转变获得前所未有的重视。随着大众旅游时代的推进，追求健康和精神享受也成为休闲度假旅游的主要诉求，康养旅游迎来黄金发展时期。

生态养生康养旅游

生态养生康养旅游主要是通过旅游目的地现有的丰富资源和良好的生态环境，进一步开发其养生保健设施和项目，使消费者达到增益身心健康的消费目的。这类康养旅游产业的特点是以生态资源为依托，借助体验、观光、学习相关文化等手段，以达到修养身心的目的。如姚家山生态养生谷健康旅游项目，该项目基于姚家山深厚的红色文化底蕴及丰富的自然资源优势，借势长江经济带、国家中心城市、长江新城发展战略，紧抓大康养、大旅游市场发展机遇，以开放旅游为核心、生态康养为基础、文化研学做提升、生活体验做引流、绿色农业做配套，打造宜游、宜居、宜养、宜学的开放式旅游养生度假景区。

运动休闲康养旅游

运动休闲康养旅游主要是以该地或其周边的运动资源或者大型的体育活动为依托，以运动的参与或者体育赛事的观赏为主要内容，同时以配套的休闲、养生设施和项目为辅助，以达到消费者促进身体健康的消费目的。这类康养旅游产业的特点是以消费者参与赛事或活动组织为主要形式。一般消费客体主要为身心健康程度较好、对生活质量追求较高的游客。如京西灵山景区——华北山地休闲运动度假胜地，灵山作为京郊最大的冰雪运动基地，借力冬奥会，致力于打造集户外运动、休闲度假、生态观光于一体的品质级京西休闲度假胜地。未来灵山将成为京西休闲度假游的新"标签"，迎来大众休闲度假时代的新起点，其专项旅游产品并举的多元化产品体系，将有助于打造北京首个以高山运动为主题的深度休闲体验项目。

休闲度假康养旅游

休闲度假康养旅游的主要消费产品是休闲娱乐设施以及具有高度人性化和个性化的康养旅游服务。一般消费客体是利用闲暇时间参与该类型的康养旅游活动，通过体验、参与而实现与自然环境的亲近，获得身体和心灵的享受、放松。这类康养旅游产业客体一般在康养旅游目的地逗留时间较长，客体的主要消费需求即休息和享受生活体验。如四川天府青城康养休闲旅游度假区，是以世界文化遗产青城山都江堰、世界自然遗产大熊猫栖息地、世界灌溉工程遗产都江堰水利工程为依托，以优美的山地风光和川西田园风光为特色，以道家养生文化为主题，集康养、运动、娱乐、休闲、商务等于一体的综合性、复合型旅游度假区。

医疗保健康养旅游

医疗保健康养旅游主要的消费产品是疾病的预防与护理、身体的康养与修复。该类型康养旅游产业主要依托康养旅游地的医疗保健设施和机构，利用当地的医疗保健资源吸引消费者到康养旅游目的地进行医疗护理、医疗保健、体检、康复等消费活动，该类型的康养旅游产业对旅游目的地的医疗水平有着很高的要求。目前我国较为推广的是以传统中医资源为依托的中医药康养旅游。如大泗镇中药养生小镇，大泗镇位于江苏省泰州市，以中药科技园为核心，按照"医药养游"融合发展的定位，积极拓展产业发展的深度空间，打造以"1+3+N"为发展体系的中医药文化、养生文化、旅游文化、餐饮文化的新空间、新平台。

文化养生康养旅游

文化养生康养旅游产业的显著特征是具有浓郁的养生文化，充分挖掘当地养生文化，以康养旅游目的地的自然生态环境和自然资源为依托，充分整合资源与文化，实现优化和提升生活质量，达到养生的目标。这类康养旅游产业的主体为非物质层面的传统文化养生资源。在进行产业建设时要特别注意把虚幻的非物质主体通过物质层面的建设展示出来。如无锡灵山小镇·拈花湾——东方禅文化度假区，灵山小镇·拈花湾位于无锡云水相接的太湖之滨、秀美江南山环水抱的马山半岛，处于长三角的地理中心，开发模式是"主题商业街+主题度假+论坛会议+生态湿地"，建成融合东方禅文化内涵和禅文化特色的禅意度假小镇。

总结：当下，随着物质生活水平的提高，人们对"健康、愉快、长寿"的欲望越来越强烈，而单纯的养生已难以满足人们对高品质生活的追求，融合时下发展迅猛的休闲旅游、养生旅游迎来重大发展机遇。养生旅游作为大健康产业和旅游产业的复合型产业，值得投资者重点关注。

资料来源：http://www.360doc.com/content/21/0122/09/32552465_958277329.shtml.

通过案例，我们可以清楚地看到市场细分对企业的重要意义。归纳起来，市场细分的意义具体有如下三个方面。

（1）进行市场细分，有利于企业分析、发掘新的市场机会，合理运用企业资源，提高企业竞争能力。在市场细分的基础上，企业可以深入了解各细分市场的不同需求，通过比较，发现有利于企业的营销机会，以便运用自身的有利条件，制定最佳营销战略，迅速获得市场优势地位。

（2）进行市场细分，有利于企业制定最佳营销战略和适当的营销方案。企业可以掌握市场特点，有针对性地制定市场营销组合，执行有效的营销计划。

（3）进行市场细分，有利于企业更好地满足潜在客户的需要。在市场细分的基础上，企业可以增强市场调研的针对性，切实掌握目标市场消费需求的变化情况，分析潜在需要，发展新产品，开拓新市场。

二、市场细分的依据

消费者的需要、动机以及购买行为因素的多元性，是市场细分的内在根据。如果所有消费者的需要、产品要求以及购买习惯等都十分相似，则该市场就具有高度同质性。

假设所有食盐的购买者每月购买的数量相同，而且都要求简单、方便的包装与最低的价格，则食盐市场就具有高度同质性，营销活动将较为简单。但如果消费者对产品品质或数量要求极不相同，则该市场就呈多元性或异质性。例如，家具的购买者寻求不同的款式、规格、颜色、材料与价格，此类市场即呈现多元性或异质性，企业在开展营销活动时就需要进行市场细分，以便从中选择适当的目标市场。事实上，市场需求的多元性是客观存在的，市场上任何一种商品或劳务，只要拥有较多的顾客，就可以细分为许多具有不同需求的消费群。

根据消费者对产品各种属性的偏好程度，差异性与类似性常呈现不同的形态，基本上可以分为以下三类（见图 5-4）。

 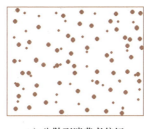 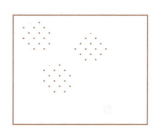

a）同类型消费者偏好　　　　　b）分散型消费者偏好　　　　　c）群集型消费者偏好

图 5-4　消费者偏好的类型

（1）同类型消费者偏好（Homogeneous Preference）。所有消费者的偏好大致相同，不存在显著差别。对于这类市场，企业可提供基本相似的产品和服务，以满足偏好接近的所有消费者的需求。

（2）分散型消费者偏好（Diffused Preference）。消费者偏好很不集中，类似性不明显，集合较为困难。对于这类市场，企业必须适应众多消费者某些方面的需要，力求满足尽可能多的消费者的需求。

（3）群集型消费者偏好（Clustered Preference）。整体市场上存在若干个自然细分市场，在各细分市场之间，消费者偏好差异性大，在各细分市场内，消费者偏好类似性大。对于这类市场，企业应根据自身的条件，发挥优势，提供某一个或少数细分市场所需的产品，设法先占领一个或数个细分市场。

三、消费者市场细分的变量

营销经理应该知道，企业不可能用一种产品满足所有消费者的需求，也难以做到为每位消费者量身定制产品。产生消费者需求差异的原因有很多，通常情况下，营销经理需要分析产生这些需求差异的因素来进行市场细分，然后从中选择目标市场。

细分消费者市场可使用不同的变量，这些变量可分为两大类：一类是反映消费者特征的变量，包括人口变量、地理变量、心理变量等；另一类是反映消费者对产品的反应，即反映消费者行为特征的变量，包括消费者与市场的密切程度、使用数量、购买时机与频率、追求利益和忠诚程度等。

表 5-1 列举的是消费者市场细分的常见变量。

表 5-1　消费者市场细分的常见变量

细分标准		市场细分的具体标志
人口变量	年龄	6 岁以下、6～11 岁、12～19 岁、20～34 岁、35～49 岁、50～64 岁、65 岁以上
	性别	男性、女性
	家庭人口	一两人、三四人、5 人以上
	家庭生命周期	未婚期、新婚期、满巢期 I、满巢期 II、空巢期、孤独期
	职业	工人、农民、军人、机关干部、职员、学生、科技人员、教师、个体经营者等
	文化程度	小学、初中、高中、中专、大专、大学本科、研究生及以上
	年收入	20 000 元以下、20 000～100 000 元、100 000～500 000 元、500 000 元以上
地理变量	区域	东北、华北、西南、东部、中部地区等
	城乡规模	100 000 人以下；100 000～250 000 人；250 000～500 000 人；500 000～1 000 000 人；1 000 000～4 000 000 人；4 000 000 人以上
	人口密度	城市、郊区、乡村
	气候	南方（湿润）、北方（干燥）
心理变量	购买类型	实惠型、显示型、时髦型
	社会阶层	国家与社会管理者阶层、经理人员阶层、私营企业主阶层、专业技术人员阶层、办事人员阶层、个体工商户阶层、商业服务人员阶层、产业工人阶层、农业劳动者阶层、城乡无业失业者阶层
	生活方式	传统型、新潮型、节俭型、奢靡型、严肃型、活泼型等
行为变量	消费者与市场的密切程度	从未使用者、曾经使用者、潜在使用者、初次使用者、经常使用者等
	使用数量	大量使用者、中量使用者、少量使用者
	购买时机与频率	日常购买、特别购买、节日购买、季节性购买、规则购买、不规则购买等
	追求利益	质量、服务、价格、品牌、安全、新奇等
	忠诚程度	完全忠诚者、适度忠诚者、无品牌忠诚者

案例 5-2

人口变量：2021 年中国钟表行业消费者画像

艾媒咨询数据显示，2021 年中国钟表行业消费者以 22～40 岁的青年群体为主，他们主要居住在中国核心经济带，已婚已育人群占近 6 成，职业为企业人员的占近 5 成，平均月收入 5 000～15 000 元的占近 6 成（见图 5-5）。目前中国钟表消费者普遍是以收入、工作和生活相对安稳的发达地区的青年群体为主。

青年人
22～40 岁74.4%

已婚人群
已婚已育59.4%

发达城市
京津冀、珠三角、长三角82.5%

中高收入
5 000～15 000元58.1%

企业人员
企业职员及管理者48.0%

图 5-5　2021 年中国钟表行业消费者画像

资料来源：艾媒数据中心，2021 年 9 月。

案例 5-3 | **地理变量：麦当劳根据地理要素细分市场**

麦当劳有美国国内市场和国际市场，而不管在国内市场还是国际市场，都有各自不同的饮食习惯和文化背景。麦当劳进行地理细分，主要是分析各区域的差异，如美国东西部的人喝的咖啡口味是不一样的。麦当劳把市场细分为不同的地理单位策划经营活动，从而做到因地制宜。

每年，麦当劳都要花费大量的资金进行认真、严格的市场调研，研究各地的人群组成、文化习俗等，再书写详细的细分报告，以使每个国家甚至每个地区都有一种适合当地生活方式的市场策略。

例如，麦当劳刚进入中国市场时大量传播美国文化和生活理念，并以美国式产品牛肉汉堡来征服中国人。但中国人爱吃鸡，与其他洋快餐相比，鸡肉产品也更符合中国人的口味，更容易被中国人所接受。针对这一情况，麦当劳改变了原来的策略，推出了鸡肉产品。在全世界从来只卖牛肉产品的麦当劳也开始卖鸡肉产品了，这一改变正是针对地理要素所做的，也加快了麦当劳在中国市场的发展步伐。

资料来源：https://zhuanlan.zhihu.com/p/208798042.

案例 5-4 | **心理变量：星巴克咖啡**

根据心理因素可以将星巴克的潜在客户划分为两类。

一是追求品位的社会上阶层。他们是追求品位、心灵的升华和享受品牌象征意义的精英。他们的身上兼容进取、温情、传统、创造和回馈社会的价值观，个性主动、喜欢自主决定。

二是追求时尚的社会中阶层。他们追求时尚，强调突出的自我风格，热爱交际，崇尚及时行乐、创造价值，个性鲜明却也容易被大众心理影响。

资料来源：http://www.doc88.com/p-9995632199299.html.

案例 5-5 | **行为变量：中国面食消费行为洞察**

艾媒咨询（iMedia Research）数据显示，在 2022 年中国各区域受访者吃面频率中，有50% 的华中地区消费者每天都会吃面，有 37.3% 的华北地区消费者每天都会吃面，35.1% 的东北地区消费者每天都会吃面，29% 的华东地区消费者每天都会吃面，24.4% 的西南地区消费者每天都会吃面（见图 5-6）。

数据显示，受访者在选择中式面馆时，会关注味道、口碑以及价格，占比分别是73.9%、62.0% 及 54.9%（见图 5-7）。艾媒咨询分析师认为，消费者在选择面馆时更加关注面条的品质和口感，品牌效应对面馆选择的影响较小。

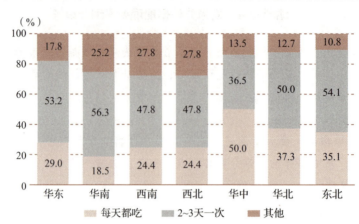

图 5-6　2022 年中国各区域受访者吃面频率

资料来源：iMedia Research（艾媒咨询）。

图 5-7　2022 年中国受访者选择中式面馆看重的方面

资料来源：iMedia Research（艾媒咨询）。

四、产业市场细分的变量

我们可以借鉴细分消费者市场的很多变量来细分产业市场，比如地理变量、人口统计变量、利益变量等都可以作为细分产业市场的参考变量。但是在购买行为、购买目的等方面，产业市场用户与消费者市场用户存在明显的差异，因此两个市场在细分变量选择上也存在很多不同之处。

细分产业市场常用的主要依据有以下几个方面。

（1）顾客类型。在产业市场上，不同类型的顾客对同一种产业用品的市场营销组合往往有不同的要求。例如，名牌产品的制造商在采购时较重视的是产品质量、性能和服务，价格并不是他们要考虑的最主要因素，而有些制造商则过分追求价格低廉，甚至明知低价产品的质量较差也愿意采购。因此，对于不同的顾客，企业要相应地运用不同的市场营销组合，以便投其所好，促进销售。

（2）地理位置。消费者对某些产品的需求因地区的不同而存在很大的差异。一些市场趋向地域性，是因为购买者喜欢从当地供应商那里购买产品，远处的供应商在价格和服务方面通常没有竞争优势。因此，向地理位置集中的顾客群销售产品的企业往往从就近经营中获利。

（3）顾客规模。购买量（大量、中量、少量）通常用来作为产业市场细分的依据之一。另一个细分依据是进行购买的组织的规模，它可以影响购买过程、所需要的产品类型和数量以及顾客对不同营销组合的反应。在现代市场营销实践中，许多企业都建立了适当的制度来分别与大客户和小客户打交道。

（4）产品用途。很多产品，尤其是像钢铁、木材、石油这样的原材料，都具有多种用途，客户如何使用产品会影响他们的购买数量、购买标准以及对卖主的选择。

五、如何细分市场

任何企业都可运用上述标准对市场进行细分，但是每家企业的经营方向及具体产品不同，在市场细分方法上必然会有所不同。这种差别表现在选用标准的内容、选用标准的数量及选用标准的程度三个方面。例如，造成科技书刊需求差异的因素主要是受教育程度、职业和追求利益等，而不是性别、家庭规模等因素；服装需求则比较容易受到年龄、性别、生活方式、社会阶层、地区及收入等因素的影响。

（1）单一因素法，即选用一个因素进行市场细分。这个因素应当对购买者的需求影响最大。

（2）综合因素法，即一般采用两个以上的因素，同时从多个角度进行市场细分。例如，依据收入（高、中、低）、家庭规模（一两人、三四人、五人以上）和车主年龄（18～25岁、26～35岁、36～50岁、51～60岁、60岁以上）三个因素细分轿车市场，可得到45（=3×3×5）个细分市场。这种方法适用于消费者需求差别情况较为复杂，要从多个方面分析、认识的情况。

（3）系列因素法，即采用两个以上的因素，但根据一定的顺序逐次细分市场。细分的过程也是一个比较、选择细分市场的过程，下一阶段的细分在上一阶段选定的细分市场中进行。

六、如何衡量市场细分的有效性

衡量营销经理的成功与否，关键在于企业营销战略的成败，而制定 STP 战略是实施营销战略的首要步骤，营销经理必须衡量市场细分的有效性，为以后的战略实施提供保障。衡量市场细分的有效性的标准主要有四个。

（1）可测量性，即细分市场的规模、购买力及其他特征是可以测量的。细分后的市场不仅范围比较明晰，而且能大致判断其市场容量和潜力。为此，细分市场时所参考的各种因素要有明显的特征，并有可能获得表明购买者特性的资料。

（2）可进入性，即企业能有效地集中力量进入并满足目标市场的需求。企业对自己所选中的细分市场，要能有效地集中营销能力，开展营销活动。也就是说，企业的人力、财力、物力和营销组合，必须可以触及被选中的细分市场。

（3）可获益性，即目标市场的容量及获利性值得企业进行开发的程度。一个细分市场是否大到可以实现满意的利润，取决于这个市场的人数和购买力。市场划分范围必须合理，细分市场要有足够的销售量，保证企业有利可图。

（4）可区分性，即设计出能够吸引并满足目标顾客群的有效方案。顾客对产品的需求具有不同的偏好，对某一产品能够产生不同的反应，这样的市场才能被区分开来，也才值得进行细分。相反，如果顾客对产品的需求差异不大或没有差异，就不必进行细分。比如，人们对食盐、面粉的需求在年龄、性别等方面就没有实际的差异，如果进行市场细分，显然没有意义。

第二节　如何选择目标市场

一、什么是目标市场

对于营销经理来说，STP 战略的第二个战略即明确目标市场是非常重要的。目标市场是企业决定准备为其服务、满足其需求的顾客群市场；是在市场细分的基础上，企业为满足现实或潜在的消费者需求而开拓的特定市场；是在细分后的市场中选择一个或多个细分市场。市场细分与选择目标市场既有联系又有区别，市场细分是选择目标市场的基础和前提，正是在市场细分的基础上，企业才可以选择一个或更多的细分市场作为目标市场。我们先来看一个案例。

案例 5-6　　　　　奇瑞 QQ："国内第一款为年轻人打造的轿车"

微型客车曾在 20 世纪 90 年代初持续高速增长，但是自 90 年代中期以来，各大城市纷纷取消"面的"，限制微客，微型客车仍然被大城市列在"另册"，受到歧视。同时，由于各大城市在安全、环保方面的要求不断提高，成本的抬升使微型车的价格优势越来越小，因此主要微客厂家已经把精力转向轿车生产，微客产量的增幅迅速下降。

在这种情况下，奇瑞公司经过认真的市场调查，精心选择微型轿车打入市场；它的新产品不同于一般的微型客车，是微型客车的尺寸轿车的配置。QQ 微型轿车在 2003 年 5 月推出，6 月就获得了良好的市场反应，到 2003 年 12 月，已经售出 28 000 多辆，同时获得多个奖项。

令人惊喜的外观、内饰、配置和价格是奇瑞公司占领微型轿车这个细分市场成功的关键。

奇瑞 QQ 的目标客户是收入并不高但有知识、有品位的年轻人，同时也兼顾有一定事业基础，心态年轻、追求时尚的中年人。一般大学毕业两三年的白领都是奇瑞 QQ 潜在的客户，人均月收入 2 000 元即可轻松拥有这款轿车。

许多时尚男女都因为奇瑞 QQ 的靓丽、高配置和优性价比就把它买回家，从此与奇瑞

QQ 成为快乐的伙伴。奇瑞公司有关负责人介绍说，为了吸引年轻人，奇瑞 QQ 除了轿车应有的配置，还装载了独有的"I-say"数码听系统，成为"会说话的 QQ"，堪称小型车时尚配置之最。据介绍，"I-say"数码听是奇瑞公司为用户专门开发的一款车载数码装备，集文本朗读、MP3 播放、U 盘存储多种时尚数码功能于一身，让奇瑞 QQ 与电脑和互联网紧密相连，完全迎合了离开网络就像鱼儿离开水的年轻一代的需求。

资料来源：搜狐网，2019-10-17，https://www.sohu.com/a/346254367_120339067?referid=0008.

一个理想的目标市场必须具备下列三个条件。

（1）有足够的销售量，即一定要有尚未被满足的现实需求与潜在需求。理想的目标市场应该具有可观的潜在需求量和相应的购买力，其销售规模能使企业有利可图。如果市场规模过小或趋于萎缩，贸然进入必定难以发展。

（2）企业必须有能力满足目标市场的需求。在整体市场中，有利可图的细分市场有许多，但不一定都能成为某个特定企业的目标市场，企业必须根据人力、物力、财力和经营管理水平，有能力较好地满足目标顾客的需要，且能立足于该市场并求得发展，这样才可将其选定为自己的目标市场。

（3）企业必须在选定的目标市场中拥有竞争优势。竞争优势可以表现为没有或少有竞争；市场未被强手控制，有竞争但不激烈；有足够的实力可以击败竞争对手。

二、目标市场的覆盖模式

企业的营销经理需要根据企业的自身情况，选择企业想要覆盖的目标市场，目标市场的覆盖模式按照产品和市场两大指标划分，共有五种，如图 5-8 所示。

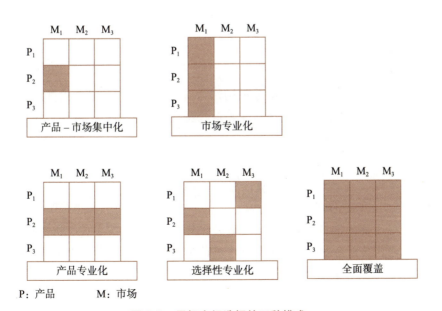

图 5-8　目标市场选择的五种模式

1. 产品 – 市场集中化

在产品 – 市场集中化模式下，企业为单一市场提供单一产品，是一种完全专业化模式。企业可以更清楚地了解细分市场的需求，从而树立良好的信誉，在细分市场上建立巩固的地位。同时，通过生产、销售的专业化分工，企业可以实现规模经济效益。但是，单一市场的风险比较大。

2. 市场专业化

企业选择某一类顾客群作为目标市场，并为这一目标市场生产开发所需要的各种产品，这种目标市场的覆盖模式就是市场专业化模式。例如，很多家电生产商为居民家庭提供产品，从冰箱、彩电、洗衣机、吸尘器到电熨斗、吹风机、电源插座等，应有尽有。这种市场专业化模式可以帮助企业树立良好的专业化声誉，多产品经营在一定程度上分散了市场风险。但相对于产品 – 市场集中化模式，市场专业化模式对企业的生产能力、经营能力、资金实力提出了更高要求。

3. 产品专业化

产品专业化是指企业同时向几个细分市场销售一种产品。如冰箱生产企业同时设计、生产出家庭、饭店、车载、科研实验室等不同类型的客户在不同环境下使用的用途各异的冰箱。企业通过这种战略可在特定的产品领域树立良好的形象，但一旦新技术、新产品出现，企业会面临很大的风险。

4. 选择性专业化

选择性专业化是指企业选择若干个符合市场细分原则的市场作为目标市场，并为各个市场分别提供所需的产品。选择性专业化模式的最大优点在于能够分散市场风险，但所选的细分市场之间有可能缺乏内在的逻辑联系，属于非相关的多元化发展，很难获得规模效应，而且对单个市场的规模要求比较高。此外，选择性专业化模式还要求企业具备很强的驾驭市场的能力。

5. 全面覆盖

全面覆盖是指企业选择所有的细分市场作为目标市场，并分别为这些细分市场提供不同的产品。一般只有实力雄厚的大企业才采取这种全面覆盖模式。通用汽车公司、可口可乐等企业采用的就是这一模式。

案例 5-7　　　　　　　　　江崎糖业公司市场的分析

日本泡泡糖市场年销售额约为 740 亿日元，其中大部分为"劳特"所垄断，可谓江山唯"劳特"独坐，其他企业再想挤进泡泡糖市场谈何容易。但江崎糖业公司对此却毫不畏惧，成立了市场开发班子，专门研究霸主"劳特"产品的不足和短处，寻找市场的缝隙。经过周密调查分析，它终于发现了"劳特"的四点不足：

第一，以成年人为对象的泡泡糖市场正在扩大，而"劳特"却仍然把重点放在儿童泡泡糖市场上；

第二，"劳特"的产品主要是果味型泡泡糖，而现在消费者的需求正在多样化；

第三，"劳特"多年来一直生产单调的条板状泡泡糖，缺乏新型式样；

第四，"劳特"产品的价格是 110 日元，顾客购买时需多掏 10 日元的硬币，往往感到不方便。

通过分析，江崎糖业公司决定以成人泡泡糖市场为目标市场，并制定了相应的市场营销策略。江崎糖业公司不久便推出功能性泡泡糖四大产品：司机用泡泡糖，使用了高浓度薄荷和天然牛黄，以强烈的刺激消除司机的困倦；交际用泡泡糖，可清洁口腔，祛除口臭；体育用泡泡糖，内含多种维生素，有益于消除疲劳；轻松型泡泡糖，通过添加叶绿素，可以改变人的不良情绪。江崎糖业公司同时精心设计了产品的包装和造型，价格定为 50 日元和 100 日元两种，避免了找零钱的麻烦。功能性泡泡糖问世后，像飓风一样席卷全日本。江崎糖业公司不仅挤进了由"劳特"独霸的泡泡糖市场，而且占领了一定的市场份额，从零猛升到 25%，当年销售额达 175 亿日元。

资料来源：https://www.doc88.com/p-873818976871.html.

三、目标市场选择战略的实施

（一）三种基本的目标市场选择战略

企业营销经理根据不同的目标市场覆盖模式需要选择相应的目标市场选择战略予以配合。根据消费者三类不同的基本偏好，以下三种基本的目标市场选择战略可供企业选择，即无差异营销、差异性营销、集中营销。

1. 无差异营销

当企业不考虑细分市场间的差异性，把整体市场视为同质市场，用单一产品、单一营销组合方案开展市场营销活动时，其采用的就是无差异营销。比如，食盐市场就可以被视为差异性很小的同质市场，企业可以针对该市场采用统一的营销方案。

采用无差异营销战略可以节约企业成本。大量生产和销售单一产品，降低了生产、运输、库存及销售成本；统一的广告宣传，减少了促销费用；不需要对市场进行细分，也就减少了市场调查、产品研发等成本。但对于大部分产品市场而言，这种战略并不适用。

2. 差异性营销

以市场细分为基础，选取其中几个细分市场作为目标市场，为这些目标市场设计不同的产品和营销组合，以满足各个细分市场的差异化需求，即差异性营销。例如，宝洁为洗涤市场推出了 10 多个品牌，每个品牌分别针对一个细分市场。实施这种战略带给宝洁的好处是：首先，很好地满足了各个细分市场消费者的需求，为赢得顾客忠诚奠定了基础；其次，有效地抵御了竞争者在不同细分市场中的进攻；最后，树立了企业在洗涤市场中的良好的品牌形象，促进整体销售收入增长。

　　差异性营销对企业而言具有获得各细分市场目标顾客的忠诚，有效抵御竞争对手的攻击，在市场中树立良好的品牌形象等好处，但实施差异性营销会增加企业的营销成本和管理难度。设计、生产不同的产品，很难做到像无差异营销一样采取大规模生产方式，这势必会增加生产成本；市场调研费用、促销费用、分销费用也会随着选择更多的细分市场而增加。企业能否采用这种目标市场选择战略，需要结合自身的实力和目标通盘考虑。

案例 5-8

全棉时代的差异性营销

　　疫情期间，全棉时代因向社会提供了超过 1 亿只口罩而再度爆红，并且圈了一波年轻粉丝。但很多人不知道的是，全棉时代在发展的过程中也曾遭受严重的挫折。在 2010 年拓展线下门店时，全棉时代就连续四年累计亏损近 2 亿元。

　　过去的全棉时代为什么会接连亏损？现在的全棉时代又为什么能做到年销售额破 30 亿元？

　　毛巾和纸巾是生活中常用的洁面用品，但毛巾不便于携带，且易滋生细菌，而纸巾除了湿水易破、易掉屑等问题，其本身所含的漂白剂、湿强剂，也被越来越多注重健康的人所排斥。

　　相比毛巾、纸巾，棉柔巾具有四个优势：舒适、不伤皮肤；安全健康、医用纱布级品控；经济、可多次使用；环保、不消耗木材。2009 年诞生的全棉时代瞄准这一市场空白，推出了纯棉柔巾这一全新品类，定位"全棉生活用品"，用棉花打造一种品牌，从根本上形成差异化，让消费者对纸巾的认知从"木质时代"过渡到"纯棉时代"。

　　2010 年后，母婴产业步入黄金爆发期。城镇居民的婴幼儿消费在 2013—2016 年保持快速增长的态势，新一轮的人口数量和人均消费的提升，带给母婴行业整体巨大的扩容空间。

相关市场调研数据显示，中国消费者对棉制品有很强的偏爱，95% 的年轻父母在购买婴幼儿用品时会选择纯棉材质。虽然棉制品价格高，却能解决他们担心普通纸巾不安全、会伤害宝宝皮肤等消费痛点。这一消费趋势、消费行为的变化，使得全棉时代旗下的明星大单品棉柔巾，开始被越来越多的宝妈、宝爸所关注。

资料来源：《销售与市场·管理版》，2020 年第 6 期。

3. 集中营销

集中营销是指企业专注于某一个细分市场，为该市场量身定做产品，实施高度专业化的生产和销售。实施这种战略，企业可以获得专业领域的声誉，在某一个小的细分市场里占据很大的市场份额，也有可能因此而获得可观的利润。

一般来说，中小企业很难与大企业进行全面抗争，有效的做法之一就是集中资源于小的细分市场。大企业没有注意到的，或者是不愿顾及的小的细分市场，往往能够使中小企业获得成功。当年日本的汽车公司就是通过开发轻便、省油的小型轿车抢占了美国汽车市场。当然，这种策略也面临一定的市场风险，尤其是当市场不景气，消费者需求偏好发生变化时，有可能导致企业陷入困境。因此，采用这种策略的企业一要关注环境变化，适时调整经营方向；二要在适当的时机，遵循一定的发展逻辑，进军其他细分市场。

案例 5-9　　　　　　　**vivo 子品牌 iQOO 的市场选择**

自 2017 年以来，随着职业赛事层出不穷，电竞成为如火如荼的新兴朝阳产业。电竞走向产业化，最明显的现象之一，便是有厂商开始跟进做专业游戏和电竞手机。市场嗅觉极为敏锐的 vivo 早在 2017 年便入局 KPL（王者荣耀职业联赛）电竞营销，将 vivo Xplay 6 作为比赛指定用机。2019 年

vivo 推出子品牌 iQOO，专注手机游戏领域。作为 KPL 的官方比赛用机，iQOO 不断革新电竞营销的玩法，为品牌探索了更多可能性。此次首部《生而为赢》电竞纪录片，更是再一次刷新了大众对电竞的认知。

引爆竞技精神，重塑大众认知，KPL 官方纪录片《生而为赢》以 2020 王者荣耀世界冠军杯总决赛为轴线，借助两个典型战队的故事，讲述了电竞赛场上的汗水与泪水、荣耀与辛酸。没有山呼海啸的欢呼声，没有荣耀加身的聚光灯，纪录片更多展示的是 KPL 光环背后、个体的成长。例如，曾引起不小风波的"林教练和久诚事件"。

事情的起因是，久诚在直播过程中收到了林教练临时训练的消息，为此在直播间里发生冲突。对于此事，电竞粉丝也是各执一词，有人说教练太严苛，有人说队员不懂事。一位要

求严格的教练和一名年轻气盛的电竞明星，两人碰撞出火花，为纪录片增加了不少戏剧性。

在官方纪录片中，久诚回应，通过这件事他成长了许多，也意识到电竞是一个团队游戏，不是只要自己打得好就没问题。涉世未深的电竞天才，其实也需要成长。而电竞人克服困难、迎接挑战的故事，正是 iQOO 与电竞行业共同成长、共同进步最有力的证明。

纪录片把视角放在各个战队、选手、教练，乃至合作方，让观众发现在胜利的光鲜亮丽之下，有太多的坎坷和付出，从而挖掘出《生而为赢》的竞技精神，让大众对电竞行业产生新认知。当大众接受了电竞是一种竞技运动，KPL 是一项运动赛事之后，自然也会对品牌产生高度的认同感，无形之中也就接受了 iQOO "生而强悍" 的品牌价值观。

构建传播矩阵，iQOO 的这支电竞纪录片《生而为赢》，在海内外 779 家公司报送的 3 083 件作品及案例中突围，荣获金奖。

资料来源：首席营销智库（ID：iyingxiaotong），2020 年 7 月。

三种基本的目标市场选择战略的实施要点如表 5-2 所示。

表 5-2　目标市场选择战略

基本战略	适用条件和组织要求	通常所需的基本技能和资源	实施战略的基本途径
无差异营销	当企业不考虑细分市场间的差异性，把整体市场视为同质市场时，用单一产品、单一营销组合方案开展市场营销活动	产品容易制造，具有低成本的分销系统	企业可以针对该市场采用统一的营销方案
差异性营销	差异化的途径很多，并且这种差异被顾客认为是有价值的；顾客需求是有差异的；采用类似差异化途径的竞争者很少；技术变革很快	企业资金雄厚，管理成熟，具有很强的基础研究能力，具有很强的销售渠道网络	以市场细分为基础，选取其中几个细分市场作为目标市场，为这些目标市场设计不同的产品和营销组合，以满足各个细分市场的差异化需求
集中营销	企业专注于某一个细分市场，为该市场量身定做产品，实施高度专业化的生产和销售	企业的灵活度较高，有较好的风险管理系统	集中资源于小的细分市场

（二）选择目标市场战略时应考虑的因素

企业营销经理在选择目标市场覆盖战略时需要全面考虑企业自身的资源能力、产品差异性、产品生命周期、市场差异程度、竞争对手的战略选择等因素，然后在此基础上慎重选择具体的目标市场战略。

（1）企业自身的资源能力。哪种模式适合自身，企业需要根据自身的资源能力来进行决策。资源能力有限的企业更不能分散自己的资源于众多细分市场，也不能进入自己不能把握的细分市场，而应采取集中营销，走专业化经营道路。如果企业资源条件好，则可以考虑采取差异性营销或无差异营销。

（2）产品差异性。战略的有效性取决于产品本身的差异程度。如果是标准化的产品，那么所有的消费者都具有大体相同的需求特征，市场主要围绕产品价格和服务展开竞争，企业采取无差异营销战略就比较合适。而服装、化妆品、家用电器等消费者需求差异程度较高的产品，就适合采取集中营销或者差异性营销。

（3）产品生命周期。战略选择还要结合产品所处的生命周期的阶段来考虑。企业的新产品在初次投入市场时，处在产品生命周期的引入阶段，企业应采用无差异营销或者集中营销，以探测市场需求与潜在的顾客情况；但在产品生命周期的成长和成熟阶段，市场竞争越来越激烈，企业选择差异性营销更适合，以开拓新的市场；当产品进入衰退期时，企业应采取集中营销，以集中力量于少数尚有利可图的目标市场。

（4）市场差异程度。如果一个市场中的消费者有类似的需求偏好，对营销组合有大约一致的反应，企业就应采用无差异营销，否则应采用差异性营销或者集中营销。

（5）竞争对手的战略选择。市场竞争是一个相互博弈和制衡的过程，战略选择也需要根据竞争对手的不同战略选择而变化。如果竞争对手较弱，企业就可以考虑采取无差异营销，否则，应尽量避免同竞争对手采取相同的营销策略，以防加剧竞争而造成两败俱伤。

第三节　如何开发和传播一个定位

一、什么是市场定位

营销经理在选择适当的标准将市场进行细分，并选择了适合企业情况的目标市场之后，接下来要完成的任务就是进行准确的市场定位。那么，什么是市场定位呢？我们先来看一个案例。

案例 5-10　　　　　**奈雪的茶定位清晰，坚持为消费者提供高品质茶饮**

奈雪是一个年轻的品牌，但品牌定位十分清晰。如其招股书所述，"茶作为世界三大饮品之一，在中国拥有最广泛的消费群体，但在全球范围还未出现一个流行的代表性品牌，能够向消费者提供兼具高品质和便利性的茶饮品。顾客对健康茶饮消费需求的不断提升，带来了孵化高端品牌的土壤。奈雪成立之初所坚持的目标就是打造高端茶饮品牌，改变大家对茶饮的固有认知，让奈雪成为一种流行、时尚、健康的生活方式"。

2015 年，第一家奈雪茶饮店开业，选址位于深圳高端商业中心的核心位置，产品坚持使用鲜果、鲜奶、好茶、低糖制作，一举改变消费客群对茶饮品牌的传统印象，开创中国使用鲜果制备现酿茶饮的先河，"现制茶饮搭配烘焙产品"等创新概念均由奈雪开创。

截至 2020 年 9 月 30 日，奈雪茶饮店的数量已增至 422 间，覆盖中国 60 多个城市，以及新加坡、日本等国家。灼识咨询数据显示，以覆盖城市数目计，奈雪拥有中国最广泛的高端现制茶饮店网络。

考虑到 2020 年初疫情肆虐，非必需消费品行业深度承压，奈雪能够持续取得稳健较好的成绩，某种程度上已凸显了其品牌的高势能。具体还体现在：其一，2020 年前 9 个月，奈雪每单平均销售价值达到 43.3 元，于中国高端现制茶饮连锁店中排名第一，远远高于 35 元的行业均值；其二，疫情后期，奈雪业绩实现强劲复苏，奈雪品牌所产生的营收由 2019 年第 3 季度的 6.33 亿元，增至 2020 年第 3 季度的 9.05 亿元，同比增幅约 43.0%。这再次用数据论证了"一杯好茶"始终是奈雪的初心所在、匠心所指。

资料来源：https://news.pedaily.cn/20210220/11570.shtml.

市场定位是在 20 世纪 70 年代由美国营销学家艾·里斯和杰克·特劳特提出的，其含义是指企业根据竞争者现有产品在市场上所处的位置，针对顾客对该类产品的某些特征或属性的重视程度，为本企业产品塑造与众不同的、给人印象深刻的独特形象，并将这种形象生动地传递给顾客，从而使该产品在市场上确定适当的位置。

企业的营销经理在营销上首先要明确"市场"在哪里，消费群体是哪些人。在竞争激烈的市场上要想取得高业绩，最有力的做法就是开发和传播一个准确的定位。"市场定位"不能靠"拍脑袋"，也不能靠主观臆想。有经验的营销经理在"市场定位"方面做出常规判断后，都会亲自进行实地考察，通过去看、去听、去问，了解当地消费者的风俗习惯、收入状况、需求状况、金钱观，以及当地市场的竞争状况、当地商业经营方式与商业道德、当地政府的限制等。在掌握第一手资料，获得客观环境市场信息的基础上，营销经理才能做出比较正确的"市场定位"决策。市场定位准确，意味着企业已向成功迈出了第一步。

二、市场定位的影响因素

营销经理需要了解影响企业市场定位的因素，这样才能更准确地进行市场定位。影响企业市场定位的主要因素有产品属性、产品性价比、产品功能、使用者、产品类别和竞争者。

1. 产品属性

每个产品都有其不同的属性，企业可以依据产品鲜明的属性特征来定位。例如，20世纪 60 年代，在照相机市场上，主要产品都是结构复杂、操作烦琐的相机，而一般人只要求照相机的影像清晰即可，操作尽可能简单，柯达公司为此研制出的全自动"傻瓜"相机，一上市就被抢购一空。再如，七喜汽水的定位是非可乐，强调它是不含咖啡因的饮料，与可乐类饮料不同。

2. 产品性价比

产品性价比是一种产品区别于另一种产品的重要特征，基于产品性价比优势进行市场定位是一个有效的战略选择方式。例如，我国台湾的顶新国际集团将其方便面品牌"福满多"定位为价廉物美的产品，将"康师傅"方便面定位为高品质产品。

3. 产品功能

强调产品具有独特的功能会吸引相当一部分消费者，原因在于现在的消费者越来越喜欢独特功能的产品。例如，许多手机企业以其手机具有强大的拍照功能进行产品定位。

4. 使用者

根据使用者进行定位，关注的是使用者的个性特征和类型。不同的用户类型对产品有不同的需求，那么不同类型的产品应适合不同的用户。例如，美国米勒啤酒公司曾将其原来唯一的品牌"高生"啤酒定位为"啤酒中的香槟"，吸引了许多不常饮用啤酒的高收入女性。公司后来发现，占 30% 的狂饮者大约消费了啤酒销量的 80%，于是便在广告中展示了石油工人钻井成功后狂欢的镜头，还有年轻人在海上冲浪后在沙滩上开怀畅饮的镜头，塑造了一个"精力充沛的形象"，其广告语是"有空就喝米勒"，米勒啤酒成功占领啤酒狂饮者市场长达 10 年之久。

5. 产品类别

企业也可以根据产品类别的不同（如餐饮类、卫生用品类等）进行产品的市场定位，以突出不同产品类别的差异。产品类别和特定需求能够直接产生品牌联想，如由快餐联想到麦当劳。

6. 竞争者

根据竞争对手的定位去确立企业产品的市场定位是一种有效的定位方法。在快餐业，麦当劳与肯德基是一对强劲的竞争对手，针对麦当劳服务标准化的定位特点，肯德基提出了"鸡肉烹调专家"的差异化定位策略。

三、市场定位的类型

市场定位的类型多种多样，营销经理需要根据企业自身的不同情况来选择不同类型的市场定位。以下是几种重要的市场定位类型。

（1）初次定位。刚刚成立的企业刚开始进入目标市场时，企业新产品同样也进入了一个新市场，这时企业必须从零开始，整合所有营销策略，使产品能满足自己所选择的目标市场的需要。

（2）重新定位。在出现下列情况时，企业需要对其产品进行重新定位：一是竞争者和其竞争产品的出现，使本企业品牌的市场占有率有所下降或者无力抵抗；二是由于多种原因，消费者的偏好发生转移；三是由于市场的低迷或者饱和，企业需要开拓新的市场。企业进行产品的重新定位，会改变目标顾客对其原有的印象，恰到好处的重新定位能够给企业带来新的发展机会。

案例5-11　　　　　　　　　　**七喜的重新定位**

七喜是一种柠檬口味的饮料，自1929年上市以来，产品定位一直摇摆不定，刚开始的定位是"消除胃部不舒服的良药"，1942年开始换成"清新的家庭饮料"，1966年又推出新主题的系列广告。在这些混乱的宣传下，消费者对七喜到底是什么饮料一直没有一个统一的印象，有的消费者认为七喜是调酒用的饮料，有的消费者认为七喜是药水。1968年，七喜提出"非可乐"的定位，获得了很好的市场反响，销量一度跃居美国市场第三位，仅次于可口可乐和百事可乐。

七喜"非可乐"的定位，在众多的可乐饮料市场上为自己"创造"出了一个新的市场。这场非可乐广告宣传的结果是：七喜汽水在第一年的销售量提高了10%，而且以后每年都有所增加。自从1968年非可乐宣传启动以来，七喜公司每年的净销售额从8 770万美元增加到1.9亿美元以上。如今七喜成了世界上第三大软饮料。

"非可乐"定位法通过把产品与已经占据潜在客户心智的东西联系到一起，把"七喜"确定为可以替代可乐的一种饮料。"非可乐"的定位使七喜处于与百事可乐、可口可乐对立的类别，成为可乐饮料之外的另一种选择，不仅避免了与两大巨头的正面竞争，还巧妙地与两大品牌挂钩，使自身处于和它们并列的地位，成功的类别定位使七喜在美国龙争虎斗的饮料市场上占据了第三的位置。

资料来源：https://www.sohu.com/a/113707161_379156.

（3）对峙定位。企业选择靠近现有竞争者的市场位置，争夺同样的顾客，彼此在产品、价格、分销及促销等方面差别不大。这种定位方法有一定的风险性，但也能激励企业学习竞争者的长处，发挥自己的优势。例如，美国七喜汽水在国际市场出现时，软饮料市场几乎为可乐型饮料所垄断，七喜汽水打出"非可乐"的旗号与之相抗衡，一举成功。

（4）避强定位。企业避开目标市场上强有力的竞争对手，将其位置确定于市场"空白点"，开发并销售目标市场上还没有的某种特色产品，开拓新的市场领域。避强定位的优点是能较快地立足于市场，在目标顾客心中树立一种形象。由于风险较小，成功率较高，很多中小型企业乐意采用这种方法。但是，空白的细分市场往往也是有一定难度的市场。

四、市场定位的步骤

如何定位市场是有一套准则的，企业的营销经理需要掌握这套准则。企业市场定位的全过程可通过以下三个步骤（见图 5-9）来完成。

图 5-9　企业市场定位的全过程

（一）确认本企业的竞争优势

这一步骤的中心任务是要弄清以下三个问题：一是分析竞争形势，确定主要竞争对手；二是评估目标市场的潜力，目标顾客的欲望满足程度如何，他们确实还需要什么；三是针对竞争者的市场定位，决定企业应该做些什么。企业只要通过调研、分析回答了上述三个问题，就可从中把握和确定自己的潜在竞争优势是什么。

（二）准确地选择相对竞争优势

相对竞争优势表明企业能够胜过竞争者的能力。这种能力既可以是现有的，也可以是潜在的。准确地选择相对竞争优势是一个企业各方面实力与竞争者的实力相比较的过程。比较的指标应是一个完整的体系，通过分析、比较企业与竞争者在经营管理、技术开发、采购、产品、生产、市场营销、财务等多方面的优势与劣势，知己知彼，才能准确地选择相对竞争优势。

（三）显示独特的竞争优势

这一步骤的主要任务是企业通过一系列的宣传促销活动，将其独特的竞争优势准确地传递给潜在顾客，并在顾客心中留下深刻印象。为此，首先，企业应使目标顾客了解、知道、熟悉、认同、喜欢和偏爱本企业的市场定位。其次，企业通过一切努力保持对目标顾客的了解，稳定目标顾客的态度和加深目标顾客的感情，从而巩固与市场定位相一致的形象。最后，企业应注意目标顾客对其市场定位理解出现的偏差或由于企业市场定位宣传上的失误而造成的目标顾客模糊、混乱和误会等情况，及时纠正与市场定位不一致的形象。

关键词

| 市场细分 | 目标营销 | 目标市场 | 目标市场战略 | 市场定位 |
| 产品 – 市场集中化 | 市场专业化 | 产品专业化 | 选择性专业化 | 全面覆盖 |

本章小结

1. 目标市场营销战略决策过程包含三个重要步骤：一是市场细分，二是选择目标市场，三是市场定位。

2. 市场细分，有利于企业发掘新的市场机会，有利于企业正确选定目标，有利于企业更好地满足潜在需要，有利于企业针对目标市场制订适当的营销方案。

3. 对消费者市场进行细分，使得细分市场内的众多消费者对于某一产品具有极其类似的需求，而隶属于不同细分市场的消费者对某一产品具有明显的需求差异。

4. 我们可以借鉴细分消费者市场的很多变量细分产业市场，并将这些变量作为细分产业市场的参考变量，但是在购买行为、购买目的等方面，产业市场用户与消费者市场用户存在明显的差异。

5. 市场定位是指企业针对潜在顾客的心理进行设计，创立产品、品牌或企业在目标顾客心中的某种形象或个性特征，保留深刻的印象和独特的位置，从而取得竞争优势。

思考题

1. 为什么说市场细分是制定市场营销战略的关键环节？
2. 消费者市场细分主要依据哪些变量？
3. 产业市场细分主要依据哪些变量？
4. 企业选择目标市场应考虑哪些因素？
5. 目标市场战略有哪几种，分别适用于哪些情况？
6. 企业如何进行市场定位？

案例作业

五菱宏光 MINI EV：教科书级别的营销

全球电动车销量机构 EV Sales 发布的数据显示，2021 年 1 月，中国五菱宏光推出的 MINI EV 销量高达 3.7 万辆。而且，到 3 月初，五菱宠光 MINI EV 累计销量已经突破了 20 万辆，在国内小型纯电动市场的占比达到 51%。

续航仅仅 100 多公里，没有气囊，空间奇小，价格在 3 万元左右，发布仅仅半年的五菱宏光 MINI EV，凭什么被誉为"国民级神车"？除了扎实的产品力外，显然离不开教科书级别的营销！

首先，在品类定位方面，五菱直接创造了一个全新的细分市场，即"人民的代步车"。

其实，五菱一直以来特别善于以用户需求为导向。"人民需要什么，我们就造什么！"这句口号，已经成为五菱品牌的文化。当人民需要口罩的时候，五菱就去造口罩；当地摊经济刷屏时，五菱就推出了摆摊神车……每一步都敲在了用户的痛点上。而这次将五菱宏光 MINI EV 定位为"人民的代步车"，也是精准洞察到基层人民大众的需求。试想，在三线小城，普通居民用车的场景一般是学校、超市、医院，而且相比大且笨重、油费贵的燃油车，五菱宏光 MINI EV 更能灵活地穿梭于大街小巷，而且停车方便，显然这是真正的人民之所需。而且，五菱宏光 MINI EV 造型别致，能遮风挡雨，能够合法上路，这不比自行车、两轮电动车好吗？不仅仅三线城市，在一、二线城市的年轻人也并不都是金领或者年薪百万元，他们上班不方便，同样需要代步工具，这时候，五菱宏光 MINI EV 的优势就发挥出来了。

其次，就是价格和实力，完全超出了预期。

五菱宏光 MINI EV 的价格在 3 万元左右，这在汽车界简直就是白菜价了，真真正正满足了普通大众的代步需求。

当然不仅仅是便宜，价格背后更是一套巧妙的定价策略。相比于 6 万多元的同款正规品牌，五菱宏光 MINI EV 价格超低。相对于唯一能和其价格抗衡的杂牌，五菱可是妥妥的正规厂商，何况在人们的心智中，五菱简直就是神一样的存在，何止是知名度。

这简直就是一箭双雕啊！ MINI EV 既巧妙地避开了市面上新能源汽车的激烈厮杀，又降维打击了杂牌非法"老头乐"。关键是，这车真的实用啊！没有电池快充、没有安全气囊、低配版甚至没有空调，但远程控制功能、ABS（防抱死制动系统）+EBD（电子制动力分配系统）、铝合金轮圈、标准的儿童安全座椅接口、标准的三点式安全带、胎压监测功能，它都有。

而且，五菱车给人"皮实肉厚"的印象比较深刻，简直就是性价比车型中的"战斗机"。

它不仅能代步，而且还能装货卖货，能拉一两吨的货物，也能坐 10 个彪形大汉，能跑水滩，而且外观也大气时尚。

五菱宏光 MINI EV 无论是价格，还是外观和功能，都超出了用户预期，这是刺激消费者购买它的强心理驱动。

再次，五菱将车玩成了社交工具，开创了年轻人出行的新潮流。

因为便宜，就是坏了人们也不会那么心疼，也赋予了车改装的属性。打开小红书、快手，年轻人玩起改装宏光 MINI EV，不亦乐乎，千奇百怪，而且动手做这些改装的多数都是女生。例如，有的人甚至把车顶都锯了，将车变成了敞篷车，里面的脚垫换成凶猛的老虎图片。还有一个小姐姐亲自动手将车前脸贴满小碎钻，这个成本代价可是很高的，硬是把 3 万元的五菱变成了 30 万元的五菱。

年轻人改造的不仅仅是一辆车，也是在改装自己的生活，对生活的热情不止，对五菱宏光的"魔改"就永远不会停止。在年轻人眼里，MINI EV 早就不再单纯地只是一辆车、一个代步工具，而是变成了像汉服、盲盒、潮鞋一样人人向往的潮流改装玩具。而且，这种让用户参与的行为，有点类似宜家效应的本质。逛过宜家的人都知道，它的产品需要人们自己回去组装，宜家官方给出的解释是：自己亲手组装的宜家产品，无论最终成果如何，都会特别在意它，因为人们投入了心血，已经让他们爱上这个产品。五菱宏光 MINI EV 改装的潮酷玩法也是如此。用户对改装的产品有多爱，从改装完车之后的车主们对车的称呼可见一斑，如"呆萌陆地小坦克""我的小车车""我的小 MINI"等。

你以为这些改装行为是用户自发掀起的吗？不！这是五菱明显的品牌营销行为，意欲为年轻人创造改装文化。它在汽车发布之前，就邀请专业 KOL 进行硬核改装，跨界联名网红品牌，将车依照喜茶的形象进行改装，为用户做出示范，吸引年轻群体。

特别是，五菱通过音乐节、国际时装周、CEA 潮流文化展等个性圈层的潮流偏好，不断丰富 MINI EV 的改装文化，为车植入了潮酷的文化内涵。五菱还联合生活时尚 KOL、网络红人、汽车媒体等进行"种草"式内容传播，降低普通用户微改装的门槛。大量的"种草"内容，以及掀起的改装文化，在年轻人当中加速扩散传播，使得这款车成为网红，俘获更多年轻人的心。

最后，五菱特别会玩梗。很早以前，五菱就已经是网友们二次创作的中心素材了，而且它有一种不可思议的国民认可度。在古早的互联网时期，那时还没有微博，没有短视频，正是处于 BBS（论坛）兴盛的时期，各种汽车的拥趸便喜欢辩论什么车更好，有人把跑车吹到了天上，但最后取得胜利的永远是五菱。虽然一开始是网络狂欢，但现在明显有品牌营销在里面。

从造口罩到推"地摊神车"，再到卖"五菱牌"螺蛳粉、与网红品牌喜茶联名合作，把品牌和大量关键词捆绑在一起，五菱把品牌的记忆彻底打入人们的生活中，成为流行文化的一部分。这并不容易，但成了便是非凡。

资料来源：https://baijiahao.baidu.com/s?id=1695280039141998862&wfr=spider&for=pcs.

讨论题

1. 五菱宏光 MINI EV 是根据哪些变量来细分市场的？

2. 五菱宏光 MINI EV 的市场定位是什么？请分析理由。

参考文献

[1] 科特勒，凯勒.营销管理：第 15 版［M］.何佳讯，于洪彦，牛永革，等译.上海：格致出版社，2016.

[2] 里斯，特劳特.广告攻心战略：品牌定位［M］.刘毅志，译.北京：中国友谊出版公司，1991.

[3] 科特勒，洪瑞云，梁绍明，等.市场营销管理：亚洲版：第 2 版［M］.梅清豪，译.北京：中国人民大学出版社，1997.

[4] 迈克丹尼尔，兰姆，海尔.营销学精要：第 5 版［M］.王慧敏，王慧明，译.北京：电子工业出版社，2007.

[5] 布恩，库尔茨.当代市场营销学：第 11 版［M］.赵银德，张璐，周祖城，等译.北京：机械工业出版社，2005.

[6] 吴健安.营销管理［M］.2 版.北京：高等教育出版社，2010.

[7] 吕一林，岳俊芳.市场营销学［M］.4 版.北京：中国人民大学出版社，2013.

[8] 李强.市场营销学教程［M］.大连：东北财经大学出版社，2004.

[9] 彭代武，李亚林.市场营销［M］.2 版.北京：高等教育出版社，2016.

[10] 甘碧群，曾伏娥.国际市场营销学［M］.3 版.北京：高等教育出版社，2014.

[11] 谢宗云.市场营销实务［M］.成都：电子科技大学出版社，2007.

[12] GU L X, WANG J L, PENG J. Market positioning based on consumers' brand preference［C］. IEEE International Conference on Business Management and Electronic Information，2011.

[13] LOPEZ R F. Positioning market segments facing product policy using both linguistic and numerical data through SOFMs［C］. IEEE International Conference on Systems，Man and Cybernetics，2002.

第六章
超越竞争，塑造品牌定位

内容提示

　　企业家应该明白一个道理：如果想要自己的企业在激烈的市场竞争中立于不败之地，就必须树立超越竞争观念，制定准确的市场定位战略，摆脱同质化竞争的"红海"危局，赢得"蓝海"胜券，努力取得竞争的主动权。对于现代企业来说，品牌日益成为生存和成功的核心要素之一，强势的品牌意味着市场地位和利润。因此，正确地塑造品牌定位是超越竞争的重要手段之一。在品牌营销中，网络品牌成为企业关注的新焦点，它对品牌宣传的广度和深度是以往任何一种传统的品牌营销策略都无法相提并论的。所谓的"网络品牌"就是企业通过一定的方式帮助自身及所提供的产品和服务在网络中树立良好的形象和口碑，从而促进企业整体形象的提升、促进品牌概念的传递。网络品牌是跟随互联网以及网络媒体发展的脚步诞生的。网络品牌的形成对企业的发展和营销行为都会产生巨大的影响作用，对企业品牌的传播力度也十分大。由此可见，若是牢牢抓住了网络品牌的优势，将会给企业带来巨大的品牌效益和经济利益的提升，成为企业发展的新机遇。网络品牌是品牌营销中不可或缺的一部分，对网络品牌的建设和维护会推动企业的长远发展。通过本章的学习，我们首先应了解市场竞争的相关知识，在此基础上，进一步了解基本竞争战略、竞争战略的选择与制定以及在实施过程中的注意事项，最后掌握如何通过塑造品牌定位来超越竞争。

专业词汇

竞争（Competition）

超越竞争（Transcend Competition）

竞争者近视症（Competitor Myopia）

冷漠型竞争者（Apathy Competitor）

选择型竞争者（Selective Competitor）

凶狠型竞争者（Ferocious Competitor）

随机型竞争者（Casual Competitor）

总成本领先竞争战略（Cost Leadership Competitive Strategy）

差异化竞争战略（Differentiation Competitive Strategy）

竞争战略轮（Competitive Strategy Wheel）

战略实施控制（The Implementation and Control of the Competitive Strategy）

品牌（Brand）　　　　　　　　　　　品牌忠诚（Brand Loyalty）

品牌定位（Brand Positioning）　　　品牌联想（Brand Association）

品牌资产（Brand Equity）　　　　　　品牌品质（Brand Quality）

品牌战略（Brand Strategy）　　　　　产品生命周期（Product Life Cycle）

品牌知名度（Brand Awareness）　　　品牌延伸（Brand Extensions）

开篇案例

费列罗是如何洞察消费者需求，成为礼品馈赠的代名词的

费列罗是意大利著名企业集团，全球第三大巧克力制造商。公司于 1946 年由 Michele Ferrero 先生始创于意大利北部，实行家族式经营，已发展传承到第三代，拥有一系列自创的名牌优质产品，其中，费列罗是其主力品牌，中国港澳台地区习惯将之称为金莎巧克力。

1984 年，面对国际著名巧克力品牌吉百利、好时等的市场割据和日趋萎缩的巧克力市场，费列罗集团计划进入经济腾飞的中国市场，谋求发展。通过事先周密的市场调研和策划，费列罗决定以中国香港市场和中国台湾市场为切入口，推出"费列罗"巧克力品牌，如果能够营销成功，再引进旗下其他产品。为什么先推"费列罗"呢？是因为费列罗发现：中国人传统上认为金色代表高贵和好运。正巧费列罗巧克力都用金箔纸独立包装，陈列在透明的礼盒内，金箔纸和盒盖上都有 Ferrero Rocher 的烫金标贴，该包装的视觉效果典雅华贵，可以迎合中国人的审美观念。除了产品包装，费列罗还独辟蹊径地与屈臣氏集团合作，这一本土化的渠道政策大获成功，香港人为"费列罗巧克力"取的昵称"金莎巧克力"是如此深入人心，以至于在很长的一段时间里，大家只知有"金莎"，不知何为"费列罗"。

除了在产品和渠道策略上发力，费列罗在大中华区的品牌定位——礼品馈赠，也取得了绝对的成功。在香港、澳门、台湾等地区，费列罗巧克力是逢年过节人们非常喜欢的礼物，特别是在春节期间，费列罗巧克力代表好运和财富的金色包装受到中国人的普遍欢迎，深得消费者的欢心。

在中国港澳台地区取得成功之后，费列罗布局在大陆市场开疆拓土，1998 年广州代表处正式成立。公司仍然沿用之前的本土化战略，通过与一家独立的分销商结成合作伙伴，并抓住中国人逢年过节赠送礼品的特点，费列罗成功地将锡箔纸包装的精美榛子巧克力卖给了中国消费者。在方兴未艾的中国巧克力市场中，费列罗在礼品馈赠这一领域取得了绝对的成功。据调查，在情侣市场，费列罗巧克力和胡庄玫瑰花球一直是消费者首选的礼物，可见其在中

国市场的影响有多大。

　　洞察消费者、精准定位、本土化战略，对了消费者的胃口，也许正是费列罗成功的奥妙。

　　资料来源：https://www.ferrero.it/.

第一节　市场竞争综述

一、什么是市场竞争

　　为了了解市场竞争，先来看一个案例。

案例 6-1　　**曾经的国内第一电商消失不见，留下一个 10 000 亿元的教训**

　　哲学家米歇尔·福柯在《词与物》的结尾说，"人"最终会消失，"如同沙滩上画的一张脸被潮水抹去"。和人一样，一些曾经强大到不可能倒下的企业，也会随着时间的沙漏消失不见，比如曾经业绩完胜天猫，成为中国第一电商平台的 1 号店。从 2013 年的国内第一电商平台到 2018 年的淡出，这中间只隔了 5 年时间，原来的中国第一电商品牌从鼎盛到消失，只需要 5 年时间！互联网世界竞争的残酷，可想而知。

　　1 号店的创始人于刚博士是个很有来头的人，他曾在戴尔和亚马逊执掌全球采购大权。看到淘宝网在电商领域不断开疆拓土，于刚坐不住了，拉上刘峻岭，在 2008 年创建了一家"基于 B2C 模式的网上超市"，即 1 号店。当时国内的电商平台中，很多都是做垂直电商的，如当当网的主业是卖书。1 号店从成立的那天起，就确定自己的差异化竞争战略，要和淘宝一样，做综合电商平台。于刚也知道，综合电商平台不是什么人都能做的，中国的国土面积为 960 万平方千米，综合电商平台如果不解决供应链问题，其经营就难以为继。1 号店为了建立自己的供应链体系，刚融来的第一笔资金就投到了供应链建设上，结果很快就花光了。于是，1 号店不以意志为转移地一步步走进资金链即将断裂的可怕局面，摆在于刚眼前的只有一条路——借钱。1 号店的悲剧，也从这次借钱开始了。当时对 1 号店感兴趣的买家除了平安保险集团（简称"平安"），还有沃尔玛。从行业垂直度上看，沃尔玛和 1 号店的合作可能更顺理成章，但是沃尔玛可能以为 1 号店已经走投无路了，自己志在必得，所以报价有些偏低，没想到 1 号店一转身投入了平安的怀抱：2010 年 5 月，平安以 8 000 万元换得 1 号店 80% 的股权。

　　从 1 号店被卖给平安的那一刻起，1 号店的命运多舛就埋下了深深的伏笔。平安入局后，对 1 号店电商业务的扶持其实并不太上心。要知道，当时的 1 号店是全国发展最快的电商平台之一，如果业务规模再扩大一些，前途还是非常可期的。这一点，平安不是不知道，而是可能假装不知道。平安毕竟是一家投资公司，放长线钓大鱼这事玩得比谁都熟，只要它不急，那些真正"识货"的卖家还会找过来。2011 年 5 月，平安入主 1 号店仅 1 年之后，上一年还不愿多出钱的沃尔玛卷土重来，而且这次显然是带着满满的诚意而来：沃尔玛出价 6 500 万美元，约合人民币 4.5 亿元，购买了平安手中 20% 的 1 号店股权。1 年的时间，平安所持 1 号店股权增值近 10 倍，2012 年沃尔玛再次增持 1 号店股份，实际控股达 51%，成为其最大股东。按照合约，沃尔玛为了得到这 51% 的股份，总共花了超过 10 亿元人民币，一直到 2015 年 7 月，沃尔玛实现全资控股 1 号店。相应地，平安在 5 年内获利 10 亿元，成为交易中的最大赢家。看上去，平安是赚了，但是回头想一想，则是中国企业的失败！为什么这样说？沃尔玛收购 1 号店的原因很直接：有可能不是补充自己的线上渠道，而是尽其所能地扼制中国电商的发展。这样，沃尔玛才可以继续在中国赚大钱。2016 年 6 月，经历了意料中的业绩下滑后，1 号店再次像一个漂流瓶一样，被以 98 亿元的价格卖给了京东，补上了京东百货商品这个缺口，使得后者抵御天猫的能力大大提高。资本市场不可能看不到这笔交易背后的意义，在京东官宣拿下 1 号店后，京东股价一度大涨超过 8%。而在经历了第三次易主后，当年独霸一方的 1 号店则以 1 号会员店的名义成为京东集团最不起眼的业务分支之一。

　　1 号店的结局，无疑是悲剧。这家公司的蓝图设计、战略路线其实非常合理，但最终因为执行不了，只能引入资本；而在资本引进后，创始人丧失了对公司的控制权，只能眼睁睁地看着 1 号店成为资本市场的玩物。试想一下，如果 1 号店的创始人懂得在股权分配中保持创始人独立性，1 号店的最低起点可能是一家市值超过万亿元的电商平台，今天国内电商的格局中也必然会有 1 号店的身影！

　　资料来源：电商报。

从这个竞争实例中我们看到，"1 号店""沃尔玛""淘宝""京东"是参与竞争的各方（竞争者），它们所共同需要的对象是中国零售市场占有率（竞争目标），正是为了这一目标，它们采用各种手段展开激烈的角逐。

（一）如何理解市场竞争：波特的竞争五力模型

通过分析上面的案例，我们可以对市场竞争做如下界定：作为经济范畴的竞争，也就是市场竞争，通常是指在市场经济条件下，经济行为主体为了维护和实现自己的经济利益而采取各种自我保护和扩张行为。具体地说，竞争也可以理解为在市场组织方面的相互独立的市场生产者，为了获得有利的产销条件或投资领域而互相争衡、各尽其能的过程。

从系统科学的角度分析，如果把竞争作为一个大系统来看，包括竞争环境、竞争目标和竞争者三大要素。竞争环境是竞争者角逐的舞台和影响因素；竞争目标就是参加竞争的各方所要达到的目的，即共同需求的利益。战略大师迈克尔·波特教授认为竞争者由同行业竞争者、潜在进入者、替代品、供应商和购买者五个因素构成（见图 6-1），上述五种基本竞争力量的状况及其综合强度，共同决定着行业的竞争激烈程度，决定着行业中获得利润的最终潜力。

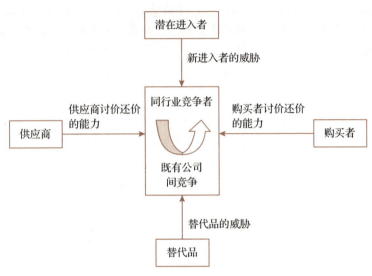

图 6-1　波特的竞争五力模型图

迈克尔·波特教授提出的五种竞争力量理论为企业经营者分析企业所处的竞争环境提供了富有启发性的帮助。外在的五种压力迫使企业不断地改变竞争策略，有助于企业在竞争中掌握主动权，但市场不同的竞争力量，对企业产生的竞争压力是不同的。

(二) 市场竞争的类型

市场竞争的内在动因在于各个经济行为主体自身受物质利益的驱动，以及因丧失自己的物质利益被市场中同类经济行为主体所排挤的担心。市场竞争的方式多种多样，如产品质量竞争、产品服务竞争、广告营销竞争、价格竞争、产品式样和花色品种竞争等，这也就是通常所说的市场竞争策略。通常，我们按市场竞争的程度把市场竞争划分为如下两种主要类型：完全竞争、不完全竞争（完全垄断、垄断竞争、寡头垄断）。它们的特征如表 6-1 所示。

表 6-1　市场竞争的类型及其主要特征

市场竞争的类型	表现特征				举例
	企业数量及企业市场份额的比例	产品的差异性与购买者的选择权	企业影响力及竞争状况	新企业进入的难易程度	
完全竞争	企业数量众多，产品丰富，单个企业所占市场份额小	商品基本相似，购买者可以自由选择	卖方、买方都难以影响商品价格	进入或退出都容易	日用小商品市场、零售业
垄断竞争	企业数量较多，企业规模较大，占有一定的市场份额	产品出现差异，购买者有一定的选择权	对同行业企业开始产生一定影响，存在非价格竞争行为	有一定难度	航空、汽运、海运、客运、货运市场
寡头垄断	形成少数大企业，占有很大的市场份额	产品有小差异或无差异，消费者很难选择	少数大企业之间有依赖性，达成默契	很难进入	电信市场
完全垄断	独一无二	差别很大，无法替代，消费者不能选择	品种、产量、价格由一个企业控制	无法进入	铁路运输市场，一些公用事业

以上四种竞争类型之间还存在很多中间地带市场。企业应该从实际情况出发，对动态的竞争行为进行仔细分析研究，针对实际情况，采取竞争策略。但是企业应清楚地明白一点：竞争只是一种手段，而非目的，竞争最重要的目的在于壮大自己，而非以直接打击竞争对手为目的，过分强调市场竞争的排斥性，忽视了市场竞争互惠互利的前提，忽视了更重要的合作性，使企业之间难以沟通与互助，只注意到可能侵害自身利益的竞争者，而忘了能相互促进的协作者，那将不再是原来意义上的竞争。

企业能够在竞争中脱颖而出，前提是它能建立并保持与竞争对手之间的差异，它必须给顾客创造更高的价值，或者是能够以更低的成本为他们创造出相同的价值，而不是一味地强调竞争的重要性。

企业如果不想与竞争对手"死缠烂打，你死我活"，不仅要善于竞争，还要善于"艺术"地规避竞争，知识经济对企业提出了新的挑战，使得当今企业如果只是满足于低层次的竞争，将难以取得竞争优势，终究会被淘汰。在这种情况下，超越竞争这一新概念逐步浮出水面，这也是一种竞争形式，而且是一种高层次的竞争形式。它达到了有效避免激烈竞争的目的，可以让企业"不战而胜"，可以直接避免企业之间的直接对抗，这样就可以把更多的资源用于获得经营利益和创造更多的价值。下面我们将为大家进一步阐述超越竞争的相关知识。

二、市场竞争新思维：超越竞争

对于企业的营销经理来说，为了企业的生存，需要竞争；但为了成功，需要超越竞争。企业不仅要赢得竞争，还要规避竞争，更重要的是要超越竞争。战略大师告诉我们，战略就是"差异化"，企业为了获得市场上的竞争优势，为了在激烈的市场竞争中生存和发展，必须与众不同。同时大师们还指出，企业可以在价格、产品、渠道、服务、品牌等许多方面实现差异化，超越竞争。

（一）超越竞争的意义

超越竞争的基本指导思想是以差异化定位，为顾客创造更多的价值来有效避免激烈的同质化竞争。

也许你并不是第一个进入市场的，但可以是第一个采用某种新技术的，第一个对产品进行改进创新的，第一个采用新的服务措施的。市场竞争中遵循"第一"法则，第一个进入消费者的心里和记忆就意味着胜利，而第二个进入就意味着丧失先机。有人计算过，第一个进入消费者心里的品牌市场占有率比第二个进入的品牌多一倍以上，而第二个进入的品牌市场占有率比第三个进入的品牌又多 1 倍以上，因而竞争者就是要争第一。

> **案例 6-2** "双 11"的排名之争
>
> 2021 年的"双 11"雷打不动，如期而至。在 10 月 21 日第一场"双 11"预购中，相

关话题纷纷登上微博热搜、知乎热搜榜，引爆全网。除了高到逆天的所谓百亿销量的战绩，直播间的观看量也创下前所未有的新高，吸引了大众的眼球。网友不由得质疑直播间的观看量和销量了：中国 1 周内上网 1 小时以上的网民有 9 亿，直播间 1.5 亿的观看量靠谱吗？真有百亿销量吗？

　　事件经过 1 周左右的发酵，尘埃落定——这场"双 11"的直播预热，相关人士存在数据造假行为。主播们为什么冒着被曝光的风险也要造假？道理很简单，市场竞争中遵循"第一"法则，第一个进入消费者的心里和记忆就意味着胜利，而第二个进入就意味着丧失了先机，所以他们拼尽全力也要争第一。主播们的想法虽然能够理解，但商业运营也要遵纪守法，希望 2021 年的"双 11"排名之争能为中国电商领域的不正当竞争敲响警钟。

　　资料来源：根据互联网相关资料整理而成。

（二）超越竞争的特性

　　在当今知识经济时代，传统上具有战略意义的竞争的作用已越来越微乎其微。而且，竞争战略只能满足企业最低的生存要求，企业要想在市场中居于领先地位，在市场中出类拔萃，就必须超越竞争。超越竞争是企业持续发展、走向成功的关键途径，它与竞争的区别主要如下。

　　（1）超越竞争寻求新的突破口，超越行业条件，开创新的发展领域，以差异化赢得市场，而不是维持现状。

　　市场是处于动态之中的，竞争力量的对比也在发生变化。有些企业自认为自己占有许多市场份额，或取得了类似的主体地位，维持现状就够了。这种思想在竞争中是极其危险的。

案例 6-3　　　　后盖茨时代的微软竞争战略

　　2021 年 10 月 29 日，微软以 2.49 万亿美元市值轻微地压过苹果 2.48 万亿美元市值，成为全球市值最高的上市公司。在外人眼中，微软随着 PC 时代的衰落，已不复从前的风光，甚至很多人都不清楚，微软除了 Windows 和 Office 还有什么产品能从 PC 延伸到移动互联。实际上，尽管微软作为 PC 时代的霸主，在移动互联时代略有落伍，但是它在 2020 年 5 月时市值就曾超过苹果，只不过当时外界的关注度不高，直至随后被苹果反超。

　　对于此次微软再度超越苹果，市场分析认为，这归功于微软云业务的强劲增长。自

2009年推出第一代公有云服务以来，微软在2014年初把Windows Azure改名为Microsoft Azure，把云业务上升到企业战略层面。2015年微软再次把Azure的定位修正为智能云。这次修正预示着微软向PaaS（平台即服务）、SaaS（软件运营服务）等更高端的云服务市场发展。经过多年努力，微软在全球云市场和亚马逊的差距越来越小，微软的业绩已经连续第11个季度超越华尔街的平均预期。除了云业务的强劲增长，微软开发的Win11 SE系统，必将其Chromebook竞争战略提升到一个新的水平。可以说，后盖茨时代的微软在云、计算机、应用和游戏等领域实施多元化竞争战略，为其发展提供了强大助力。

资料来源：https://www.cnbc.com，https://www.microsoft.com/zh-cn.

（2）超越竞争讲究灵活有效，随环境的变化做出相应的调整战略，而不是一味地提高效率。

传统的竞争方式讲究效率，以较少的投入取得较大的产出，过去的情况是这样，但现在的情况就完全不同了。目前，如果企业不能随时适应市场的变化，及时做出相应的调整，则效率越高，造成的损失就越大。

案例6-4　　　　　　　　　沃尔玛真的败走中国吗

2021年8月3日，"沃尔玛中国又关店了"的消息冲上微博热搜榜，原来是沃尔玛北京朝阳店宣布将在8月10日正式停止运营。据相关数据统计，从2016年到2020年这4年多的时间里，沃尔玛中国已经关闭了80多家门店，2021年至今的关店数量更是高达25家。与此形成鲜明对比的是，2021年沃尔玛连续8年登上了世界500强榜首。如此冰火两重天的窘境，落在同一家巨头身上，乍看令人疑惑，其实并不令人意外。新零售业态的出现，令以沃尔玛大卖场为代表的传统线下零售商的生存变得困难，只能闭店以"止损"。但这并不代表沃尔玛真的败走中国。在大众感慨沃尔玛超市的"衰落"时，沃尔玛旗下的山姆会员店却陡然走红，吸引着美食探店博主们争相体验。

山姆会员店的走红有迹可循，全套打法都透露出新媒体营销的痕迹——人、情景和互动。9米的层高、3米宽的过道、上排货架+下排选购架，宽敞明亮的室内空间，构建了和曾是"网红拍照背景"的宜家提货区颇为相似的场景。不仅如此，山姆会员店里的各种网红美食和宜家似乎也有异曲同工之妙。此外，山姆会员店的探店视频和图文频频出现在各个社交媒体和在线社区，仿佛人们去仓储超市的目的不是去购物，而是去网红景点旅行。这些营销举措有效吸引了年轻人，也让山姆会员店成为新的时尚打卡地。

东方不亮了沃尔玛大卖场，西方亮起了新营销模式下的山姆会员店，沃尔玛败走中国？断言尚早。

资料来源：澎湃客惊蛰研究所、新浪财经新闻。

（3）超越竞争强调改革创新，而不只是简单地解决工作过程中存在的问题。

为增强竞争能力，企业通常集中精力考虑存在的问题。企业忙于解决问题，纠正错误，这种做法本身并没有错，问题是当我们解决了存在的问题后，企业只是回到原先的样子，并没有达到增强竞争能力的目的。

案例 6-5　疫情推动科技防疫，无人服务迎来发展风口？

2020 年初爆发的新冠疫情，给全球人民的生活带来巨大冲击，几乎是一夜之间，消费者开始希望周边的超市、酒店等都能瞬间升级到"无人化"，用高效率和零接触的方式来提供相应的服务。其实我们曾经也享受了一定程度的"无人化"服务，比如，阿里巴巴和京东等诸多企业都尝试过无人收银

系统，只是在最初的新鲜感过后，这些无人服务没能获得太大的商业成功。

然而，技术可以不断更新，只要市场能够给予这些"无人"服务实践的机会。这次疫情就可能为无人服务的应用带来新的机会。比如，虹桥旭辉企业总部园的物业——永升生活服务公司，就引入机器人开展服务。机器人服务的主业是为办公环境消毒，它可以提前规划好消毒路径，通过智能设备和整个楼宇形成物联网系统，无须物理触碰，就能自主过闸机、搭乘电梯，一边在楼宇内自由活动，一边喷出消毒液，在最短的时间内完成室内消毒；等到午餐高峰时段，它又变身成"最后 100 米"的"快递员"，一次可以配送 4 单外卖，避免楼宇内的人员在高峰时段集中上下楼取餐。

疫情提升了消费者对无人服务的接受程度，那"无人"产业能否迈向新的发展阶段，迎来新的风口呢？

资料来源：根据互联网资料整理而成。

此案例是超越竞争的典型例子，企业利用市场机会，开发新的发展领域，合理利用创新的竞争观念超越竞争。这样的例子在现实的市场竞争中数不胜数。超越竞争战略并不只是大企业的专利，小企业同样可以，只要具备战略眼光，善于发现战略机会，通过合理的战略安排，就可以获得超越竞争所能够带来的"超值利益"。

（4）超越顾客现状，引领顾客需求。

索尼公司的创始人盛田昭夫曾说："我们的计划是用新产品引导公众而不是问他们想要哪种产品，公众不知道自己需要什么，可我们知道。因此，我们不做大量的市场研究而是完善自己对产品和产品用途的构思，并通过教育公众、与公众交流的方式设法为产品创造市场。"在这种理念的指导下，企业经营者不仅要着眼于消费者的现有需求，而且要在理解人的本性期盼的基础上，设计出能为消费者带来更大价值的产品，从而引导消费者的需求。

案例 6-6　　　　　　　　**5G：引领商用无人机云平台服务**

5G 和天基互联网等通信技术的迅猛发展，为商用无人机云平台服务带来机会。无人机云平台服务主要应用于特殊公务行业包机业务、无人机管控等。例如，之前上市公司中信海直（000099.SZ）就在投资者互动平台表示，要积极

发展城市综合管理、石油管道巡查、林业普查等无人机包机业务。5G 无人机云平台服务及网联服务、无人机管控及数据服务提供，都纳入公司的战略计划中。中信海直还表示，当下，无线电电磁环境变得日益复杂，非法无人机乱飞等现象日益严重。快速查除复杂环境下的无线电异常信号、管制非法无人机，构建无线电监测站无人机云平台技术架构与无线电监测站无人机云 PaaS 平台方案，都可能超越市场竞争，引领需求，创造价值。

资料来源：根据互联网资料整理而成。

第二节　如何实现超越竞争

企业经理人要想更好地让企业实现超越竞争，仅仅了解顾客是不够的，还必须明确谁是企业的竞争者，并对竞争者作正确的分析，所谓"知己知彼，百战不殆"，掌握企业真正的竞争对手所要采取的竞争策略，有利于企业制定出合理有效的应对策略，进一步地选择制定并实施企业的竞争战略。制定竞争战略最基本的问题是：谁是你的竞争对手？你相对于竞争对手的优势有哪些？你的竞争对手是那些与你在同一个产品市场上具有与你相同能力的竞争者，还是那些潜在的替代者？

一、竞争者识别和分析

（一）竞争者识别

竞争者一般是指那些与本企业提供的产品或服务相类似，并且所服务的目标顾客也相似的其他企业。例如，收购 IBM 全球 PC 业务的联想公司把戴尔公司看作是主要竞争者，可口可乐公司把百事可乐公司视为主要竞争者，通用汽车公司把福特汽车公司作为

主要竞争者。

识别竞争者看起来简单易行，其实并不尽然。企业的现实竞争者和潜在竞争者的范围很广。从现代市场经济实践来看，一个企业很可能被潜在竞争者，而不是当前主要的竞争者吃掉。通常，可从产业和市场两个方面来识别企业的竞争者。

1. 行业竞争观点

从行业方面来看，提供同一类产品或可互相替代产品的企业，构成一种产业，如汽车产业、医药产业等。如果一种产品价格上涨，就会引起另一种替代品的需求增加。例如，某个打字机生产商将该企业生产的打字机价格大幅度提高，则不少顾客将转而购买其他打字机生产商的产品。因此，经营者认为，任何企业若想在本行业卓有成效，就必须充分了解同行业内的竞争伙伴。

2. 市场竞争观点

从市场方面来看，竞争者是那些满足相同市场需求或服务于同一目标市场的企业。例如，从行业竞争观点看，打字机生产商只把其他打字机生产商看作是它的竞争者；而从市场竞争观点看，顾客真正需要的是"写字工具"，这种需要也可以由铅笔、钢笔、电脑等予以满足，所以企业的竞争者也包括其他的生产"写字工具"的企业。此外，在更大的范围内还应注意那些力图以更有吸引力的产品满足消费者不同需要的企业，虽然它们生产的产品并不能成为本企业产品的替代品，但它们有可能使消费者的消费倾向发生变化，尤其是当本企业的产品市场已非卖方市场时，这类竞争者对企业极具威胁。图 6-2 表示了柯达公司在胶卷行业的相关竞争者。

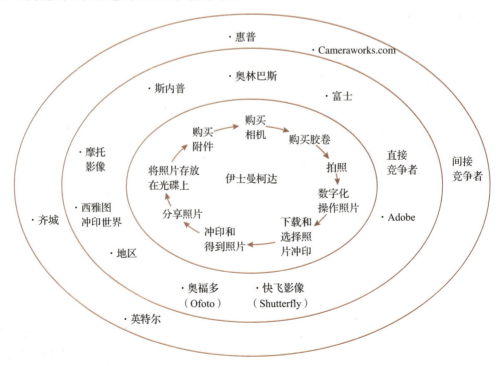

图 6-2　柯达的竞争者

资料来源：RAYPORT J F, JAWORSKI B J. E-Commerce［M］. New York:McGraw-Hill, 2001.

　　此图犹如剥洋葱一样，一层一层地剥开，最外面的一层表示的是柯达的潜在竞争者：惠普、Cameraworks.com 和其他的间接竞争者，在一定条件下很可能变成现实的竞争者。中间的一层是柯达公司现实的竞争者，即主要竞争者，当顾客购买相机时，奥林巴斯是主要的竞争者；当顾客购买胶卷时，富士是主要，竞争者；等等。在每个领域，公司都会有主要的竞争者，这时就需要正确地识别竞争者。图中最中间层是顾客所从事的一系列活动，如购买相机、购买胶卷、拍照、处理照片等。从行业竞争观点看，奥林巴斯、富士是企业的主要竞争者；从市场竞争观点看，惠普和其他一些潜在的竞争者（如考虑某地理城市的竞争者）就是企业的竞争者。

　　总之，企业不只要依据行业标准识别竞争者，更要注意市场细分，才有利于较准确、及时地识别竞争者，为下一步开展竞争策略的选择打下良好的工作基础。

（二）竞争者分析

　　识别了企业的竞争者之后，将进入竞争者分析的实质阶段。我们会问：每一个竞争者在市场上寻求什么？竞争者每项行为的真正动机是什么？竞争者采用什么样的竞争战略？竞争者的优劣势是什么？竞争者对竞争行为的反应如何？

　　竞争者分析是指企业通过某种分析方法识别出竞争者，并对它们的目标、资源、市场力量和当前战略等要素进行评价。其目的是准确判断竞争者的战略定位和发展方向，并在此基础上预测竞争者未来的战略，准确评价竞争者对本组织的战略行为的反应，估计竞争者在实现可持续竞争优势方面的能力。对竞争者进行分析是确定组织在行业中战略地位的重要方法。

　　一般情况下按照以下几个步骤来分析竞争者（见图 6-3）。

图 6-3　竞争者分析程序

1. 竞争者的目标

　　竞争者的目标决定着竞争者的行动。竞争者的最终目标无可厚非是追求利润，但每个企业有不同的侧重点和目标组合，如获利能力、市场占有率、现金流量、技术领先和服务领先等。企业要了解每个竞争者的重点目标是什么，才能对不同的竞争行为做出适当的反应。例如，一个注重销售额稳步增长的企业和一个注重保持投资收益率的企业对经济衰退或另一个企业市场占有率提高的反应可能不同。

2. 竞争者的战略

企业间的战略越相似，它们之间的竞争越激烈。在大多数行业里，根据竞争者所采取的主要战略的不同，可将竞争者划分为不同的战略群体。一个战略群体即在某一目标市场上采取同一或相似战略的一组企业。

因此，企业首先要做的就是按照行业内各企业战略地位的差别，认清自身所处的战略群体。这样，与自己处于同一战略群体的企业才是最贴近的竞争者。

虽然在同一战略群体内部的竞争非常激烈，但是不同的战略群体之间通常也会成为竞争者。这主要是因为：第一，不同战略群体可能具有相同的目标顾客；第二，顾客可能分不清不同战略群体的产品差异；第三，每一战略群体的成员都要扩张其市场份额，可能进入新战略细分市场，如提供中档货的企业可能转产高档货。

3. 竞争者的优势和劣势

企业需要估计竞争者的优势和劣势，了解竞争者执行各种既定战略的情报，以及其是否达到了预期目标。

为此，企业需要收集竞争者在最近几年的情报和数据，如销售量、市场份额、现金流量、投资收益率、新的投资方向和设备能力利用等。但在市场营销实践中，其中有些信息收集起来比较困难，有时要通过间接的方式取得，通常是通过二手资料、别人的介绍或别人的和自己的经验等了解竞争者的优势和劣势，还可以从消费者、供应商和经销商那里获取信息进而分析竞争者的优劣势。例如，企业可以通过问卷调查的形式请顾客给本企业的产品和竞争者的产品在一些重要方面打分，通过分数了解竞争者的优势和劣势，还可以看出自己和竞争者在竞争地位上的差异。如果发现竞争者的优势，企业要认真地分析取得优势的途径和方式，并加以完善，创造出自己的竞争优势。一旦发现竞争者的劣势，企业就可以利用对手的这一劣势，出其不意，攻其不备。

4. 竞争者的市场反应

竞争者对降价、促销及推出新产品等市场竞争策略的反应主要取决于竞争者的目标、战略、优势和劣势。每个竞争者的反应都是不同的。我们依据竞争者不同的反应把竞争者归结为以下四种类型。

（1）冷漠型竞争者。这类竞争者不会迅速、强烈地反击竞争者的行动。冷漠型竞争者可能认为：它们的顾客高度忠诚，不会转移购买；它们对竞争者的行动缺乏足够的注意力；其他人不可能在该领域获利；它们没有足够的资源和能力支持等。

（2）选择型竞争者。这类竞争者只对某些行动做出反应，而忽视其他的竞争行动。如有的企业可能对削价进行反应而对广告费用的增加以及促销置之不理。了解竞争者会在哪些方面做出何种反应，有利于企业确认最为可行的攻击路线。

（3）凶狠型竞争者。这类竞争者对所有的攻击行为都能做出迅速而强烈的反应。例如，宝洁公司就是一个凶狠型竞争者，一旦受到挑战就会立即发起猛烈的全面反击。因此同行企业都避免与它直接交锋。

（4）随机型竞争者。这类竞争者对攻击的反应具有随机性，有无反应和反应强弱并没有展示出可预见的响应模式。许多竞争实力不强的中小企业属于此类竞争者，如果他们能负担一场战争，他们就会在某些前沿进行战争。反之，它们就会自动放弃。

5. 竞争者的攻击或回避

经过前面的分析，我们觉得企业应该对要攻击和回避的竞争者做出选择。在这里，竞争者有强竞争者或弱竞争者、近竞争者或远竞争者、好竞争者或坏竞争者之分。当竞争环境和行业环境发生变化时，攻击其准备不足、热情不足或竞争者比较弱的细分市场或市场战略，使竞争者处于目标混淆或自相矛盾之中。如果竞争者可能对发起的进攻进行报复，则企业的战略重点就要转移到选择最佳战场与竞争者作战。反之，对那些可能报复强烈、市场反应较敏感的竞争者，企业要衡量自身的条件，适当、适时地回避竞争者是必要的，避免与竞争者展开激烈的正面交锋是上上策。

二、如何选择和制定竞争战略

案例 6-7　　　　　　　　　**二手电商平台竞争战略**

你绝对想不到，在二手电商平台能买到多离谱的东西！有青龙、霸王龙、上古武功秘籍，还有清代金缕玉衣，3 000 年的磨盘……甚至能花钱买个教训！不错，是真的花钱买教训。1元钱，在线下能买 2～3 个棒棒糖、1/3 瓶可乐，但在二手电商平台，你可以花钱买亏吃。江湖之"险恶"，莫过

于此。然而，画风清奇的二手电商平台，红红火火的行业居然至今仍在探索盈利模式。

网经社电子商务研究中心测算：2020 年二手电商市场规模达 3 755 亿元，用户规模达到 1.82 亿人，发展迅速。从用户总数、平均月活用户数以及商品交易总额来看，闲鱼是行业的领跑者，它与位居第二的转转同为综合类二手电商平台，两家共占领了 90% 的市场份额。除了少量综合类的平台，国内其他平台则专注垂直领域，如"互联网＋旧书行业"的C2C 平台孔夫子旧书网，电子产品类的爱回收，书籍类的阅邻，等等。这些垂直领域的二手电商平台瓜分了剩余市场。但就算处于同一个赛道，不同平台的打造重心也存在质的不同。就拿两家头部平台来说，闲鱼重社区，而转转重电商。

　　闲鱼着重打造社区，也就是"鱼塘"，希望把有共同标签的用户聚集起来，让他们"逛"在鱼塘、"玩"在鱼塘。转转脱胎于58同城的二手频道，更注重促进用户积极交易。它有庞大的线下质检团队，售卖的物品相对更真实可靠。很难评价哪个商业模式更好，因为它们都还在摸索明确的盈利方式。2018年底，闲鱼创始人说："具体盈利模式不便透露，但一定不会收取交易佣金。"直到今天，闲鱼仍没有公布盈利模式。而另一边，转转也难逃同样的命运。在获得腾讯的巨额融资后，其创始人黄炜称第一感觉并不是兴奋，而是"要活下去"。并且，转转平台曾表示三年内不会收取佣金，不考虑盈利，百分之百免费，为的是先抢占市场。看似活跃的二手电商平台，具体如何盈利还有待挖掘。

　　2021年，全球首个IPO（首次公开募股）的二手商品电商平台Mercari入局中国，与闲鱼达成合作关系，可能会给这一切带来转机。Mercari有自己的商业模式，已被市场验证可行：为用户提供信任体系、整合物流等第三方服务，然后每次交易时抽取10%的佣金。因此，当国内一众平台为开拓新功能而烧钱发力时，还不如回归最本源的问题，那就是做好买家与卖家间的第三方，尽可能减少信息不对称，这才是二手电商平台应该有的竞争战略和核心价值。

　　资料来源：https://www.163.com/money/article/GNNIA00L00258105.html?clickfrom=w_money#.

　　我们一旦了解了竞争对手和竞争对手的优劣势、可能采取的行为，企业所面临的下一个挑战就是如何制定动态的竞争战略来超越竞争（见图6-4）。

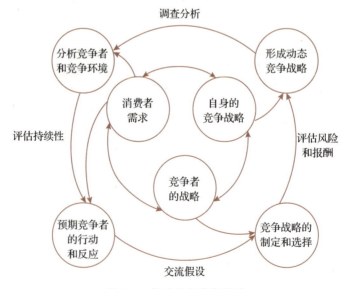

图6-4　构建动态竞争战略

（一）如何选择竞争战略

　　企业的竞争战略是实现企业业务战略目标的手段，通过实施动态的竞争战略可以形成业务的相对优势，从而实现企业战略管理的目标。战略本身只是提出了实现目标的方式和手段，并不能保证目标的实现，而战略管理则着眼于通过对战略制定和实施过程的系统管理，来保证战略目标的实现。

下面我们将通过一个典型的案例来进一步剖析企业的竞争战略。

案例 6-8　　　　　　　　**苹果与小米的竞争战略**

苹果和小米，是 2021 年全球智能手机出货量排名前三的两大科技巨头。它们一个强调创新，致力于给消费者带来独一无二的消费体验，价格昂贵；另一个视己为"性能怪兽"，活跃在手机市场，强调在相同价格的手机中，具有高出同类手机的硬件配置，并表示小米手机 MIUI 系统是当今中国手机市场上用户交互体验最好的系统之一。两大科技公司定位清晰，苹果手机定位为全球最具创新力、性能超强、高价的智能手机；小米的定位则是高性能、发烧级、极具性价比。

它们不仅定位不同，各自的生态系统也呈现不同样貌。苹果致力于打造高附加值的生态系统，除了推出各种智能设备及其周边，如各种材质的手机壳、外接电池，还设立 APPLE STORE 频道，里面包括了在线商店、各种应用、家居等。此外，APPLE STORE 还包括 GENIUS BAR、青少年活动、APPLE TODAY、翻新和优惠、分期付款、换购、选购帮助等。在这个生态系统里，苹果不但希望为顾客提供更多有价值的品牌体验，也希望能够推动公司与果粉、果粉与果粉之间的互动。

小米的生态系统是另一种风格。它的生态链包罗万象，除了手机、电视、路由器这三条主要产品线，还有笔记本平板、出行、穿戴、家电、电源、配件、健康、儿童、耳机、音箱、生活、箱包。可以说从 2014 年天津金米成立，小米就开始围绕手机周边进行投资，投资所谓的"生态链企业"。被投资企业为小米提供智能家居、生活用品、可穿戴设备和出行等多个领域的产品，供小米之家、有品商城等渠道销售。小米通过供应链上下游关系构建生态圈。之后小米又相继规划了产业链和场景链，随着供应链、产业链、场景链的逐渐布局，小米构造了自己的物联网生态圈。

资料来源：https://www.apple.com.cn，https://www.mi.com。

两大公司不同的战略，让人们深刻地认识到竞争战略的重要性。

1. 基本竞争战略

在激烈的市场竞争中，企业能够长时间持续取得高于其他竞争者的效益，根本前提是企业拥有强大的竞争优势，它形象地体现在成本优势和产品优势两方面。迈克尔·波特教授依据这两大基本优势提出了三种比较权威的基本竞争战略，即总成本领先竞争战略、差异化竞争战略、集中化竞争战略。这三种基本竞争战略长期为各企业所采用。

2. 竞争战略的选择

三种基本竞争战略是可供选择的、具有抗衡性的可行性方案。三种基本竞争战略均适合同一个企业的情况绝无仅有，因此保持采用其中一种战略作为首要目标通常是十分必要的。除按照以上三个方向选择竞争战略的企业外，还有一种企业未能按照任何一个方向制定自己的竞争战略。这种企业正处于很糟糕的战略条件下。它的市场占有率很低，没有足够的资本投资新领域，也不具备利用低成本优势的能力，不能在全产业范围内实现差异化，更不能在比较有限的范围内建立起产品差异化或低成本优势的集中差异化。

在竞争如此激烈的市场中，唯一能够获得高于平均水平利润率的途径就是集中化和差异化竞争战略。但更重要的是，随着市场的不断变化，常常会出现这样的问题：三种基本战略究竟哪一种更适用于本企业？选择的基点在于所选取的战略能最大限度地利用企业的优势并且最不利于竞争者模仿使用。

（二）如何制定竞争战略

为了取得竞争的胜利——超越竞争，企业需要制定一套行之有效的竞争战略。竞争战略是为战略目标服务的，是企业为了应对竞争者和适应竞争环境的变化而制定的策略及方法的总称。

从根本上说，制定竞争战略就是制定回答某个企业准备如何参与竞争，企业的战略目标是什么以及贯彻这些目标需要哪些策略等问题的一个广泛适用的定理。如图 6-5 所示，它被称为竞争战略轮。它表达了制定竞争战略的基本步骤以及战略目标的笼统含义。

轮辐表示企业为实现战略目标所采用的基础性策略，在轮盘的每一栏下，根据企业的行动对一些专门的策略进行大概的解释。管理者可根据业务的性质将这些策略与实际更好地结合起来，正如一个车轮一样，轮辐（策略）必须以轮轴（战略目标）为出发点并体现目标，而且轮辐必须相互联结，否则车轮将无法运转。

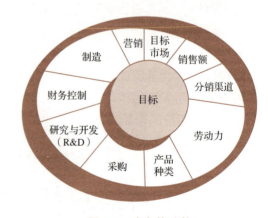

图 6-5　竞争战略轮

根据企业的目标与策略，制定竞争战略需要遵循一定的步骤，以下列出了制定竞争战略的基本步骤。

（1）明确并分析企业现行的战略，从现行战略实施的结果中找出可行之处与不足的地方，并加以利用和改进。

（2）竞争环境和竞争者分析。这是最重要的一步，我们可以从以下几个方面来分析环境。

1）行业分析。行业分析的重点是了解企业所在行业的基本竞争环境和行业发展情况以及行业中的潜在发展机会。

2）市场演进情况分析。无论企业属于哪种行业，都需要动态地观察和分析本行业所处的市场演进阶段。

3）社会分析。它是指分析将会给企业带来机会和挑战的重要政府机构、社会和政治因素。

4）竞争者分析。分析竞争者，是制定竞争战略的重要环节。只有了解竞争者的情况才能赢得竞争的主动权。分析竞争者一般包括分析实际的和潜在的竞争者的能力和劣势，预测竞争者的发展方向、发展意图，理解竞争者现行的竞争战略，预见未来的竞争策略以便本企业采取恰当的应对措施。

5）企业的优势和劣势。需要依据对行业和竞争者的分析，确定相对于现在的和潜在的竞争者，企业的优势和劣势是什么。

（3）确定市场竞争战略目标。竞争战略目标要求有可行性、有资源保证、定量和定性相结合、易于理解、总目标和分目标相一致。

（4）确定可行的市场竞争战略备选方案。市场竞争战略方案是如何执行和实现竞争战略目标方法的总称。正如前面所述，有很多竞争战略可供选择，如根据市场占有率可制定相应的竞争战略，如市场领先者、挑战者、追随者和补缺者的竞争战略。但我们至少需要依据三种基本竞争战略确定战略方案，即总成本领先竞争战略、差异化竞争战略、集中化竞争战略。

（5）竞争战略的选择。依据企业自身的条件，比较和评价各备选方案，从多种可行的战略方案中选择使企业情况与外部机遇和挑战最适应的方案。

（6）竞争战略总结，确定企业的最佳竞争战略方案。战略总结时，主要考察三个基本问题：第一，现在的实际情况和确定竞争战略前所估计的情况是否相符；第二，竞争者的反应和行动是否符合预计；第三，检查已制定但还未执行的战略方案是否有应予修改或调整的部分。

遵循以上所述步骤制定竞争战略，则一个完整的、行之有效的竞争战略就制定好了，并可以运用到实际的市场竞争中。因此，每个企业都要根据其在特定阶段充当的市场角色，来制定相应的市场竞争战略。

三、如何实施竞争战略

企业竞争战略方案一经选定，管理者的工作重心就要转移到实施竞争战略上来。实施竞争战略是把企业竞争战略付诸实践的过程，在既定的战略方案下，考虑怎样更有效率地实现战略计划，强调"把事情做正确"。战略实施是贯彻执行既定战略规划所必需的各项活动的总称，也是竞争战略管理过程的一个重要部分，只有让其不断完善，才能达到超越竞争的目的。

（一）竞争战略实施的原则

实施企业竞争战略和实施企业总体战略一样，也必须遵循一些基本原则。成功的竞争战略实施，要遵循以下原则。

1. 动态原则

随竞争环境的变化而调整战略，适应环境才能使企业竞争战略充满生机和活力。实施竞争战略的过程中，忌讳的是：战略一经制定就被束之高阁；战略实施中一遇到麻烦就放一边；忽视企业内外环境、条件的变化；以教条主义来对待战略。这些都是违背动态原则的。

2. 全员参与原则

竞争战略的实施在很大程度上是由中下层管理者和全体员工对战略的理解、掌握和支持投入决定的，但也少不了高层领导和管理人员的指挥、监督和协调。从竞争战略的制定、控制到修订，只有全体员工同心协力、分工合作才能实施好竞争战略。

3. 统一领导、统一指挥原则

在实施竞争战略的过程中，这一原则是很重要的，如果没有正确的领导指挥战略实施过程，那么再好的战略也不可能取得好的业绩，也达不到预期的战略目标。它是在企业的高层管理者的统一领导、统一指挥下的行政性管理工作，因此，企业总经理应当对战略的实施承担主要责任，每个部门只接受一个上级领导的指挥，这样才能基本上保证竞争战略的实施为实现战略目标而卓有成效地运行。

（二）竞争战略实施的阶段

竞争战略实施一般分为两个阶段，它们分别是竞争战略实施的准备阶段和竞争战略实施的执行阶段。

1. 竞争战略实施的准备阶段

俗语说"好的开始是成功的一半"，因此，竞争战略实施的前期准备工作也是一个完全不能忽视的重要环节。竞争战略实施的准备阶段需要做好以下几方面的工作。

（1）企业应首先回答谁是竞争战略的实施者。明确竞争战略实施的领导者，进一步细化分工、明确责任和权力。

（2）重视竞争战略实施前的动员工作，提高员工对竞争战略的认同度。

在竞争日益激烈的市场中，一项新战略的出台和实施，做好宣传和发动工作是必不可少的，大多数企业却忽视了这一点。只有在广大员工了解企业竞争战略意图，并认同企业竞争战略目标的前提下，才能调动他们的积极性和主动性，激发出他们的热情。这要求企业向员工阐述内外部环境给企业带来的机遇和挑战，以及实施新战略对员工自身和长远利益的影响，依靠战略勾画出生动而富于创造性的愿景来鼓舞员工士气，使企业竞争战略得到员工的充分拥护和支持，使员工具有很强的归属感和使命感，从而奠定竞争战略实施和推进的基础。

（3）制定具体的和可操作的实施计划并把战略目标具体化、实际化。

企业竞争战略制定出来以后，往往因急于尽早看到战略实施效果的迫切愿望而匆匆执行，甚至认为制订实施计划是在浪费时间或延误战机，那就大错特错了。其实"磨刀不误砍柴工""凡事预则立，不预则废"。

竞争战略计划又分长、中、短期战略计划，它可以避免实施过程中出现混乱局面，做到有备无患。实施计划主要包括以下内容：一是将企业总目标、总任务做时间上的分解，明确进度规划和分阶段目标，并分析论证既定时间框架下的可行性；二是做空间上的分解，制定各事业部和职能部门相应的分战略，在分战略和分任务明确之后，进一步制定相应的措施和策略；三是明确企业不同时期、不同部门的战略重点，哪些指标需要确保，哪些指标可以相对灵活，当遇到指标之间相互冲突时的取舍即战略目标优先权的问题时，以便有重点地全面推进企业战略，保证战略目标顺利地实现。

（4）创建支持企业竞争战略的组织结构和有效的企业文化。

一个有效战略的实施必须要有好的组织结构来匹配，在战略实施的过程中，组织结构可能会有所改变。任何一种战略组织结构均有其利弊，不可能适应所有战略要求。为了使企业的组织结构与各种单位的各种要求相匹配，一方面可以进行基本组织形式的组合，扬长避短；另一方面可以把基本的组织设计根据具体情况加以变通。如果组织结构依然如旧，"脱胎不换骨"，战略实施的结果也就可想而知了。

加强企业文化建设，保证企业文化同企业宗旨、理念、目标的统一，是企业竞争战略实施成功的一个重要环节。通过企业文化的导向、激励和凝聚作用把员工统一到企业的战略目标上是战略实施的保证。因此，企业文化应适应并服务于新制定的竞争战略。

2. 竞争战略实施的执行阶段

做好前期准备工作以后，竞争战略实施的执行就被提上了日程，一般程序见图6-6。

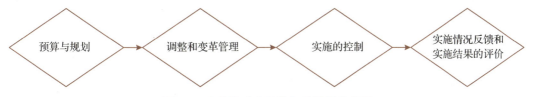

图6-6　竞争战略实施执行阶段的流程图

（1）预算与规划。

在竞争战略实施过程中，预算和规划具有很重要的作用。企业必须把有关的资源配置到下属单位，以便让它们完成战略目标。下属各单位要根据自己的那部分战略任务规划各种业务活动，制定工作进度表。预算则是规划业务活动的费用，是构成资源配置的基本工具。

战略资源的配置既可促进又可抑制战略实施过程。太少的资金和不足的人力会使下属单位无法完成其战略任务，太多的资金和过剩的人力又会造成浪费，降低战略实绩。战略资源的配置必须考虑到战略的变动，使预算和规划具有一定的弹性。

（2）竞争战略实施过程中的调整和变革管理。

竞争战略是在不断变化的竞争环境下实施的，环境变化的某些不可预测性会使企业的战略意图和战略行动之间产生不一致。因此，战略实施过程中要求战略随环境的变化做出相应的调整和变革，即战略的动态管理。

彼得·圣吉在《第五项修炼：学习型组织的艺术与实务》一书中举过一个生动的例子：如果把一只青蛙放在50℃的水中，它会立即跳出来；但是，如果把它放在15℃的水中，它可能会待着不动；我们慢慢地把水温升高到20℃左右，它可能会变得怡然自得了；我们一直不断把水温升高，最终发现，青蛙会待在水中一直到被煮熟为止。为什么会这样呢？因为青蛙的感觉器官只能感觉出环境中的激烈变化，而对缓慢渐进的变化反应迟钝。企业系统同样如此，它对缓慢渐进的变化难以感觉，即使发觉也不以为然。但"温水煮青蛙"的例子清楚地告诉我们，企业忽视外界竞争环境的渐进变化将是灾难性的。

（3）竞争战略实施的控制。

要使企业竞争战略能够不断顺应变化着的内外环境，除了使战略决策具有应变性外，还必须加强对竞争战略实施的控制。

竞争战略实施控制主要是指在企业竞争战略的实施过程中，检查企业为达到目标所进行的各项活动的进展情况，评价实施竞争战略后的企业绩效，把它与既定的战略目标和绩效标准相比较，发现战略差距，分析产生偏差的原因，纠正偏差，使企业竞争战略的实施能更好地与企业当前所处的内外环境、企业目标协调一致，让企业竞争战略目标得以实现。

（4）竞争战略实施情况反馈和实施结果的评价。

反馈竞争战略实施情况和评价实施结果，有利于企业根据具体的情况对与预定的战略目标出现偏差的实施结果采取措施并加以修正，以便顺利地实现企业的竞争战略目标。

竞争战略实施是一项系统工程，做好从战略发动、战略计划、战略匹配到战略调整等多方面的工作是保证战略实施的关键。在将战略转化为行动的过程中，管理实施者还会遇到各种各样的管理问题：将企业组织结构与战略相匹配，将业绩与报酬挂钩，创造有利于变革的企业环境，管理企业内的政治关系，建立支持经营战略的企业文化，调整生产作业过程及管理人力资源，等等。从这里也可以看出：战略实施是比战略制定更复杂、更有创造性的一项工作，它更需要管理主体具备良好的激励和领导技能。

不同的企业，在竞争战略实施过程中会遇到不同的问题，这些问题具有突发性、偶然性、不确定性。因此，战略实施者必须根据具体情况具体处理，必须调动一切积极因素，对企业战略进行完整的、全过程的、动态的权变管理，根据各种纷繁复杂的、具体的情境灵活地、创造性地采用恰当的手段去解决所面临的问题。

一个合适的竞争战略如果没有有效地实施，会导致整个竞争战略失败。有效的竞争战略实施不仅可以保证一个合适的战略成功，而且还可以挽救一个不合适的战略或者减少它对企业造成的损害，创造比预期战略目标更好的收益。

通过对竞争战略的管理，即竞争战略的制定、选择和实施这一系列过程，企业可以达到首先是创造竞争，其次是赢得竞争，最终是超越竞争的目的。

在千变万化的竞争性市场里，企业要想超越竞争，成功地塑造品牌形象和品牌美誉度，应该如何通过品牌差异化竞争战略达到此目的呢？第三至第五节我们将告诉大家企业应如何通过品牌定位有效地超越竞争。

第三节　如何认识品牌

　　无数成功企业的经验表明：要想成功地超越竞争对手的产品或服务，通过成功地塑造品牌定位来实现超越竞争这一目标，将是一条极为有效的途径。在本节开始前，请先思考一下，在人们日常生活中经常出现的品牌有哪些？这些品牌都具有哪些共同的特性？

资料 6-1

　　国际知名的综合性品牌咨询机构 Interbrand 发布了 2022 年全球最佳品牌价值 100 强名单，上榜的 100 个品牌总价值增长到 30 889.3 亿美元，较 2021 年增长了 16%。其中，苹果以品牌价值 4 822.15 亿美元再次占据榜首，微软以品牌价值 2 782.88 亿美元排名升至第二，亚马逊品牌价值 2 748.19 亿美元排名降至第三。其余排名进入前十的公司有谷歌、三星、丰田、可口可乐、梅赛德斯 - 奔驰、迪士尼和耐克。中国品牌小米首次上榜，排名第八十四，华为排名为第八十六。

　　在百强品牌中，微软、特斯拉和香奈儿是增长速度最快的品牌，品牌价值均同比增长了 32%，而出行服务供应商 Uber、视频对话软件 Zoom 和农业机械设备供应商约翰迪尔（John Deere）则跌出了百强名单。

　　除了科技类品牌表现突出，奢侈品品牌也表现出了强劲势头，路易威登、香奈儿、爱马仕、古驰相较 2021 年，品牌价值均出现了两位数的增长。

一、怎样理解营销中的品牌

（一）品牌的定义

　　一个企业的营销经理致力于打造属于自己企业的品牌，说明越来越多的企业意识到了品牌的重要性，品牌意识已深入人心。那么究竟什么是品牌呢？美国市场营销协会（American Marketing Association，AMA）对"品牌"的定义是：品牌是"一种名称、术语、标记、符号或设计，或是它们的组合运用，其目的是借以辨认某个销售者，或某群销售者的产品及服务，并使之与竞争对手的产品和服务区别开来"。

　　早期的品牌界定主要强调品牌是一个同其他产品相区别的标志，随着品牌营销实践的不断发展，品牌的内涵和外延也在不断扩大，当今时代的品牌已经成为消费者的价值源泉。品牌实质上代表着卖者对交付给买者的产品特征、利益和服务的一贯性的承诺。一个品牌凝聚着消费者的综合印象，在顾客心目中发挥着重要的经济职能。品牌不只是手机上"iPhone"的名称和标识，而是苹果的名称以及标识能在消费者心中唤起对该品牌手机的一切美好印象之和。

（二）品牌的特征

案例 6-9　　　　碧欧泉：从"Thermal Plankton"到"Biotherm"

　　18 世纪，在法国南部的比利牛斯山脉，一位公爵的爱犬在捕猎时受了伤，公爵遍访名医都不见效。公爵发现每次散步时，爱犬总跑进同一片泥潭兴奋地翻滚，像是在用泥浆给自己擦拭伤口，结果几周后伤口竟不治而愈。他十分好奇，进而注意到泥潭中有一眼活泉涌出。他试着将泉水涂抹在皮肤上，竟感到前所未有的清凉舒缓。公爵的故事不胫而走，科学家们在温泉流经的岩石上找到了一种神秘的白色晶粉，并证实对肌肤具有非凡功效。白色晶粉其实是一种"矿泉浮游生物"（Thermal Plankton），但是它的数量相当稀少，采集保存困难。一个半世纪过去了，不断有人尝试去采集和保存这种生物，都以失败告终。

　　直到 1950 年，女化学家珍妮·马里萨尔（Jeanine Marissal）进行了新的尝试。她在温泉源头架起多层、微倾的木板，层层过滤流过的泉水，沉淀出"矿泉浮游生物"，而后又利用当时先进的"冻干"技术，终于萃取出了"矿泉浮游生物"，并在 4 年后将它应用于其第一瓶乳霜中。但产品有了，如何向顾客传递并让他们感知价值呢？品牌最珍贵的成分，从温泉中萃取的 Thermal Plankton，这一专业名词对消费者来说太拗口了。经过反复推敲，公司确定了品牌名称为 Biotherm。Bio 代表生物科技，比起拗口的 Thermal Plankton 明显更通俗易懂，还能有效传递产品的生物科技属性。therm 是英语词根，热量单位，有温度的意思，代表产品精华萃取自温泉，碧欧泉由此诞生并成长为世界知名护肤品牌。

[碧欧泉品牌溯源]

　　资料来源：碧欧泉微信公众号。

品牌的特征主要表现在以下四个方面。

（1）品牌是以消费者为中心的。国际现代品牌理论特别重视和强调品牌是一个以消费者为中心的概念，没有消费者，就没有品牌。品牌的价值体现在品牌与消费者的关系之中，品牌具有一定的知名度和美誉度是因为它能够给消费者带来利益、创造价值。

（2）品牌是企业的一种无形资产。品牌是有价值的，品牌的拥有者凭借品牌能够不断地获取利润，但是品牌的价值是无形的，它不像企业的其他有形资产那样能够体现在资产负债表中。

（3）品牌具有排他专有性。品牌排他专有性是指产品一经企业注册和申请专利等，其他企业不得再用。

（4）品牌是企业竞争的一种重要工具。品牌可以向消费者传递信息，提供价值，它在企业的营销过程中占有举足轻重的地位，因此品牌经营成了企业经营、超越竞争的重要组成部分。

（三）品牌的作用

1. 品牌对于消费者的作用

首先，消费者可以通过不同的品牌来评价相同性质的产品。消费者可以利用过去使用这种产品的经验或对它保留的感性认识来了解该品牌。当消费者时间紧迫无暇去进行"货比三家"后的消费决策时，一个品牌就可以简化消费者的购买过程并降低其购买的风险。

其次，消费者购买品牌产品不仅仅是对品牌产品或服务的信任和对品牌忠诚的体现，更重要的是品牌所能彰显的消费者的社会地位和身份。例如，劳力士名表是尊贵和品位的象征，香奈儿的香奈儿5号则体现了女士高贵典雅的气质。品牌的社会象征意义，可以体现出消费者与众不同的特质，加强个人自我形象的塑造，帮助消费者有效地表达自我。

2. 品牌对于制造商或服务提供商的作用

一个成功的品牌可以促成企业拥有消费者对于品牌较高的忠诚度，使得企业可以靠此优势继续扩大市场，并降低新产品投入市场的风险。同时，强势品牌能减少价格弹性，增强对动态市场的适应性，减少未来的经营风险。另外，品牌的成功塑造还有助于产品制造商或服务提供商抵御同行业竞争者的攻击，保持竞争优势，从而在市场上占据领导地位。例如，统一集团在成功地向市场推出统一方便面后，又借用其已有的品牌优势，成功地推出统一绿茶等一系列饮品，品牌的力量保证了新产品顺利地进入市场。

二、如何理解品牌资产

请先看下面这个案例并思考，当我们想起安德玛的品牌时，还会想到什么？

案例 6-10　　　　　　　　　　　**安德玛品牌的核心价值**

安德玛（Under Armour）是美国体育运动装备品牌，总部在马里兰州巴尔的摩市，主要生产体育装备：穿在运动服里面的紧身内衣（比如穿在篮球服和棒球服下）或者垫肩（比如橄榄球或者曲棍球球服的肩膀垫）。此外，它还生产卫衣、普通 T 恤、运动裤等。安德玛引领了生产紧身、以吸汗涤纶纱线为材料的体育装备的潮流。随后，耐克（PRO Dri-FIT 系列）以及锐步（NFL 装备系列）便纷纷效仿。

在美国，提到安德玛，必然会想起高端和专业的运动装备，安德玛之所以能成为"专业"（Professional）的代名词，很大程度上得益于其明晰的品牌塑造脉络。安德玛走的是专业路线，产品做工相对不错，价格比耐克稍微高一点。紧身衣是其最著名的产品，每一款紧身衣都有其独特的科技含量，透气、速干、舒适，减少摩擦以及协助肌肉发力，等等。Heat Gear 和 Cold Gear 是品牌的两大科技主打，意思是冷的时候产品保暖，热的时候产品透气通风。除此之外，安德玛还有 All Season Gear，Loose Gear，等等。

纵观安德玛的品牌发展史，不难发现品牌最中心、最不具时间性的要素以及最能让消费者明确、清晰地识别并记住的利益点与个性是"高端运动科技"。

安德玛的品牌愿景"激发超乎想象的运动表现"，也成为全球广为流传的口号。

资料来源：https://www.underarmour.cn/.

"安德玛"不仅仅简单地代表某一品牌的三个字，当人们想起安德玛时，脑海中往往会浮现"科技、高端、透气、速干"等词语，这些背后所代表的就是品牌的资产。

菲利普·科特勒对"品牌资产"的定义是这样的："品牌资产是附加在产品和服务上的价值。这种价值可能反映在消费者如何思考、感受某一品牌并做出购买行动，以及该品牌对公司的价值、市场份额和盈利能力的影响。"品牌资产是与企业的心理价值和财物价值有关的重要无形资产。品牌资产可以通过品牌的名称、标识等帮助消费者梳理并积累与品牌相关的产品或服务的信息，以增强消费者对该品牌的信赖感，简化消费者购买产品或服务的决策过程。

品牌资产在不断培养起消费者对企业品牌拥有高忠诚度的基础上，确定该品牌产品或服务在市场上的稳定地位。同时，品牌资产为品牌的进一步扩张提供了有利条件。因为高知名度的品牌意味着其具有较高的社会认同度，在此情况下，新产品的推出也较容易获得消费者的认可。知名度高的品牌所体现的质量以及由此取得的深刻的品牌认知也是竞争对手难以超越的障碍。比如，珠宝饰品，周大福这种知名度高，并能体现消费者的品位与社会身份的品牌，消费者会愿意付出更高一些的价钱。从某种意义上说，品牌资产可视为在产品被冠上某种品牌后所产生的额外收益，这种收益对企业来说无疑是一种财富的来源，因此企业进行成功的品牌定位，从而获得品牌资产是非常必要的。

第四节　如何进行品牌定位

一、品牌定位的内容

为了打赢品牌战，营销经理首先要做的就是给企业的品牌正确的定位。品牌定位一般是指以产品的某个特征或是某些特征为基础，将本品牌与竞争对手的品牌区别开来。品牌定位策略通常是将目标集中于目标顾客或是竞争对手身上，这两种方式都是围绕品牌的独特价值而展开的，目的就在于获得目标顾客对该品牌的独特认识，从而达到品牌的成功定位，并最终实现超越竞争。

国内学者黄静等认为企业为实现超越竞争而进行的品牌定位应该从以下几个方面着手。

（一）产品性能定位

这种定位特别适用于具有某种特殊用途或同时具有多种用途的产品或服务。例如，现在手机生产商推出层出不穷的新产品，既包含了简单的接听拨打电话、收发短信息的功能，又具有收听广播、在线上网、多功能词典等功能，在满足消费者最基本的通信需求时，又使手机扮演着越来越多的角色，以适应时代的不断发展。

（二）价格定位

企业产品价格的高低受到市场需求、成本费用和竞争情况等多种因素的影响和制约，企业在进行价格定位时要全面考虑这些因素。

价格定位有两种方式：一是用各种手段进行宣传，强调该品牌所具有的高质量，突出其与竞争对手相比较所具有的较高性价比；二是着重强调自身所具有的竞争性的价格，这一方式的实施前提是让消费者体会到产品或服务质量上的保障。例如，"飘柔"9.9元家庭装是企业通过对价格的调整来不断占据并扩大在中低档洗发水市场上份额的有效方法（见图6-7）。

人参滋养 → 20元

日常护理 → 9.9元

图 6-7　不同价位的飘柔

（三）目标顾客定位

这种定位要求企业必须抓准自己的目标市场、目标消费群，并且企业的目标消费群要为数众多和便于区分，这样才能突出品牌的形象。例如，《参考消息》将目标顾客定位在关心国内外时事的读者群，以期为他们提供全面、及时、有效的时事信息；凤凰台中文资讯频道将自己的目标市场定位于关心国内外时事的观众，时刻更新资讯，并及时对资讯做出有价值的评价，以满足观众的需求。

（四）竞争对手定位

竞争对手定位是指企业为本品牌定位要借用竞争者品牌，也就是和竞争对手的品牌间接地联系起来。最能说明这个问题的例子便是七喜一直将自己定位为"非可乐"饮料，避免了与可口可乐和百事可乐的正面交锋，成功地实现了超越竞争。这种方式为很多企业所采用，成功的可能性也很大，存在市场竞争的风险相对较小，但存在的问题是要找到被市场所接所受的新的独特定位并非一件易事。

（五）文化定位

文化定位意味着将产品或服务与某一特殊的文化相联系，以所蕴含的文化底蕴感染目标顾客。江苏省红豆集团利用"红豆"作为品牌名称，巧妙地把唐代诗人王维的千古绝唱中的"红豆"一词与其产品——红豆衬衫进行结合，为产品赋予了情爱、温馨的文化内涵，给消费者留下了深刻印象。

二、品牌定位的意义

品牌定位是在预期顾客头脑中占据一个有利的位置，给预期顾客留下深刻、独特、鲜明的印象。品牌定位之所以受到企业的高度重视，是因为它具有不可低估的营销意义。

（一）品牌定位可以使企业在竞争中脱颖而出

市场竞争经历了产品竞争到市场竞争，在产品竞争的条件下，企业可以凭借提供给顾客质优价廉的产品来获得他们的心，或者给产品一个独特的销售主张引起消费者购买，并以此从竞争中胜出。

（二）品牌定位有助于企业整合营销资源打造强势品牌

品牌定位是企业打造一个品牌的起点，有了一个好的品牌定位，企业还得围绕这个定位组织企业的营销资源为这个定位服务，加强这个定位。品牌通过它的定位整合企业的营销资源，形成策略的一致性，一方面加强了品牌的定位，另一方面定位为企业的营销活动指明了努力方向。

（三）品牌定位为顾客提供差别化利益

品牌定位的目的是要在目标顾客心中形成一个对该品牌的独特印象，即认为该品牌与众不同。定位的目的就是要提炼出品牌的差别化利益，这种利益可以是价值上的，也可以是功能上的、情感上的，并且要向顾客传递这种差别化利益，以获得顾客的认同。

三、品牌定位可选择的策略

关于品牌定位策略的选择，本书借鉴了荷兰三位营销大师里克·莱兹伯斯、巴斯·齐斯特和格特·库茨特拉所归纳的企业品牌定位的相关策略。

（一）品牌延伸策略

　　品牌延伸是指将现有品牌的名称用于新产品，其包括产品延伸、名称延伸、概念延伸三种具体的品牌延伸策略。

　　（1）产品延伸策略。产品延伸策略是指新产品与原有产品同属于一类产品时应用的品牌延伸策略。在品牌延伸策略中，首先使用某品牌的商品被称为该品牌的"原产品"，应用和原产品同一品牌的新产品称为"延伸产品"。但是，如果产品延伸不恰当，这个扩张也会带来巨大的损失。例如，美国的派克笔一直以价高质优著称，是上层人士身份的

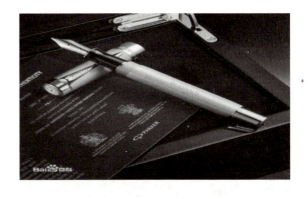

象征，但后期生产的低端笔不但没有顺利打入低档笔市场，反而影响了其高贵的品牌形象，可谓"赔了夫人又折兵"。

　　（2）名称延伸策略。名称延伸策略是指新产品采用与原有品牌一致的名称作为其产品名称。无印良品商品种类已由当初的几十种发展到今天的几千种，其覆盖了从牙刷到汽车等各种产品，目前这个数字依然在继续增加。无印良品品牌让消费者联想到众多的优良产品，没有行业和具体品类的局限，为品牌延伸提供了很好的基础。

　　（3）概念延伸策略。概念延伸策略是指原有的品牌名称被用于不同于原产品性质的新产品上。康师傅从方便面领域不断延伸至茶饮料领域，就是利用了康师傅这个强有力的品牌，从容地在茶饮料市场上占据了一席之地。但是需要注意的是，概念延伸并不能保证所有的新产品在推向市场后都可以很好地被消费者接受，例如，广药集团从 2011 年起启动"王老吉"品牌延伸之路，在 2012 年 3 月宣布成立广药王老吉大健康产业公司，

构建出 500 亿元"大健康产业"战略。在大健康产业战略的主导下，王老吉通过授权白云山推出王老吉百世康绞股蓝饮料，授权广粮集团推出王老吉固元粥、莲子绿豆爽、月饼等产品，向保健品、食品、药酒、药妆等多个领域延伸扩展。然而这样的延伸只会让王老吉的凉茶优势逐渐丧失，以致当王老吉与红罐加多宝同时摆出货架上时，消费者想的是：加多宝的确是凉茶，王老吉呢？可能是粥，也可能是月饼，甚至其他东西！

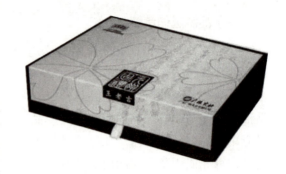

（二）品牌认可策略

品牌认可策略是指通过认可者的品牌认可，采用新的品牌名称推出新产品。品牌认可策略具体是指新产品拥有自己的品牌名称，而其企业名称用来作为认可者，此时，认可者的作用是为新产品提供支持和保证。作为认可者需要具备一个条件，那就是其品牌具有很高的品牌附加值。同时对于该种策略，认可者的名称必须突出地显示在新产品名称的旁边，只有这样，消费者才能意识到这种新产品和已经获得成功品牌效应的企业之间的密切关系，从而接受该产品。例如，大众公司认可的轿车品牌斯柯达。

（三）多品牌策略

多品牌策略是指企业为其生产和经营的不同产品分别命名，不同产品使用不同的商标。采用这种策略的企业追求的是利用新的品牌名称推出新产品，不和任何其他品牌产生联系。

案例 6-11　　　　　　　　　**雀巢的多品牌定位**

雀巢公司成立于 1867 年，总部位于瑞士韦威，最初是以生产婴儿食品起家的。雀巢公司已是目前全球知名的食品饮料公司，专注于深耕"营养、健康和幸福生活"领域。雀巢在全球拥有超过 2 000 个品牌，涉及婴儿营养、饮用水、咖啡、宠物食品、专业解决方案、乳制品、健康科学、冷冻食品、调味品等领域。2021 年营业额为 871 亿瑞士法郎。

雀巢咖啡品牌有雀巢、Nespresso 浓遇咖啡等，乳制品有怡养、爱思培等，零食有脆脆鲨、趣满果、徐福记等，谷物麦片有脆谷乐、蜜奇星，还有美极速食、美禄可可粉，冰淇淋有雀巢、呈真、圣代等。

资料来源：根据互联网资料整理而成。

（四）成分品牌策略

成分品牌是指一个品牌只能作为另一个品牌商品的一部分而存在。这里需要强调的是成分品牌只能是品牌的一部分，不能独立出来。尽管"米其林"轮胎可作为机动车的一部分而存在，但它并不是成分品牌，其原因就在于轮胎也可以作为商品单独出售。

一些成分品牌被消费者熟知，是因为自身的单独营销方式，有些则是通过被包含于其他知名品牌中而被市场认可。一个典型的例子便是 Intel（见图 6-8），它是通过自己为自己做广告宣传等方式，让尽可能多的消费者了解它，从而使得内置 Intel 的电脑生产商不需要再进一步向消费者说明这一成分的质量高低。实践表明，Intel 作为成分品牌，积极推动了主品牌电脑的销售，并对主品牌产品的形象提升有很大帮助。

图 6-8　英特尔成分品牌策略

（五）品牌联合策略

品牌联合策略是指两个或更多的品牌合并为一个联合产品或者以某种方式共同销售产品。例如，在茶饮料市场，雀巢和可口可乐两家公司曾强强联手，决定对付联合利华的"立顿"（Lipton）产品。整个产品的创意以及设计由雀巢公司负责，而可口可乐公司则负责产品的销售，然后推出了新产品"雀茶"，但这个被称为"雀茶"的产品并没有标明是联合品牌，可口可乐的大名也只是在产品包装上一带而过。采用品牌联合策略，一方面拓展了双方企业新的业务领域，使自己的产品覆盖到更广的市场空间；另一方面也正是由于这种优势合作，它们在各自领域中的品牌价值得到了确实的提升。

另外，这种策略有助于品牌树立起良好形象，提升品牌价值。很多国际知名企业都很注重采用该类策略表明其产品优良的品质、良好的形象。这种策略还有助于合作双方或多方利用各自的品牌优势，取长补短，在市场中制胜，达到"双赢"或"多赢"。

具体说来，品牌联合策略有三种不同层面的形式：产品层面的联合品牌、销售层面的联合品牌和传播层面的联合品牌。

（1）产品层面的联合品牌。产品层面的联合品牌是指以两个品牌商品为基础，形成一个新的品牌商品。要形成产品层面的联合品牌需要保证两种品牌同时面向消费者，不能将其中任何一个品牌置于不太明显的位置。另外，联合品牌中的两个品牌应是相互独立的品牌，不存在两个品牌同时属于相同的企业或业务部门的情况。适用该种策略的著名的例子应为带有百利甜酒口味的"哈根达斯"冰淇淋，两个知名品牌的联合促使两个品牌原有的目标消费群都有兴趣尝试另一个品牌的产品。

（2）销售层面的联合品牌。销售层面的联合品牌是指一个品牌产品或服务和另一个品牌产品或服务同时出售，倘若新品牌和知名品牌同时出售，前者可以借助后者已经建立起来的销售渠道等方面的优势迅速占领市场。

（3）传播层面的联合品牌。传播层面的联合品牌是指一个品牌在另一个品牌的营销宣传中受到赞扬，而且这种联合品牌设计的产品最好具备互补性。就像照相机和胶卷的关系，如果某品牌胶卷制造商表明自己是另一个生产照相机的企业的特约合作商，那么该照相机生产企业的品牌形象也会因此得以大幅提升。

四、品牌定位的步骤

企业的品牌定位过程基本上遵循以下几个步骤（见图6-9）。

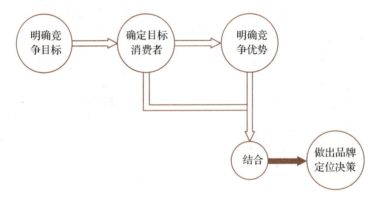

图 6-9　品牌定位步骤

（一）明确竞争目标

企业在瞬息万变的市场环境中，首先要做到的是明确自身的竞争目标，确定自己将要发展以及不断壮大的目标市场，制定适合自身发展的竞争战略。

（二）确定目标消费者

在明确了竞争目标并选择恰当的竞争战略之后，企业需要做的就是确定自己产品的目标消费者。营销学家霍尔（Hoyer）和布朗（Brown）在20世纪90年代初的研究论述中就曾指出，消费者在采取购买行动之前，心中就已有了既定的需求以及偏好，只有极少数的消费者才会临时起意产生冲动性的购买。由此看来，消费者的消费需求和偏好将对消费者的购买行为产生重要影响，那么企业在考虑对自身品牌定位问题时，就不得不将消费者的消费需求以及消费偏好作为品牌定位决策中的重要因素。

（三）明确竞争优势

即便寻找到了没有其他企业涉足的市场发展空间，企业也面临着那些可能拥有对自身产品或服务有间接替代作用的产品或服务的威胁，所以为了能在市场上不断发展壮大，企业应该对竞争对手的情况进行全面、细致的考虑，并进行对比分析，明确自身的相对竞争优势，以此优势作为超越竞争的有力武器，从而使品牌定位更有利于强化自己的竞争优势。

（四）把竞争优势与消费者心理结合起来

明确自身的竞争优势和确定目标消费者这两个步骤是品牌定位不可或缺的前期工作，而关键的环节则在于将二者有效地结合起来。在品牌定位过程中，将二者成功相结合，特别是使企业的竞争优势与消费者强烈的购买意愿、购买动机结合起来，直至形成消费者的购买决策是至关重要的。这样，品牌才可能实现它的最初目标，吸引消费者的注意力并不断扩大市场。

（五）做出品牌定位决策

经过上述步骤，企业最终做出正确的品牌定位决策，具体内容前面章节已详述，此处不再介绍。

第五节　如何进行品牌战略决策和设计

一个企业的品牌战略是成功塑造企业品牌的重中之重，企业经理人需要对企业内外部环境和条件进行全方位细致的评估，制定适合本企业的品牌战略。因为品牌战略是关乎企业长远发展的重要一环，所以需要先了解一下什么是品牌战略。

一、如何认识品牌战略

著名营销大师菲利普·科特勒对"品牌战略"的定义是："一个公司的品牌战略反映了公司用于不同产品的品牌因素的数量与性质。换言之，设计品牌战略意味着定位已有品牌以及新品牌元素的性质，以适应已有产品和新产品。"

战略的本质是在塑造出企业的核心竞争力的基础上，确保企业的长远发展。在现今社会发展情势下，科技高度发达，信息传播非常迅速，产品或服务、技术以及管理诀窍等较容易被对手模仿，很难形成企业的核心专长，而品牌一旦被树立，则不但体现出与众不同的价值，而且是极难被其他企业所模仿的，因为品牌是一种消费者认知，是一种消费者在心理上的感觉，这种认知和感觉是不能被轻易模仿的。

将战略具体到品牌的层面上来说，品牌战略就是企业将品牌作为其核心竞争力，以期获取长期利润的企业经营战略。需要特别指出的是，品牌战略强调企业需要确保品牌作为核心竞争力的地位，只有这样，企业才能在市场中生存下去并不断发展壮大，以具备持续盈利的能力。

二、如何进行品牌战略决策

（一）品牌战略适用性分析

企业在考虑产品或服务适合采用哪种品牌战略之前，应该先弄清楚该产品或服务是否具备适用品牌战略的特质。因此，企业需要做出的第一个决策是品牌化决策，即采用品牌战略还是不采用品牌战略。

品牌战略的形成主要基于两方面的内容，即差别化和附加值。

（1）差别化。差别化是指企业的产品或服务有别于竞争对手的产品或服务。这也就说明了实施品牌战略的目的是提高自身的竞争优势。对于大型原材料、中间产品的生产商，比如，能源产业中的石油、煤炭等，建材产业中的木材、铝材，化学产业中的一些有机物、添加剂以及机械设备等产品，由于其提供的产品与同类竞争者提供的产品之间存在的差别很小，有些差别甚至可以忽略不计，因此这些产品不适合采用品牌化战略，即使采用了品牌化战略，也很难获取竞争优势并在市场上占据领导者的地位。

（2）附加值。附加值是指品牌产品对于消费者来讲，具有比产品本身更大的价值。因此，在讨论某一产品或服务是否适合采用品牌战略时，要首先考虑该产品或服务是否具有与竞争对手相区别的差异化以及在成功实施品牌战略后可以给消费者带来的附加值的大小。例如，只有当派克笔除了带来书写上的流畅性之外，还能赋予使用该品牌钢笔的消费者一种"身份和地位"的附加价值时，"派克"笔的品牌战略才会获得成功。

（二）品牌战略的内容

1. 差异化战略

差异化战略是指设计一系列有意义的差异，以使本企业的产品或服务同竞争对手的产品或服务区别开来的行动。依据营销学中的 4P 理论，可将差异化战略分为产品差异化、人员差异化、渠道差异化、价格差异化等方面。

案例 6-12　　　　　　　　　**白小 T 的差异化**

2016 年 1 月，白小 T 的创始人张勇创立拇指衣橱，2019 年 1 月，拇指衣橱推出白小 T 新品牌。白小 T 是如何在竞争激烈，传统服装品牌叫苦连天的红海里寻找机会，并且非常大胆地制定、执行了"T 恤单品类战略"呢？白小 T 主要从市场进入方式差异化、产品差异化、渠道差异化、促销方式差异化等四个方面打造差异化竞争优势。

市场进入方式差异化。白小 T 选择的是"品类即品牌"战略。张勇本人在采访中表示，"在当下的服装市场，任何一家服装企业都有白 T 恤。但大家能够想到的还是巴宝莉的风衣、爱马仕的铂金包、菲拉格慕的皮带和鞋子、路易威登的休闲装和包包……唯独没有品牌在做 T 恤品类的代名词"，这是张勇看到的历史机会。确定"品类即品牌"战略之后，拇指衣橱将其用户聚焦在一次消费 500 ~ 2 000 元的中年男人，采用的是利基市场进入战略，这一战略和其他传统服饰企业形成了差异化。

产品差异化。白小 T 注重"营销前置"，产品上市前就先提炼出显性卖点——面料。举例来看，白小 T 早前研发了一款用气凝胶制作的宇航服。这种气凝胶材料能抵抗 2 000℃的高温冲击和 -196℃的液氮冲击，是宇航服的主材料，御寒能力强。张勇在接受采访时就表示，他在研发时就已经想好了"极致保暖"的卖点以及宇航服这样的昵称，也提前策划好到冰川拍摄视频展示保暖效果。T 恤看似是一件简单得不能再简单的单品，但其空间可能超乎想象，为企业的产品差异化带来可能。

渠道差异化。在确定品牌的目标人群后，接下来就是精准人群的圈选了。对此，拇指衣橱的打法有点偏门，它选择在二类电商起盘，抓住男人也有即时性潜在的消费需求。简单来讲，其商业模式就是前端通过公域流量获客；中端接入 SCRM 系统管理用户数据，建立精准的用户画像系统，收集用户需求；终端通过私域做转化和复购；在与用户直接互动后，反作用于供应链端，以此实现 C2M（从消费者到生产者）。拇指衣橱的主要渠道是以今日头条为代表的二类电商，而不是以天猫、京东为代表的一类电商。

促销方式差异化。二类电商起家的白小 T，有其差异化特色的营销策略，具体可以分三个阶段解读：2019 年 3 月至 2020 年 4 月，积累声量阶段，注重打磨产品概念，开始探索投放内容；2020 年 5 月至 2021 年 3 月，视频类营销内容出圈，专注投放白小 T 品牌，并开始在头条系平台大量投放落地页广告；2021 年 4 月至今，拿到 A 轮融资，加大营销力度，开始向全域营销发力，如找头部主播带货。

资料来源：增长黑盒研究组。

（1）产品差异化。菲利普·科特勒给出的"产品差异化"的定义很具体，即产品或服务的形式、特点、性能、可靠性、环保性、风格和设计，以及订货、交货、安装、客户培训、客户咨询和维修保养等方面与同类竞争产品或服务之间存在差异。其中，很多国际性大企业都很注重通过产品独特的包装来形成与同类产品的差异化。例如，可口可乐的红色标志色对消费者的视觉刺激很强烈，容易给消费者留下深刻的印象，当消费者需要饮用饮料时，可能首先想到的便是"可口可乐"。再者，一提起雀巢咖啡，消费者就会联想到如图 6-10 所示的品牌形象。

图 6-10　雀巢咖啡的品牌形象

　　另外，值得一提的是在形成产品差异化的过程中，包装策略的实施占据了重要地位。包装在为运输、携带、销售、保管和使用提供方便的同时，也反映了商品的特色或风格，并准确地传递了商品信息。产品包装在市场营销中是一个强有力的武器，企业应该充分利用包装策略来为商品创造差异化。包装策略主要有类似包装策略、等级包装策略、综合包装策略、再利用包装策略、附赠品包装策略、改革包装策略等。例如，雀巢咖啡就采用了各具特色的不同包装（见图6-11）。

　　（2）人员差异化。随着21世纪的到来，人才的重要作用已经在社会上引起了广泛关注。企业可以通过培养专业人员来保证自己独特的竞争优势。特别是对于提供服务的企业来说，拥有一支激情饱满并且专业素质很高的员工队伍可以作为企业与行业内同类竞争者的差异化优势。一般来说，人员差异化可以从以下几个方面出发：是否具有敬业精神，是否具备工作所

图 6-11　雀巢咖啡的多种包装

需要的技能及知识，是否具有团队合作的态度，是否诚实可靠，是否可以准确、有效地传达消费者的意愿，等等。

案例 6-13　　　　　　　　**卡西塔餐厅的细致服务**

　　卡西塔餐厅位于日本东京涩谷区，于2001年开业，凭借特色服务而声名远扬，被称为"奇迹餐厅"，来过的很多顾客表示感动到哭。虽然卡西塔口碑越传越远，各种报道不断，但实际上它们在宣传上基本没有投入，反而人们到店里吃饭需要提前一个月预约。

　　这家"奇迹餐厅"究竟有什么魔力呢？我们先来看一个真实的案例。江口先生为了庆祝结婚纪念日，打电话预订，卡西塔餐厅接线员稍做解释之后，就详细询问了许多问题，包括江口先生举办婚礼的场合、最难忘的约会地点等。为什么要问得如此详细呢？因为这是了解顾客的第一步，是为后续提供服务做准备。卡西塔餐厅有专业顾客信息管理系统，他们的接单员有点儿像"话痨"，会仔细询问客人的个人喜好、有无忌口，为什么预订，性别、姓名，即如果是结婚纪念日，他们还会具体询问，不会漏掉一丁点的小细节。有些时候客人一时半会回答不出来，店员就会一边耐心等待，一边引导客人想出答案。这些大量的信息，店员会认真记录，然后把所有信息保存在电脑里。

　　每天营业之前，卡西塔餐厅都例行开会，工作人员会逐条分析每一个要来进餐的客人

的情况，根据预订工作人员记录的信息，分析讨论方案，确保给顾客提供超出期待的惊喜。不仅是开会讨论，另一边其他店员也在紧张地忙碌着，用缝纫机制作绣有顾客名字的毛巾。经过长时间得精心准备，当预订晚餐的客人到店时，服务员早已站在门口迎接，店员能准确叫出客人的名字。如果是多年前的老顾客，他们能把具体的时间都说清楚，如"×××，已经有多少年多少个月没见到您了，很高兴再次与您相遇"。这样的迎接方式，每个人都会既惊讶又感动吧！第一次来店的顾客发现绣着自己名字的毛巾，经常激动得直接叫了出来。然而，大堂经理还说，为了让顾客感受到自己的特别，餐厅会尽可能给每一桌提供不一样的惊喜。比如，用完餐离店的时候，店员帮女士穿上外套，然后客人伸手一摸口袋，惊喜就被发现啦。是什么呢？是个暖手宝，背面还写着"谢谢您光临"。为什么给客人准备暖手宝呢？因为当天东京突然大幅降温，气温最高只有 9.9℃。餐厅怕客人手冷，观察到客人要离开，便做了准备并将暖手宝悄悄地放到客人的衣兜里。来这里享用结婚周年晚餐的客人，除了能享受各种浪漫服务外，还能得到餐厅专门为客人打印的一份列车时刻表。

当然，店员也不会全部满足顾客的要求，有的顾客在点餐时，店员会温柔地拒绝，并真心建议："鉴于您最近的情况，麻烦您改成××。"这样关注着客人一举一动的餐厅怎能叫人不喜欢？从来不花钱做广告，靠用心做好服务的热忱，卡西塔餐厅声名远扬，年销售额节节高升。

资料来源：https://www.sohu.com/a/127274465_267659.

（3）渠道差异化。企业可以通过在设计分销渠道的覆盖面、专长和绩效等方面的差异化来保证自己的品牌与众不同的差异化之处。雅芳能够在中国化妆品界占据重要的地位，很大程度上是因为它的直销手段为它带来了差异化，这种差异化一方面降低了销售成本，另一方面由于销售人员直接面对的是消费者，可以及时反馈消费者的需求，以便企业适时做出调整。

（4）价格差异化。价格差异化包括两方面的内容：一是针对企业生产的不同档次、不同包装、面对不同消费群体的产品或服务制定不同的价位档次；二是针对竞争对手提供同类产品或服务但制定不同的价格，以获得竞争的胜利，也就是人们常提到的"价格大战"。

那么，一个企业应该怎样更好地去运用差异化战略使自己同竞争对手区分开来呢？差异化战略的实施步骤如图 6-12 所示。

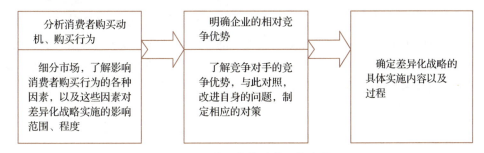

图 6-12 差异化战略的实施步骤

首先，企业要深入了解消费者的消费需求，分析目标消费者的购买动机以及实施购买行动的过程，从而细分市场，明确可能会对消费者的购买行为产生影响的各种主客观因素，以及这些影响因素对差异化战略实施的影响范围、程度。

其次，与生产同类产品或提供同类服务的竞争对手进行比照，明确企业自身的竞争优势，另外，还要理智地评判出竞争对手的竞争优势，若企业本身不具备竞争对手所具备的某种优势或存在不够完善之处，企业要尽快制定相应的对策以便不断改进。

最后，确定差异化战略实施的具体内容、实施过程及步骤，明确实施该战略的主要部门以及需要为战略实施提供相关支持的部门，落实任务，确保企业内部合力实施差异化战略。

2.产品生命周期战略

根据前面章节对产品生命周期的阐述可知，企业的产品或服务的生命周期（PLC）包括导入期、成长期、成熟期、衰退期四个阶段。在不同的阶段，企业的销售、利润、竞争对手等方面都有其与众不同的特征，适用什么样的品牌战略要根据不同的发展情况以及现有的资源决定。这里主要就产品生命周期和品牌定位的结合来做进一步的分析。

（1）导入期。这一阶段是产品从设计到投入市场后，销售缓慢增长的阶段，因为产品刚刚进入市场，消费者对产品不太了解，所以除了少数追求新奇的顾客，几乎无人实际购买新产品，其伴随的市场风险最大。因此，我们可以总结出，由于处于这一阶段的提供产品或服务的企业扮演的角色是市场开拓者，那么在这一阶段，企业的品牌战略应是抢占市场，塑造良好的市场开拓者形象。

（2）成长期。该阶段产品被市场所认可，消费者逐渐接受并购买该产品，同时其他企业开始纷纷效仿和追随，新的竞争者开始涌入市场，这一时期，企业应该做出的是对品牌不断进行扩展的战略。在此发展阶段，企业品牌战略应着重于如何进一步促使更多消费者建立起对该品牌的品牌偏好。企业可以考虑进一步改进产品，增加产品的种类以及服务保证，采取渗透性价格策略，进行密集式的分销，在广告上进行高密度宣传，推动消费者的消费需求不断增加。

尽管实施品牌扩展战略可能会减少企业眼前的部分利润，但能够加强企业的市场地位和竞争能力，有利于维持和扩大企业的市场占有率，从长期发展的角度来看，采取这种战略更有利于企业的长远发展。

（3）成熟期。在这一阶段，随着购买产品或服务的人数增多，市场需求趋于饱和。此时，销售增长速度缓慢转而下降。同时，为了对抗同类产品或服务的竞争，营销费用不断增加导致利润也不断下降。全行业产品出现过剩的现象，企业之间的竞争不断加剧，一些缺乏竞争能力的企业逐渐被淘汰，新进入的竞争者比较少。竞争者之间各有其特定的目标顾客，市场份额变动不大，突破比较困难。在成熟期，企业应不断改进品牌发展战略，以促使顾客形成对品牌的忠诚度来带动进一步的销售。菲利普·科特勒认为，品牌改进战略具体可以分为市场改进、产品改进、营销组合改进。

1）市场改进。品牌产品的销售量受以下两方面因素的影响。

$$销售量 = 品牌使用人数 \times 每个使用者的使用率$$

为了增加产品的销售量，企业应该从增加品牌使用人数以及提高每个使用者的使用率两个方面来努力。通过转变非品牌使用者对品牌的态度，说服其使用品牌产品或服务，企业可以增加品牌的使用人数；通过进入新的细分市场，企业也能够扩大品牌的使用者数量，如"王老吉"就是通过进入茶饮料市场中的凉茶市场，大大增加了销售量；争取竞争对手顾客的方法也是一种通过增加品牌使用人数从而提高销售量的方式。

为了提高每个使用者对品牌产品的使用率，企业可以通过增加产品使用次数、增加产品的新功能来实现。例如海尔洗衣机强大的水流转动力，不仅可以对付难洗的衣物，甚至可以用来洗涤沾满泥土的马铃薯等蔬菜，提升了品牌的形象，获得了更多消费者的青睐。

2）产品改进。产品改进是指企业在对产品的质量、特点、式样等改进后再将其投放市场。

质量改进，顾名思义就是改进产品的质量或功能特性，特别是产品的耐用性、可靠性、可维修性等。但是这种战略可以有效发挥功效的前提条件是该类产品或服务确实存在可以被改进的方面。例如，中华牙膏向社会公众宣传它的牙膏中注入了用来增进牙齿美白功能的珍珠岩成分，以表明中华牙膏在牙齿美白方面的完美功效。特点改进，即为产品增加某些与众不同的新特点，如增加产品的多功能性、安全性和便利性等。新特点的引入，可以使企业迅速赢得欣赏这些新特点的消费者的青睐。式样改进，即通过对产品的包装、颜色、结构等的改进，吸引更多的消费者追随。例如，旺旺在庆祝中华人民共和国成立70周年之际，推出旺仔牛奶民族罐，除沿用经典红色包装外，旺仔变身56个不同的民族形象，刮起了一阵"最旺民族风"，实力圈粉，获得巨大成功。

3）营销组合改进。营销组合改进即通过改变定价、销售渠道、促销等营销组合的方式来延长产品的成熟期。企业可以考虑通过降低销售价格来加强竞争力；通过改变广告的内容或播放方式来引起顾客的兴趣；通过采用多种促销方式来扩大影响范围；或者通过扩展销售渠道、改进结算方式等来实现这一目标。

（4）衰退期。这一阶段产品的销售量由缓慢下降转变为迅速下降，价格也已经下降到最低水平，消费者的兴趣已经转移到其他产品上，多数企业已经由于无利可图而被迫退出该市场，留在市场上的企业逐渐减少产品的附带服务，削减广告、促销等费用，以求维持最低水平的经营。此时，企业必须要认真研究自己在市场上所面临的真实情况，决定企业是继续维持现状还是放弃经营。

如果企业想要在市场上继续维持现状，就要考虑通过品牌的影响力继续在目标市场、价格、销售渠道、促销等方面维持现状，并要不断采取措施来延长企业产品生命周期，具体可以从以下几个方面入手：一是通过科学研究，增加产品的功能，或开辟产品的新用途；二是改进生产工艺，进一步降低产品的生产成本，使产品可以以更低的价格继续留在市场上。

如果企业想要从市场上撤出，要及时果断地撤出资金、设备等，同时还可以考虑品牌作为一种资产是否可以转让或者出卖。

三、如何设计品牌战略

案例 6-14　　　　　　魔性土味的蓝翔推出全新品牌概念

一直以魔性土味著称的蓝翔，以突破式姿态，改变一贯风格，推出充满温情的全新品牌片，打破了在消费者心中"土味老派"的品牌形象，迅速在社交平台上激起了网友们的热切讨论。提起蓝翔，或许很多人的脑海中会不自觉地浮现出唐国强老师演绎的那支经典洗脑式广告片，其中"挖掘机技术哪家强？中国山东找蓝翔！"这句气势雄浑、语调铿锵的广告语更是深入人心。凭借这支广告，蓝翔很快扩大了知名度。随后蓝翔又对广告片进行了升级，推出场面更加宏大的加强版，这样的广告风格，蓝翔沿用多年，甚至不少品牌也模仿过这一风格。比如，某大学在其招生宣传片中就融入浓浓的"蓝翔元素"，塑造出接地气、有趣好玩的形象来拉近与学生之间的距离。当品牌纷纷以魔性土味作为内容营销方式时，蓝翔却悄悄地走起了温情品质路线。

此次，蓝翔摒弃了以往气势磅礴的大场面和洗脑式专业课程介绍以及重复式广告语，画面以学院毕业生为视角，通过讲述主角的成长故事，和消费者形成情感上的共振。"那年我33岁，人生没了方向，生活跌入谷底"，短片开头的这句旁白就让有相同经历的观众产生代入感，拉动他们沉浸在品牌接下来打造的故事场景中——品牌片的主人公在蓝翔学习烹饪本领，学成后回到老家开餐馆，用心满足食客的美味需求。真实的故事和有感染力的文案不仅鼓励着每个迷失方向的人勇往直前，还激发了观众对品牌价值观的认同。

另外一支短片则围绕主题"时代，不会辜负每一个拼搏的人"展开，真诚地讲述了主角错过上大学后来到蓝翔学习手艺，并在35岁掌控人生的励志故事。

蓝翔突然变"潮"，这是要圈粉年轻人了吗？

资料来源：品牌营销官（ID：BrandCMO）。

品牌战略是总体市场战略的关键部分。品牌战略通过提升品牌文化传递企业目标。因为各个公司的品牌、企业环境以及企业目标有很大的区别，所以设计品牌战略没有通用的规则。然而，一个系统的四步流程可以运用到战略中，使得战略对特定的环境能做出恰当的反应。

（一）辨别品牌所表述的目标

当通过提升可感知的产品价值来实现企业目标的时候，品牌战略就是合适的。识别产品的关键企业目标并且询问这个目标对品牌而言可以修正吗？不是所有的目标都需要用品牌来解决。虽然品牌战略通常是有效市场战略的核心组成部分，但是还有很多问题与品牌是不相关的。这时，考虑非品牌战略（如降低服务成本、降低促销）是否对品牌造成了预料之外的后果也是非常重要的。

（二）规划已经存在的品牌文化

通过品牌价值评估已经存在的品牌文化（以及相关的影响势力）。这种评估需要设计和搜集与品牌文化相适合的市场研究内容。考虑一下公司目前的品牌战略，分析它在哪里与品牌文化分离了。

（三）分析竞争环境以识别品牌推广的机会

品牌战略的一个重要驱动力是发布相对竞争者而言更具有优势的品牌价值。品牌价值竞争优势需要与竞争品牌相对的品牌来体现。企业在规划自己的品牌的同时也要规划一下竞争对手的品牌文化。考虑品牌和公司的优势以后，企业就要识别改善与关键竞争对手相对的品牌文化的机会，并识别竞争者能够乘虚而入的机会。

在品牌上，如果仅仅关注竞争对手是很危险的。品牌价值最重要的进步来自识别环境中的机会，因为竞争者还没有采取行动，也没有设计品牌战略来利用这些机会。

（四）设计品牌战略

品牌战略描述了从现有品牌到希望的品牌文化的转换以及这一途径的逻辑。所设计的品牌战略应当描述当前的品牌文化，概括提升品牌价值最具前景的机会，这些机会都考虑了环境变化、竞争者商标，最后才详细描述期望的品牌文化。

关键词

| 竞争 | 超越竞争 | 基本竞争战略 | 竞争战略轮 | 品牌 | 品牌定位 |
| 品牌战略 | 品牌资产 | 品牌设计 | 差异化竞争战略 | 品牌文化 | |

本章小结

1. 市场竞争可以理解为在市场组织方面相互独立的市场生产者，为了获得有利的产销条件或投资领域而互相争衡、各尽其能的过程。

2. 超越竞争的核心思想是以差异化定位，为顾客创造更多的价值来有效避免强烈的同质化竞争。

3. 公司现有的和潜在的竞争者的范围是很宽的。如果不能正确地识别和分析竞争者，就会患上"竞争者近视症"。一个公司更有可能被它的潜在竞争者而不是现有的竞争者所超越。

4. 三种基本竞争战略是可供选择的、具有抗衡性的可行性方案。三种基本竞争战略均适合同一个企业的情况绝无仅有，因此，保持采用其中一种战略作为首要目标对赢得竞争通常是十分必要的。

5. 选择和构建动态的竞争战略是超越竞争的重要手段。

6. 品牌是一种名称、术语、标记、符号或设计，或是它们的组合运用，其目的是借以辨认某个销售者或某群销售者的产品及服务，并使之与竞争对手的产品和服务区别开来。

7. 品牌是一种重要的无形资产。企业要想实现成功的品牌定位，需要在明确竞争目标和目标消费者后，将自身的竞争优势同消费者心理相结合，找到进入市场的切入点。

8. 品牌战略是企业将品牌作为其核心竞争力，以期获取长期利润的企业经营战略。

9. 企业是否需要做出品牌化决策？首先要进行品牌适用性分析，然后进行相关品牌战略的制定和实施。与品牌相联系的战略主要包括差异化战略和产品生命周期战略。

思考题

1. 竞争与超越竞争的区别是什么？

2. 企业如何才能够达到超越竞争的目的？

3. 竞争战略有哪些？基本竞争战略又有哪些？

4. 企业应如何选择和制定有效的竞争战略？

5. 在竞争战略实施的过程中有哪些需要注意的问题？

6. 当一种新产品即将上市时，企业可以采用的品牌战略有哪些？各种战略的优缺点是什么？

7. 企业如何才能进行有效的目标市场定位？

8. 在产品生命周期各阶段，企业应该采取怎样的品牌战略？企业是否可以跳出生命周期的循环？如果可以，将凭借怎样的品牌战略来实现？

案例作业

Keep，线上还是线下

2018 年 7 月 10 日，运动科技公司 Keep 宣布完成 1.27 亿美元 D 轮融资。3 月的时候，Keep 创始人王宁宣布了 Keep 商业化的"正餐"：线上依凭付费的内容与服务，线下依靠硬件 +Keepland。本轮融资除了用于挖掘数据和 AI 应用、帮助行业发展，就是要投在旗下运动时尚服饰品牌 KeepUp 和线下店 Keepland 中。2019 年，已经完成 D 轮融资的 Keep，尝试多

线布局商业化，不仅增加了线上业务硬件 + 商城，还开启了线下健身房 Keepland 和轻食健身餐饮 Keeplite，但这两项线下服务的命运并不太好。

首先，Keepland 面临大量的竞争。2018 年底，Keepland 开启第一家线下店的时候有一课难求的现象。仅仅 1 年之后，Keepland 关闭了上海的所有门店，只剩下北京的 9 家门店在运营。其次，Keeplite 的线下运营也并不尽如人意，Keep 轻食原本预定在上海和深圳加速上线，结果很快就没了下文。

2019 年烧钱太凶猛，Keep 不得不在年底进行一次裁员优化，苦苦支撑，直到 2020 年 5 月才有融资。投入很多钱，虽然没能带动线下的盈利，但 Keep 线上的服务却做到了覆盖"吃、穿、用、练"四个场景。Keep 的线上商城里，汇集运动装备、运动器材、运动食品等各方面的商品，大到智能单车、跑步机，小到代餐面包、运动手套，Keep 的电商方方面面，垂直且全面。

在"练"方面，Keep 签约了一批健身 KOL。不得不说 Keep 还是很有互联网思维的，早在 2017 年，便与热门明星签约，作为其"践行者"，邀请用户参与 7 天健身打卡，将"饭圈"思维玩到了极致。之后，Keep 还签约了著名的健身博主等，她们的健身视频以免费课程的形式公开，且有社区答疑、训练计划等互动。目前在视频教学方面，Keep 遇到的最大对手不是悦动圈、咪咕等健身 app，而是 B 站。据统计，Keep 的营收主要来自四个部分，其中，运动产品收入（商城）>app 会员 > 广告收入 >Keepland。

为了尽快实现现金回流，Keep 甚至舍弃了自己之前的价值观——不过度推进电商与广告，破坏用户关系，反而加速上线了 B 端引流广告业务，以及视频付费的项目。开屏从经典的"自律给我自由"，变成了善存、广汽的引流广告。一个企业已经走到了这一步，接下来只有上市能缓解其心中的焦虑了。

Keep 的未来可持续吗？相比于咕咚、悦动圈垂直于跑步、骑行等领域，Keep 的线上课程更方便，不受场地限制便可实现。所以早期 Keep 一上线，备受市场青睐，仅仅两年半的时间，Keep 就创下了用户过亿的纪录。Keep 依然有庞大的客户群体待开发。根据 2020 年中国体育产业峰会数据，我国共有超过 4 亿的健身人群，超过 75% 的健身人群使用在线 app，在家跟着视频运动、打卡的比例在 90% 以上。Keep 总注册用户达到 3 亿，日活为 600 万人，月活 3 000 万人。从 Keep 开始做互联网健身开始，作为创始人的王宁，不可能不了解 Keep 未来做的绝不是健身房路线。2020 年全球健身领域融资达 109 起，其中互联网与智能项目超过一半，特别是 lululemon 以 5 亿美元单笔收购智能健身"镜"（Mirror）。

虽然这条赛道上还有更多红利待开发，但无论是 Peloton 还是 Keep，至今都难逃亏损"魔咒"，在线健身的商业模式亟待找到新出路。虽然 Keep 目前是亏损的，但在线健身的终局却未可知。只要新故事还能继续讲下去，一切似乎就还有机会。

资料来源：根据互联网资料整理而成。

讨论题

1. Keep 采取了怎样的竞争战略？

2. 为了超越竞争，Keep 应该实施何种品牌战略？

参考文献

[1] 科特勒，凯勒. 营销管理：第 12 版 [M]. 梅清豪，译. 上海：格致出版社，2006.

[2] 余鑫炎. 品牌战略与决策 [M]. 大连：东北财经大学出版社，2001.

[3] 黄静. 品牌管理 [M]. 武汉：武汉大学出版社，2005.

[4] 莱兹伯斯，齐斯特，库茨特拉. 品牌管理 [M]. 李家强，译. 北京：机械工业出版社，2004.

［5］产品生命周期理论［EB/OL］．http://wiki.mbalib.com/wiki/%E4%BA%A7%E5%93%81%E7%94%9F%E5%91%BD%E5%91%A8%E6%9C%9F.

［6］王玉．企业战略管理：理论与方法［M］．上海：上海财经大学出版社，2000.

［7］戴伊，雷布斯坦因，冈特．动态竞争战略［M］．孟立慧，顾勇，龙炼，译．上海：上海交通大学出版社，2003.

［8］金，莫博涅．蓝海战略［M］．吉宓，译．北京：商务印书馆，2005.

［9］董红娜，夏洪胜．品牌差异化竞争战略浅析［J］．江苏商论，2005（3）：53-54.

［10］李建峰，董媛，张馨予．市场营销实务［M］．北京：北京师范大学出版社，2011.

［11］科特勒，阿姆斯特朗．市场营销原理：第16版［M］．郭国庆，译．北京：清华大学出版社，2019.

第七章
制定产品决策

◉ 内容提示

　　一般来说，产品是企业生产经营活动的核心，在确定品牌定位之后，作为营销经理，下一步就应该明确要向消费者提供何种特色的优质产品，正确的产品决策是实现品牌定位的保证，也是后续进行定价、渠道、促销等决策的基础。那么，在数字时代，如何利用互联网环境和数字技术，通过产品、品牌、服务等创造价值？本章将从市场营销实务角度出发，向您介绍产品组合决策和新产品决策，以及如何在产品的不同生命周期制定适合的营销策略等内容，并说明一般情况下如何根据环境及条件的约束进行相应的策略选择。

◉ 专业词汇

产品（Product）

核心产品（Core Product）

形式产品（Basic Product）

期望产品（Expected Product）

产品线（Product Line）

产品组合（Product Mix）

产品线扩展（Product Line Extension）

产品线延伸（Product Line Stretching）

新产品（New Product）

市场渗透（Market Penetration）

产品多元化（Product Diversification）

商业化（Commercialization）

产品生命周期（Product Life Cycle）

导入期（Introductory Stage）

成长期（Growth Stage）

成熟期（Maturity Stage）

衰退期（Decline Stage）

◉ 开篇案例

谷歌的产品创新

　　谷歌公司成立于 1998 年，由于拥有低成本专利，谷歌服务器的数据存储能力是同行的 8 倍。同时，谷歌还创造了新的搜索方式和策略，使得搜索页面下载更快速、阅读更方便。

在产品创新方面，谷歌有自己的一整套基于数字技术的流程。产品研发人员首先在公司实验室开发新产品，再将开发出来的产品交给种子用户去测试。用户反馈进入数据库之后，谷歌按照自己搜索算法的变量，对用户反馈意见进行数据清洗，筛选合适的数据，并据此修改完善搜索算法。修改之后的搜索产品一部分转移到测试沙盘，分析师在沙盘演绎之后，各自写出分析报告，并提交到用户社区对报告进行评价。产品研发小组会根据用户评价重新提交设计，如此反复，直到产品达到正式上市发布的标准。谷歌网站上的产品组合包括 12 大类互联网及相关业务，4 大类硬件产品业务，7 项其他投资业务和 Google Glass 虚拟现实产品业务。产品组合的目的是从网站内容获得收益，提升营销投资回报率，进而提升企业品牌价值。2022 年，Interbrand 发布的全球品牌价值百强榜显示，谷歌位列第 4，品牌价值为 2 517.51 亿美元。所有的这些创新产品体现了谷歌的企业使命——"集世界信息，为人所用"。

谷歌吸引着世界各地众多高科技人才在公司工作，这使得公司能够在创新中不断发展，并为目标市场源源不断地提供新产品、新服务，进而更受消费者热爱和追捧。此外，谷歌也重视营销价值体系里合作伙伴的利益。谷歌以高效的运作方式，为广告商提供极高的眼球效应，这些策略提升了公司的市值和营收。

资料来源：根据互联网资料整理而成。

第一节　如何把握产品的整体概念

一、从整体概念的角度来分析产品

我们身处的世界是不断变化的，变化让现实世界充满了不确定性，影响着我们的衣食住行和各行各业。消费者需求的变化也越来越快、越来越频繁，快速变化的市场需求对企业的产品策略提出了更高的要求。谷歌的成功证明了产品创新对于企业的重要性。那么，产品是什么？数字时代，组织应该如何把握产品策略规划？我们首先来看一个案例。

案例 7-1　　　　　**你吃的每口好丽友·派，都是数字化"做"的**

1997 年，好丽友正式进入中国，中国市场年营收约 80 亿元人民币，占其全球市场份额的一半以上。然而，近几年好丽友中国团队却发现，公司在市场占有率、市场需求响应、运营水平能力等方面都面临着巨大的挑战。团队意识到，要更敏捷地应对市场、满足消费者需求，需要数字化转型，推动业务变革。经过慎重考虑，2019 年，好丽友中国确定从供应链一端启动数字化转型。

数字化转型，首先要清洗数据。好丽友在中国有 2 000 多家经销商，整体的数据量多且杂乱，如果不进行数据清洗，就没办法开展下一步的工作。基于此，科技团队利用算法将半年内所有数据抽取出来，根据每天的交易额和盘点数据，进行分析比对。通过数据分析以及

数据仿真得出的数据，好丽友发现自身在效益、库存、订单满足率等方面存在的问题，然后实施有针对性的解决方案。比如，处理好丽友仓库管理中的爆仓问题。技术团队通过数据打通，获取库存真实情况，然后与业务团队对接，获取业务流程和业务规则，以及整体的业务框架和运作模型，再结合运筹优化技术，建立起好丽友中国有史以来第一个智能订单优化系统。

在大数据技术支持下，好丽友利用多元化技术的协同对决策进行优化，提高了营销效率。可以说，中国消费者吃的每一口好丽友·派，都是数字化"做"的。

资料来源：雷锋网。

上面这个案例清晰地体现了大数据技术对企业营销活动的影响。接下来，让我们看看产品的整体概念。理解产品概念，可以从狭义与广义两个角度出发。

狭义的产品是指由劳动创造、具有使用价值的有形物品，这里所指的产品具有某种物质的形态和特定的用途。

广义的产品则是指通过交换提供给市场的，能够满足消费者某种需求和欲望的一切东西，这里所指的产品既包括产品实体及其品质、款式、特色、品牌和包装等，也包括可以带给顾客的心理满足感、信任感，以及各种售后支持和服务保证等。

从概念中我们可以看出，狭义的产品仅仅关注产品或服务的物质要素和功能要素，而现实中的购买者购买的不仅仅是具体的物品，更重要的是需求得到满足，从满足需求的角度去认识产品，就会使产品的概念得到大大的扩展和延伸。例如，人们需要手表是为了计时，面对同样能计时的手表，人们又会对其外观、色彩、体积、材质形成不同的偏好；人们在选购手表时，又会被其不同的包装所吸引，并根据自己的认识选择不同的品牌；同时人们还会关心若在使用期间手表发生了问题，能否退换，能否得到及时的维修；等等。总之，人们对于同一产品的需求是会不断延伸和扩展的，产品对这些延伸和扩展了的需求满足程度越高，其被消费者接受的可能性就大。因此，作为营销人员，深刻理解广义的产品概念具有重要的意义。为了更好地确定产品范围，我们可以把产品的整体概念分解为五个层次，分别是核心产品、形式产品、期望产品、附加产品和潜在产品（见图 7-1）。

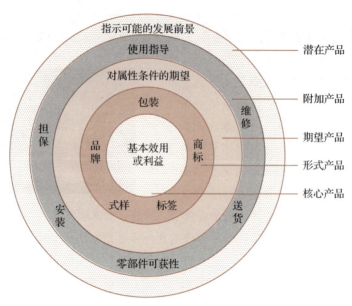

图 7-1　产品整体概念的五个层次

1. 核心产品

核心产品是指向顾客提供的产品的基本效用或利益，是构成产品最本质的核心部分。从根本上说，每种产品实质上都是为顾客解决问题而提供的。例如，人们购买空调不是为了获取装有某些电器零部件的物体，而是为了在炎热的夏季满足凉爽舒适的需求。因此，企业营销人员向顾客销售的任何产品都必须具有满足顾客核心需求的基本效用或利益。

2. 形式产品

形式产品是指核心产品借以实现的形式或目标市场对某一需求的特定满足形式。形式产品由品质、式样、特征、商标及包装等特征构成。即使是纯粹的劳务产品，也具有相类似的形式上的特点。产品的基本效用必须通过特定形式才能实现，市场营销人员应努力寻求更加完善的外在形式以满足顾客的需要。

3. 期望产品

期望产品是指购买者在购买产品时期望得到的与产品密切相关的一整套属性和条件。例如，旅馆的客人期望得到清洁的床位、便利可用的洗浴设备等。因为大多数旅馆均能满足旅客这些最低限度的期望，所以旅行者对不同的旅馆不会形成特殊的偏好，一般会选择一家最便利的旅馆。

4. 附加产品

附加产品是指顾客购买产品时所能得到的附加服务和附加利益的总和，包括产品说明书、保证、安装、维修、送货、技术培训等。由于技术的发展，企业之间竞争激烈，不同企业提供的同类产品在核心利益上越来越接近，很难有大的差别，因此，正确发展延伸产品便成了企业获得竞争优势的有效手段。美国营销学者西奥多·莱维特曾指出，"未来竞争的关键，不在于工厂能生产什么产品，而在于其产品所提供的附加价值：包装、服务、广告、用户咨询、消费信贷、及时交货和人们以价值来衡量的一切东西"。

5. 潜在产品

潜在产品是指现有产品包括所有附加产品在内的，可能发展成为未来最终产品的潜在状态的产品。潜在产品指出了现有产品的可能的演变趋势和前景。潜在产品成为公司努力寻求的满足顾客并使自己与竞争者区分开来的新方法。

接下来我们试着用整体概念来分析一下苹果手机这个产品，看看它是如何满足消费者的各种需要的。

案例 7-2   **苹果手机的产品整体概念分析**

苹果手机是美国苹果公司研发的高性能智能手机。2007年1月9日，苹果公司在美国旧金山马士孔尼会展中心举行的Macworld大会上发布了iPhone，次年又发布了全球为之震撼的3G版iPhone。上市以来，苹果公司共发布了30多个系列的产品，每次新品面市，都引发消费者的热烈追捧，燃爆市场。以下是对苹果手机在营销中产品整体概念的五个层次的分析。

（1）核心产品：苹果手机作为一款手机，它的核心功能是通信沟通。

（2）形式产品：苹果的标识是咬了一口的苹果。其含义有几种说法：一是纪念计算机科学之父艾伦·图灵而使用了苹果作为标识；二是指当初砸到牛顿的那个苹果；还有一种说法，寓意是被上帝咬了一口的苹果。但不论哪种说法，官方始终没有明确回应，留下许多想象和解读的空间。苹果的标识和它的产品整体概念不谋而合，创新、有趣、有想象空间。iPhone做工精良、手感舒适，独有的iOS系统受到消费者的喜爱。苹果手机官网目前在售主要产品有新款iPhone 14 Pro、iPhone 14、iPhone 13、iPhone SE和iPhone 12。

（3）期望产品：苹果手机作为全球极具创新力、性能超强的手机，价格昂贵，但给消费者带来了独一无二的消费体验。iOS系统也是当今手机市场上保护用户隐私最好的系统之一。苹果还赋予每一系列手机专属的理念，比如，iPhone 13"实打实的实力"，iPhone12"浑身都出彩"。

（4）附加产品：苹果手机还推出一系列相关产品，iPod、各种材质的手机壳、外接电池等，这些产品与iPhone息息相关，消费者在购买手机后可以得到完备的服务，苹果为消费者提供了良好的售后保障。

（5）潜在产品：苹果致力于打造高附加值的生态系统，APPLE STORE里包括了在线商店、各种应用、家居等；此外，APPLE STORE还包括GENIUS BAR、青少年活动、APPLE TODAY、翻新和优惠、分期付款、换购、选购帮助等。苹果不但为顾客创造了更多价值，也使得公司与果粉、果粉与果粉之间产生了更多的互动。

资料来源：根据苹果官网和其他网络资料整理而成。

二、大数据环境下的单个产品决策

数字技术催生的新产品（在线社交网络、云应用等）在传统市场是不可能出现的。不仅如此，数字技术还可以帮助企业拓展渠道，如虚拟门店。在新环境下，企业应该顺应技术发展，不断创新，为消费者创造价值。

要创造新产品，企业首先要进行市场调研；收集到数据后，进行过滤清洗，分门别类进入各个数据库；之后，营销部门负责运用各种数据挖掘技术、整理分析并将调研结果转化成营销信息；然后用来制定营销战略。

以单个产品决策而言（产品属性、品牌、服务、标签和包装），除了包装，其他四个方面都可以发生从实体到虚拟的转变，从而创造数字客户价值。下面仅详细介绍这四个方面。

1. 产品属性

产品属性包括产品的品质和特征。品质使消费者感知是否物有所值。特征包含风格、型号等。从用户角度看，这些特征就是感知利益（即产品具有的属性能否满足客户需求）。数字技术在许多方面增加了客户的利益，使得营销活动发生巨大的变化，最基本的变化就是从实体世界到虚拟世界的转变。这是数字经济的关键特征之一，正因为具有这样的特征，媒体、音乐、软件和其他数字产品才有了展示的窗口。

数字技术带给消费者最大的利益是可以为其按需定制。有形产品可以低价销售，也可以根据客户需求，以较高价格，出售包含软硬件的套餐产品，提供附加价值。这种策略对无形产品同样适用，厂商可以通过灵活的方式为消费者提供产品或服务。例如，音乐零售商可以提供便利，让消费者根据自己的需求制作个性化数字音乐集；消费者还可以利用数字技术，自动对产品进行个性化设计。这些就是消费者获得的利益。

2. 品牌

品牌是"一种名称、术语、标记、符号或设计，或是它们的组合运用，其目的是借以辨认某个销售者或某群销售者的产品及服务，并使之与竞争对手的产品和服务区别开来"。品牌是有价值的，是企业的无形资产，品牌的拥有者凭借品牌能够不断地获取利润。

信息时代，数字技术能够帮助企业和消费者构建深度的品牌关联，但是它很难控制品牌形象。因为消费者有非常多的渠道获取信息，而这不是企业计划发送和能够控制的。因此，企业应该对品牌实施在线监控，并运用各种工具，如利用社交媒体自建品牌社区，塑造品牌形象，提升消费者的品牌体验。

3. 服务

在产品售前、售中和售后阶段，企业提供充分有效的客户支持，是营销价值传递体系里十分关键的环节。客服代表应掌握丰富的产品知识，并真切关注顾客体验。企业应建立有效的线下线上顾客服务体系，售前、售中为顾客答疑解惑、帮助消费者解决产品使用的问题，售后提供日常维护、技术支持、保修等，这些都有助于提升顾客感知价值，进而使顾客对企业产品产生较高的满意度。

在线交流已经成为服务的重要一环。企业要建立服务系统，保证只要用户处于连线状态，就能和客服沟通。当然，由于人工客服有一定的工作时间，因此人工客服离线的时候，可以采用 AI 客服，保证用户咨询的问题随时能够得到初步的解答。

客户服务非常重要。数字时代，企业与客户在线互动沟通，为他们提供服务，尤其重要。资料显示，尽管积极参与在线交流的客户只占 2%，但只要参与了在线交流，他们购买产品的可能性就是其他有意购买者的 7.5 倍。

4. 标签

产品标签可以用来识别产品品牌、生产的公司、产品成分、为使用者提供使用说明，甚至还可以附上促销信息。有形产品的标签可以为消费者带来对产品的认同感，并影响其购买决策。在数字世界，标签是指各种数字标识。就在线服务而言，标签上有产品使用条件、产品特征以及其他相关信息。例如，用户从 Apple 网站下载 iTunes 软件，用来整理 iPod 中的音乐，他首先会阅读"标签"，了解软件的安装和使用方法。

另外，许多公司的网页会说明允许其他组织复制其产品标识，如微软；但也有企业要求获得授权才可以使用。权威机构颁发的标签，往往为企业带来利益，增强消费者对它们的信心。还有企业会将社交媒体的标识作为其标签贴在公司网页或者产品外包装上，目的是方便用户通过标签标识的各种社交媒体完成分享、评价注册等活动。这些标签提高了企业的可信度和技术竞争力。

第二节　如何制定产品组合决策

从消费者的角度，我们购买的绝大多数产品其实掌握在很少的几家公司手里，不管你购买哪个品牌的产品，最后它很可能来自这些巨头：可口可乐、百事可乐、通用磨坊、家乐氏、玛氏、联合利华、强生、宝洁、雀巢、卡夫。

世界上很多著名企业经营的产品种类繁多，它们通过制定适合的产品组合决策，提高市场占有率和销售利润（见图 7-2）。

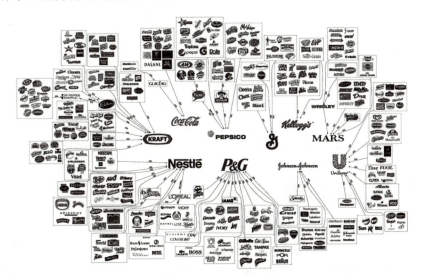

图 7-2　世界著名企业的产品组合决策

以高露洁公司为例，它就是通过良好的产品组合策略既提高了市场占有率，同时又规避了部分风险。产品好比人，都有其从成长到衰退的过程，因此很少有企业只经营单一的产品，当然，也并不是说企业经营的产品越多越好。一个企业应该生产和经营哪些产品才是有利的，产品之间应该有怎样的配合关系，这就是产品组合的问题。

案例 7-3　　高露洁公司的产品组合策略

1806 年，威廉·高露洁（William Colgate）在美国纽约以自己的名字注册了一家公司，以生产小型肥皂、蜡烛和牙膏开始了自己的事业。1890 年，高露洁走出美国本土，拓展全球业务。如今，高露洁已经成长为全球领先的日用消费品公司，为全球数亿消费者提供服务。高露洁的发展历经五个阶段：1806—1900 年，1901—1930 年，1931—1960 年，1961—1990 年，1991 年至今。其中，1953 年高露洁成为正式的公司名称。1968 年，高露洁在其牙膏广告中提出了最出名的内容——牙膏成分中添加了临床证明可以减少蛀牙的氟化物 MFP（单氟磷酸钠）。此后，高露洁进入高速发展时期，1989 年公司年销售额突破 50 亿美元大关，业务遍及 200 多个国家和地区。

高露洁有以下几种产品组合。

- 口腔护理：全球市场的高露洁、拉丁美洲市场的 Sorriso 牙膏、欧美市场的埃尔梅克斯、主打天然产品的 Tom's of Maine、不含任何添加剂和人造色素的 Hello 等。
- 个人护理：有 13 个品牌，在亚太地区销售的主要有 Palmolive、Protex、PCA Skin、Filorga 和 Elta MD。
- 家庭护理：有 11 个品牌，在亚太地区销售的主要有 Palmolive、Softlan、Ajax 和 Axion。
- 宠物护理：希尔思（Hill's），是宠物营养的全球领导者。

资料来源：https://www.colgatepalmolive.com/en-us/brands.

一、明确企业产品组合及其四个维度

一个企业所提供给市场的全部产品线和产品项目的组合或结构，称为产品组合。产品线是产品组合的一大类，是能够满足同类需要，相互间密切关联的一组产品。产品项目是在产品线中不同规格、品种、质量和价格的特定产品。例如，海尔集团有彩电、冰箱、洗衣机等多条产品线，每个产品线上又包括很多不同的产品项目。

具体来讲，产品组合就是企业生产经营的全部产品线、产品项目的组合方式，表现为产品组合的宽度、长度、深度和关联性，也称产品组合的四个维度。以只做网络营销的北京廿一客食品有限公司为例，表 7-1 所示为其产品组合的长度与宽度。

表 7-1　廿一客产品组合的长度与宽度

产品组合的宽度	产品组合的长度		
蛋糕	乳酪 巧克力 坚果 抹茶	水果 慕斯 咖啡 含酒类	
面包	面包	吐司	
下午茶	咖啡 小食	甜点 饼干	
冰淇淋	牛奶	夏日－Affogato 组合	

（1）产品组合的宽度是指一个组织向市场提供的产品线的数量。例如，表 7-1 表明廿一客公司产品组合的宽度包括四条产品线。

（2）产品组合的长度是指产品线中产品项目的总数。表 7-1 中产品项目总数是 16 个。产品线的长度是指一条产品线中产品项目的数量。表 7-1 中，蛋糕类产品线中包含了 8 个产品项目。产品线的平均长度为总长度除以产品线数，在此例中产品线的平均长度为 4。

（3）产品组合的深度是指产品线中每一产品项目有多少品种。如乳酪蛋糕有 3 种口味，每种口味各自有自己的规格（1 磅、1.5 磅、2 磅、3 磅、5 磅等），经计算产品组合的深度为 15。

（4）产品组合的关联性是指各条产品线在最终用途、生产条件、分销渠道或其他方面相互关联的程度。由于北京廿一客公司的上述产品并没有跨行业的产品经营，都通过同样的分销渠道出售，因此可以说，该公司的产品线具有较强的关联性。

上述产品组合的四种维度，为企业确定产品战略提供了依据。我们可以看出，企业可以采用四种方法发展业务组合：

（1）加大产品组合的宽度，扩大企业的业务范围，实行多样化经营，分散企业投资风险；

（2）增加产品组合的长度，使产品线丰满充裕，成为更全面的产品线公司；

（3）增强产品组合的深度，占领同类产品的更多细分市场，满足更广泛的市场需求，扩大总的销售量；

（4）增强产品组合的关联性，使企业在某一特定的市场领域内加强竞争和赢得良好的声誉。

因此，产品组合决策就是企业根据市场需求、竞争形势和企业自身能力对产品组合的宽度、长度、深度和关联性方面做出的决策。

二、进行产品组合的决策

根据以上的产品线分析，我们可以看出，一个企业生产或销售的产品组合可以划分为以下几种：目前虽不能获利但有良好发展前途、预期成为未来主要产品的新产品；目前已达到高利润率、高销售增长率和高市场占有率的主要产品；目前虽仍有较高利润率但销售增长率已趋降低的维持性产品；已决定淘汰、逐步收缩其投资以减少企业损失的衰退产品。我们可以针对市场的变化，调整现有产品结构，从而寻求和保持产品结构最优化。比如，一般来说，拓宽、增加产品线有利于发挥企业的潜力、开拓新的市场；延长或加深产品线可以适合更多的特殊需要；加强产品线之间的关联性，可以增强企业的市场地位，发挥和提高企业在有关专业上的能力等。有关这些的决策就是产品组合决策。

产品组合决策主要包括以下几种。

（一）产品线延伸决策

每一企业的产品线一般都会定位于该行业整个范围的某个部分，如果企业超出现有范围来增加它的产品线的长度，即产品线延伸。企业可以向下延伸、向上延伸，或双向延伸（见图 7-3）。

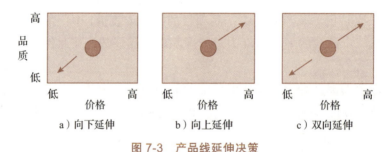

图 7-3　产品线延伸决策

案例 7-4　　　　　　　　　　**宝马汽车产品线决策**

宝马集团是全球成功的汽车和摩托车制造商之一，同时提供汽车金融和高档出行服务。作为一家全球性公司，宝马集团在 14 个国家拥有 31 家生产和组装厂，销售网络遍及 140 多个国家和地区。

宝马汽车从单一品牌、仅有五个车型，延伸到拥有 BMW、Mini Cooper 和劳斯莱斯三大品牌，14 个系列的多车款的产品组合。宝马汽车向下延伸到 Mini Cooper 系列，向上延伸到劳斯莱斯。而 BMW 品牌则是双向延伸，从入门级别紧凑型的 1 系、到紧凑豪华型的 3 系、中级的 5 系，直到 8 系的高档轿跑车，构建了完整的品牌矩阵。此外，BMW 还在产品系列里填充了 X1、X3、X4、X5 和 X6

SUVs，M 系列跑车，Z4 敞篷跑车和 BMW i 电动车系列。睿智的品牌延伸和填充，使得宝马汽车维持了"是身份和体面的标志"的品牌形象，持续吸引富有的消费者，或者潜在目标客户关注宝马、购买宝马。

资料来源：https://www.bmw.com.cn/zh/index.html.

1. 向下延伸

向下延伸，即在原有的产品线下面增加低档产品项目。例如，精工和西铁城的手表最初定位在高价市场，随后则为低档市场推出了手表产品，如精工在亚洲市场推出了阿尔巴牌手表，在美国推出了帕萨牌手表；而西铁城则推出了艾得克牌手表。企业实行这种策略需要具备以下市场条件：利用高档名牌产品的声誉，吸引购买力水平较低的顾客慕名购买此产品线中的廉价产品；高档产品销售增长缓慢，企业的资源设备没有得到充分利用，为赢得更多的顾客，将产品线向下伸展；企业最初进入高档产品市场的目的是建立厂牌信誉，然后再进入中、低档市场，以扩大市场占有率和销售增长率；补充企业的产品线空白。但是，实行这种策略也有一定的风险，如果处理不慎，则会影响企业原有产品特别是名牌产品的市场形象，因此必须辅之以一套相应的营销组合策略，但这样可能会大大增加企业的营销费用开支。

2. 向上延伸

向上延伸，即在市场上定位于低档产品的企业可能会打算进入高档产品市场。它们也许被高档产品较高的增长率和较高的利润率所吸引；或是为了能有机会把自己定位成完整产品线的制造商。在原有的产品线内增加高档产品项目，采用这一策略也要承担一定的风险，要改变产品在顾客心目中的地位是相当困难的，如果处理不慎，则会影响原有产品的市场声誉，并且企业原有的销售代理商和经销商可能没有能力经营高档产品。

案例 7-5 **吉利汽车做高档车遭遇挫折**

诞生以来，轿跑 SUV 吉利星越始终冲不破吉利的价格天花板。12.78 万～18.78 万元的星越在 2019 年上市，代表着当时吉利品牌的最高设计水准与技术水平。结果却如我们所见，销量一般、口碑平平。月销仅有一千多辆，作为一款自主品牌冲击高端的旗舰之作，似乎也不能要求更多了。

两年后，吉利继续沿用"星越"的名字推出了新旗舰款——星越 L，造型更为传统，却在正式上市的第二个月销量过万辆，是前辈星越奋斗多时也远远无法达到的高度。从月销一千辆的星越到月销过万辆的星越 L，吉利终于突破了自主品牌的天花板，在曾经专属

于合资车企的中高端市场寻得一席之地。不过，星越 L 的成功并不能完全体现吉利品牌的技术进步，它更多的只是吉利与沃尔沃进一步技术整合的结果。吉利并购沃尔沃十年，几次的重大产品升级都出现在沃尔沃对吉利的技术转让和技术共享。吉利当然有它的贡献，也从 CEVT 等合作中提升了团队的技术水平，只是，无论是中端产品的技术断层、还是新能源车型的销量受挫，都在说明一件事：借力沃尔沃之外，吉利要稳住市场、追上时代，还有很多问题要解决。

资料来源：AstonCar（雅斯顿）。

3. 双向延伸

双向延伸，即原定位于中档产品市场的企业掌握了市场优势以后，向产品线的上下两个方向延伸，一方面增加高档产品，另一方面增加低档产品，扩大市场阵地。成功的双向延伸战略可使企业成为某类产品市场的领导力量。

（二）产品线填补决策

产品线填补决策是在现有产品线的范围内增加一些产品项目，以强化产品线的策略。采取该策略主要基于以下考虑：通过扩大经营增加利润，满足消费者的差异化需求，防止竞争对手乘虚而入，利用过剩的生产能力，等等。

进行这一决策时应注意合理调配企业的各种资源，防止企业新旧产品之间的过度竞争；要根据实际存在的差异需求来增加产品项目，以使消费者能明显感觉到其产品线内各个产品项目之间的差异；必须使新的产品项目有足够的销量；在决定发展某种产品项目时，一定要考虑此种产品的市场需求状况，而不能仅仅是为了满足企业内部产品定位的需要。

（三）产品线现代化决策

在某些情况下，产品线长度是适当的，但是产品线的生产方式已经落后，并且影响了企业生产和市场营销效率。这种情况下，就必须实施产品线现代化决策，对现有产品线的技术进行更新或改造。这一策略强调把现代化科学技术应用到生产过程中。

当企业决定实施产品线现代化决策时，有两种方式可供决策：一是逐步实现；二是以最快速度、用全新设备更换原有的产品线。

选择逐步实现的方式可以节省资金，但也容易被竞争者发现和模仿；快速实现产品线现代化决策，需在较短的时间内投入大量的资金，但可以快速产生市场效果，并对竞争者形成威胁。

（四）产品线特色决策

产品经理经常在产品线中选择一个或少数几个产品项目进行特别号召。有时，企业以产品线上低档产品型号进行特别号召，使之充当开拓销路的廉价品，吸引顾客购买；有时企业以产品线上高档产品型号进行特别号召，以提高产品线的等级。例如，人头马推出的路易十三的价格比正常的 XO 要高十倍。此种产品起到了"旗帜"或"王冠上的珠宝"的作用，提高了整条产品线的地位。

（五）产品线削减决策

较长、较宽的产品组合会在市场繁荣时为企业带来更多的盈利机会，但在市场不景气或原料、能源供应紧张时期，或者产品线中有大量积压的存货时，企业可以考虑缩减产品线，把更多的资源投入到利润率较高的产品线上，以增加产品的获利能力。有时产品线延长的压力较大，如生产能力过剩促使产品经理开发新的产品项目；经销商和销售人员为适应顾客的需要，要求增加产品项目；产品经理为了扩大销售和提高利润增加产品项目。在上述情况下产品线有不断延长的趋势。但是，随着产品线的加长，营销费用也随之增加，这样会相应减少利润，在这种情况下，需要相应地对产品线的发展进行遏制，剔除那些得不偿失的产品项目，使产品线缩短，以提高获利水平。

第三节　如何利用数字技术制定新产品决策

一、明确新产品的种类和获取方式

> **案例 7-6**
>
> **与咕咚 app 开启合作，安踏跑步的目标不只是**
> **"一年卖 2 000 万双跑鞋"**
>
> 2020 年 12 月 15 日，国内运动品牌巨头安踏与运动数据 app 咕咚开启合作，同时安踏品牌发布对国内跑步品类的布局和规划。
>
> 对于安踏跑步品类来说，与咕咚合作，看中的是咕咚过亿的用户数据。资料显示，咕咚 app 的定位是互联网运动社交品牌，其 app 主要用于用户运动健身时的记录、分享，进而带来定制化健身计划和运动装备推介。借助咕咚 app 的 1.8 亿用户的运动数据，安踏得出了"多数人跑步后掌先着地"的结论，因此有针对性地在后跟补强处加入了新推出的智能吸震技术 Smart S.A.M。
>
> 此次发布的创 1.0 跑鞋，出自安踏全新的 A-tr ∞ n "创"跑鞋平台，也就是安踏出专业研发技术，以咕咚提供的数据作为研发起点，带来的创跑鞋系列首代产品。对于稳坐国内运动品老大位置的安踏，篮球品类是其过去五年的亮点，而相较于稳定的综合训练和运动生活品类，跑步品类确实有足够巨大的市场供其挖潜。另一个重要的点是，跑鞋运用的技术一直站在运动产品的尖端，比如缓震技术方面。因此，对于国产运动品牌来说，真正的高精技术，还得先从跑鞋入手。安踏和咕咚合作，强调不管这些用户穿着哪个品牌的跑

鞋，先获取大量用户数据，然后再进行更定制化的设计。而当数据体量足够大，能够形成一整个大数据系统的时候，产品的精细调整，乃至整个品牌策略的调整都将更有针对性。

　　资料来源：界面新闻。

　　在科技日新月异的今天，企业不能以一成不变的产品来面对激烈的市场竞争，必须适时地推出新产品，以满足顾客不断变化的需求和购买欲望。市场营销学对新产品概念的界定比较宽泛，产品只要在功能或形态上发生改变，与原有产品产生差异，甚至只是产品单纯由原有市场进入新的市场，都可以视为新产品。因此，企业若想以新产品取胜，先要决策提供哪一种"新"产品，这需要先了解新产品的四种基本类型。

1. 完全创新产品

　　完全创新产品是指采用新原理、新技术和新材料研制出来的市场上从未有过的产品。这是绝对的新产品，它的创新程度最高，具有其他类型新产品所不具备的经济、技术上的优势：可取得发明专利权，享有独占权利；能通过其明显的新特征与新用途改变传统的生产、生活方式，取得全新的市场机会，创造需求。比如汽车、飞机最初出现在市场上的时候就属于完全创新产品。但这种产品的研制是一项相当困难的工作，需要技术、资金、时间的保证，还要承担巨大的投资风险。因此，实力较强、规模较大的企业出于市场战略上的考虑，为引领市场潮流，重视开发完全创新产品固然必要，但为了应付眼前的市场竞争，也应重视开发相对的新产品，即在原有产品的基础上进行更新换代、改革与仿制。

2. 换代新产品

　　换代新产品是指采用新材料、新元件、新技术，使原有产品的性能有飞跃性提高的产品。换代新产品的技术含量比较高，是在原有产品基础上的新发展。因此它是企业进行新产品开发、提高竞争能力的重要创新方式。

3. 改革新产品

　　改革新产品是指从不同侧面对原有产品进行改革创新而创造的产品。例如，采用新设计、新材料改变原有产品的品质，降低成本，但产品用途不变；采用新式样、新包装、新商标改变原有产品的外观而不改变其用途；把原有产品与其他产品或原材料加以组合，使其增加新功能；采用新设计、新结构、新零件增加其新用途。改革新产品的技术含量低或不需要使用新技术，是较容易设计的新产品形式。它可以增强竞争能力，延长产品生命周期，减少研制费用和风险，提高经济效益。图 7-4 中的电风扇就属于改革新产品。

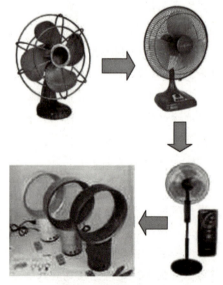

图 7-4　改革新产品

4. 仿制新产品

有些产品在市场上已经出现，但是本企业从来没有生产过，因而通过模仿制造可以成为仿制新产品。仿制是开发新产品最快捷的途径，风险也较小，只要有市场需求，又有生产能力，就可以借鉴现成的样品和技术来开发本企业的新产品。例如，日本汽车扬威世界的第一步是从仿制开始的。但仿制需要在专利法等法律法规的约束下，对原有产品进行适应性的修正。

为了获取新产品，不同企业可以采用不同的方式。有些企业可以从其他企业获取，如通过兼并其他企业、购买专利等方式获得；有些企业可以通过自己开发来获得，这就需要企业具备一定的研发能力和科研力量。企业需要结合"新"产品的类型和自身的能力，合理地选择获取方式、开发方式或者二者并用来发展新产品。

二、数字技术促进产品开发

> **案例 7-7** **乐高在线游戏频道：产品创意的云众包**
>
> 乐高（LEGO）创立于 1932 年，公司位于丹麦，已有 90 多年的发展历史。"LEGO"商标的使用是从 1932 年开始的，来自丹麦语"LEgGOdt"，意为"play well"（玩得快乐）。乐高不仅仅是很多人童年心爱的玩伴，它也成为一种情怀、一种文化、一种消费习惯。现在乐高的主营业务——乐高系列积木，已经变成全年龄段，包括儿童以及成年玩家的产品，用以实现其童年的各种梦想。
>
>
>
>
> 乐高产品的魅力来自其源源不断的灵感创意。这些产品创意一方面来自企业高水平的设计团队，另一方面得益于乐高在线游戏频道。频道页面色彩艳丽，项目丰富有趣，有一本正经的新闻播报，有炫酷的游戏视频，有音乐……乐高的粉丝们可以在里面玩得不亦乐乎。该频道最特别的是允许并鼓励用户参与设计的项目，这一项目俨然成为乐高产品创意的云众包平台，吸引全世界乐高迷在此贡献设计点子。游戏频道里有乐高在售系列，也有全新系列，不管是哪一个系列，用户选定主题之后，都可以利用乐高公司的软件进行虚拟玩具设计。设计完成之后，系统会要求用户上传。这样，除了设计者本人，其他用户也能看到。乐高公司用这种方式，不但推动了客户参与互动，还能够获取一定的产品设计灵感，并从中了解什么样的玩具会畅销。
>
> 卓越的产品研发和设计能力助推了乐高的品牌价值。2018 年 12 月，乐高入围 2018 世

界品牌 500 强。2019 年 10 月，乐高在 Interbrand 发布的全球品牌百强榜排名 75，2020 年提升 3 位，排名 72；2021 年再进一位，排名 71。

资料来源：https://www.lego.com/en-us/campaigns/kids/city/onecity.

从原子到比特，从实体环境到虚拟环境的转变，新产品研发过程变得更多元、更复杂。研发部门必须多手段并举，既要有常规手段，也要使用数字文本、图形等新技术来进行产品研发，这对企业提出了更高要求。那如何利用数字技术促进产品开发呢？具体方法如下。

1. 客户协同设计

随着互联网和数字技术在全球的广泛使用，传统意义上的空间距离丧失了重要意义。以往没有或者不常见的商业合作关系，以及企业和消费者之间的合作模式层出不穷。合作双方试图形成一种协同优势，设计出能够传递价值的消费者产品。上文中乐高公司就用这种方式实现了客户协同设计，形成了一定的企业竞争优势。

克里斯·安德森撰写《长尾理论》的时候，将初稿发布在自己的博客上，邀请读者进行任意评论，在读者的评头论足中，新书成功出版。为了创造更好的价值，营销人员应该重视客户的反馈信息。有些厂商特意搭建在线社区，开辟和顾客互动的通道。比如，星巴克在总部网站建立了"My Starbucks Idea"的在线评论社区，以便聆听顾客的想法。

2. 数字技术催生多种机遇

数字技术以前所未有的速度催生了许多新产品和新企业，定位服务就是一个例子。全球定位系统可以通过各种电子设备为用户定位，方便他们获得各种信息、服务和产品，这对企业来说又创造了许多新商机。互联网是信息均衡的平台，再叠加数字技术的影响，这就意味着激烈的竞争、产品的相互模仿，以及极短的产品生命周期，产品迭代更快了。举一个例子，法兰克·辛纳屈去世时，索尼 BMG 音乐娱乐公司的研发部门在 6 小时内就开发了一系列网络新歌纪念他。如果没有采用数字技术，而是使用常规开发方式，这些产品或许要花上 4 个月才能完成。现在的一些新闻网站，是全天候 24 小时，几乎每分钟都在更新内容。面对新技术，企业必须迅速做出反应，否则就会在市场中落于下风；但不可否认的是，新技术也带来更多机遇，赋予企业和消费者更璀璨、更广阔的想象空间。

三、按程序进行新产品开发

案例 7-8　　　　　　　**Under Armour 的产品设计**

一个伟大的品牌，都有一位伟大的创始人；而每一位伟大的创始人，又都有着不一样的故事。Under Armour 的创始人凯文·普朗克（Kevin Plank），也有属于他的非凡故事。1995 年，普朗克 23 岁，出色的身体素质和拼搏意识使他成为马里兰大学橄榄球队的队长。打球的时候，普朗克穿在里面的纯棉 T 恤经常会被汗水浸透，这让他十分不适，于是他萌生了一个想法：能不能做出一款更加透气的 T 恤？事实证明他做到了，普朗克研发出一件功能性 T 恤，并成功将其商业化。20 年后的今天，Under Armour 在运动装、配件、装备领域取得了不俗的业绩，在美国本土的销量仅次于耐克。

　　Under Armour 能够在竞争中脱颖而出，和它长期以来对产品创新的执着追求是分不开的。从新产品构想开始，Under Armour 就有自己的独到之处。在美国总部，Under Armour 定期举办产品创意大赛，以丰厚的奖品吸引设计英才参赛，从中获得企业需要的产品构思。Under Armour 美国官网还特别设立了 Innovation Idea Home 板块，鼓励任何有兴趣、有能力的人在线参与产品设计。

　　Under Armour 不单单在美国本土寻找新产品的创意灵感，在它开展业务的国家和地区，也会组织各种客户参与的活动。比如在中国，Under Armour 微信小程序里有"Road Show""解冻你的城市挑战赛"等活动。通过这些活动，Under Armour 可以合规收集消费者使用运动装备的数据，了解他们对运动装备的消费偏好，为企业新产品构思、筛选、成型和商业化提供宝贵的数据。

　　资料来源：UA 微信公众号，https://www.underarmour.com/en-us/。

　　新产品的开发经历着从新产品构想到生产进而全面商业化的过程。一个新产品的开发，对企业来说是一件大事。但对于新产品的构思，许多企业主都会不自觉地产生这就是突然萌发出的一种新的想法而已的错觉，尤其是小企业开发的小产品，大多都是如此。其实产生一种新的想法只是新产品开发过程中的一小步，哪怕它是一个不起眼的小产品，余下的过程依然很长。在这余下的过程中，有些开发程序相当艰难。在每一阶段，管理人员都需要进行调查研究，慎重地做出决策。为了提高新产品开发的成功率，需要建立科学的新产品开发管理程序。不同行业的生产条件与产品项目不同，管理程序也有所差异，但一般企业研制新产品的管理程序大致如下。

1.新产品构想

在发展新产品的过程中，首先要考虑的是根据某种新的需要提出产品设想。在这一阶段，营销人员的主要责任是：积极地在不同环境中寻找好的产品构思；积极地鼓励公司内外人员发展产品构思；将所汇集的产品构思转送公司内部有关部门，征求修正意见，使其内容更加充实。

有关新产品构思的产生可以来自很多方面，如消费者、雇员、经销商、竞争对手、顾问等。营销人员寻找和搜集新产品构思的主要方法有如下几种。

（1）产品属性列举法。将某一产品的主要属性列成一览表，然后对每一属性进行分析研究，提出改进意见，从而在原有产品基础上发展新产品。

（2）强行关系法。先列举若干不同的产品，然后把某一产品与另一产品或几种产品强行结合起来，产生一种新的构思。

（3）多角分析法。首先将产品的重要因素抽象出来，然后具体地分析每一种特性，再形成新的创意。例如，洗衣粉最重要的属性是其溶解的水温、使用方法和包装，根据这三个因素所提供的不同标准，便可以提出不同的新产品创意。

（4）头脑风暴法。一般是由 6 ~ 10 人在一起就某一问题进行讨论。运用头脑风暴法可以激发与会者极大的创造想象力，可以帮助人们产生许多构思。这种方法的有效运用要求与会者在会前提出若干问题并有所准备，会上畅所欲言，彼此激励，相互启发，提出种种设想和建议，在此基础上经分析归纳，便可形成新产品构思。

（5）征集意见法。产品设计人员通过问卷调查、召开座谈会等方式了解消费者的需求，征求科技人员的意见，询问技术发明人、专利代理人、大学或企业的实验室、广告代理商等的意见，并且坚持经常进行，形成制度。

2.产品构想的筛选

获得大量构想后，企业应组织力量对构想进行评估，运用一系列评价标准，对各种构想进行比较判断，从中找出最有希望的构想。通过筛选，企业可以权衡各个构想的费用、潜在效益和风险，尽早发现和放弃不良创意，找出不可能成功的创意。

在进行产品构想的筛选时通常应考虑以下几个因素。

（1）市场成功的条件。它包括产品的潜在市场增长率，竞争程度及前景，企业能否获得较高的收益。

（2）企业内部条件。主要衡量企业的人、财、物等资源，以及企业的技术条件和管理水平是否适合生产这种产品。

（3）销售条件。企业现有的销售结构是否适合销售这种产品。

（4）利润收益条件。产品是否符合企业的营销目标，其获利水平及新产品对企业原有产品的销售是否有影响。

这一阶段的任务是首先剔除那些明显不适当的产品构思，然后按一定标准从剩余构思中选出企业可以接受的产品构思。这一问题可以通过使用加权平均法分别计算各构思成功的分数值来解决，表7-2举例说明了运用此方法评价某一产品构思的具体过程，可见此产品构思综合评分为 0.720，超过最低接受标准 0.70，尚可采用。

表 7-2 产品构想加权平均法举例

指标	相对权数 (A)	企业能力水平 (B)											评分 (A×B)
		0.0	0.1	0.2	0.3	0.4	0.5	0.6	0.7	0.8	0.9	1.0	
企业声誉	0.20							√					0.120
营销能力	0.20										√		0.180
研发能力	0.20								√				0.140
人力资源	0.15							√					0.090
财务能力	0.10										√		0.090
生产能力	0.05									√			0.040
地理位置和设备	0.05				√								0.015
采购和供应能力	0.05										√		0.045
总计	1.00												0.720

评分标准：0.00～0.40 为差；0.41～0.75 为尚佳；0.76～1.00 为佳。

最低接受标准：0.70

3. 产品概念发展与测试

消费者要去买的是产品概念，而不会去购买产品构思。任何一个产品构思都能转化为几种产品概念，比如说某企业获得一种营养液产品的构思，由此可形成多个产品概念，如延年益寿适合老年人饮用的补品，有助于儿童增强记忆、健壮身体的滋补品，病人易于吸收加快康复的营养品，老少咸宜味道好的营养型饮料，等等。因此，新产品构想经筛选后，需进一步发展更具体、更明确的产品概念。

确定了最佳产品概念，进行产品和品牌的市场定位后，就应当对产品概念进行试验。所谓产品概念试验，就是用文字、图画描述或者用实物将产品概念展示给一群目标顾客以观察他们的反应。新产品测试的具体内容包括两个主要方面：一是新产品概念的可传播性和可信度，即测试消费者对该产品概念所提供的利益是否清楚明白，是否相信该新产品概念所能提供的利益；二是潜在消费者对新产品概念的需求水平，即测试消费者对该新产品概念的需求程度。消费者需求愿望越强烈，新产品概念成功的可能性越大。与此同时对每一个产品概念都要进行定位，以了解同类产品的竞争状况，优选最佳的产品概念。

4. 初拟营销规划

对经过测试的产品概念，企业要制订一个初步的营销计划，这个营销计划将在以后的阶段中被不断完善发展。营销计划一般应描述目标市场的规模、结构、消费者的购买行为、产品的市场定位，对前期的销售量、市场占有率、利润率的预测等；描述该产品预期价格、分销策略及第一年的营销预算；描述预期的长期销售额和利润目标，以及不同时期的市场营销组合策略等。

5. 商业分析

商业分析的任务是在初步拟订营销计划的基础上，对新产品概念从财务上进行分析，主要从经济效益上分析，分析新产品概念是否符合企业目标。主要包括预测销售量以及估计成本和利润。对销售量的预测，需要通过市场调研，采用科学的方法，并且根据新产品的产品特征来预测可能的销售量。企业决策者要估计新产品的销售量是否能够使企业获得满意的利润。此外，企业还要根据营销战略计划分析各种费用，如广告费用、促销费用、财务费用、管理费用、生产成本、开发成本等，结合暂定的产品价格计算出每年的预计利润和亏损，从而对产品概念在商业上是否可行做出判断。

6. 新产品研制

经过商业分析后选定的新产品概念必须转送到研发部门或技术工艺部门试制成为产品模型或样品，同时进行包装的研制和品牌的设计。这是新产品开发的一个重要步骤，只有通过产品试制，投入资金、设备和劳力，才能使产品概念实体化，发现不足与问题，改进设计，进而证明这种产品概念在技术、商业上的可行性。研发部门根据产品概念的主要特征，在预算的制造成本范围内，将产品模型或样品制作出来后，为了保证技术上可行和消费者满意，通常要进行多种测试，既对产品功能进行实验室内或实际使用中的操作和安全实验，也请消费者对原型的试用和评价结果进行考察。

7. 市场试销

对于新产品开发来说，市场试销是一个不可或缺的环节。尽管从新产品构想到新产品实体开发的每一个阶段，企业研发部门都对新产品进行了相应的评估、判断和预测，但这种评估和预测是否与市场的实际情况一致，能否得到消费者的认可，企业并无把握。通过将新产品投放到有代表性的小范围的目标市场进行测试，企业则可能真正了解该新产品的市场前景。市场试销是对产品的全面检验，可为新产品是否全面上市提供全面、系统的决策依据，也为新产品的改进和市场营销策略的完善提供启示。

案例 7-9　　　　　　**歌诗达邮轮中国首航的程序化购买案例**

2019 年 5 月 18 日，歌诗达邮轮旗下的"歌诗达·威尼斯号"抵达上海准备首航。如何利用程序化购买方式，更高效地找到目标消费人群，并与之进行深度沟通？

邮轮行业有季节高峰，春节、暑假、寒假都是旺季，竞争激烈。通常，在旺季前的两三个月，就要开始与消费者进行沟通。因

此从 2018 年 12 月开始，歌诗达邮轮的媒介业务代理商，群邑的 Wavemaker 和 Xaxis 就为歌诗达邮轮开启了程序化投放。

群邑首先通过银联智惠旅游预测模型及调研数据，识别出境游高端旅游人群行前阶段。在第一阶段的投放中，群邑将重点定向在"旅游、亲子、美食"这三组兴趣标签人群。接着，基于实际投放的人群效果，群邑自有的［m］Insights平台会进行更深入的用户洞察，除了"旅游、亲子、美食"兴趣标签之外，去挖掘更多的兴趣标签，比如女性美容、服饰等兴趣人群，还有海岛休闲游兴趣人群，以及高端酒店消费兴趣人群等。Wavemaker和Xaxis对这些人群进行了第二轮定制投放。动态优化的标签极大地拓展了传播广度，让品牌能触达更多的潜在消费者，提升目标人群识别的准确度。

在广告投放过程中，Xaxis以每条人群策略的转化效率为准，观察每周的人群策略后端转化表现，通过每周的转化数据分析，重点关注转化效率高的投放策略，同时暂停或校正转化效率较低的人群策略。不断进行的优化让第一季度投放效率实际CTR（点击通过率）提升了2.8倍，转化成本整体降低了43%，与邮轮旅游行业的基准相比提高了4.5倍。

值得一提的是，在这次投放过程中，通过银联智惠全场景大数据平台个性化定制的人群定向策略带来了非常好的效果。在近一个月的投放中，通过银联智惠境外游预测模型定向以及定制化人群包策略的转化率分别比其他策略提升了96%和28%。

在此次传播中，基于人群洞察，Xaxis服务团队通过程序化、自动化的方式为客户匹配了全网最优质的资源，包括以微信朋友圈广告为主的社交媒体、BAT头部视频媒体、原生广告等丰富的广告形式，更利用与以银联智惠为代表的多方重量级数据合作伙伴，链接贯通自有的独家数据管理平台［m］Platform和［m］Insights，利用数据优势实时进行受众优化，让更多的潜在消费者也感受到歌诗达邮轮之旅可能为他们带来的价值。

资料来源：https://www.sohu.com/a/316055438_361701.

新产品在试销前要全面考虑试销地区范围和地点、试销的时间、试销要收集的信息、试销的营销战略和进一步的战略行为等。

试销之后要根据试销结果考虑采取什么行动，一般以试用率和重复购买率的高低来判断是进入商业化生产，还是重新设计或是完全停止发展。一般来说有以下几种结果，见表7-3。

表 7-3　试销结果及其策略

试用率	重复购买率	策略
高	高	商业化生产
高	低	重新设计产品或停止发展
低	高	加强广告宣传和促销活动
低	低	停止发展

8. 商业化

一旦新产品试销成功，企业就可以正式批量生产新产品，将其全面推向市场。这时企业要支付大量费用，而新产品投放市场的初期往往利润微小，甚至亏损。因此，企业在此阶段应建立相关的信息资料库，对产品投放市场的时机、区域、目标市场的选择和最初的营销组合等方面做出慎重决策。

四、推进新产品的传播

作为市场营销人员，我们一定要明确新产品开发出来只是完成了产品开发策略的第一步，只有在新产品获得了良好的市场反应，使企业实现其最初的产品开发目的时，产品开发才能算基本获得了成功。但是，有些新产品需要经过一个比较长的过程才能为大多数消费者所接受，因此推出新产品，一定要先分析影响消费者采用新产品的各种因素，并据此采取合适的营销策略。

（一）根据顾客差异进行市场扩散

在新产品的传播过程中，由于社会地位、消费心理、产品价值观、个人性格和偏好等多种因素的影响，不同消费者对新产品的反应存在很大差异。根据消费者接受新产品的差异，可以将采用者划分为五种类型（见表 7-4）。

表 7-4   新产品采用者分类

类型	特征
创新采用者	极富创新精神，收入水平、社会地位和受教育水平较高，交际广泛而且消息灵通，一般为年轻人
早期采用者	大多群体中具有很高威信的人，受到周围朋友的拥护和爱戴，常常收集有关新产品的各种信息资料，成为某些领域里的舆论领袖，多在产品的导入期和成长期采用新产品，对后来采用者影响较大
早期的大多数接受者	深思熟虑，态度谨慎；决策时间较长；受过一定的教育；有较好的工作环境和固定收入；对舆论领袖的消费行为有较强的模仿心理
晚期的大多数接受者	多疑；信息多来自周围的同事和朋友，很少借助宣传媒介收集所需信息；受教育程度和收入水平相对较低；从不主动采用或接受新产品，直到多数人都采用且反响良好时才行动
落后采用者	思想保守，拘泥于传统的消费行为模式；极少借助广告宣传收集所需信息，其社会地位和收入水平一般较低；直到产品进入成熟期乃至衰退期后才会采用

1. 创新采用者

他们是首先接受产品者，占所有接受这种产品人数的 2.5%。这类消费者迫切地想要尝试新产品和接受新观念，他们有较好的经济基础，富有个性，勇于革新冒险。他们很少依赖于群体标准，更加自信。由于受过良好的教育，他们更容易从科学性来源和专家那里获得信息。

2. 早期采用者

早期采用者是指紧接着创新采用者接受产品的消费者。他们占全体消费者人数的 13.5%。他们对新事物比较敏感，具有较强的适应性。他们一般是某个群体中有较高威望的人，经济状况良好。同创新采用者相比，他们更依赖于道德标准和价值观。早期采用者比创新采用者更容易成为潮流领导者，因为他们与集体有着更为密切的关系。

3. 早期的大多数接受者

早期的大多数接受者是指随后接受产品的 34% 的消费者。这类人在接受某一件新产品之前要权衡利弊，深思熟虑。与早期采用者相比，他们乐于收集更多的信息以及比较、评估更多的品牌，因此他们所需要的接受过程较长。他们依赖于群体获得信息，但自己却不善于成为领导潮流的人。由于他们处于早期采用者和晚期的大多数接受者之间，所以他们是新产品传播过程的重要环节。

4. 晚期的大多数接受者

晚期的大多数接受者是指接下来接受产品的 34% 的消费者。他们对新产品多持怀疑或观望态度，往往在产品成熟阶段才加入购买。这类人接受新产品是因为他们的大多数朋友已经接受了。由于他们也依赖于群体标准，所以他们是迫于服从大多数人的压力而接受的。这类人往往年纪较大且收入和受教育程度低于平均水平。他们的信息来源主要是口头交流而不是大众传媒。

5. 落后采用者

落后采用者是指最后接受新产品的 16% 的消费者。与创新采用者一样的是，他们也不依赖于群体标准。他们思想保守，往往对新产品持怀疑态度，与高速发展的社会相疏远。到落后采用者开始接受产品的时候，很可能产品已经过时或被其他的产品所替代了。例如，他们也许在彩色电视机已经广泛使用以后才开始买他们的第一台黑白电视机。

企业在推出新产品的过程中，应特别重视对创新采用者和早期采用者的识别，并通过有效途径与他们沟通，将营销重点先集中在他们身上，并通过他们的影响，促进新产品的市场扩散。对于早期的大多数接受者，研究他们的心理状态、消费习惯对加速新产品扩散有重要意义。

（二）产品特点与接受程度和速度

除了个人特性因素外，产品特点对采用率也有很大影响。产品的复杂性、相容性、相对优势、可视性、可试性等特点可以用来预测和解释顾客对一个新产品的接受程度和传播速度。

（1）复杂性是指了解和使用一个新产品的困难程度。产品越复杂，传播得越慢。例如，35 毫米照相机，在许多功能实现自动化以前，主要使用者是摄影爱好者和专业人员，因为对大多数人来说，学习如何操作它实在是太复杂了。

（2）相容性是指新产品与现有价值观、产品理解、过去的经验和目前的需要的一致性程度。不一致的产品的传播比一致的产品要慢得多。

（3）相对优势是指一个产品被认为优越于现存替代品的程度。例如，由于微波炉缩短了烹饪的时间，因此它同传统的炉具相比有一个明显的相对优势。

（4）可视性是指使用某一产品的好处或使用它可以被其他人看到或了解的难易程度。

例如，服装和汽车视觉形象强，比个人护理品更容易被注意到。

（5）可试性是指一个产品可以在有限范围内试用的程度。例如，试用新牙膏或早餐食品要比试用新汽车或微型计算机容易得多。展厅里的展览与试驾和在家里的试用是截然不同的。为了刺激人们试用新产品，营销人员可以开展赠送免费样品、品尝展示商品和出售小包装商品等活动。

除了上述因素之外，产品的初始成本、运行成本、风险等都会影响产品的接受速度，企业在设计新产品和制订营销方案时，应综合考虑所有这些因素，并将重点放在那些影响潜在顾客采用的主要因素上。

第四节　如何在产品的不同生命周期制定营销策略

一、了解产品生命周期的划分

企业不能期望自己的产品永远畅销，因为一种产品在市场上的销售情况和获利能力并不是一成不变的，而是随着时间的推移发生变化，这种变化经历了产品的诞生、成长、成熟和衰退的过程，就像生物的生命历程一样，所以称之为产品生命周期。所谓产品生命周期，就是产品从进入市场到最后退出市场所经历的市场生命循环过程，一般可分为导入期、成长期、成熟期和衰退期四个阶段（见图 7-5）。

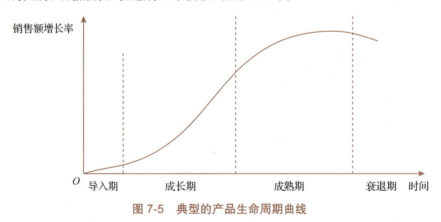

图 7-5　典型的产品生命周期曲线

一般的产品生命周期表现为典型的 S 形生命周期曲线，如图 7-5 所示。但并不是所有的产品生命周期曲线都呈 S 形，还有其他变形的产品生命周期形状（见图 7-6）。

（1）循环－再循环。产品在市场上经过一个周期衰退以后，过一段时间又重新兴起，开始第二个周期。这种现象产生的原因是企业采取各种不同的市场营销策略，使产品生命周期出现再循环的现象。例如，医药产品的生命周期曲线中最具代表性的就是循环－再循环型。

（2）扇形。这是产品进入成熟期以后，在产品销量未下降以前，由于发现了新的产品特性，找到了新的用途，或找到了新的市场，使得产品的需求呈阶梯式向上发展。例如，尼龙开始用于制造降落伞，后来袜子、衣服和地毯等都用它作为原料，从而使其需求大幅增长。

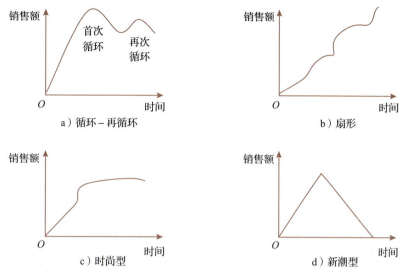

图 7-6　产品生命周期曲线的不同形式

（3）时尚型。时尚产品是指其某一方面的特性已经被消费者普遍接受的产品。其生命周期与典型的生命周期类似，都要经历产品生命周期的几个阶段。消费者购买这类产品的动机是追求一致性，一旦消费者的购买兴趣发生转移，其生命周期马上就结束。

（4）新潮型。新潮产品是一种存在时间周期极短的流行时尚产品，其生命周期曲线形状与一般的时尚产品不同。这类产品在某一段时间内非常流行，产品迅速进入市场并很快达到销售顶峰，然后又迅速衰退，生命周期相当短。如呼啦圈从风行到衰退不到半年的时间。这类产品的发展情况难以预测，经营风险较大。

二、采用适合产品生命周期各阶段的营销策略

通过产品生命周期各阶段的划分，我们可以看出，成长期和成熟期是获利较多的阶段，并且在不同阶段，产品的销售额、利润等都具有不同的特点。因此，企业应了解产品生命周期各阶段的主要特征，并对其进行准确的判定，在产品生命周期的不同阶段采取不同的营销策略，缩短导入期，延长成长期和成熟期，推迟衰退期的到来，以实现产品在整个生命周期中利润最大化。

（一）导入期的营销策略

导入期是产品首次投入市场的最初销售阶段，该阶段的主要特点是：消费者对产品不太了解，销售量低且增长缓慢，往往很多新产品在向市场投放以后，还没有进入成长期就被淘汰了；由于产品开发和投放市场成本高，利润往往为负；一般没有竞争者。这时企业的营销目标是使产品顺利进入市场，建立分销渠道，促进消费者对产品的了解，促使那些具有超前意识和革新精神的消费者购买产品。

因此，企业应综合考虑产品、价格、渠道和促销等因素，做好产品的整体营销策划，特别要处理好价格与促销的关系。企业可根据不同产品的特点，选择"价格－促销组合

矩阵"的不同策略，促使新产品顺利进入市场。"价格－促销组合矩阵"提出了四种不同的营销策略（见图7-7）。

（1）快速掠取策略。以高价格和高促销水平的方式推出新产品，即企业制定一个高于预期的价格，将产品投放市场，以便尽快获取高额的利润；同时通过大量的促销来吸引目标顾客购买，以加快市场渗透。该策略的使用条件是：产品为具有较高科技含量的专利型新产品，目标市场上的大部分消费者不了解，也无法估算产品的成本；产品对目标市场消费者具有较强的吸引力，消费者愿意支付高价；竞争者难以模仿，不易在短期内进入市场。该策略的使用有利于企业快速进入市场，尽快回收投资，获取利润，建立品牌偏好，且具有较大的主动权和降价空间，但也具有较大的风险。

（2）缓慢掠取策略。以高价格和低促销水平的方式推出新产品。这一策略的促销费用低，企业可以获得较高的利润。该策略的使用条件是：产品是消费者所期待并有所了解的，如具有高性能的新一代产品，消费者愿意支付高价。

（3）快速渗透策略。以低价格和高促销水平的方式推出新产品，以期实现最快速的市场渗透和最高的市场份额。这种策略适用的条件是：市场容量足够大；消费者不了解这种新产品，但对价格反应敏感；潜在竞争很激烈；产品成本将随生产规模的扩大和学习经验的增加而下降。

（4）缓慢渗透策略。企业以低价格和低促销水平的方式推出新产品。这种策略可以在市场容量大、市场上该产品的知名度较高、购买者的价格弹性大而促销弹性很小、存在某些潜在竞争的情况下采用。

	促销高	促销低
价格高	快速掠取	缓慢掠取
价格低	快速渗透	缓慢渗透

图7-7 价格－促销组合矩阵

案例7-10　花西子是如何做火的

走进办公楼的电梯间，便会看到广告屏上杜鹃手捧花西子彩妆的身影。靠线上深度绑定头部关键意见领袖和线下抢占电梯智慧屏广告的组合拳，吴成龙（花满天）将"花西子"三个字带到大众眼前。花西子是国货彩妆类品牌。天眼查显示，其注册主体为浙江宜格企业管理集团有限公司，于2016年7月成立，创始人吴成龙持股占比99%，是实际控制人。吴成龙行事低调，在创办花西子之前，曾担任百雀羚天猫旗舰店的运营总监，带领百雀羚进军电商领域。吴成龙认为，一个品牌能否做大做强是由品牌DNA决定的。花西子"东方彩妆，以花养妆"的品牌定位，契合了他做大做强的期许。

花西子异军突起，网红的加持，对其助力良多。一家位于杭州的MCN公司负责人告诉《21世纪商业评论》记者，2018年底至2019年中，是花西子的关键发力期，"2018年三季度，花西子有大批存货，开始打包给大网红推广"，由此开启二者的深度捆绑。2019年初，花西子刚和该MCN公司合作时，只推一款产品——原始包装的粉饼。据该MCN公司负责人回忆，双方合作了大半年，起初直播效果不佳，一场直播大概卖出100单，客单价仅50元左右，按照行规——"坑位费"2 000元加25%的提点，花西子基本收不回成本。2019 年二季度出现转折。花西子为产品更新了包装，陆续在直播间上架了口红、爽肤水等近 10 个商品（SKU）。比如，在 2019 年 4 月推出的中式雕花口红，凭借东方古典外包装，9 月在天猫旗舰店的单月销量达到 10 万件，成为当月口红销量排名第 7 的网红单品。SKU 的客单价区间也提升至 79 ～ 99 元。

"明显感觉平台推广预算增加了，谈合作的时候大方多了。"该负责人推测，网红的带货效应为花西子拓展了新的营收渠道。天猫数据显示，2019 年 3 月前，花西子在天猫美妆品类销量中排名 20 开外，当年 3 月，花西子散粉在网红直播间出现后，其销量持续增长 16 个月，并在 2020 年 "6·18" 购物节中登顶天猫 GMV（商品交易总额）榜首。

2019 年花西子迎来爆发式增长，全年 GMV 达 11.3 亿元，相比 2018 年暴涨 25 倍。

资料来源：《21 世纪商业评论》杂志社微信公众号。

（二）成长期的营销策略

当出现产品的销售量快速增加，消费者对该产品的认知度升高时，说明导入期的任务已经基本结束，产品要进入快速成长期。成长期是产品已经打开销路并迅速扩大市场份额的阶段。该阶段的主要特点是：消费者已了解该产品，销售量和利润迅速增长；生产规模扩大，生产成本下降；已建立稳定的分销渠道，单位促销费用大幅度下降；竞争者开始加入，市场上同类产品增多，竞争逐步加剧。这一阶段的营销重点为抓住时机，扩大市场份额，树立品牌形象，尽可能维持高速的市场增长率，延长成长期时间。此时，企业可采取如下策略。

（1）改进产品，提高产品质量和性能，增加花色品种，体现本企业产品的差异性，以提高产品的竞争力。

（2）努力寻求和开拓新的细分市场，开辟新的分销渠道。

（3）促销的目标应从建立产品知名度转移到树立产品形象，使消费者建立品牌偏好上来。

（4）企业在适当的时候要降低价格，以吸引对价格敏感的潜在购买者。

案例 7-11 <center>**科迪"小白奶"的快速陨落**</center>

2016 年下半年，科迪乳业开创性地推出了透明袋"小白奶"，靠着独特的包装及适中的口感，一推出就迅速走红，吸引大量拥趸。2017 年，科迪乳业迎来高光时刻，实现营收 12.39 亿元，同比增长 53.92%；实现归属母公司净利润 1.27 亿元，同比增长 41.56%。河南、山东、江苏、安徽四大传统销售区域外的营收更是暴增 678.95%。其

中，常温乳制品销售额增长达 65.8%，小白奶功不可没。

彼时，科迪乳业不仅在天猫超市、京东超市开设旗舰店，还授权郑州、商丘等地的几十家个体电商销售科迪乳业产品。在华东地区，科迪乳业通过电商的推广，吸引线下经销商主动代理销售。在"挑剔"的江浙地区打响知名度后，小白奶逐步打开了全国市场，甚至还成功进军北京的乳业市场。

但一位市场观察者表示："小白奶实质上就是普通的常温奶，没有特别的技术门槛。仅靠新颖的包装打出名堂，其他乳企效仿起来就很简单。"果不其然，2018 年，蒙牛、伊利、新希望、完达山等多家企业先后推出了自己的"小白奶"。大品牌的吸粉效应更加强大，消费者对科迪乳业小白奶的关注度日益减少。此外，公司疏于对经销商的管理，也加速了科迪乳业的衰落。数目庞大的经销商在一定程度上促进了小白奶的火爆销售，但因其疏于管理，经销商之间的倾轧异常明显，个别区域屡现窜货情况，经销商之间大打价格战，一些地区的批发价远远低于旗舰店零售价，线下经销商的利润很薄，导致销售市场极其混乱。

数据显示，2018 年，以小白奶为代表的科迪常温乳制品业务营收同比下降 25.62%，毛利率也下降了 7.46%。受此影响，科迪乳业全年营收为 12.85 亿元，同比增长仅为 3.76%；净利润为 1.29 亿元，同比增长 2.05%。

"乳届网红"短短两三年时间迅速衰退，是因为公司高层在产品成长期内没有加强企业管理，没有更好地关注市场需求，并培育消费者对科迪的品牌偏好。简言之，在快速发展的阶段，科迪乳业没做"好"，导致经营失败，真是"来也匆匆，去也匆匆"！

资料来源：食品头条和搜狐新闻。

（三）成熟期的营销策略

产品经过成长期的迅速增长，销售增长的速度放缓，产品进入成熟期。成熟期的特点是：慎重购买者多已加入了购买的行列，市场需求渐趋饱和，产品销售量达到最高点；产品的生产技术成熟，批量大，成本低，薄利多销，利润达到最高点；很多同类产品进入市场，市场完全被开发，竞争对手最多，企业的市场占有率呈巅峰状态；行业中竞争激烈，更新的产品陆续出现，销售增长缓慢，成熟后期，销售增长趋于零，甚至出现负数。成熟期的营销重点是建立品牌忠诚，巩固市场占有率，并设法延长产品的生命周期。这一时期可采取如下策略。

（1）调整目标市场，放弃一些已达到饱和、不具有比较优势的市场；寻找一些具有发展前景的新兴市场。

（2）努力改进产品质量性能和品种款式，以适应消费者的不同需求。

（3）改进市场营销组合，积极开展促销活动；适当采取价格竞争手段；调整渠道成员。

（4）积极发现产品的新用途或改变促销方式来开发新的市场。

（5）保持老顾客对品牌的忠诚，吸引新用户，提高原有用户的使用率。

（6）适时研制和开发新产品，准备产品的更新换代。

（四）衰退期的营销策略

尽管企业努力延长产品的成熟期，但大多数产品最终还是要进入衰退期。衰退期的主要特点是：产品销售量急剧下降，利润也迅速下降甚至出现亏损；消费者的消费习惯发生改变或持币待购；市场竞争转入激烈的价格竞争，很多竞争者退出市场。此时主要的工作是处理好处于衰退期的产品，确定引入新产品的步骤。这一时期可采取如下策略。

（1）放弃策略。放弃那些迅速衰落的产品，将企业的资源投入到其他有发展前途的产品上去。企业既可以选择完全放弃，也可以选择部分放弃。但使用该策略时应妥善处理现有顾客的售后服务问题，否则企业停止经营该产品，原来用户需要的服务得不到满足，会影响他们对企业的忠诚。

（2）维持策略。在衰退期，由于有些竞争者退出市场，市场存在一定的空白，这时留在市场上的企业仍然有盈利的机会。采用这种策略的企业将资源集中于最有利的细分市场，维持老产品的集中营销，待到适当时机，便停止该产品的经营，退出市场。

（3）重新定位。通过产品的重新定位，为产品寻找新的目标市场和新的用途，使衰退期的产品再次焕发新春，从而延长产品的生命周期，甚至使它成为一个新的产品。这种策略成功的关键就是要正确找到产品的新用途。

案例 7-12　　　　　　　　　**健力宝归来，还能成为王者吗**

2020 年 6 月 30 日，健力宝官方正式发布新品，推出了"无糖"版饮料，不少网友纷纷表示：健力宝又回来了？说起健力宝，很多人想到的应该是"80 后""90 后"的童年回忆，甚至觉得市场上现在还有健力宝卖已经很神奇了。

辉煌的过去

"要想身体好，请饮健力宝。"这句广告语曾经传遍大街小巷。对于很多"80 后"来说，健力宝是他们小时候"神一般的存在"，如果能够喝到一瓶健力宝，可以向小伙伴们炫耀大半天。1987 年，健力宝拿下第 6 届全国运动会的饮料专用权；1990 年，健力宝赞助第 11 届亚运会，更是使其名声大振。那个年代的健力宝，在国际上也享誉盛名。日本媒体称其为"中国魔水"，国际小行星命名委员会把一颗小行星命名为"三水健力宝星"。要知道，这是全球第一颗以企业名称命名的星星。

坎坷的遭遇

1997 年，健力宝从巅峰开始了自己坎坷的遭遇。在更换总部地址和公司的所有权问题上，健力宝创始人李经纬与利益相关者经历了一系列博弈之后，最终健力宝以 3.38 亿元的价格被卖给一个叫张海的年轻人。

张海接手后，健力宝从品牌到产品发生了一次大换血，放弃了"功能性"饮料这一核心定位。在张海看来，健力宝并不是一个完全的功能性饮料，应该被当成饮料而不是运动型饮料。然而，核心定位被抛弃之后，健力宝并没能成功创立新的定位、形成品牌优势，这导致健力宝逐渐被市场遗忘。数据显示，健力宝2003年销售收入仅为28亿元。营销失败后，张海于2016年把健力宝卖给了统一集团，之后健力宝又被三度转手，被中信旗下的淳信资本收购。

尴尬的现境

几经转手的健力宝似乎也意识到了自己品牌的老化，开始积极进行转型升级，发布了新形象、新包装。2019年，健力宝还将锦鲤护体、招财熊猫、Made in China三大元素印在罐身上，并与故宫进行文创合作。

但这种种创新至今仍无法挽救健力宝业绩增长乏力的尴尬局面。在淘宝平台上，健力宝新品"微泡水"月销量仅上千。天猫旗舰店销量最高的，是那款经典的橙味碳酸汽水，但也只有3 000+。其实，健力宝"身陷坎坷"的十年里，碳酸饮料已经变得不那么流行了。如今，国内饮品市场对"年轻化、健康化、颜值化"等潮流品类和产品的需求增加，与此对应的是增长中的气泡水和苏打水市场。

健力宝新近推出的产品也往这方面靠拢。不过，留给健力宝的气泡水市场份额已经不多了，除了"网红"元气森林外，娃哈哈、屈臣氏、农夫山泉等大品牌均加入健康运动饮品或苏打水、气泡水领域的混战。健力宝想要重新获得消费者认可，仅仅在产品包装上做出改变是远远不够的。如果不能精准地找到自己的定位，做出质的变化，健力宝只怕要离巅峰时刻越来越远了。当年如日中天的健力宝，怎么也想不到自己会有这么一天，要获得年轻人的欢心这么艰难。

资料来源：锌财经。

此外，产品生命周期具有区域差异性。同一产品在不同地区，其生命周期处于不同阶段，如发达国家和发展中国家、城市和乡村等。在实际运用中必须考虑地区因素。

关键词

产品　　　新产品　　　产品生命周期　　　整体产品　　　产品组合决策
产品线　　产品项目　　新产品开发

本章小结

1. 产品的开发与生产是企业经营活动的实质内容，是企业获得良好经济效益的基础，也是市场营销策略组合中的首要问题。从市场营销学的角度来认识，产品应当是能够满足一定消费需求并能通过交换实现其价值的物品和服务。

2. 产品是一个整体概念，它由五个层次组成：核心产品、形式产品、期望产品、附加产品和潜在产品。

3. 一个企业所提供给市场的全部产品线和产品项目的组合或结构，称为产品组合。产品线是产品组合的一大类，是能够满足同类需要，相互间密切关联的一组产品。产品项目是在产品线中不同规格、品种、质量和价格的特定产品。

4. 新产品的开发必须按照一定的科学程序来进行。这一过程一般可以分成新产品构想、产品构想的筛选、产品概念发展与测试、初拟营销规划、商业分析、新产品研制、市场试销和商业化八个阶段。

5. 产品生命周期是产品从进入市场到退出市场的周期性变化过程，可分为导入期、成长期、成熟期、衰退期四个阶段。这种周期性变化是由消费者接受新产品的过程差异所造成的，企业应根据各阶段的特征灵活调整营销策略。

🌀 思考题

1. 何谓产品整体概念？产品整体概念的营销意义是什么？
2. 什么是产品组合？
3. 什么是新产品？新产品有哪几种类型？
4. 新产品开发经过哪些主要阶段？每个阶段需要解决的主要问题是什么？
5. 新产品开发策略主要有哪些？
6. 什么是产品生命周期？产品生命周期各阶段有哪些市场特征？
7. 请阐述产品生命周期中导入期和成熟期的市场策略。

🌀 案例作业

解读白小 T：单品类策略如何引爆流行

近几年，业界讨论服饰赛道最新风向时，高频提及的不外乎 Bosie Agender、Teenie Weenie、太平鸟、罗拉密码等消费品牌。但 2020 年夏，一个主打 T 恤单品类的新创品牌——白小 T，因为头部主播的直播带货而进入大众视线，成为服饰赛道的一匹大黑马。

成功引起市场注意的是一件看似平平无奇的白 T 恤，在非活动期间售价高达 199 元。据媒体报道，白小 T 在创立不到 1 年的时间里，2020 年全网曝光 7 亿次，卖出 T 恤 100 万件，营收超 1 亿元。

2016 年 1 月，白小 T 的创始人张勇，在经历了多次创业尝试以后，创立了拇指衣橱，开始投身服饰行业进行创业。在近 5 年的创业历程中，张勇其实走了两个极端——从早期做极致复杂的个性化服装定制，走向了后期极致简单的白小 T 单品类生意。2019 年 1 月，拇指衣橱成立白小 T 新品牌，主打 T 恤单品类，开始做极致简单的生意。拇指衣橱后期为什么要转向极致简单的白小 T 单品类路线，其根本原因外人不得而知，但现在看来，极简路线至少可以帮助拇指衣橱规避以下两方面所带来的增长瓶颈：穿西服的人越来越少，运动休闲服饰主流趋势愈发明显；定制化服务是非标品路线，难以形成规模扩张和盈利优势。

在《品牌的起源》一书中，作者艾·里斯指出，消费者"以品类来思考，以品类来表达"。在他看来，企业唯一的目的就是开创并主导新品类。而张勇本人也在采访中表示过"品类即品牌是最优秀的打法"的想法，这与《定位》经典理论里的"品类即品牌"的核心思想极度一致。在确定"品类即品牌"战略后，张勇还发挥了"蓝海战略"的作战思想，避开了与强势品牌在其核心地带的正面交锋，转而从大家忽略的基础款 T 恤品类切入。事实上，T 恤品类除了在竞争格局中具有"品类再造"的潜力，其本身也有很强的先天性优势：T 恤是男装里最容易标准化的品类之一。

在确立了新的战略思想后，拇指衣橱开始从"人、货、场"三步走的路线来重新塑造"新生儿"白小 T。

（1）人：以性别空位，圈选精准人群，坚持做 30 ~ 50 岁中年男性市场的立场。因为经过市场调研，拇指衣橱发现中年男人更有消费实力，但男装消费人均不及日本的三分之一，未来增长空间大。在确定品牌的目标人群后，接下来就是圈选精准人群。对此，拇指衣橱选择了在二类电商——今日头条起盘，抓住男人也有即时性的潜在消费需求。拇指衣橱 30 ~ 45 岁以上的男性消费群体与今日头条的用户画像高度吻合：今日头条用户大多是冲动型消费，在产生消费欲望后一般直接购买，很少网上搜索比价；今日头条人群画像质量好于淘系，他们爱看新闻，年龄段更集中，学识修养更高，有一定的购买力。鉴于以上特征，拇指衣橱在今日头条上采取广投模式，圈选更多冲动消费的泛人群用户。

（2）货：以价格空位，打爆产品概念。白小 T 以价格空位切入赛道，一件 T 恤敢定价 199 元，主要是为了避免与头条系上 50 ~ 100 元居多的同质化 T 恤形成价格战。白小 T 通过产品定价破圈，在今日头条上抢占 199 元这一更高的价格带，可以为白小 T 的投资回报率（ROI）建立更高的基础。白小 T 1 ~ 4 代的产品概念演变，是为了打造更高一阶的价格带，进一步拓展增量。根据白小 T 天猫客服使用的产品话术表，白小 T 从 1 代的 99 元开始，每次产品迭代价格递增 100 元，直至 4 代的 399 元。

（3）场：率先跑通二类电商模型。通过前面的策略，白小 T 起盘的基础条件已经就位，接下来就是投放测试并跑通模型的问题了。白小T起盘路径选在小众但精准的今日头条。2019年，拇指衣橱表单投放的主阵地是以今日头条为代表的二类电商，而不是以天猫、京东为代表的一类电商。至于核心原因，正如其投资方华映资本投资总监刘天杰所说："男性对自身服装需求的感知能力较弱，传统货架电商模式很难激发男性的消费需求。选择今日头条，主要原因还是平台与品牌用户画像的高度吻合，以及算法推荐和定向投放为基础的头条系能够带来'货找人'的核心变量。"

以二类电商起家的白小T并不甘心依赖某一种单一渠道或者单一营销策略，随着声量和销量的拓展，白小T也在不断优化营销策略。白小T从面世到快速起盘经历了三个重要发展时期：2019年3月至2020年4月，积累声量阶段，注重打磨产品概念，开始探索投放内容；2020年5月至2021年3月，视频类营销内容出圈，专注投放白小T品牌，并开始在头条系大量投放落地页广告；2021年4月至今，拿到A轮融资，加大营销力度，开始向全域营销发力，如找头部主播带货。通过前期的声量累积，加上大量的广告投放，2020年白小T全年GMV超1亿元，2021年3月单月营收增至接近5 000万元。自2021年1月以来，白小T在天猫、京东、抖音电商等平台的销量迎来爆发式增长，2021年2月白小T问鼎京东T恤品类第一。

作为一个刚刚成立2年时间的新品牌，白小T肯定是不完美的，但它的起盘路径和关键策略的独到运用值得思考。现将白小T的核心打法总结如下。

（1）"红海"里的"蓝海战略"：白小T从被传统服饰品牌忽视的T恤品类出发，启动了"品类即品牌"的定位策略，将白小T打造成了T恤品类代名词。

（2）打造爆品的方式：产品价格带＋产品概念＋营销前置，三者平行并进，通过价格带定位来寻找新人群、新增量，以产品卖点来放大产品价值，并在研发阶段就开始设计营销卖点。

（3）理性看待渠道价值：不是哪里热闹就往哪里凑，而是要将渠道的用户画像与品牌的潜在目标人群进行深度匹配。二者匹配之后，白小T选择在小众但精准的二类电商起盘。

（4）创始人IP化：白小T的创始人张勇本身就是它最好的增长工程师。如果没有张勇揭秘工厂的视频内容创新，白小T可能仍处于创业探索期。

（5）私域闭环建设：拇指衣橱从早期就注重打造用户"留量池"，通过一对一的服务来提升用户LTV（生命周期总价值）。

最后，我们想强调的是，对于品牌而言，需要思考的一个问题是，在平台占据绝对主导权的今天，白小T依靠营销引爆了产品概念，虽然会提升ROI（投资回报率），但能否强化品牌力还需要打上一个问号。"行百里者半九十"，白小T的一切才刚刚开始。

资料来源：增长黑盒研究组。

讨论题

1.从产品整体概念角度阐述白小T是怎样满足消费者需求的。

2.白小T产品策略是如何制定的？

3.使用产品生命周期相关理论阐述现今服饰类产品的特点及营销策略。

参考文献

［1］方少华. 市场营销咨询方法、工具与案例［M］. 2版. 北京：经济管理出版社，2008.

［2］刘永炬. 赢市场：营销实战策略［M］. 北京：机械工业出版社，2009.

［3］柳廷奇. 赚钱的手段：解读产品的属性、揭示产品的本质［M］. 北京：世界知识出版社，2010.

［4］吕一林. 市场营销学［M］. 北京：科学出版社，2006.

［5］吴健安. 营销管理［M］. 北京：高等教育出版社，2004.

［6］科特勒，洪瑞云，梁绍明，等. 市场营销管理：亚洲版［M］. 郭国庆，译. 北京：中国人民大学出版社，1997.

［7］迈克丹尼尔，兰姆，海尔. 营销学精要：第5版［M］. 王慧敏，王慧明，译. 北京：电子工业出版社，2007.

［8］布恩，库尔茨. 当代市场营销学［M］. 赵银德，张璘，周祖城，等译. 北京：机械工业出版社，2005.

［9］科特勒. 营销管理：新千年版　第10版［M］. 梅汝和，梅清豪，周安柱，译. 北京：中国人民大学出版社，2001.

［10］张景智. 国际营销学教程［M］. 2版. 北京：对外经济贸易大学出版社，2003.

［11］弗罗斯特，福克斯，斯特劳斯. 网络营销：第8版［M］. 时启亮，陈育君，黄青青，译. 北京：中国人民大学出版社，2021.

［12］科特勒，阿姆斯特朗. 市场营销原理：第16版［M］. 郭国庆，译. 北京：清华大学出版社，2019.

第八章
制定有效的价格策略

内容提示

通过前面几章，你已经能掌握如何制定品牌及产品策略，但这仍然只是营销的基础工作，对企业而言均是投入阶段，只有制定有效的价格策略才能使企业获得收入，价格策略也是企业面对竞争的重要手段。作为一名企业营销管理人员，不仅需要了解价格策略在市场营销组合中的地位和作用，更有必要掌握市场营销中定价的理论依据，深刻认识制约定价的各种因素，合理制定企业的定价目标，灵活运用定价策略与方法来应对激烈的市场竞争。本章为你介绍企业定价目标和影响定价的因素，使你掌握以成本为中心、以需求为中心和以竞争为中心的定价方法，能够结合企业自身特征和环境条件制定企业产品定价策略，了解企业价格调整方式并能够根据竞争者价格变动采取合理的措施。

专业词汇

价格策略（Pricing Policy）

定价目标（Pricing Objective）

成本加成定价（Cost-plus Pricing）

盈亏平衡定价（Break-even Pricing）

需求导向定价（Demand-driven/Orientated Pricing）

理解价值定价（Perceived-value Pricing）

竞争导向定价（Competition-driven/Orientated Pricing）

定价策略（Pricing Strategy）

撇脂定价（Skim Pricing）

满意定价（Neutral Pricing）

心理定价策略（Psychological Pricing）

产品组合定价（Product-mix Pricing）

总成本（Total Cost）

成本导向定价（Cost-driven/Orientated Pricing）

目标利润定价（Target Return Pricing）

边际贡献定价（Contribution Margin Pricing）

需求差异定价（Differentiated Pricing）

新产品定价（New Product Pricing）

渗透定价（Penetration Pricing）

产品生命周期（Product Life Cycle）

折扣定价策略（Discount Price Policy）

价格调整（Pricing Adjustment）

营销管理人员应该深刻地体会到，价格是营销组合中唯一能够直接创造收益的因素，其他因素都代表着成本。价格也是营销组合中最灵活的因素之一，与品牌和产品不同，价格会很快地发生变化，因此，定价和价格调整是许多营销人员所面临的共同难题。

开篇案例

价格是最有效的利润驱动因素

利润的定义是

$$利润 = (价格 \times 销量) - 成本$$

这个定义表明，利润最终只有 3 个驱动因素：价格、销量和成本。其中，成本包括固定成本和可变成本。要说明这些驱动因素的影响，我们不妨来思考一个简单的例子。假设一家企业以 100 美元/件的价格销售了 100 万件产品。该企业的固定成本是 3 000 万美元，单位可变成本为 60 美元/件。这将带来 1 亿美元的销售收入与 1 000 万美元的利润。此时的利润率是 10%。如果一个驱动因素变化了 5%（假设其他因素均保持不变），这会对利润造成怎样的影响？表 8-1 给出了答案。如果价格提高了 5%，意味着现在的价格是 105 美元/件，保持其他条件不变，最终的销售收入将提高到 1.05 亿美元，利润会从 1 000 万美元上升到 1 500 万美元，整整提高了 50%。如果其他利润驱动因素都朝有利于利润的方向变化 5%（在其他条件保持不变的情况下），利润分别提高了 20%、15%、30%。由此可见，相比而言，在同等条件下，价格是最有效的利润驱动因素。

表 8-1　利润驱动因素变化与利润的关系

利润驱动因素	变化前	变化后	利润/万美元		利润提高幅度
			变化前	变化后	
价格/（美元/件）	100	105	1 000	1 500	50%
单位可变成本/（美元/件）	60		1 000	1 300	30%
销量/万件	100	105	1 000	1 200	20%
固定成本/万美元	3 000	2 850	1 000	1 150	15%

对大多数企业来说，看似微不足道的 2% 的提价对利润的影响其实是非常大的。近年的一项权威研究表明，如果亚马逊公司能够成功地将价格提高 2%，且不造成任何销量的损失，利润就会增加 276.2%。而对惠普来说，利润将增加 34.9%。即使是已经拥有高额收益的企业，也能够从这样的小幅提价中获益。苹果公司的销售利润率最高（29.7%），但即使是苹果公司，也能通过提价 2% 来提高 6.7% 的利润。按照百分比来计算，其利润的增长将是价格增长的 3 倍多。平均而言，2% 的提价可以使该项研究中的 20 家世界 500 强企业在利润方面获得 52.2% 的增长。这一结果显示了价格对利润的巨大杠杆效应，说明价格优化是有利可图的。

资料来源：西蒙，法斯纳赫特. 价格管理：理论与实践［M］. 吴振阳，洪家希，等译. 北京：机械工业出版社，2021.

第一节 定价时需要考虑的因素

价格的形成与波动是商品经济中最复杂的现象之一，除了价值这个形成价格的基础因素，现实中的企业在价格的制定和实现中还受多方面因素的制约。制定合理的营销价格，不能单纯地依据生产或服务成本，还需要根据企业的实际情况，围绕企业总体战略目标，综合分析影响企业定价的各种因素。

一、市场状况

企业对产品的定价，应充分考虑影响产品价格的一个重要而又难以把握的因素——市场状况，它决定着产品价格的最高临界点，价格再高也不能高到无人买的程度。市场状况包括市场商品供求状况、商品需求特性。

（一）市场商品供求状况

一般情况下，商品的成本影响商品的价格，而商品的价格影响商品的需求。由经济学原理可知，如果其他因素保持不变，消费者对某一商品需求量的变化与这一商品的价格变化方向相反，如果商品的价格下跌，需求量就会上升，如果商品的价格上涨，需求量就会相应地下降，这就是商品的内在规律——需求规律。需求规律反映了商品需求量变化与商品价格变化之间的一般关系，是企业决定自己的市场行为，特别是制定价格时必须考虑的一个重要因素。

（二）商品需求特性

商品需求特性对价格的影响表现为三个方面。

（1）对流行度或品质威望具有高要求的商品，价格仍属次要，如设计欠佳的服装不会因价格便宜而畅销；购买机器设备，首先考虑的是货物的品质，价格仅在货与货比较时才觉得重要；在耐用消费品方面，商品的威望直接和价格相关；某些消费品如糖、卷烟、罐头等，在难以与竞争厂家、品牌抗衡时，稍稍降价，销量即可增大，定价对促销甚为有利。

（2）购买频率大的日用品，有较高的存货周转率，适宜薄利多销；反之，周转率低或易损易腐蚀商品则需要有较高的毛利率。

（3）需求价格弹性，如对无价格弹性的商品降价，于促销无益；对需求弹性大的商品，价格一经调整，即会引起市场需求的变化。一般来讲，普通商品的代用品多，价格弹性大；特殊商品的代用品少，价格弹性小。

二、产品成本

在很大程度上，市场需求为产品的价格确定了上限，而企业成本是价格的下限。一般来说，商品价格必须能够补偿产品生产及市场营销的所有支出，并补偿商品的经营者为其所承担的风险支出。成本是影响价格的一个重要因素，以成本为导向的定价方法至今仍被很多企业所采用。然而，对不同成本概念的界定、区分与估算却经常被营销人员忽略。

（一）总成本费用

总成本费用是指在某一时期内，应由企业的某种产品承担的所有生产成本及期间费用的总和，包括与该产品直接相关的成本费用，也包括通过一定的计算方法分摊到该产品上的所有间接费用。

（二）固定成本及单位固定成本

固定成本是指成本总额不随产量或销量的变化而变动的那部分成本，如企业固定资产的折旧费、管理人员的工资等。即使在企业的产品一件都没有销售出去的情况下，这部分成本仍然会发生。而且，当企业的产量或销量在一定范围内波动时，固定成本的总额也不会发生变化。单位固定成本则与此相反，由于它等于固定成本总额除以产量或销量，所以它的数值往往与产量或销量成反比例关系。正是这一原因使得大批量生产及销售可以降低单位固定成本，从而降低产品的单位成本，达到规模经济效应。

（三）变动成本及单位变动成本

与固定成本相对应的一个成本概念是变动成本，它的总额会随着产量或销量的变化而变动。变动成本往往是产品的直接成本，如消耗的原材料成本、与商品直接相关的运输费用等。单位变动成本是总变动成本与产量或销量的商，如果总变动成本与产量或销量成正比例关系，那么单位变动成本在一定范围内会是一个常量。

（四）边际成本

边际成本是指企业每多生产或销售一个产品所导致的成本增量，这一成本概念在定价策略的制定中有重要作用。当产品的单位变动成本是一个常量时，边际成本与单位变动成本在数值上是相等的。

（五）生产成本和使用成本

实际上，消费者在使用产品时，也会支付很多费用，如使用汽车需要支付汽油费，使用家用电器需要支付电费。这类成本被称为使用成本，它已经成为影响商品价格和需求的重要因素。一般地，在同类商品中，由于使用成本低的商品的需求弹性较弱，因此该类商品的售价可以定得较高，越来越多的企业认识到这一问题，因此将低使用成本作为一种产品差异化的手段。

案例 8-1　　　　　　　　　　　　**啤酒的成本结构**

啤酒是世界上消费量最大的酒精类饮料，在全世界有着广泛的消费基础。19 世纪末啤酒由欧洲传入中国，至今在中国已有 100 多年的发展历史。自从 2002 年年产量超过美国后，当前，中国是世界上第一大啤酒生产国。不过，在 2013 年产量达到 5 062 万吨的历史最高值后，国内啤酒产量已经连年呈现下降趋势。

啤酒企业的生产成本主要包括原材料（如麦芽、啤酒花、水及大米、玉米、淀粉等辅助材料）、包装物（如玻璃瓶、易拉罐、纸箱等）、能源、直接人工、制造费用等（见图8-1）。

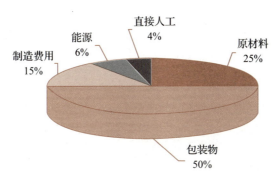

图 8-1 啤酒企业生产成本构成

中国产业信息网数据显示，包装物对啤酒生产成本的影响最大，占比达 50%；其次是原材料，占 25%；另外制造费用、能源、直接人工占比分别约 15%、6% 和 4%。啤酒企业包装物多来自国内采购，成本变动主要受国内玻璃瓶、易拉罐及瓦楞纸等价格的影响，包装材料价格的频繁波动给啤酒企业带来成本压力。2020 年以来，玻璃、铝锭等包装材料的市场价进入新一轮上涨周期，且价格水平显著高于近 10 年的平均和中位水平（见图8-2），成本压力更加显著。

图 8-2 中国玻璃价格指数

啤酒生产最主要的原料是大麦，约占总生产成本的 15%。中国的大麦供给高度依赖进口，2020 年进口大麦数量占比达 90%（见图8-3），进口大麦价格的变动（见图8-4）对啤酒生产成本的影响较大。由于中国大麦进口国家集中，主要来自澳大利亚、加拿大、法国和乌克兰，当这些国家出现大麦产量下跌、价格上涨或遇到其他政治、经济风险时，中国进口大麦价格易受波及。

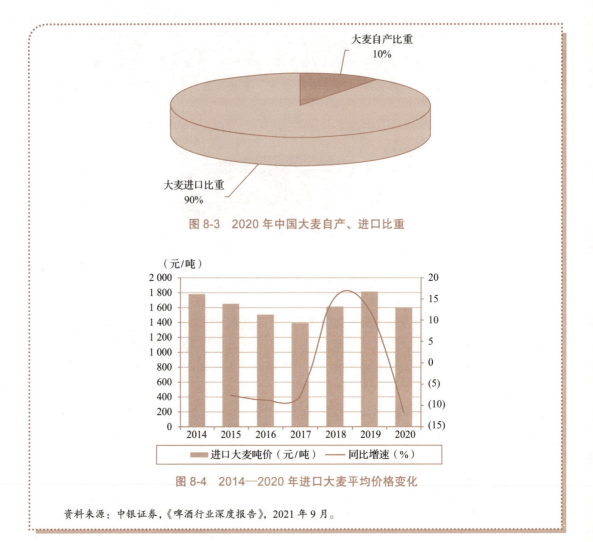

图 8-3 2020 年中国大麦自产、进口比重

图 8-4 2014—2020 年进口大麦平均价格变化

资料来源：中银证券，《啤酒行业深度报告》，2021 年 9 月。

三、竞争者的产品和价格

市场需求和企业成本分别为产品的价格确定了上限和下限，而竞争者的成本、价格和可能的价格反应则影响企业确定最终的价格。如图 8-5 所示，企业必须要充分关注竞争者的情况。

企业必须采取适当的方式，了解竞争者所提供的产品质量和价格。企业在获得这方面的信息后，就可以与竞争产品比质比价，从而更准确地制定本企业的产品价格了。如果二者的质量大体一致，则二者的价格应大体

图 8-5 关注竞争者的情况

一样，如果定价太高，则本企业的产品可能卖不出去；如果本企业的产品质量较高，则产品价格也可以定得较高；如果本企业的产品质量较低，那么产品价格就应定得低一些。有时，出于市场竞争的需要，当企业产品的质量与竞争产品大体一致时，也可将价格定得低一些。例如，格兰仕在国内市场率先推出的数码光波微波炉既可单独使用光波，也可以单独使用微波，还可以组合使用，使产品的热效率和热均匀性较传统微波炉有极大提高。2000 年，由美国通用电气公司推出的光波微波炉在美国市场的售价折合人民币10 000 多元，而格兰仕光波微波炉的售价仅 1 000 多元，有效提高了产品的吸引力和市场竞争力。

另外，竞争者也可能随机应变，针对本企业的产品价格而调整其价格，或者不调整其价格，而调整市场营销组合的其他变量，与本企业争夺顾客，这是一个动态博弈的过程。因此，对于竞争者价格的变动，企业营销人员也要及时掌握有关信息，并做出明智的反应。

四、企业自身的其他因素

除上述因素外，企业自身的状况，如企业的生产经营能力、企业的经营管理水平及广告宣传策略等都会对产品定价产生一定的影响。不同的企业由于规模和实力不同，因此采取的广告宣传策略也不同，销售渠道和信息沟通不同以及企业营销人员的素质和能力的高低，对价格的制定和调整应采取不同的策略。

影响企业定价的因素，如图 8-6 所示。其中，定价目标将在下一节中具体阐述。

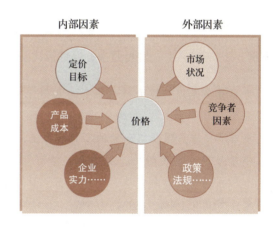

图 8-6 影响企业定价的因素

第二节 定价时可以采用的方法与策略

一、可供选择的定价目标

在定价前，营销人员先要考虑一个与企业总目标、市场营销目标一致的定价目标，并作为确定定价方法和定价策略的依据。一般来讲，营销人员可以参考以下几类定价目标（见图 8-7）。

（一）以利润为定价目标

利润是企业从事经营活动的主要目

图 8-7 可以选择的企业定价目标

标，也是企业生存和发展的源泉。在市场营销中，不少企业就直接以获取利润作为制定价格的目标。具体来讲，以利润为定价目标又可分为以获取投资收益为定价目标、以获取最大利润为定价目标和以获取合理利润为定价目标，企业可以根据自身实际情况加以选择。

（二）以市场占有率为定价目标

这种定价目标是指企业希望获得某种水平的销售量或市场占有率而确定的目标。提高市场占有率，维持一定的销售额，是企业得以生存的基础。市场占有率是企业经营状况和企业产品在市场上的竞争能力的直接反映，对于企业的生存和发展具有重要意义，因此有时企业把保持或扩大市场占有率看得非常重要。市场占有率一般比最大利润容易测定，也更能体现企业努力的方向。一个企业在一定时期的盈利水平高，可能是由于过去拥有较高的市场占有率，如果市场占有率下降，盈利水平也会随之下降。因此，许多资金雄厚的大企业喜欢以低价渗透的方式来获得一定的市场占有率；一些中小企业为了在某一细分市场中获得一定的优势，也十分注重扩大市场占有率。

案例 8-2　　　　　**妙可蓝多：高性价比助力打造奶酪行业龙头品牌**

妙可蓝多是以奶酪为核心业务的 A 股上市企业，是国产奶酪品牌的领头羊。近年来，公司瞄准奶酪"蓝海"，针对年轻一代父母注重孩子"合理膳食、营养均衡"的理念，聚焦儿童市场，重点强调奶酪棒的高营养价值，用高性价比结合精准营销，使得公司奶酪棒单品销量呈现井喷式增长。2020 年，妙可蓝多的市场占有率从 2019 年的 12.50% 增长至 19.80%，市场份额增长迅速。相比之下，国内传统乳制品龙头企业蒙牛、光明、三元的市场份额分别只有 1.8%、0.8%、0.6%。

妙可蓝多与市面上其他品牌对比，产品价格适中，但是因其钙和蛋白质含量较高，所以整体的性价比很高（见表 8-2）。妙可蓝多奶酪棒产品已成为新晋儿童零食的爆款产品。

表 8-2　妙可蓝多与其他品牌的对比

奶酪棒品牌	产品单价 /（元 / 支）	钙含量 /（mg/100g）	蛋白质含量 /（g/100g）
妙可蓝多	2.06	357	7.9
百吉福	2.10	340	6.8
蒙牛爱氏晨曦	2.58	460	8.0
伊利	1.58	104	3.0
光明	2.57	190	7.9

资料来源：天猫旗舰店、国联证券研究所。

注：单品价格为天猫旗舰店"618"大促的活动价格，钙和蛋白质含量均来自各家产品宣传介绍，每支奶酪棒为 20g（伊利为 18g）。

（三）以应对市场竞争为定价目标

以应对市场竞争为定价目标是指企业主要着眼于在竞争激烈的市场上以应付或避免竞争为导向的定价目标。在市场竞争中，大多数竞争对手对价格很敏感，在定价以前，一般要广泛搜集信息，把自己产品的质量、特点和成本与竞争者的产品进行比较，然后制定本企业的产品价格（见图8-8）。如通信行业的运营商中国移动和中国联通公司，不仅很多产品的功能相似，而且价格也非常接近。

企业在遇到同行业的价格竞争时，常常会被迫采取相应对策，如竞相削价、压倒对方；及时调价、价位对等；提高价格、树立威望。在现代市场竞争中，许多企业经营者认识到，价格战容易使双方两败俱伤，风险较大，因此，一般会开展非价格竞争，如在产品质量、促销方面苦下功夫，以巩固和扩大自己的市场份额。

图 8-8　针对竞争对手的定价目标

案例 8-3　　　　　**国内快递业：苦"价格战"久矣**

国家邮政局发布的统计数据显示，2021年8月快递业业绩总体向好，全国快递服务企业业务量完成89.9亿件，同比增长24.3%；业务收入完成840.1亿元，同比增长15.5%。

就A股4家快递上市企业的月度数据而言，在快递营收方面，顺丰、韵达、圆通和申通在8月分别为138.71亿元、31.28亿元、29.36亿元和17.8亿元；在业务量方面，4家上市企业分别完成了8.68亿票、15.25亿票、13.8亿票和9.14亿票，同比增长33.13%、18.95%、27.32%、15.89%。其中，顺丰、圆通的业务量增速超出行业水平，意味着当月市场份额向两家企业靠拢。

在单票收入方面，4家企业呈现分化：顺丰、韵达、申通单票收入为15.98元、1.95元和2.05元，同比下滑6.60%、3.30%、7.58%；圆通单票收入为2.13元，同比增长1.03%。

国内快递行业的兴盛，很大程度上与电商行业的发展密切相关。然而，在经过10多年的高速发展后，如今快递行业已经从增量市场转为存量市场。近年来，叠加了疫情等不利因素的干扰，行业内的恶性价格竞争现象此起彼伏。在义乌，甚至一度出现了"8毛发全国"的现象。激烈的价格竞争愈演愈烈，快递企业苦其久矣。尤其是对加盟制快递企业而言，不跟进，则意味着市场份额流失；跟进，则会影响旗下网点、快递员的经营和生存，甚至有网点出现收支平衡难以维系的情况。申通8月份的经营数据显示，当月，该公司快递单票收入为1.95元。业内人士指出："如果快递企业单票收入都是'1'字开头，将会没有赢家，最终也会影响用户体验。"

资料来源：21世纪经济报道，2021年9月。

（四）以产品质量为定价目标

以产品质量为定价目标是指企业为在市场上树立产品质量领先地位而在价格上做出调整所确定的目标。优质优价是一般的市场供求法则，研究和开发优质产品必然要支付较高的成本，自然要求以高的价格得到回报。从完善的市场体系来看，高价格的商品自然代表着或反映着商品的质量及其相关的服务质量。采取这一定价目标的企业必须提供高质量的产品以及优质的服务，如国内很多医院推出的高级病房，仅床位费就是普通病房的 10 多倍，但是由于其提供了高出普通病房几个等级的硬件条件以及相应的高质量服务，满足了部分顾客对医疗服务的多样化需求，从而稳定地占据了一定的市场份额。

（五）以维持企业生存为定价目标

当企业遇到生产能力过剩或激烈的市场竞争，或者要改变消费者的需求时，它要把维持生存作为自己的主要目标。为了保持工厂继续开工和使存货减少，企业必然要制定一个低的价格，并希望市场是价格敏感型的。生存比利润更重要，不稳定的企业一般都求助于大规模的价格折扣，为的是能保持企业的活力。对这类企业而言，只要它们的价格能够弥补变动成本和一部分固定成本，即单价大于单位变动成本，它们就能够维持企业的运作（见图 8-9）。例如，曾经公路客运凭借其速度及价格上的优势，对铁路运输尤其是短途铁路运输产生了巨大冲击，铁路运输业也开始推出多种价格优惠措施以维持地方铁路的生存。

图 8-9　维持企业生存的定价目标

此外，也有企业为了维系分销渠道，在定价时充分考虑中间商的利益，保证中间商有合理的利润，促使中间商有充分的积极性去推销商品。例如，在 20 世纪 70 年代，日本马自达汽车公司为应对因石油危机而引发的汽车市场低迷，规定每销售一辆汽车给予中间商 500 美元的回扣奖励，这种方法使该公司保持了完整的销售渠道，保证了 1976 年向市场投放新型车的销售获得成功。

一些知名公司的定价目标如表 8-3 所示。

表 8-3　一些知名公司的定价目标

公司名称	定价主要目标	定价相关目标
阿尔卡公司	投资报酬率（税前）为 20%；新产品稍高（税后投资报酬率约为 10%）	对新产品另行制定促销策略，追求价格稳定
美国制罐公司	保持市场占有率	应付竞争（以替代产品成本决定价格），保持价格稳定
两洋公司	增加市场占有率	全面促销（低利润率政策）
杜邦公司	目标投资报酬率	保证长期的交易，根据产品生命周期对新产品定价
埃克森公司	合理的投资报酬率目标	保持市场占有率，追求价格稳定
通用电气公司	投资报酬率（税后）为 20%　销售利润率（税后）为 7%	新产品促销策略，保持全国广告宣传产品的价格稳定
通用食品公司	毛利率为 33.3%（1/3 为制造，1/3 为销售，1/3 为利润），只希望新产品完全实现目标	保持市场占有率
通用汽车公司	投资报酬率（税后）为 20%	保持市场占有率
固特异公司	应付竞争	保持地位，保持价格稳定
国际收割机公司	投资报酬率（税后）为 10%	保持稍低于统治地位的市场占有率
海湾公司	根据各地最主要的同业市场价格	保持市场占有率，追求价格稳定
琼斯－曼维尔公司	投资报酬率高于过去 15 年的平均（约为税后 15%），新产品稍高	市场占有率不大于 20%，保持价格稳定
堪尼科特公司	稳定价格	目标投资报酬率（税前）为 20%
科如捷公司	保持市场占有率	增加市场占有率

二、定价方法

在确定定价方法时，营销人员要充分考虑产品成本、市场需求情况和竞争情况 3 个主要因素。下面分别按照这 3 个因素来介绍价格的确定方法。

（一）成本导向定价法

成本导向定价法是以产品的总成本为中心，分别从不同的角度来制定对企业最有利的价格。成本导向定价法由于较为简单，是企业最基本、最普遍和最常用的定价方法。它可分为以下几种。

1. 成本加成定价法

成本加成定价法是以成本为基础，加上预期的利润来确定产品的售价。成本加成定价法的计算公式如下：

$$产品单价 = 单位产品完全成本 \times （1 + 预期利润率）$$

公式中的预期利润率可以由企业根据市场环境及企业营销实力确定。成本加成定价法的优点是计算简便，有利于核算，同行业之间可以比较，以及给人以买卖公平的感觉；缺点是只考虑生产者的个别成本与产品的个别价值，未考虑市场需求，未考虑价格是否为市场所接受，不能随着市场需求的变化而相应地改变价格。

2. 目标利润定价法

目标利润定价法是指根据估计的销售量来制定价格、保证企业达到预期的见效报酬的一种定价方法。例如，通用汽车公司使用目标利润定价法，把汽车价格定在使它的投资能取得15%～20%利润的水平上。这种定价方法也被公共事业单位所使用，这些单位受到对于它们的投资只能获得一个公允报酬的限制。目标利润定价法的计算公式如下：

产品单价＝单位产品变动成本＋（固定成本＋目标利润）÷预期销售量

如果企业的成本与预期销售量都能计算得很准确，就可以采取目标利润定价法，实现预期利润。

3. 盈亏平衡定价法

盈亏平衡定价法又称收支平衡定价法。它是应用盈亏平衡原理进行的一种保本定价方法。首先计算盈亏平衡点产量，公式如下：

盈亏平衡点产量＝固定成本÷（单位产品价格－单位可变成本）

当企业的产量达到盈亏平衡点产量时，企业不盈不亏，收支平衡，保本经营。保本定价的计算公式如下：

保本定价＝固定成本÷盈亏平衡点产量＋单位产品变动成本

如果企业把价格定在保本定价点上，只能收回成本，不能盈利；若高于保本定价点便可获利，获利水平取决于高于保本定价点的距离；如果低于保本定价点，则企业无疑是亏损的。因此，我们也可将盈亏平衡定价法理解为，它规定了在产量一定的情况下，哪个价格是保证企业不亏本的最低下限价格。

4. 边际贡献定价法

这种定价方法是企业仅计算成本中的变动成本，不计算固定成本，而以预期的边际贡献适当地补偿固定资本。所谓边际贡献，是指预计的销售收入减去变动成本后的收益。如果这个边际贡献不能完全补偿固定成本，企业就会出现亏损。但在某些特殊的市场情况下，即使企业停产、减产，也得如数支出固定成本，倒不如维持生产，只要产品销售价格大于单位变动成本，就有边际贡献，若边际贡献超过固定成本，企业还能盈利。此种方法的计算公式如下：

单位商品销售价格＝（总变动成本＋边际贡献）÷总销量

这种定价方法，一般是在市场竞争激烈时采用。因为这时如果采用成本加成定价法，那么必然使价格太高从而影响销售，出现产品积压。而采用这种方法，价格要低于成本加成定价，有利于迅速扩大市场。这种定价方法，在产品必须降低价格出售时特别重要，因为只要售价不低于变动成本，就说明生产还可维持；如果售价低于变动成本，生产得越多，亏得就越多。

（二）需求导向定价法

需求导向定价法是指企业在制定商品价格时，主要根据市场需求的大小和消费者反应的不同，分别确定商品价格。其特点是灵活有效地运用价格差异，对于平均成本相同的同一产品，价格随市场需求的变化而变化。以需求为导向的定价法，主要有以下几种。

1. 理解价值定价法

理解价值是指消费者对某种商品价值的主观评判，它与产品的实际价值常常发生偏离。理解价值定价法是指企业以消费者对商品价值的理解度为定价依据，运用各种营销策略和手段，影响消费者对商品价值的认知，形成对企业有利的价值观念，再根据商品在消费者心中的价值来制定价格（见图 8-10）。采用这种定价方法，显然需要企业能比较自己的产品与竞争者的产品在市场上被消费者理解的程度，从而做出恰如其分的估计。因此，准确而充分的营销调研是理解价值定价法的先决条件。

图 8-10　理解价值定价法

案例 8-4　　　　　　　**精品戴森：高质高价**

2016 年 8 月 9 日，英国戴森公司在北京召开了旗下产品戴森 Supersonic 新型吹风机的发布会。不过，大多数人关注它的原因不仅仅是产品本身，主要还是那高得离谱的价格——国外售价 400 美元，国内售价 2 999 元。这款吹风机与普通吹风机相比到底有什么不同？它又是靠什么定价如此之高？原因有三。

一是其独特的造型设计。如果直接看产品图片，很难一下子认出这是一款吹风机。吹风机马达被安置在手柄内，没有扇叶，风筒则比较短小圆润，整体机身设计一眼看上去很像锤子。其实戴森公司的很多产品都以独特的造型为人所知。

二是其卓越的性能。戴森公司称，公司耗时 4 年才研发成功这款吹风机，研发费用达 7 100 万美元，共有 103 名工程师设计了超过 600 款原型，申请了超过 100 项专利，研发标准也堪比汽车研发，人力、物力投入巨大。

三是其绝佳的使用体验。很多体验过的用户表示，这是用过的最好的吹风机：轻巧，手感好，吹干速度快，声音小，智能温控，空气流技术，质量过硬，满身都是"黑科技"元素。

戴森是精品定价的典型，它的成功再次证明，成本是精品定价的底线，只有定价能补偿成本，企业经营才能持续。但是，成本不决定精品的价格，消费者对精品的感知价值才是精品定价的基础。

资料来源：杜建君. 精品营销战略 [M]. 北京：中华工商联合出版社，2017.

2. 需求差异定价法

根据不同的市场需求制定不同的商品价格，是定价中极为普遍的一种方法。这种定价的基础是顾客心理差异、产品式样差异、出售时间和地点的差异等。

可以采取以下几种形式进行差别定价。

（1）以顾客为基础的差别定价。同样的产品和服务，对于不同的顾客可制定不同的价格。例如，同样的建筑材料，卖给经常采购的建筑单位要比卖给一般用户的价格低一些。

（2）以产品式样为基础的差别定价。同等质量和规格的产品，式样老的可定低价，式样新的可定高价；高档产品和低档产品，价格也可拉开差距。

（3）以出售时间和地点为基础的差别定价。例如，商品在旺季时价格可定高一些，在淡季时可适当降低价格。有些商品和劳务甚至根据不同的时间规定不同的价格，例如，网约车平台，在白天、夜晚以及高峰、闲暇等时间段有不同的收费标准。

采用需求差异定价法的条件是：市场要能够细分，而且不同的细分市场要能看出需求程度的差别；差别价格不会引起消费者的反感。

案例 8-5　　　　　　　　　　腾讯付费用户数量大增

2021 年 5 月，腾讯控股发布第一季度未经审计的财务报告，报告披露，腾讯一季度收费增值服务账户数同比增长 14%，至 2.26 亿。其中，腾讯视频付费服务会员数达到 1.25亿，同比增长 12%。这主要受惠于：若干 IP 改编为动画及真人剧集的作品，如《斗罗大陆》；广受欢迎的自制综艺节目，如《创造营 2021》等。腾讯正把腾讯视频与微视团队合并，升级其推荐算法，为用户带来一体化的观看体验，并通过改编长视频库的作品，丰富短视频内容。此外，音乐付费服务会员数同比增长 43% 至 6 100 万，主要受益于更优质的内容、更有效的营销计划及更高的会员留存率。

资料来源：腾讯控股（00700.HK），2021 年第一季度财报。

---

3. 逆向定价法

逆向定价法是指企业依据消费者能够接受的最终销售价格，计算出自己从事经营的成本和利润后，逆向推算出商品的批发价和出厂价。这种定价方法不以实际成本为主要依据，而是以市场需求为定价出发点，力求让价格能为消费者所接受。

例如，通过市场调查，某企业获悉绝大多数消费者愿意用 280 元购买一套本公司的品牌西装，零售商的毛利要求 15%，批发商的批发毛利要求 5%，企业以此为准计算，西装的出厂价要定在 232 元左右，才能保证批发商、零售商和消费者都能接受。由于价格是既定的，因此企业要获利，就必须在节约成本、提高劳动生产率方面下功夫。

（三）竞争导向定价法

企业在制定价格决策时，主要以同类竞争对手的定价为依据，而不是过多地考虑成本及市场需求因素，这就是通常所说的竞争导向定价法。使用这种方法定价的企业往往对竞争对手的价格变动较为敏感，一旦竞争对手采取降价策略，它们会积极地反击。竞争导向定价法主要包括随行就市定价法和投标定价法。

1. 随行就市定价法

大多数以竞争为导向进行定价的企业采用随行就市定价法。企业往往按同行业的市场平均价格或市场流行价格来定价，在完全竞争市场中，由于任何企业都无法独立影响市场价格，它们定价时只能随行就市；在垄断竞争市场中，一些产品没有显著差异的中小企业经常根据在市场中担任"价格领袖"的大企业的产品价格来定价，它们没有实力与大企业竞争，只能扮演市场追随者的角色；而在寡头垄断市场中，各竞争厂商相互比较了解，各企业在长期的互相试探中可能形成一定的价格默契，任何一家企业都不会贸然地改变价格，以避免可能产生的恶性竞争。

随行就市定价法具有以下优点。首先，流行价格水平代表了整个行业或部门中所有企业的集体智慧，在成本接近、产品差异小、交易条件基本相同的情况下，采用这种定价方法可以保证各企业获得平均利润。其次，各企业定价保持一致，易于与同行竞争者和平相处，避免价格战和竞争者之间的报复，也有利于在和谐的气氛中促进整个行业的稳定发展。最后，在竞争激烈、市场供求复杂的情况下，单个企业不易了解竞争者对价格变化的反应，采用随行就市定价法既可为企业节约调研时间和费用，又可避免因价格突然变动带来的风险，是一种较为稳妥的定价方法。

2. 投标定价法

投标定价法是指采购机构在报刊上登广告或发出函件，说明拟采购产品的品种、规格、数量等具体要求，邀请供应商在规定的期限内投标。采购机构在规定的日期内开标，选择报价最低、最有利的供应商成交，并签订采购合同。某供货企业如果想做此笔生意，就要在规定的期限内填写标单，在上面填明可供应产品的名称、品种、规格、价格、数量、交货日期等，然后密封送给招标人（即采购机构），这叫作投标。企业在投标时必须充分权衡竞争对手的情况以及自身的综合实力，然后进行报价。

三、定价时可以采用的策略

需要注意的是，前面介绍的有关定价方法，只是制定价格的一些基本手段。在市场环境复杂多变、市场竞争日益激烈的条件下要使之收到良好效果，还必须灵活地运用如图 8-11 所示的有关定价策略，将易于实现已定的定价目标。

新产品定价策略	撇脂定价策略、渗透定价策略、满意定价策略
产品生命周期定价策略	导入期、成长期、成熟期、衰退期有不同的定价策略
心理定价策略	声望定价、整数定价、尾数定价、招徕定价
折扣定价策略	现金折扣定价、数量折扣定价、季节折扣定价、功能选择折扣定价等
组合定价策略	产品大类定价、选择品定价、补充产品定价、分部定价等

图 8-11　可以采用的定价策略

（一）新产品定价策略

1. 撇脂定价策略

撇脂定价也称奶油定价法，是指在新产品刚刚进入市场阶段采取高价策略，价格远高于成本，以尽快提取新产品效益的精华，就像在牛奶中撇取奶油一样。

撇脂定价策略不宜任意采用，而需要具备如下基本条件。

第一，该产品是新产品，无类似替代品。

第二，新技术尚未公开，竞争对手难以进入市场，企业是独家生产。

第三，购买者属于非价格敏感型，需求相对无弹性，制定高价仍有大量购买者。

第四，高价能给人以高质量的印象，能刺激顾客购买而不致引起顾客反感。

第五，企业生产能力一时难以扩大，如果定价过低，市场需求量过大，企业难以保证供应。

第六，制定高价将减少市场需求和企业产量，从而提高单位产品成本，但单位产品成本的提高将不会抵消高价所带来的高额利润。

撇脂定价策略有以下几个方面的优点。

第一，有利于生产者尽快收回成本并获得较高利润，以迅速扩大生产，满足市场需要。

第二，产品导入期的主要销售对象是创新采用者和早期采用者，与其他群体相比，这些人较少关心价格高低，属非价格敏感型，高价一般不会影响销售。

第三，价格本身留有余地。如果预先估计有错误，高价影响了销售量，可以降价销售。如果原先制定低价，以后再提价，就不那么容易了。

第四，在生产初期，价格高一些，使市场需求不至于发展过快，企业生产能力可从容应付。

撇脂定价策略的主要缺点有：由于定价过高，有时渠道成员不支持或得不到消费者的认可；高价厚利会吸引众多的生产者和经营者转向此产品的生产与经营，引起市场竞争。

案例 8-6　　　　　　　　　　苹果公司的定价策略

苹果公司是奉行撇脂定价策略的典型代表。2018 年 7 月，苹果新品 iPhone XS 手机发布，最便宜的也要 8 000 多元，相当于其他品牌相同配置机型的三四倍。这个价格买一台不错的电脑都绰绰有余了，会不会让很多消费者望而却步呢？会！但是没关系。高价虽然会让苹果损失一部分对价格敏感的用户，但会让"果粉"更加坚定地支持苹果，把苹果当成高端、时尚、拿着有面子的身份标签。苹果还有一个套路屡试不爽，就是在推出新款的同时，老款立刻降价。这种玩法可以说非常聪明：一方面，拓宽了消费人群，让那些不那么追求新功能、新设计的人也有机会手拿一部 iPhone；另一方面，让忠实的"果粉"赶紧换新的产品。2018 年，苹果公司以 483.51 亿美元的利润，继续高居《财富》500 强利润榜的榜首，蝉联"全球最赚钱的公司"称号。

资料来源：路骁. 用得上的商学课. ［M］. 北京：中信出版集团，2020.

2. 渗透定价策略

渗透定价策略也称渐取定价策略，是指企业在新产品投放市场的初期，将产品价格定得相对较低，以吸引大量购买者，获得较高的销售量和市场占有率。这种策略同撇脂定价策略相反，是以较低的价格进入市场，具有鲜明的渗透性和排他性。

渗透定价策略实质上是一种薄利多销策略，这种定价策略的适用条件如下。

第一，新产品的需求价格弹性较大。

第二，新产品存在规模经济效益。

第三，产品市场规模较大，存在着普遍的竞争。

采用渗透定价策略有许多优点：产品能迅速渗入市场，打开销路，增加产量，使成本随着生产的扩大而下降；低价薄利，使竞争者望而却步，从而获得一定的市场优势。

渗透定价策略的不足之处是：定价太低，不利于企业尽快收回投资成本，甚至产生亏损，有时也可能引起消费者对产品质量产生怀疑。

案例 8-7　　　　　　**小米的定价之道：让用户闭着眼睛买**

小米是渗透定价策略的成功实践者。小米曾经提出过一个理论，就是定价要低到让用户尖叫。那么，用户到底什么时候会尖叫呢？当然，各种黑科技的应用、各种使用体验的创新，都会让用户尖叫。但是真正最能让用户尖叫的，还是价格。那么，真正让用户尖叫的高性价比到底是多少呢？其公式是：

价格≤用户期望值的一半

小米为了在用户心目中建立"高性价比"的口碑，可谓是用心良苦。小米几乎在所有商品上都按照这个逻辑来定价，当初推出的 49 元的手机充电宝、79 元的小米手环、299元的小爱同学智能音箱、99.9 元的类 AirPods 耳机，都比市面上的一般产品便宜一半以上，甚至连大家电也不例外。小米计划将 65 寸的电视做到 1 999 元，米家洗衣机做到 799 元。小米陆续推出这些产品，一轮一轮渗透，给用户带来巨大冲击。很多"米粉"现在买东西已经形成一种习惯，即买东西之前先看看小米有没有同类商品，如果有就下单；如果小米推出新产品，不用比较，直接下单，买到就是赚到！这样的口碑一旦形成，就是巨大的品牌信任，用户可以闭着眼睛买东西了。

资料来源：高雄勇. 我在小米做爆品 ［M］. 北京：中信出版集团，2020.

针对不同的市场情况和不同的企业目标，企业在渗透定价策略和撇脂定价策略中进行选择时，需要考虑各种因素的特性及影响作用（见表 8-4）。

表 8-4　渗透定价策略与撇脂定价策略的选择标准

渗透定价策略	低	市场需求水平	高	撇脂定价策略
	不大	与竞争产品的差异性	较大	
	大	价格需求弹性	小	
	大	生产能力扩大的可能性	小	
	低	消费者购买力水平	高	
	大	市场潜力	不大	
	易	仿制的难易程度	难	
	较长	投资回收期	较短	

3. 满意定价策略

当营销人员面对撇脂定价策略与渗透定价策略无从选择时，也可以采取满意定价策略。这是介于撇脂定价策略与渗透定价策略之间的一种价格策略。它所定的价格比撇脂定价策略所定的价格低，比渗透定价策略所定的价格高，是一种中间价格，有时又被称为"君子价格"或"温和价格"。这种定价策略由于能使生产者和顾客都感到比较满意而得名。

满意定价策略既可以避免撇脂定价策略因价高而具有的市场风险，又可以避免渗透定价策略因价低带来的困难，因而既有利于企业自身，又有利于消费者。它适用于那些产销比较稳定的产品，不足的是有可能出现高不成、低不就的情况，对购买者缺少吸引力，也难以在短期内打开销路。

（二）产品生命周期定价策略

产品生命周期定价策略是指在产品经济生命周期分析的基础上，依据产品生命周期不同阶段的特点而制定和调整价格。

在产品导入期，可参考新产品的定价策略，对上市的新产品采取较高或较低的定价。

在产品成长期，消费者接受了新产品进入市场时的价格，销售量增加，如果竞争者不多，企业就应该采取稳定价格策略，一般不贸然降价。但如果产品进入市场时价格较高，成批生产后成本下降较快，市场上又出现了强有力的竞争对手，企业为了较快地提高市场占有率，也可适当降价。

在产品成熟期，消费者人数、销售量都达到最高水平并开始出现回落趋势，市场竞争比较激烈，一般宜采取降价销售策略。但如果竞争者少，也可维持原价。

当产品进入衰退期，消费者兴趣发生转移，销售量剧烈下降，一般宜采取果断的降价销售策略，甚至销售价格可低于成本。但如果同行业的竞争者都已退出市场，或者经营的商品有保存价值，那么也可维持原价，甚至提高价格。

各类产品在其产品生命周期的某个阶段一般具有共同的特征，但由于不同种类产品的性质、特点及其在国计民生中的重要程度、市场供求状况不同，对不同的产品采取的定价策略要实事求是、机动灵活。

（三）心理定价策略

心理定价策略是指企业针对消费者的心理活动和变化进行定价的方法和技巧。该策略一般在零售企业中对最终消费者应用得比较多。要想正确使用心理定价策略，就必须对不同消费者的不同心理特征有所了解（见表 8-5 至表 8-7）。

表 8-5　不同性别的消费者的心理特征

消费者类型	心理特征	消费者类型	心理特征
男性消费者	购买动机常具有被动性	女性消费者	购买动机具有冲动性和灵活性
	有目的、有理智地购买		挑选商品比较细致
	以商品质量为准，价格其次		选择商品时注重外观，质量、价格其次
	自信消费，不喜欢服务员介绍		注重服务体验
	交易迅速，缺乏耐心		购买行为易受情绪与外界因素的影响

表 8-6　不同年龄的消费者的心理特征

消费者类型	心理特征
青年消费者	对时尚消费品敏感，喜欢购买时髦的商品
	购买具有明显的冲动性
	购买动机易受到外界影响
	购买商品时最先考虑的是外观，其次是价格和质量
	是新产品的第一批购买者
中年消费者	属于理智型购买者，较为自信
	购买的商品以经济实惠为主
	喜欢购买被别人证明经济实用的新商品
老年消费者	喜欢购买经常购买的商品
	购买习惯稳定，不易受到外界影响
	希望购买方便、舒适
	对健康、实惠的产品比较敏感

表 8-7　不同身份的消费者的心理特征

消费者类型	心理特征
工人、农民	喜欢经济实惠、坚固耐用的商品
学生	喜欢购买稀奇的、没见过的商品
军人	大多是帮别人购买，或按计划购买，有时会请他人帮忙选购
知识分子	大多喜欢造型雅致、美观大方的商品
文艺工作者	大多喜欢造型优美、别具一格、具有艺术美感的商品

具体的心理定价策略主要有以下几种。

1. 声望定价和整数定价

声望定价和整数定价是指企业利用消费者仰慕名牌产品或名店的声望所产生的某种心理来制定产品的价格，故意把价格定成整数或高价。质量不易鉴别的产品的定价最适宜采用此法，因为消费者有崇尚名牌的心理，往往以价格判断质量，认为高价代表高质量。但价格也不能高得离谱，使消费者不能接受。有报道称，在美国市场上，手工做的布鞋很受欢迎，但质量好、价格低的中国货却竞争不过质量相对差、价格却高的韩国货，其原因是在美国人眼里，低价就意味着低档次。

在现代社会，消费高价位的产品是财富、身份和地位的象征。因此，对于非生活必需品及具有民族特色的手工产品，应采取极品价格形象。设计极品价格形象，主要强调产品品牌的著名、质量的上乘、包装的精美与豪华，以及给消费者精神上的高度满足。例如，提到领带，人们会想到金利来；提到运动鞋，人们会想到阿迪达斯、耐克。这些名牌产品不仅以优质高档而闻名于世，更以其价格高昂而引人注目。

案例 8-8　　　产品溢价：从成本价格到场景价格

随着消费的升级和新生代消费者的快速崛起，新生代消费者不太在意成本价格，而是慢慢开始接受场景价格。

什么是成本价格？就是进货成本加成毛利得出来的零售价格。什么是场景价格？就是为产品设置特定的场景并根据这个场景来调高定价所确定的零售价格。场景价格公式如下：

场景价格 = 成本价格 + 场景的附加值（工艺、文化、故事、IP 的价格）

Beloves 的定制产品基于一些值得纪念的场景（如红酒杯、旋转木马、莲花、火车票，都是恋人相识相知的场景）而设计，这些场景能提供附加值，可以让产品价格更高一些。

周大福的福星宝宝多年来一直畅销，无论是"财富宝宝""智慧宝宝"，还是"健康宝宝""快乐宝宝"，都映射出消费者最希望的生活和工作场景，不仅仅替消费者表达情感与愿望，更是卖出了场景的高价格。

通俗地解释，场景价格消费就是消费者在某种场景下愿意以相对较高，但能消费得起的价格买下代表自己情感表达的产品。这里面涉及两个价格，其含义不一样：一是相对价格，指的是毛利相对较高的零售价格；二是绝对价格，指的是产品的最终售价，消费者能买得起。

资料来源：崔德乾. 珠宝行业新营销：利润倍增的实战方法［M］. 北京：北京联合出版公司，2019.

---

2. 尾数定价

尾数定价是在商品价格中有意识地留有尾数、避免整数的定价方法。心理学家和销售部门发现，在定价中有意识地使用尾数可以给人以便宜的感觉，而且顾客往往认为有尾数的定价是经过认真核算的，是真实可靠的。比如，一件毛衣的定价为 99 元而不是 100 元；一个面包的定价为 4.8 元而不是 5 元；一块香皂的定价是 3.98 元而不是 4 元。事实上，100 元与 99 元相差不过 1 元，但在消费者心中却迥然不同。北京某商场业务部实践证明，采用一分价钱一分货的价值定价策略的商品的毛利率在 30% 以下，而采用心理定价策略的商品的毛利率却能达到 50% ～ 60%，而且消费者更能获得精神上的满足。

3. 招徕定价

招徕定价是指零售商利用部分顾客求廉的心理，特意将某几种产品的价格定得较低以吸引顾客。某些商店随机推出降价产品，每天、每时都有一两种产品降价出售，吸引顾客经常来采购廉价产品，同时也选购了其他正常价格的产品。

（四）折扣定价策略

折扣定价策略是利用各种折扣吸引经销商和消费者，促使他们积极推销或购买本企业产品，从而达到扩大销售、提高市场占有率的目的。这一策略能增加销售的灵活性，给经销商和消费者带来好处，因而在现实中经常被企业采用。常见的折扣定价策略主要有现金折扣定价、数量折扣定价、季节折扣定价及功能选择折扣定价等。

（五）组合定价策略

当产品只是某一产品组合的一部分时，企业必须对定价方法进行调整。这时，企业要研究出一系列价格，使整个产品组合的利润最大化。因为各种产品之间存在需求和成本的相互联系，而且会带来不同程度的竞争，所以定价十分困难。常见的产品组合定价策略有以下几种。

（1）产品大类定价。例如，松下公司设计出5种不同的彩色立体声摄像机，简单型的只有2千克多，复杂型的有5千克多，功能包括自动聚焦、明暗控制、双速移动目标镜头等，产品大类上的摄像机通过依次增加新功能，来获取高价。

（2）选择品定价。例如，许多饭店的酒价很高，而食品的价格相对较低。食品收入可以弥补食品的成本和饭店其他的成本，而酒类则可以带来利润。

（3）补充产品定价。例如，一些厂商给刮胡刀架的定价很低，而通过昂贵的补充产品——刀片来赚取利润。

（4）分部定价。例如，进入游乐园要支付门票的费用，如果游客增加其他项目活动的话，还要再交费。

第三节　如何应对价格调整

产品价格制定以后，由于情况变化，经常需要进行调整。企业调整产品的价格，主要有两种情况：一种情况是由于客观条件发生变化，企业感到需要调高或调低自己产品的价格；另一种情况是由于竞争者调整价格，自己不得不跟着调整。前者称为主动调整，后者称为被动调整。无论是主动调整还是被动调整，价格调整策略的形式不外乎降价和提价两种。

一、降价策略

降低价格是企业在经营过程中经常采用的营销手段。导致企业降价的原因可能来自宏观环境的变化，也可能来自行业及企业内部条件的变化，主要有以下几个方面的原因。

（1）存货积压占用了大量资金。企业可能会因为对市场的预测不准确或产品销售旺季已过等出现一定量的存货积压。为了解决企业对资金的迫切需求，尽快回笼资金，企业经常会将积压的存货降价处理。这种现象在生产及销售服装的企业中尤为常见，每当季节更替时，消费者都可以看到大量降价处理的服装。

（2）行业及企业的生产能力过剩，形成了供大于求的局面。随着科技的进步，产品的生命周期越来越短，由于替代品的出现而导致生产能力过剩的情况也越来越多，例如，在手机市场上，每一款新型号的手机在推出 6 个月后都会面临大幅度的降价。

（3）应对价格挑战，保持市场份额。很多企业降低产品价格并不是出于自愿，往往是因为竞争对手率先降价而不得不跟进以保持现有的市场份额。

（4）成本优势。企业在经营过程中很可能会由于某些生产及管理技术的革新而降低了成本，掌握了成本优势。为了利用这一优势扩大销售额及市场份额，企业会主动降低价格。降价引起的销售额增加会进一步导致成本降低，从而使企业进入良性循环。因此，发挥成本优势的主要手段就是降低产品价格。

（5）宏观环境（政治、法律、经济）的影响。政治、法律环境的变化会导致企业的降价行为。有时政府为了保护消费者权益，控制某个行业的利润，会通过政策和法令限制这个行业的利润率，从而导致该行业中的产品价格下调。例如，2001 年中国政府为了保护广大消费者的利益，就通过政策及法律手段使药品生产企业较大幅度地降低产品的价格。此外，经济环境的变化也会直接导致企业产品降价，在市场疲软、经济萧条时期，由于币值上升，价格总水平下调，企业的产品价格也会随之降低以适应消费者的购买力水平。

案例 8-9　　　　　**猪肉价格为何"跌跌不休"**

2021 年 9 月 15 日，大连商品交易所生猪期货 2201 主力合约以 14 110 点报收，再创新低。7 月以来，为应对生猪和猪肉价格过快下跌，国家发展改革委会同有关部门合计挂牌收储 5 万吨中央冻猪肉储备，并指导各地同步收储，稳定市场预期。此前，业内人士普遍预计，遵照历年规律，今年三季度猪价将出现季节性回升。而如今中秋、国庆双节临近，猪价仍深度下跌。猪价为何"跌跌不休？"

"供给增加、消费低迷，导致生猪和猪肉价格再次连续回落。"9 月 16 日，中国农业科学院北京畜牧兽医研究所研究员朱增勇对经济日报记者说。

从周价看，农业农村部监测的 500 个集贸市场生猪价格，自今年 7 月第 4 周反弹至每公斤 15.93 元后，再次连续 7 周回落，9 月第 2 周跌至每公斤 14.08 元，环比下跌 3.8%，同比下跌 62%。农业农村部监测的集贸市场猪肉价格，自今年 7 月第 2 周回升至每公斤 26.34 元后连续 9 周回落，到 9 月第 2 周为每公斤 23.91 元，环比下跌 2.1%，同比下跌 57.3%。

资料来源：中国经济网，2021 年 9 月。

二、提价策略

虽然价格上涨会引起消费者、中间商和企业推销人员的不满，但是一次成功的提价活动却会大大增加企业的利润。导致企业提价的原因主要来自以下几个方面。

（1）由于通货膨胀、物价上涨，企业的成本费用提高，因此不得不提高产品的价格。

（2）企业的产品供不应求，不能满足其所有消费者的需要。在这种情况下，企业就必须提价，这样不但能平衡供需，还能使企业获得高额利润，为企业进一步扩大生产做好准备。

（3）配合竞争者的涨价行为。尽管许多国家禁止价格同谋的行为，但是在寡头垄断市场上，由于竞争者数量有限，它们较容易达成价格默契。当市场上有一家厂商率先提价时，其他企业很可能会随后跟进，以配合价格领袖的行为。

案例 8-10　　　　　　　　**涪陵榨菜：将提价进行到底**

被冠以"榨菜茅台"的涪陵榨菜（002507.SZ）誓将提价进行到底。自 2008 年以来，涪陵榨菜至少进行了 12 次产品提价。2020 年 6 月，涪陵榨菜再度变相提价，将主力产品的规格从每袋含量 80g 减少至 70g，变相提价 14%。

回顾涪陵榨菜历史上的提价操作，在十余次提价中，仅有两次是完全更改价格体系的直接提价，剩下的均是通过缩小包装推动的间接提价。缩小包装，减量不减价的提价方式较为隐蔽，消费者很难发现，给经销商的压力也不大。

提价也成了涪陵榨菜业绩增长的主要动力。据界面新闻计算，涪陵榨菜 2011 年的平均吨价为 7 226 元，到了 2020 年底已经达到 14 368 元，如果以吨价上涨 8% 预测，2021年涪陵榨菜的吨价将达到 15 517 元。除了 2013 年和 2015 年没有上涨，其他年份均上涨5% 以上。

过去 10 年，涪陵榨菜的营业收入从 5 亿元提升到 20 亿元，翻了 3 倍，且在大多数年份都保持了双位数增长。但是，涪陵榨菜的提价策略还能持续多久呢？或许，涪陵榨菜躺着提价增业绩的时代已经过去，如果没有新的业务增长点，未来业绩难测。

资料来源：界面新闻，2020 年 12 月。

三、购买者对调价的反应

企业的价格调整会直接影响购买者的利益，直接影响购买者的购买决策，因此分析他们对调价的反应，是企业在制定价格调整决策时应当关注的问题。

研究消费者对调价的反应，多从消费者的价格意识入手进行定性分析。价格意识是指消费者对商品价格高低的感觉程度，直接表现为消费者对价格敏感性的强弱，它不受价格本身的影响，而受消费者的知识、经验、需求、兴趣和收入等个人因素的影响。价格意识是掌握消费者态度的主要指标和重要依据，也是解释市场需求对价格变动反应的关键变量。

价格意识强弱的测定，往往以购买者对商品价格回忆的准确度为指标。一般来说，购买者对于价值高低不同的产品价格的反应也有所不同。购买者对那些价值高、经常购买的产品的价格变动较敏感，而对于那些价值低、不经常购买的小商品，即使单位价格较高，购买者也不大注意。此外，购买者虽然关心产品的价格变动，但是通常更关心取得、使用和维修的总费用，如果总费用较低，那么企业就可以把这种产品的价格定得比竞争者的高一些，取得较多的利润。相关研究也表明，价格意识和收入成负相关关系，即收入越低，价格意识越强，价格的高低和涨跌会直接影响商品的购买量。由于广告经常使消费者注意价格的合理性，同时也给价格对比提供了方便，所以它对消费者的价格意识也起到了促进作用，使他们对价格的高低更为敏感。

购买者对于企业某种产品的降价行为可能会有以下几种理解。

（1）这种产品的式样过时了，将被新型产品代替。

（2）这种产品有某些缺点，销售不畅。

（3）企业财务困难，难以继续经营，产品售后服务可能受到影响。

（4）价格还要进一步下跌。

（5）这种产品的质量下降了。

购买者对于企业某种产品的提价可能会产生如下几种理解。

（1）这种产品很畅销，供不应求，价格可能会继续上涨。

（2）提价意味着产品质量的改进，这种产品更有价值。

（3）卖主想尽量获得更多利润。

（4）各种商品的价格都在上涨，提价很正常。

四、企业对竞争者调价的反应

企业主动调价一般都会经过深思熟虑，但是当竞争对手准备实施调价行为时，企业却往往并不知晓。为了避免被竞争对手打个措手不及，企业不仅应该密切关注竞争者的行为，还应当在平时就计划好对竞争者价格变动应做出的反应，以便在受到价格攻击时尽快做出决策。

在做出调价反应时，企业应该考虑以下问题。

（1）竞争者调价的目的是什么？

（2）竞争者调价是长期行为还是短期行为？

（3）竞争者调价将对本企业的市场占有率、销售量、利润、声誉等方面有何影响？

（4）同行业的其他企业对竞争者调价行动会有何反应？

（5）企业有几种反应方案？竞争者对企业每个可能的反应又会有何反应？

在回答以上问题的基础上，企业还必须结合所经营的产品的特性确定对策。一般来说，在同质产品市场上，如果竞争者削价，企业必须随之降价，否则必然会失去大部分顾客；如果竞争者提价，本企业既可以跟进，也可以暂且观望，因为如果同行业中的大部分厂商都维持原价，率先涨价者很可能会受到损失。

在异质产品市场上，因为各企业的产品在质量、品牌、服务、包装等方面有明显的不同，所以面对竞争者的调价策略，企业有更大的选择余地。对于竞争者的涨价行为，企业可以根据具体情况采取跟进或观望措施，而对于竞争者的降价行为，企业可以在以下行为中选择。

（1）不采取任何反应，维持原价不变。企业可能由于自身产品具有较大的差异性而使得消费者对本企业产品的需求价格弹性较弱，此时企业完全可以利用差异性优势来维持原价不变。这样既不会过多影响企业的市场份额，也不会减少企业利润。

（2）价格不变，但加强非价格竞争手段的投入。例如，提高产品质量、强化售后服务、追加广告投入、增加销售网点，或者在包装、功能、用途等方面对产品进行改进。有些企业会在保持原品牌产品价格不变的同时，专门推出一个低价品牌与竞争对手抗争。

（3）降低原来的价格。企业往往为了维持原有的市场份额，不得不跟随竞争者降价甚至降价幅度超过竞争者，尽管这一行为可能会引起价格战的爆发而导致两败俱伤，但在市场中却屡见不鲜。

（4）在跟随竞争者降低价格的同时，积极采取一些非价格竞争手段。企业经常使用价格手段与非价格竞争手段相结合的方式进行竞争，非价格竞争手段的投入可以增加企业产品的差异性，以避免产品的过度降价。

企业在对竞争者调价做出反应时，还要考虑本企业在行业中的定位，因为处于不同市场地位的企业在行业中所起的作用是不同的。例如，市场领先者可以对中小企业的率先降价置之不理，但一旦市场领先者主动降价，中小企业就不得不做出反应。

案例 8-11　　　　　　携程：头部企业不应加入价格战

全球商旅协会数据显示，受疫情影响，2020 年，全球商务旅行支出仅 6 940 亿美元，较预估数字下降 51.5%。同一时期，中国商旅市场支出规模下降 38%。低迷背景下，携程商旅依然表现亮眼。携程集团（09961.HK；TCOM.NASDAQ）2021 年第二季度财报显示，集团商旅管理业务营收同比上升 141%，与 2019 年同期相比上升 26%。

携程集团副总裁兼携程商旅 CEO 张勇在接受《时代周报》记者专访时表示，差旅管理在国外已有 100 余年历史，但在中国，这一行业才刚刚发展 20 余年，在张勇看来，强调商旅管理价值，珍视行业规则，培育市场规模，都是目前该领域发展的重中之重。

携程商旅方面提供的数据显示，当前，国内差旅管理市场 CR4（前 4 名企业所占市场份额）刚超过 20%，但在欧美发达国家，这一数字早已超过 50%。"比起国际市场，中国差旅管理行业还将有 10 倍乃至更多的增长空间。"张勇向《时代周报》记者表示。

跃升空间极大，引来无数入局者。目前，市场上除了携程商旅、腾邦国际、美亚商旅等专业差旅管理企业，还有酒店、航空公司、票务代理以及跨界加入的互联网巨头、技术公司等新势力。

谈及行业竞争，张勇认为，价格战仍是当下市场的主流。张勇坦言，携程商旅完全有能力加入价格战，但现在以及将来都不会以低价来主导竞争。

"我们不只是提供产品，更提供服务，通过专业化的商旅服务赋能企业。"张勇表示，"服务需要成本，降低价格必定也会降低企业的服务水平。长远来看，这不利于商旅管理行业的发展。作为业内头部企业，我们有责任，也有义务将行业引向良性发展的方向，不能自己坏了规矩。"张勇认为，价格战不利于企业、供应商、客户等多方发展，不能让劣币驱逐良币。

　　资料来源：时代周报，2021 年 10 月。

关键词

价格策略	定价目标	定价方法	成本导向
需求导向	竞争导向	价格调整	

本章小结

1. 影响定价的因素主要有市场状况、产品成本、竞争者的产品和价格以及企业自身的其他因素。

2. 企业的定价目标一般有利润、市场占有率、应对市场竞争、产品质量、维持企业生存及维系分销渠道。

3. 定价方法有成本导向定价法、需求导向定价法和竞争导向定价法。

4. 定价策略一般可分为新产品定价策略、产品生命周期定价策略、心理定价策略、折扣定价策略和产品组合定价策略。

5. 企业在采取降价策略或提价策略进行价格调整时，必须考虑购买者及竞争者对调价的反应。

思考题

1. 搜集一些经典的价格营销案例（如国产千元价位的智能手机价格战），并进行小组讨论。

2. 价格战略与营销战略的关系如何？

3. 影响企业定价的因素有哪些？

4. 企业的定价目标主要有哪几种？它对于正确定价有什么作用？

5. 可供企业选择的定价方法有哪些？具体计算方法是什么？

6. 如何对新产品进行定价？

7. 企业在进行价格调整时应考虑哪些因素？

案例作业

奈雪的茶：全行业最贵却亏损不止

近年兴起的新式茶饮，成功地将奶茶从低端消费带上高端消费的新台阶。走起轻奢风、与时尚大牌做邻居的茶饮店，价格自然也是水涨船高。

数据显示，新式茶饮客单均价达 35 元，远高于传统奶茶价格，与一杯咖啡的价格接近。其中，奈雪的茶每单均价高达 43 元，冠绝同行。

然而即便是如此高的价格，依然没能换来利润。奈雪的茶发布的业绩公告显示，2021 年经调整净亏损高达 1.45 亿元。

更有调查指出，几年来，虽然全国新增奶茶企业数万家之多，但因同质化严重，盈利者不到一成。看似热闹的奶茶行业为何难以盈利？消费者买单的钱都去哪儿了？

资料来源：海报新闻，2022 年 9 月 15 日。

讨论题

根据上述材料，广泛搜集相关背景资料，阐述你对新式茶饮定价策略的看法。

参考文献

[1] 科特勒，阿姆斯特朗. 市场营销：原理与实践 [M]. 楼尊，译. 北京：中国人民大学出版社，2015.

[2] 刘治江. 市场营销学教程 [M]. 北京：清华大学出版社，2017.

[3] 王方华. 市场营销学 [M]. 2 版. 上海：复旦大学出版社，2005.

[4] 陈水芬，孔伟成. 市场营销的理论与实践 [M]. 杭州：浙江大学出版社，2002.

[5] 李农勤. 市场营销学 [M]. 北京：清华大学出版社，2006.

[6] 李奇，毕传福. 大数据时代精准营销：从 IT 到 DT 营销之道 [M]. 北京：人民邮电出版社，2015.

[7] 李军. O2O 移动互联网营销完全攻略 [M]. 北京：清华大学出版社，2014.

第九章
通过构建渠道网络传递顾客价值

◯ 内容提示

　　定价策略完成之后，就需要构建营销的渠道网络了。众所周知，"要致富，先修路"。对于一个制造商而言，要想迅速成长壮大，最重要的是将自己生产的产品或提供的服务销售出去，进而获得市场的认可。渠道就好比致富之路，渠道建设的好坏直接影响产品或服务的销售业绩。在本章中，我们将主要阐述以下几个方面的问题：价值网络和营销渠道是什么？渠道策略包含哪些部分？传统的渠道如何管理？网络营销渠道如何构建与管理？

◯ 专业词汇

营销渠道（Marketing Channel）　　　　　　多渠道营销（Multichannel Marketing）

价值网络（Value Network）　　　　　　　市场物流（Market Logistics）

专营性分销（Exclusive Distribution）　　　一级渠道（One-level Channel）

直销（Direct Marketing）　　　　　　　　垂直渠道冲突（Vertical Channel Conflict）

密集型分销（Intensive Distribution）　　　二级渠道（Two-level Channel）

选择性分销（Selective Distribution）　　　水平渠道冲突（Horizontal Channel Conflict）

零售（Retailing）　　　　　　　　　　　三级渠道（Three-level Channel）

垂直营销系统（Vertical Marketing System）　多元渠道冲突（Multichannel Channel Conflict）

批发（Wholesaling）　　　　　　　　　　第三方物流（The Third Party Logistics，3PL）

水平营销系统（Horizontal Marketing System）网络营销渠道（Network Marketing Channel）

◯ 开篇案例

线上 + 线下：小米的双渠道营销

　　2010 年 4 月，小米公司成立；2012 年，小米卖出 719 万部小米手机；2013 年，卖出 1 870 万部手机；2015 年，出货量登顶中国手机市场。登顶后，小米遇到市场饱和、同行竞争和品牌自身限制等一系列问题。2016 年，小米又出其不意地创立"小米模式"，建造小米生态链，开设小米之家，开启直供模式，层层突围，重新占据手机市场；2017 年，小米再次以辉煌的成绩向世人展现小米奇迹。小米公司是中国第一家以纯互联网模式销售的公司，它的基石是硬件、软件和互联网服务所组成的"铁人三项"。小米以互联网思维，牢牢抓住了消费者与品牌之间的联系。

为发烧而生，互联网口碑营销

2011年，在竞争激烈的国内智能手机市场上，小米瞄准市场的缝隙采取了利基定位策略，将手机定位于"发烧友"，然后借助众多媒介的宣传，传播了小米手机的特色，突出了企业的优质服务，在用户心中树立了良好的企业形象。小米的精准定位不仅避免了与苹果、三星等知名品牌的直接竞争，而且通过互联网思维快速占领了市场。小米造就了互联网行业中最有"存在感"的品牌公司。

小米采用互联网口碑营销模式，提出口碑铁三角理论：发动机、加速器、关系链构成一个三角形，好的产品是口碑的"发动机"；社会化媒体是口碑传播中的"加速器"；为了让口碑传得更广，用户和企业之间就一定要建立深层次的信任"关系链"。

和用户做朋友，让"米粉"发酵

小米的主要理念就是和用户做朋友，基于此基本理念，它提出了三个战略与三个战术，称为"参与感三三法则"。三个战略分别是做爆品（产品战略）、做粉丝（用户战略）和做自媒体（企业信息与内容的战略）；三个战术分别是开放参与节点、设计互动方式、扩散口碑事件。2011年到2014年，小米将三三法则完全融入其产品开发与营销过程中，每一环节都渗透着"米粉"的价值。

渠道下沉，无限广阔的线下市场

2016年前后，随着互联网红利的减少，线上获取客户的成本越来越高，线上销售遭遇"天花板"，小米决定融合发展线上线下渠道，渠道下沉，进行全方位渠道建设。小米重点发力线下渠道，深度覆盖县乡等四、五线手机零售渠道，提出了"小米之家+小米直供（小米小店）"的双重线下渠道模式，结合自己原先的传统渠道加强自己的线下渠道能力（见图9-1）。

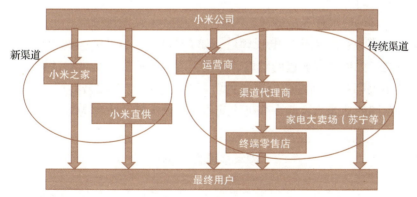

图 9-1　小米渠道示意图

小米线下直供模式绕开所有中间渠道，使个人卖家可以通过直供平台直接向小米公司订货。小米线下直供模式有四个关键：①吸引大量客源；②有效解决产品供需问题；③制定严格的销售管理规则；④实现良好的经营酬劳分配。

小米之家诞生于2011年，早期定位于售后服务，发展也比较缓慢。2015年小米开出了第一家具有零售、服务双职能的小米之家，奠定了小米新零售的起点，此后小米迅速扩张。2020年12月，第1 000家小米之家落成。2021年1月9日，小米公司宣布，共计1 003家小米之家在当日同时开业，新开门店遍及全国30个省级行政区，覆盖270个县市。2021年10月28日，小米之家县城覆盖率已超80%，已覆盖2 200个县城。10月30日上午，雷军宣布小米之家第10 000家店开业。

小米之家的目标与愿景是：用互联网的思维来改造传统低效的零售行业，打破信息的不对称，实现线上和线下的融合，最终要做到用户来了可以闭着眼睛买。如今，小米之家门店已经从最初的省会城市、地级市深入覆盖到县级市，甚至在重点城镇也有所触达，这表明小米之家不仅拥有渠道覆盖的"广度"，同时也拥有渠道渗透的"深度"。

资料来源：中国社会科学案例中心。

腾讯网，2021年10月29日，https://new.qq.com/omn/20211029/20211029A0BH2C00.html。

第一节　如何理解营销渠道和价值网络

一、什么是价值网络和营销渠道

要成功地创造价值需要成功地传递价值。我们在通过高效价值网络向顾客传递价值的过程中，一般包括四个流。

（1）商流，泛指商品的买卖活动。

（2）物流，指商品买卖活动带来的物品流动。

（3）信息流，指商品流动所伴随的情报资讯，如周转最快的商品是什么，哪些产品最能引起客户的兴趣，每日、每月的商品销售量，等等。

（4）资金流，指金融体系在流通过程中的配合应用，如信用卡、银行转账等。

所有的这些"流"都需要一个载体和通道，这个载体和通道便是渠道。"渠道"一词来源于拉丁语"canal"，意思是运河。因此，渠道会让人想起河流，如长江、黄河等重要的商业渠道；渠道也会使人想起电视频道，如CCTV-1、CCTV-9等，是传送特定电视节目的通路。总之，渠道含有通道的意思，反映了内容的流动，是具有动感的概念。

著名的营销大师科特勒对营销渠道的解释为：在生产者和最终用户之间有一系列的营销机构执行不同的功能，这些中介机构就称为营销渠道，也称为分销渠道和贸易渠道。

> **案例9-1**　　　　　　　　　　**顾家家居的渠道转型**
>
> 顾家家居专业从事客厅及卧室家具产品的研究、开发、生产与销售，产品覆盖沙发、软床、餐椅等领域，为全球家庭提供健康、舒适、环保的客厅及卧室家居产品。2013年内外销总营收近30亿元，是中国家居行业的领军品牌。
>
> 顾家家居在发展初期主要为沙发单品类，经营模式相对简单，

但随着公司产品品类的不断延展，销售模式随之调整，从目前公司渠道变革进程来看，公司已完成由事业部模式向区域零售中心模式的转型，变革效果逐步呈现。

2014—2018 年：事业部模式转向"经营体"模式

2013—2014 年，公司为提高经销商管理效率，创新性地提出"经营体"销售模式试点，即将销售层级由原来的"顾家家居→单个经销商"变更为"顾家家居→经营体→单个经销商"（见图 9-2）。通过"经营体"模式，公司主要获得了三方面的成效。

（1）通过整合经销商资源，收窄了对经销商的管理半径，提高了公司的经营管理效率，降低了对整个经销体系的管理成本。

（2）通过订单整合，将小而零散的订单化零为整，缩短了发货周期，有效提高了物流配送效率。

（3）有效提高了公司满足客户需求的能力。区域"经营体"管理层更加熟悉本地市场，可以自主制定本区域范围内的市场营销策略，有针对性地聚焦目标消费群体，提高了对市场需求的响应速度。

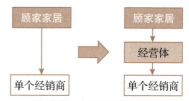

"经营体"主要由当地规模大、实力强的经销商出资设立

图 9-2　顾家家居事业部模式转向"经营体"模式

2018 年至今："经营体"模式转向区域零售中心模式

2018 年，公司将经营中心下移设立区域零售中心，将组织结构由"总部事业部＋事业部大区＋经销商"升级为"营销事业部＋区域零售中心＋经销商"

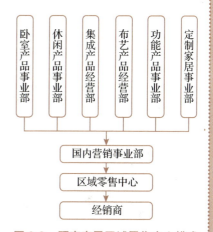

图 9-3　顾家家居区域零售中心模式

（见图 9-3），通过区域零售中心来统筹各区域渠道的扩张、营销、售后服务等功能，加强对经销商开店和营销端的赋能。公司的区域零售中心建设可以有效提高终端销售及服务能力，促进新老品类的协同发展，同时提高反应速度，加快渠道下沉。

顾家家居拥有 15 个区域零售中心，在组织架构及终端管理等方面均逐步建立起了成熟的运营机制，对各个产品事业部的垂直管理效率也有极大提升。同时，公司建立了门店信息化系统，主要围绕门店、线上渠道、售后服务等方面进行大数据积累，形成用户画像，反馈门店动销情况和市场环境（未来交房户型、市场流行风格、消费趋势），实现反向设计产品和精准营销，加快前端门店周转和提升坪效，提高终端门店的管控效率。

如今，顾家家居正逐步构建立体多元营销网络，注重线上渠道拓展。未来，随着线上线下渠道间协同效应释放，线上业务有望加速放量。

顾家家居在家具行业零售渠道转型方面具有创新性和探索性，做"难而正确"的事，乘风破浪前景可期。

资料来源：轻工制造行业深度报告：由美的集团营销架构变革看顾家渠道转型，2021 年 9 月 27 日，http://data.eastmoney.com/report/zw_industry.jshtml?infocode=AP202109271518853204。

二、如何认识营销渠道的功能和流程及层次

麦当劳为什么购买鸡肉和牛肉来生产汉堡，而不是自己办养鸡场或者养牛场呢？这说明应该集中力量办自己的优势产业。于制造商而言，将销售的工作委托给分销机构，不仅可以从中间机构获得很多好处，而且采用中间商还能够更有效地推动商品广泛地进入目标市场。如图 9-4 所示，利用中间商是节约成本的一个主要源泉。图 9-4a 表示 3 个制造商利用直销分别联系 3 个顾客，这种方式需要 9 次交易。图 9-4b 表示 3 个制造商通过同一个分销商和 3 个顾客发生联系，而这种方式只需要 6 次交易。比较而言，采用中间商的方式减少了工作量。

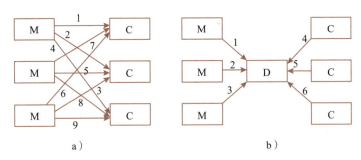

图 9-4　中间商的经济作用

注：M——制造商，C——顾客，D——分销商，图中数字 1 ~ 9 表示制造商、分销商、顾客之间的交易数。

1. 营销渠道的功能是什么

营销渠道的功能包括收集信息、促销、协商、订货、融资、风险承担、实体分配、付款、所有权的转移。例如，我们现在来分析一家电冰箱经销商，它在市场销售过程中会发现顾客的需要，如保鲜、节电功能等需求，同时也可以收集到市场中其他厂家的同类产品的信息。这家经销商向电冰箱制造商进行反馈，这就显示了渠道的收集信息的功能；然后，当经销商发现顾客有购买的意思后就会说服他们购买，在这一过程中，经销商（渠道）就可以实现厂家的促销功能；下一步，经销商和购买者之间就会根据价格、服务等达成协议，实行所有权和占有权的交换，经销商（渠道）又实现了厂家的协商功能；下一步，经销商会向厂家进行订货、购买、运输等，就会涉及融资、风险承担、实体分配、付款及所有权的转移功能。

2. 营销渠道的流程是怎样的

营销渠道的流程由实物流、所有权流、付款流、信息流和促销流五部分组成。我们结合一个电脑制造商的例子来考察一下（见图 9-5）。

（1）实物流。实物流是指实体产品从原材料到最终顾客的流程，如电脑制造商，从供应商那里购买原材料、零部件，通过运输公司运送到自己的仓库，然后运到经销商那里，最终销售给顾客。

（2）所有权流。所有权流是指商品所有权从一个营销机构向另一个机构的实际转移，如电脑制造商从供应商那里购买了零部件等，其所有权也由供应商转向电脑制造商。

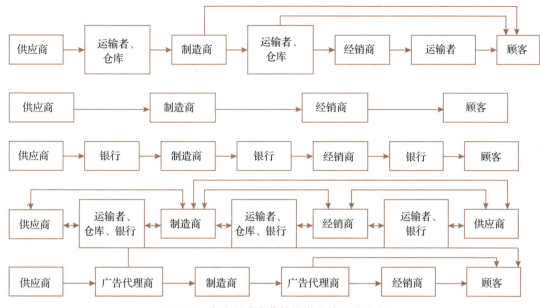

图 9-5　电脑制造商营销渠道中的五个流程

（3）付款流。付款流是指顾客通过银行和其他金融机构将货款付给经销商，经销商再付给制造商，制造商再付给供应商。

（4）信息流。信息流是指渠道成员相互传递信息，如电脑制造商和电脑经销商传递有关电脑的信息等。

（5）促销流。促销流是指促销信息从系统的供应方向生产者、顾客方转移。

案例 9-2　　　　**渠道为王，终端制胜：雅迪的渠道优化和升级**

　　目前国内电动车市场接近饱和，电动车行业前期的野蛮式扩张所埋下的隐患顷刻爆发，缺乏创新、同质化严重的国内电动车品牌开启了漫长的价格战。雅迪的联合创始人兼董事长董经贵及其团队意识到低价促销只能解一时之困，基于此，雅迪拉开了全面变革的大幕。除了产品技术上的匠心独运，以及品牌打造上的巨额投入，雅迪在营销渠道方面更是打破了行业窠臼，颠覆传统的渠道分销模式，朝着连锁经营的方向进行渠道的优化和升级。

渠道优化：探索渠道转型之路

　　为了保证雅迪的营销渠道与企业战略发展方向的一致性，雅迪在营销渠道方面采取了一系列的改革措施。从渠道终端的形象和服务到经销商队伍，雅迪都在不断地进行着优化和完善。原有的激励机制只包括销售目标这一衡量标准，现在则在原有的基础上将店内运营情况也作为奖惩标准之一。精细管理经销商队伍也是雅迪为在未来实现连锁运营提前扫清障碍的关键一步。从雅迪分销渠道的整体布局来看，雅迪的分销渠道组织结构逐步呈现相对扁平化（见图9-6）。

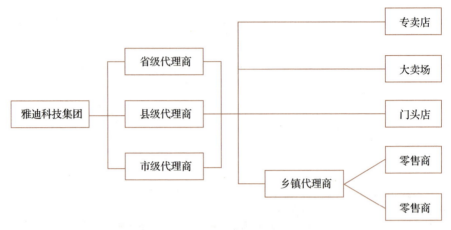

图 9-6　雅迪的分销渠道组织结构

渠道升级：变革转向连锁经营

从整体上来说，雅迪目前的营销模式还是传统的渠道分销模式，但随着"更高端"战略的深入实施，雅迪有意朝着连锁经营的方向进行变革。雅迪连锁经营的方式通过三种模式进行落地：第一种是海澜之家式的直营模式，由企业派团队接管原有的门店，原来的代理商变成投资人，由企业团队来进行管理；第二种是品牌运营商模式，对于规模很大的经销商，需要设立部门，通过对部门人员的培训使其更加职业化、专业化，在这些人员达到一定的能力素养时进行赋权；第三种是半托管模式，公司只负责管控门店的核心人员，使他们能够通过标准化的方式进行运营。现阶段雅迪门店接近 20 000 家，其中真正实现专营专卖的智美终端形象店有 10 000 家左右，门头店 2 000 多家，剩下的 7 000 多家采用的仍然是混营的方式。除此之外，在行业内其他品牌实施渠道下沉的情况下，雅迪渠道布局的重心仍然是重点县市，一方面是因为竞争对手凭着价格方面的优势早早在乡镇抢占了先机；另一方面是如何将更高端的品牌理念植入到核心乡镇的渠道建设当中，让消费者感受到更高端，仍然是雅迪面临的非常棘手的问题。因此，对于雅迪来说完全实现连锁经营仍然任重而道远。

资料来源：中国管理案例共享中心，2019 年 10 月，http://www.cmcc-dlut.cn/Cases/Detail/4099。

3. 如何认识营销渠道的层次

生产者和最终顾客是每个渠道的组成部分。我们主要从中间机构的级数来说明营销渠道的层次。图 9-7a 举例说明了几种不同长度的消费者市场营销渠道。图 9-7b 说明了产业市场营销渠道。

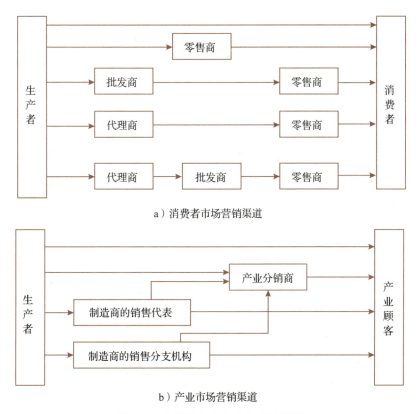

a）消费者市场营销渠道

b）产业市场营销渠道

图 9-7　消费者和产业市场营销渠道

　　零级渠道又称直接营销渠道，即大家熟悉的直销形式，是由生产者直接销售给最终顾客的一种形式。直接营销的主要方式有上门推销、家庭展示会、邮购、电话营销、电视直销、互联网销售和厂商直销。例如，安利公司的销售代表基本上都是通过上门推销其产品，当当在网上销售图书，戴尔选择在网上出售自己的电脑。

　　一级渠道包括一个销售中间商，如零售商。二级渠道包括两个中间商。在消费者市场，他们一般是一个批发商和一个零售商。三级渠道包括三个中间商。然而，从制造商的观点看，渠道级数越高，获得最终用户信息和控制也就越困难。

　　对于产业市场营销渠道，生产者可利用销售人员将产品直接销售给顾客，也可以利用产业分销商将产品销售给顾客。一般而言，零级、一级和二级营销渠道在产业市场营销渠道中颇为常见。

第二节　如何设计、管理与整合营销渠道

一、如何设计营销渠道

　　制造商在建立新公司后，通常会想办法销售自己的产品或服务，那么该通过何种渠道来实现呢？是直销还是选择经销商，或是采用代理商？在这里我们面临着一个营销渠道如何设计的问题。一个新型渠道的设计流程如图 9-8 所示，其目的主要是在考察自己的

渠道建设和竞争者的渠道建设中，找出自己的不足，寻求一种差异化战略，从而超越竞争，为顾客传递更多更好的价值，从而赢得市场。

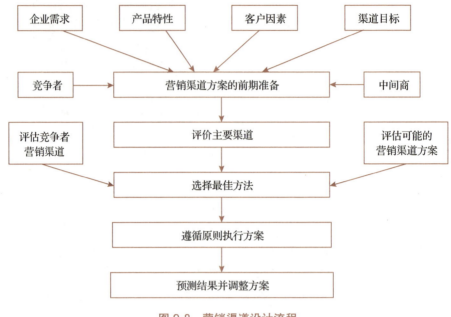

图 9-8　营销渠道设计流程

（一）第一步：营销渠道方案的前期准备

制订一个可能的营销渠道方案前，我们会考虑六个方面的因素。

1. 企业需求

例如，一个婴儿奶粉的制造商这样陈述其营销目标："我们的营销目标就是确保所有初为父母者只要来到食品店、商店、超市、大卖场，就有机会购买这些产品。"又如，一个中年女装品牌的生产商对于其产品线制定了以下营销目标，"我们的营销目标就是确保40 ～ 59 岁愿意花 150 ～ 400 元买一件大衣的太太们，每次逛街时至少能在一个店里看到我们的服装"。

2. 产品特性

比如，鲜肉、蔬菜、活鱼等易腐商品应该尽可能地采取短渠道，以免重复搬运和耽误时间而造成产品变质。又如，春秋时装、帽子、饰品等时尚产品也应该尽可能缩短分销在途时间，尽早上柜以免错过流行季节。再如，水泥、矿石、谷物、饮料及啤酒等笨拙沉重的产品应减少运输距离和重复搬运次数。对于非标准产品，则最好由企业销售代表直接销售，以便于安装和指导使用。

3. 客户因素

我们应该主动分析顾客的需求，从而为顾客创造更好的价值。

（1）批量大小。批量大小是营销渠道允许典型顾客一次购买的单位数量。例如，在购买可口可乐时，家乐福偏爱大批量购买的渠道，而单个家庭倾向于少量购买的渠道。

（2）等候时间。等候时间是渠道的顾客等待收到货物的平均时间。顾客一般喜欢快速交货渠道。

（3）空间便利。空间便利是营销渠道为顾客购买产品所提供的方便程度。空间便利的用途被直接营销进一步强化。例如，现在很多大卖场提供免费的停车场，如果是开车购物的顾客，在相同条件下就会选择有免费停车场的商场。又如，在中国，工商银行的网点是最多的，这就会为顾客提供更大的空间便利。

（4）花色范围或产品品种。产品品种是营销渠道提供的商品花色品种的宽度。一般来说，顾客喜欢较宽的花色品种，因为这使得实际上满足顾客需要的机会更多。例如，宝洁公司旗下拥有海飞丝、潘婷和飘柔三大护发洗发系列，三大品牌之下又有各种功能的产品，如潘婷的卷发系列、直发系列、护理系列等。

（5）服务支持。服务支持是渠道提供的附加服务，包括信贷、交货、安装、修理，服务支持越强，渠道提供的服务工作越多。

4. 渠道目标

例如，当经济形势较好时，生产者总是要求利用多渠道将其产品推入市场，并且会降低产品的价格或者提高服务质量。

5. 中间商

制造商在选择中间商时，应考察三个方面的问题：一是中间商的类型；二是中间商的数目；三是每个中间商的条件和相互责任。

（1）中间商的类型。公司应该弄清楚能够承担其渠道工作的中间商的类型。例如，有一家生产无线电产品的公司，决定生产汽车调频收音机，在选择营销渠道时，有以下几种可选方案：一是汽车经销商市场，将公司的产品销售给各种汽车经销商，作为备件使用；二是汽车部件零售商，通过汽车零部件零售商，向公众推销收音机；三是邮购市场，公司可以将收音机广告登在邮购商品目录上。当然，制造商还可以寻求更富有新意的营销渠道。

（2）中间商的数目。制造商在其营销渠道的每一层次选择使用多少中间商，决定了渠道的宽度。科特勒认为有三种战略可供选择：专营性分销、密集型分销和选择性分销。

1）专营性分销，其特点是严格限制中间商数目。该战略适用于销售新型汽车、某些主要家用电器和女性服装以及重要器械。

2）密集型分销，其特点是制造商尽可能多地在商店销售商品或服务。该战略一般适用于方便品的销售，如香烟、肥皂、口香糖、洗衣粉等日常用品应该采取密集型分销。

3）选择性分销，即生产制造商在一定的地域范围内根据中间商的能力、条件，选择少量中间商分销自己的商品。例如，高档化妆品和名牌服饰公司常在一个地区选择几家声誉好的大商场销售，这样就不必在过多的销售点上耗费自己的精力。

（3）每个中间商的条件和相互责任。制造商应制定加盟成为其营销渠道成员的条件，明确权利、义务和责任。例如，肯德基公司向加盟的特许经销人员提供房屋、促销支持、记账制度、人员培训和一般行政管理与技术协助。而反过来，该特许经销人必须在物质设备方面符合公司的标准，对公司新的促销方案予以合作，提供公司需要的情报，并向特定的卖主购买食品。

案例 9-3　　　　　　　　　　**咪咕阅读多维营销的渠道建构**

营销渠道就是产品从制造商传到消费者手中所经由的不同中间商架构的通道，其中既有如经销商、零售商等传统渠道，又有如品牌传播所依托的媒体渠道，通过这些渠道对产品形式、品牌内涵、所有权等进行整合，最终到达消费者手中而创造相应价值。移动互联网时代，面对日益激烈的市场竞争，营销渠道已经成为移动 app 竞争成败的核心。

根据易观分析的数据，2020 年中国移动阅读市场规模达 351.6 亿元，环比增长21.75%，而在移动阅读 app 中，咪咕阅读凭借自身独特的营销优势，始终占据榜单前三位，有着不可估量的市场潜能。上线至今，咪咕阅读签约的作品先后荣获第四届中国政府出版奖、2018 年度中国好书奖等百余种奖项，赢得了业内外的广泛好评与认可。咪咕阅读之所以能够取得如此成就，与其独特的营销手段有着重要关系。

手机硬件生产商渠道

咪咕阅读通过手机硬件生产商预装获得了较高的用户转换率和用户留存率。双方主要通过预装分成模式在智能手机出厂前安装好咪咕阅读，使用户购买后就可以使用软件，这扩大了平台的市场份额。用户使用该平台进行充值后，双方就可以按照比例进行利润分成，这成为咪咕阅读与手机硬件厂商最喜欢的合作模式。咪咕阅读已经和 58 家知名手机硬件厂商达成营销合作，如华为、三星等，有效确保了市场份额。

应用商店渠道

移动 app 的聚集地主要位于应用商店，而目前咪咕阅读最主要的营销手段就是应用商店渠道。应用商店主要分为手机系统商应用商店和独立的第三方应用商店外加独立手机厂商应用商店、手机运营商应用商店，各种各样的应用商店的合作营销方式尽管都不统一，但主要采用注册激活收费、按下载收费、按天收费等方式。咪咕阅读主要和豌豆荚、应用宝以及 vivo 应用商店等达成了战略合作。

媒体渠道

媒体渠道与传统营销渠道互为补充，共同为产品的市场落地提供助力。咪咕阅读在传统营销渠道中使用电视、电信、户外广告等；在易传播、互动性强和成本较低的新媒体营销领域，主要通过以下三个渠道来打造自己的移动营销体系。一是社会化媒体营销，主要包括自媒体营销渠道和协作媒体营销渠道。在各种新媒体平台开设属于自己的专属账号，在微信上，开设了微信公众号"咪咕阅读""咪咕数媒产业联盟""咪咕书友会"，保持一定的更新频率；在微博上，主要开通了官方微博"咪咕阅读"。而协作媒体营销渠道主要是指咪咕阅读通过付费的方式，在比较知名和具有影响力的新媒体平台上推广自己的产品。二是搜索引擎营销。搜索引擎营销渠道是指咪咕阅读与搜索引擎达成付费的合作要求，潜在用户在使用搜索引擎搜索相关信息时，搜索引擎就能将营销信息传递给潜在用户，从而增加咪咕阅读 app 的下载量，提高其知名度。三是同类平台的横向营销。2019 年，咪咕阅读为了满足广大用户的多重文化需求，与喜马拉雅 FM、芒果 TV 等相关平台达成合作，进一步提高了热播剧原著、主流读物、有声书等数字阅读资源与热门影视综艺资源的汇聚度，形成了跨平台合作优势互补的叠加效应。同时，咪咕阅读与其他平台推出的联合会员，不仅降低了用户的付费成本，还满足了用户的双向需求。

资料来源：高丽凤，帖洪宇. 咪咕阅读多维营销的渠道建构［J/OL］. https://kns.cnki.net/kcms/detail/detail.aspx?dbcode=CJFD&dbname=CJFDAUTO&filename=CMEI202117027&uniplatform=NZKPT&v=xa1r7jbSsYGvreGpktLM3AsdjrkBVRa%25mmd2FFxBO%25mmd2BiGpoqMBiFTl4xpoU7p3u7XX9%25mmd2B2n.

6. 竞争者

这里我们主要考察拟采用的营销渠道同主要竞争厂商的营销渠道差异比较，以便了解本公司在业界所处的地位（见表 9-1）。

表 9-1 营销渠道设计的竞争者分析表

项目		本公司	竞争者 A	竞争者 B	竞争者 C
营销渠道方式					
营销渠道数量	分公司				
	经销商				
	零售店				
合计					
所占比例					
优点分析					

（二）第二步：评价主要渠道

在评价主要渠道时，我们都需要以经济性、可控制性和适应性这三种标准来进行评估。经济性标准是指生产者比较渠道方案所能带来的最大利益，以便最后确定利益大的渠道。图 9-9 中，在 S_b 点的销售额，两条渠道的成本是相同的。当销售额较低，位于 S_b 点左边时，最好选择销售代理商渠道；当销售额较高，位于 S_b 点右边时，最好选用企业的销售人员渠道。使用代理商要考虑控制问题。销售代理商是一个独立的公司，它关心的是本公司的利润最大化。代理商会注意那些购买商品最多的顾客，而不关心谁购买了某个特定制造商的产品。

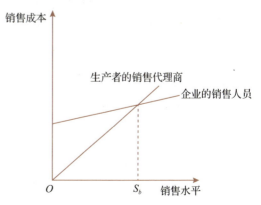

图 9-9 企业人员推销与代理商分销的损害临界成本

此外，代理商的推销人员可能没有掌握有关公司产品的技术细节，或者不能有效地运用它的促销材料。适应性标准是指渠道对环境变化的适应性，也就是生产者在渠道中能否灵活应用渠道功能适应环境的变化。当然，经济性标准是首要标准。

（三）第三步：选择最佳方法

一是财务方法，由兰伯特于 1960 年提出，其基本观点是影响渠道结构选择的一个最重要的变量是财务。因此，选择一个合适的渠道结构类似于资本预算的一种投资决策。二是交易成本分析方法，最早由威廉姆森提出，其基本观点在于公司要完成其营销任务而进行的必要交易成本耗费。因此，我们应该针对自身的渠道结构来选择最佳方法。

（四）第四步：方案执行原则

在执行方案时，我们应该遵循可操作性、可实践性、经济性和可控制性的原则。可操作性和可实践性即设计好的渠道利于实施，操作简单方便；经济性即设计好的渠道实施的成本较低、较经济；可控制性指设计好的渠道易于管理，产生的冲突易于解决。

（五）第五步：预测结果并调整方案

我们应该充分运用前述的方法及时预测结果，并根据运行环境进行方案的调整。

二、如何管理营销渠道

在营销渠道设计完成后，我们必须着手建立渠道成员。科特勒认为，管理营销渠道涉及渠道成员如何选择、如何培训、如何激励，以及业绩评价和改进渠道安排的工作，如图 9-10 所示。

第一步	·选择渠道成员
第二步	·培训渠道成员
第三步	·激励渠道成员
第四步	·评价渠道成员的业绩
第五步	·改进渠道安排

图 9-10　管理营销渠道

（一）第一步：选择渠道成员

对于顾客，渠道就意味着公司。不妨想象，如果肯德基、丰田和中石油的一个或多个网点的经销商表现得邋遢、低效或闷闷不乐，将会给顾客留下怎样的负面印象。

案例 9-4　　　　　**赛力斯与华为的"深度合作"**

2019 年 4 月，赛力斯 SF5 在上海车展正式开启预售。彼时的金康赛力斯创始人兼 CEO 张正萍提出了"智能+"的造车理念和"开放共享"的商业模式。

2021 年 4 月，同样是上海车展，赛力斯发布的新车仍是 SF5，只不过 SF5 的前多了"华为智选"4 个字。在展台上的赛力斯华为智选 SF5，看名字便知是赛力斯与华为联手打造的。作为一款增程式混合动力车型，新车搭载赛力斯 SEP200 电机＋华为 DriveONE 三合一电驱系统，满油满电的情况下可提供超过 1 000km 的 NEDC（新欧洲驾驶周期）续航里程。此外，这款车还搭载了多项与华为合作的技术，包括 HUAWEI HiCar 全场景智能互联系统，HUAWEI HiCar 智慧互联解决方案以及 HUAWEI Sound 音频技术等。

赛力斯 CMO 张正源直指，双方的合作首先是建立在技术层面，特别是赛力斯的增程路线具有更强的普适性，成为与华为合作的基础。

尽管合作成果是呈现在公众面前的一辆车，但在其背后却是源源不断的技术融合与销售共赢。赛力斯一再强调与华为"深度合作"不禁让外界猜测，所谓"深度"究竟在哪里？赛力斯 CTO（首席技术官）周林对搜狐汽车·E 电园表示："之所以是跟华为'深度'合作，是因为这款车除了赛力斯自主研发的技术外，更是搭载了多项与华为合作的技术，并在销售渠道入住华为线上线下门店等。"

你可以试想一下，当你走进华为线下体验店，不仅可以体验电子产品，还能够体验一辆电动汽车，并且将华为生态与车辆生态相连，这是一次多么有意思的体验！赛力斯与华为的另一大合作亮点，便是借助华为的销售渠道为其撕开用户的口子。华为已经在全球建立 11 家旗舰店、5 000 多家体验店，接待用户数超过 8 000 万。4 月 21 日起，赛力斯华为智选 SF5 除进驻华为线上商城，还将陆续入驻上海、深圳、成都、杭州等 4 个城市、7 家华为旗舰店，并将快速铺进华为门店。赛力斯以此获取华为超过 8 000 万的用户资源，并轻而易举开拓了潜在消费者。

"赛力斯搭载的是与华为合作，共同打造的定制化技术。"而这也是赛力斯与华为深度合作的根源所在。本次合作赛力斯采用了自主研发增程技术，并搭载华为 DriveONE 三合一电驱系统打造而成驼峰智能增程系统。AI 全局最优算法融入智能增程控制策略的加入，也让驼峰成为一个"聪明"的增程系统。HiCar 全景智能互联系统是一个不断迭代的应用，HUAWEI Sound 也是首次上车。而这些技术有别于其他企业间的合作，都是华为为赛力斯量身打造的。

后期，赛力斯与华为的合作将从技术层面上升至生态层面，围绕技术、渠道、产品，深入推动智能终端领域合作，共同打造高性能、智能化移动出行解决方案。智能座舱和自动驾驶将会是它们后续合作规划的重点。

资料来源：易车网，2021 年 4 月 23 日。

（二）第二步：培训渠道成员

例如，福特通过以卫星为基础的"福特之星网络"向它的6 000多个经销点发送训练程序和技术信息，每个经销商的服务工程人员坐在会议桌旁观看监视器中播放的内容，其中，教师正在向他们解释一些程序，如怎样修理车载电子设备，并向他们提问再给出问题的答案。福特正在逐渐增加对经销商的互联网培训计划。

案例 9-5　　　　　　　蜜雪冰城："雪王"的出圈之路

时代飞速进步，消费水平不断提高，休闲时尚产业蓬勃发展。奶茶作为一种休闲消费饮品，兼备口感与颜值两方面优点，深受年轻一代消费者的追捧。

始创于1997年的蜜雪冰城在最初的发展中直接避开高端市场，一门心思搞下沉，打算直接做到下沉市场的王者。其店面小、产品种类不多、制作相对简单、标准化程度高的特点也使它能够被充分地复制，迅速占领三、四线市场。在蜜雪冰城的超10 000家门店中，三线和四线城市平均数量是3 000家，五线城市大概有2 000家。

然而，在高速增长的背后，蜜雪冰城也曾面临严重的危机。2015年，公司业务增长迅速，设备和物料却问题频出。屋漏偏逢连夜雨，新的竞争者"1点点"出现，挤压了蜜雪冰城的市场份额，蜜雪冰城有些门店的营业额甚至只有前者的1/10。各地考察店铺的结果让总经理张红甫心灰意冷，他去了河南安阳的一家店铺。这家店生意挺红火，可一到后厨却发现卫生质量堪忧，地板黏糊糊的还附着有黑棕色的印迹，很明显是奶茶或原材料洒在地上后，店家长时间没打扫。之后张红甫又去了河北省的几家店，它们的业绩不能算差，但每家店都各开各的，毫无标准，丝毫看不出它们属于一家连锁品牌的痕迹。因此，蜜雪冰城吸取教训对渠道合作伙伴进行严格要求。

（1）蜜雪冰城提高了各地加盟的条件。首先，公司总部要对提出申请的加盟商进行全面而细致的分析和评估，对加盟商的资质进行初步审核。其次，总部要对通过初步审核的每一家加盟商进行面试，以评判其是否具有在当地线下开店的实力和资格。最后，总部要求加盟商具有与蜜雪冰城品牌一脉相承的经营理念——"以奋斗者为本，以顾客为中心"。

（2）蜜雪冰城强化了对加盟商的培训。总部会对通过申请的加盟商提供周到的开店指导与支持，如门店选址、店面装修、员工培训、开业指导等方面，以保证门店能够正常经营。以强大的加盟信息数据网络为技术支撑，蜜雪冰城还可以为各加盟商提供最佳的加盟建议。总部还为所有加盟者提供优惠政策和资金支持，免除宣传物料、空间设计和物流三大项费用。此外，加盟商在原料供应、物流、产品研发更新等方面也会有得到的帮助。

采取措施后，蜜雪冰城的品牌建设有了明显成效。2016—2019年，蜜雪冰城已经势不可当，基本每年都以门店数量翻倍、营业额翻三番的速度保持持续增长的态势。在2020年，蜜雪冰城便正式进入"万店时代"，成为中国新茶饮行业中首家拥有此项殊荣的品牌。

资料来源：中国管理案例共享中心，2022年9月，http://www.cmcc-dlut.cn/Cases/Detail/6585。

（三）第三步：激励渠道成员

从制造商的角度看，对中间商的激励主要有以下几种：

1. 利益激励

利益激励是指增加中间商的直接利益，激励效果明显，主要有：①返利制度；②职能付酬方案；③补贴政策；④放宽汇款条件。

2. 参与激励和关系激励

参与激励和关系激励是指制造商通过和渠道成员及时交流信息，加强沟通，让渠道成员参与到渠道计划工作中，共同制定渠道发展规划，明确生产厂家和中间商在渠道发展中的责权利关系，同时进行经常性的感情交流，发展长久的紧密关系，能够对中间商起到良好的激励作用。参与激励和关系激励主要表现在以下几方面：①建立经常性的磋商和沟通机制或组织；②定期进行高级和中级领导层会谈；③建设成功的渠道关系；④开展情感沟通活动。

3. 发展激励

发展激励主要是指中间商参与到渠道工作中，进行一定的渠道投入，不仅希望获得短期利益，还希望得到长期的事业发展，不断成长。发展激励主要表现在以下方面：①帮助中间商成长；②共同开发新的市场机会；③提供成长激励的好途径。

案例 9-6　　　　　　　　　　**百事可乐公司的返利政策**

百事可乐公司对返利政策的规定细分为 5 个部分：年折扣、季度奖励、年度奖励、专卖奖励和下年度支持奖励，除年折扣为"明返"外（在合同上明确规定为 1%），其余四项奖励均为"暗返"（事前无约定的执行标准，事后才告知经销商）。

（1）季度奖励在每一季度结束后的两个月内，按一定的进货比例以产品形式给予。这既是对经销商上季度工作的肯定，也是对下季度销售工作的支持，这样就促使厂家和经销商在每个季度合作完成后，对合作的情况进行反省和总结，以便相互沟通，共同研究市场情况。同时，百事可乐公司在每季度末还派销售主管对经销商的业务代表进行培训指导，帮助落实下一季度销售量及实施办法，增强了相互之间的信任。

（2）年度奖励是对经销商当年完成销售目标的肯定和奖励。年度奖励在次年的第一季度内，按进货数的一定比例以产品形式给予。

（3）专卖奖励是经销商在合同期内，专卖某品牌系列产品，在合同期结束后，厂家根据经销商的销量、市场占有情况以及与厂家合作情况给予的奖励。专卖约定由经销商自愿确定，并以文字形式填写在合同文本上。在合同执行过程中，厂家将检查经销商是否执行专卖约定。

（4）下年度支持奖励是对当年完成销量目标，继续和制造商合作，且已续签销售合同的经销商的次年销售活动的支持。此奖励在经销商完成次年第一季度销量的前提下，在第二季度的第一个月以产品形式给予。

因为以上奖励政策事前的"杀价"空间太小，经销商如果低价抛售造成了损失和风险，厂家是不会考虑的。百事可乐公司在合同上就规定每季度对经销商进行一些项目考评，如实际销售量、区域销售市场的占有率，是否维护百事产品销售市场及销售价格的稳定，是否执行厂家的销售政策及策略，等等。

此外，为防止销售部门弄虚作假，公司还规定考评由市场部、计划部抽调人员组成联合小组不定期进行检查，以确保评分结果的准确性、真实性。

资料来源：https://max.book118.com/html/2016/1205/68493690.shtm。

（四）第四步：评价渠道成员的业绩

生产商必须定期按一定标准衡量中间商的表现，检查的标准通常包括销售配额完成情况、销售增长情况、产品的销售范围及占有情况、平均存货水平、向顾客交货时间、对损坏和遗失商品的处理、与公司促销计划和培训计划的合作情况、对顾客服务的表现。在这些标准中，销售情况是最为生产商所关注的。

（五）第五步：改进渠道安排

例如，得益于110多年来由"雅芳女士"直接向顾客推销的方式，雅芳公司的产品和名气日益扩大，雅芳公司有必要改进自己的渠道安排，于是就出现了2001年与西尔斯和彭尼两家百货公司商讨在它们的商场内销售雅芳公司化妆品的计划。雅芳公司计划推出商场美容中心，类似于小型沙龙和典型的化妆品柜台。

三、如何整合营销渠道

在这一部分，我们会为大家阐述垂直、水平和多元化渠道营销系统，以及这些系统之间的合作、冲突和竞争。

（一）垂直营销系统

垂直营销系统是由生产商、批发商和零售商所组成的一个联合体，包括三种类型：公司式、管理式和合同式。

（1）公司式垂直营销系统。公司式垂直营销系统是由同一个所有者名下的相关生产部门和分配部门组成的。例如，海尔拥有苏宁电器50%的股份。

（2）管理式垂直营销系统。该类系统的特点是生产和分销由规模大、实力强的渠道成员出面组织。例如，宝洁、柯达等寻求到非同寻常的合作。

（3）合同式垂直营销系统。合同式垂直营销系统有三种形式：一是批发商倡办的自愿连锁组织，二是零售商合作组织，三是特许经营组织。

（二）水平营销系统

水平营销系统是指由两个或两个以上没有关联的公司整合资源或方案共同开发一个

营销机会。例如，许多连锁超市与当地的银行订立协议，在超市内提供银行业务。这些公司缺乏资本、技能、生产或营销资源独自进行商业冒险，或者承担风险。公司间的联合行动可以是暂时性的，也可以是永久性的，还可以创立一个专门公司。

（三）多元化营销系统

当一个公司利用两个或更多的市场营销渠道以接触一个或更多的顾客细分市场时，就出现了多渠道营销。例如，戴尔本来是在网上进行直销的，但是在中国，它也有经销商，也就是它采用的是多渠道营销。莫里亚蒂（Moriarty）和莫兰（Moran）建议使用混合方法来计划渠道建设，见表 9-2，该表描述了为什么只使用一个营销渠道是得不偿失的。考虑只使用直接销售队伍，那么一个销售员必须先发现市场需求，再进行资格审查，然后进行售前服务，最后完成销售，提供售后服务和客户增长管理。但是，如果由公司来完成前期的任务，销售员直接去完成销售的工作，销售行为将比前面更有效。公司的营销部门应该通过电话、直接邮寄、广告和贸易展览会的方式发现市场需求，应用资格审查技术等来拓宽营销渠道。多渠道建设不仅有利于优化市场覆盖面、定制和控制顾客，同时也使成本和市场冲突最小化。

表 9-2 多元化营销渠道建设

需求产生的任务			引导需求产生	审查资格	售前服务	完成销售	售后服务	客户增长管理	
营销渠道和方法	买卖主	互联网							顾客
		全国客户管理							
		直接销售							
		电话销售							
		直接邮寄							
		零售店							
		分销商							
		经销商和增值再售商							
		广告							

（四）如何解决渠道冲突

这里我们主要讨论两个方面的问题：在渠道中产生了哪些类型的冲突？怎样才能解决渠道冲突？

1. 渠道冲突的类型

渠道冲突的类型可分为 4 种：水平渠道冲突、垂直渠道冲突、多渠道冲突和同质冲突（见图 9-11）。

（1）水平渠道冲突。水平渠道冲突是指存在于渠道同一层次的成员公司之间的冲突，主要是分销商之间、批发商之间及零售终端之间的冲突，分销商之间的冲突主要表现为越区销售。

（2）垂直渠道冲突。垂直渠道冲突是指同一渠道中不同层次之间的冲突，主要表现为生产厂商与分销商之间、分销商与批发商及零售终端之间的冲突。它一般情况下在同一区域内发生。

（3）多渠道冲突。多渠道冲突是指制造商已经建立了两个或更多的渠道，并且它们向同一市场推销时产生的冲突。目前，对于多渠道冲突最主要的争论在于公司能否增加电子商务渠道。

（4）同质冲突。同质冲突是指在一个宏观环境的市场中一家企业的分销渠道与另一家企业的分销渠道在同一水平上的冲突。它是一种广义上的渠道冲突，往往与市场竞争有关。

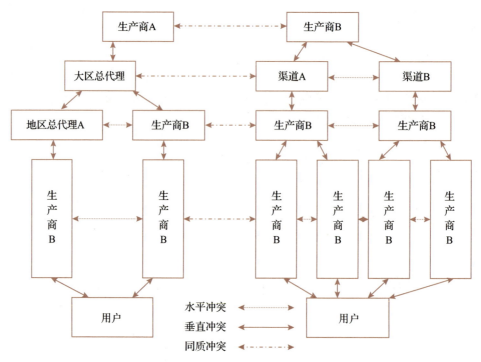

图 9-11　渠道冲突的类型图示

案例 9-7　　　　　**可口可乐（中国）公司营销渠道冲突**

渠道冲突是企业营销活动无法回避的一个问题，以下对可口可乐（中国）公司营销渠道冲突进行归类和特征分析。

垂直渠道冲突

垂直渠道冲突是渠道上下游的冲突，即在同一渠道中不同层次渠道成员之间的冲突。渠道上下游的冲突相较于不同品牌的同一条渠道中的冲突要更常见。其特征如下：

（1）许多可口可乐（中国）公司分销商从自身利益出发，采取直销与分销相结合的方式，不可避免地要从下游经销商处争夺客户，挫伤下游渠道的积极性；

（2）下游经销商实力增强后，不甘心目前的等级体系，希望更上一层楼，向上游渠道挑战；

（3）可口可乐（中国）公司出于产品推广的需要，可能越过一级经销商直接向二级经销商供货，使上下游渠道产生芥蒂。

水平渠道冲突

水平渠道冲突是不同品牌的同一条渠道中的冲突。在可口可乐（中国）公司同一渠道模式中，存在同一层次的可口可乐中间商之间的冲突。该渠道对持有不同品牌的厂商（包括可口可乐公司）来说都很重要，都志在必得，目的是尽快进入市场。其特征如下：

（1）可口可乐（中国）公司为进入同一条渠道，会许诺比对方更优惠的条件来吸引中间商；

（2）上游供应商之间的冲突为中间商获得最大利益提供了空间，使中间商处于更为有利的谈判地位；

（3）中间商可能同时代理多家品牌，但现实往往很难使所有品牌商都满意；

（4）不同中间商对一家二级经销商或代理商的争夺也可能造成彼此之间的冲突。

多渠道冲突

多渠道冲突是同一品牌的渠道内部的冲突，即可口可乐（中国）公司建立多渠道营销系统后，不同渠道服务于同一碳酸饮料市场时所产生的冲突。其特征如下：

（1）可口可乐（中国）公司开拓了一定的目标市场后，中间商在目标市场上大兴"圈地运动"，争夺更多的市场份额，争取获得可口可乐（中国）公司更多的青睐；

（2）可口可乐（中国）公司对渠道模式进行调整或改进时，新旧渠道模式之间也会产生冲突，特别是一些利益受到冲击的渠道成员，会把冲突作为加大自己筹码的有力武器；

（3）一些相邻地区的经销商之间的销售能力相差较大，强势经销商希望通过制造冲突扩大自己的地盘和实力；

（4）冲突的原因大多是可口可乐（中国）公司没有对目标市场的中间商数量做合理规划，使固定区域内产生互相倾轧现象，也可能是可口可乐（中国）公司对现有的中间商销售能力不满，实施开放政策，有意放水，以增加渠道活力；

（5）在同一个地区，由于存在不同的渠道模式（如零售店、大卖场），负责不同渠道的经销商之间也会产生冲突；

（6）窜货与低价出货是可口可乐（中国）公司渠道冲突中最常见的方式。

资料来源：https://max.book118.com/html/2018/0623/7123011103001134.shtm.

2. 如何管理渠道冲突

问题的关键不在于消除这种冲突，而在于如何更好地管理它。以下是几种有效管理渠道冲突的机制。

（1）采用超级目标。渠道成员有时会以某种方式签订一个他们共同寻找基本目标的协议，内容包括生存、市场份额、高品质或顾客满意。

（2）在两个或两个以上的渠道层次上互换人员。例如合作，包括参加咨询委员会和董事会等，对一个组织赢得另一个组织领导的支持是有效的。

（3）许多冲突的解决也可以通过贸易协会之间的联合。

（4）协商。发生冲突的渠道成员，面对面地交流解决冲突。

（5）仲裁。征求双方的同意，将冲突的解决交给中立的第三方，双方接受第三方的处理结果。

第三节　如何构建网络营销渠道

英特尔公司董事长格鲁夫曾说道："5 年内，所有的公司都必须面临这样的选择——要么依靠因特网而生存，要么灭亡。"这句话貌似有些危言耸听，但我们所看到的事实却在不断地印证它正确的一面。电子商务，为营销渠道的创新与发展增添了新的活力。

案例 9-8

YSL 病毒式营销

从随着《来自星星的你》火起来的千颂伊同款 52 号色，到 109 号"人鱼姬"色，再到 2016 年圣诞节限量款星辰口红，YSL（圣罗兰）在中国女性消费群体中的火爆程度几乎是现象级的。这些产品都有一个特点，就是给人一种用了它们马上就会建立某种自信的感觉，尤其是 YSL 星辰口红引发的"病毒式"传播热潮，让 YSL 在中国市场取得了前所未有的成功。

2016 年 YSL 的病毒式营销传播的实施过程如下。

微博 KOL 营销

YSL 星辰口红选择微博大 V、美妆博主作为"病原体"。微博上传播影响力 Top10 的帖子均来自他们，内容大体是物超所值，值得购买，其中 10 篇帖子中的 9 篇都是标准的抽奖活动内容，同时提及该产品如何火爆"卖光"或"很难买到"，将 YSL 推向微博热搜。

饥饿营销

在 YSL 星辰口红轰炸式引爆朋友圈之初，很多人一头雾水开始搜索什么是星辰的时候，"断货""难买"的声音进一步让很多消费者产生迫切的购买欲望。先不管消息的真实性，在各种网络段子、营销帖子不绝于耳时，人们都迫切想了解 YSL 星辰唇膏，也许还没了解清楚，关于断货的消息就传来，这对于人们来说是震惊的。正所谓"物以稀为贵"，在抓住大部分人的眼球后采取饥饿营销是成功的，能吸引更多消费者的注意力，像病毒一样打进女生群体，让女生情不自禁地"晒出"自己拥有的 YSL 口红照片，从而形成风潮，由此便抓住了女性群体这个"首批感染人群"。

情感营销

YSL 抓住圣诞节这个契机在各大社交平台打出感情牌。"叫男朋友送 YSL 星辰，他是什么反应""我怀念那个不懂YSL的女孩"等话题疯狂刷屏。尽管有争议，但一时间"爱我就给我买YSL星辰吧"成为新型秀恩爱方式，男生、女生争相抢购，YSL真的做到了一开始宣传的"断货"，使YSL在中国市场一时之间风头无两。

此外，七夕前后，YSL还在中国首次推出了刻字服务，同样引发了消费者的晒单和二度传播，再一次增加了热度，稳固了YSL在中国彩妆界的地位。在唇膏和香水等畅销产品的带动下，YSL美妆2016年全年销售额首次突破10亿欧元。YSL特别受中国消费者的追捧，在当年第三季度实现了40%的业绩增长。

资料来源：https://www.niaogebiji.com/article-173051-1.html.

一、什么是网络营销渠道

什么是网络营销渠道呢？举个例子：作为消费者，小M需要一台笔记本电脑，考虑到网上产品价格低、购物方便等，他决定从网上购机。首先他登录了Dell公司网站，查看产品目录并选择偏好的笔记本电脑，填写订单，然后通过网上银行进行支付，接下来就是等待Dell公司送货上门。而作为生产厂家，Dell公司负责发布产品信息，处理订单，然后按照客户的订单要求，备货配送至客户手中。在整个过程中，产品从Dell公司到小M手中所涉及的如订货和配送等所有中间环节就是一个网络营销渠道。一个完善的网络营销渠道要由三部分要素组成：订货系统、结算系统、物流配送系统。

案例9-9　　　**"大淘宝+优衣库"线上线下的完美战略**

据社科院发布的《商业蓝皮书》预测，中国网络购物将实现5 000亿元左右的规模，网络购物交易额占社会消费零售总额的比重将提高到3%以上。因此，越来越多的服装企业意识到，未来的服装市场，网络营销将逐渐成为比肩实体店面销售的"中坚渠道"。

对于"大淘宝"战略的实施，淘宝网最为得意的当属与优衣库合作的案例，其中最值得关注的是，优衣库不仅在天猫开设旗舰店，而且还将官方网站改版为电子商务类型的 B2C 网站。

尽管优衣库中国官方网站与天猫旗舰店的商品陈列和设计风格各不相同，但是其后台数据、搜索、交易、付款等功能都是统一共通的，均采用了淘宝提供的电子商务的底层架构和技术支持。也就是说，对于网站运营、维护和更新等工作，优衣库均外包给了淘宝的第三方服务团队。

通过借助第三方互联网交易平台的力量开设网店，优衣库有效地节省了前期投入。将一切可外包的职能外包，自己掌握最擅长的核心能力，这是优衣库实施电子商务的策略。面对每天在线超过 5 000 单的订单量，优衣库在中国的电子商务团队只需负责购物网站的维护更新、品牌推广和商品控制，包括商品定价、设计、全年货品计划、促销等业务；将客户服务外包给一家中方企业，它们承担了淘宝旺旺、E-mail、客户关系管理等职能；快递外包给 EMS、宅急送这两家企业，为优衣库的电子商务项目提供专门的仓储物流支持。

在这样的运作模式支持下，优衣库的两个网上站点相互依存、齐头并进。外部零售网店通过淘宝网的技术支持和应用接口与其在淘宝上建立的零售旗舰店相通，并实现数据共享，既有效地利用了淘宝平台的资源优势，又最大限度地保证了优衣库品牌在网络上的独立性。目前优衣库在网店上的月销售额已经能够轻松突破千万元，平均到每天，网店所产生的销售额则完全可以媲美其在中国销售最好的实体店。

资料来源：http://news.ppzw.com/Article_Print_172097.html; https://doc.mbalib.com/view/4ac75ee0637424565 aa23592127bfc36.html.

二、如何设计网络营销渠道结构

传统营销渠道，按照有无中间商可以分为直接分销渠道和间接分销渠道。直接分销渠道就是不通过中间商，生产者直接把商品销售给最终用户的营销渠道。而包括一个以上中间商的营销渠道则称为间接分销渠道。直接分销渠道没有中间商，可称为零级渠道；间接分销渠道可根据中间环节的多少分为一级、二级、三级甚至更多级的渠道（见图9-12）。

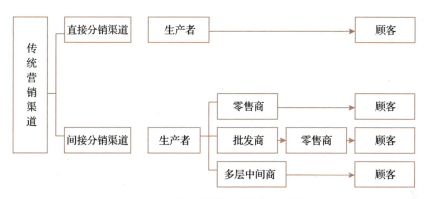

图 9-12　传统营销渠道的体系结构

网络营销渠道也可根据有无中间商分为直接分销渠道和间接分销渠道。但与传统营销渠道相比，网络营销渠道的体系结构要简单得多（见图9-13）。

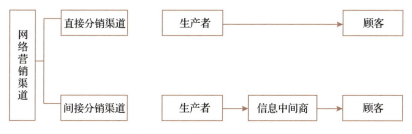

图 9-13　网络营销渠道的体系结构

> **案例 9-10**　　　　　　　**完美日记：全渠道营销＋私域流量池**
>
> 　　起初完美日记在线上的渠道是它的天猫官方店，但是单靠一个天猫店显然是不够的，因此完美日记又陆续在其他平台开了自己的官方店，如完美日记京东自营店，这样便实现了其他平台的覆盖。另外，完美日记还授权一些淘宝店销售完美日记的产品，有些网红在测评了完美日记的产品后，会跟完美日记谈合作，拿到授权后在自己的网店销售完美日记的产品，这样一来，完美日记的线上销售渠道便多了起来，既有自身的官方店，又有许多授权店。
>
> 　　完美日记还建立了自己的小程序商城"完美日记颜究所"，微信社群的用户直接点击微信小程序就可跳转到商城进行购买，不必再打开其他购物平台购买产品，这也进一步扩展了线上的渠道。如今许多代理商、批发商、做社群团购的平台都在寻求与完美日记合作，完美日记的营销几乎包含了所有热门的营销渠道。

全渠道营销，快速收割流量

（1）小红书：主打内容分享，官方账号粉丝171万+，获赞200万+，全平台笔记数12万+条，总曝光量上亿，同是国妆品牌大头的玛丽黛佳的官方小红书只有7.5万粉丝，获赞与收藏不到3万。

（2）微博：官方账号粉丝30万+，其中某男明星所代言的大都会艺术博物馆联名款，微博发起的话题中讨论话题达12万，阅读量达1.4亿。

（3）抖音：官方账号粉丝127万+，获赞1 500万+，热门短视频点赞量最高120万+，推广产品可直达抖音小程序商城购买链接。

（4）B站：有700个左右的相关投稿，主要以产品的试色、测评、"种草"和妆容教程为主。

建私域流量池，多手段促复购

完美日记私域流量池增长主要有两种方式：一种是门店导流，利用福利引导到店的顾客添加微信个人号"小完子"成为好友；另一种是用户在收到完美日记的产品后，快递包裹会附带一张"红包卡"，它会引导用户关注公众号领取，再顺势引导其添加个人号"小完子"。

完美日记通过公域平台（小红书、微博、抖音、B站）获取新用户和实现成交，然后依靠微信生态和抖音生态，建立私域流量池，提升老客户的生命周期价值。

资料来源：https://max.book118.com/html/2021/0228/5203202230003133.shtm; https://zhuanlan.zhihu.com/p/84612535.

三、如何设计网络营销的分销渠道

在网络环境下，根据有无中间商，分销渠道可分为网络直接销售和网络间接销售两种。

（一）网络直接销售

网络直接销售是指生产者通过网络直接把产品销售给顾客的营销渠道，是一种利用网络媒体手段的直销，可分为两种：一种是企业拥有自己的网站，由专人从事网络营销活动并处理有关产品的销售事务；另一种是企业委托信息服务商在其网点发布信息，企业利用有关信息与客户联系，直接销售产品。

（二）网络间接销售

网络间接销售主要是指通过网络商品交易中介机构来销售商品。简单来说，网络分销商可以分为以下几种。

1. 行业在线分销商

行业在线分销商是面向行业的B2B（企业对企业）模式，有时也称为垂直门户或者行业门户网站。例如，易创化工网是中国化工网行业功能最完善、信息最全面的因特网在线交易网络，是一个开放式、全天候的中外化工供求交流平台，除了设置公告板供用户免费发布商业信息，还开设了在线拍卖和在线招标两种双向竞价模式。

2. 传统网上零售商

传统网上零售商是一种"鼠标＋水泥"的模式，例如，世界著名的零售巨头沃尔玛从 2000 年 1 月开始开设网上商店，向网络消费者提供多种商品的在线零售服务。

3. 新兴网上零售商

随着网络的发展，一些新兴的网络零售商陆续出现。它们一般没有实体店铺，面向网络消费者，纯粹地进行网络零售，是一种 B2C（企业对消费者）模式，如国外的亚马逊网上书店、国内的当当网。

4. 网络信息服务商

网络信息服务商，是为买卖双方提供信息发布平台，促成交易集会，并为用户提供网上交流的条件，如阿里巴巴全球贸易信息网。这类网络信息服务平台对企业有极大的好处：一是增加市场机会，二是比较供货渠道，三是促成项目合作，四是宣传企业品牌。

5. O2O 模式

O2O 即 Online To Offline（线上到线下），是指将线下的商务机会与互联网结合，让互联网成为线下交易的前台。O2O 模式，早在团购网站兴起时就已经出现，只不过消费者更熟知团购的概念，团购商品都是临时性的促销，而在 O2O 网站上，只要网站与商家持续合作，那商家的商品就会一直"促销"下去，O2O 的商家都是拥有线下实体店的，而团购模式中的商家则不一定。也有观点认为，O2O 是 B2C 的一种特殊形式。

案例 9-11
盒马鲜生

自从 2016 年 10 月"新零售"概念首次提出以来，我国的新零售行业便以雨后春笋之势发展起来。作为新零售的原始模型，阿里旗下的盒马鲜生一直处于"领头羊"的地位，它率先探索新零售模式，重构线下超市，结合了超市、餐饮店和菜市场等各种形态，以便利、物美、价廉、新颖的方式，吸引消费者的目光，迅速占领市场，给传统市场带来了巨大冲击，其销售策略值得借鉴。

盒马鲜生是阿里进军生鲜电商的重要布局，它的产品着重以生鲜食品为主，以一、二线城市的中高端人士为目标顾客，采用线上和线下高度融合的 O2O 经营模式，创建集消费、仓储、配送和物流于一体的服务体验中心，以重资产、重成本的业务模式迅速占领市场，打造三公里生活服务平台。

盒马鲜生的新零售模式有别于传统商店的零售模式，主要是因为它颠覆了传统零售市场人货场的交互模式。新零售不再是单一的线下购物模式，而是采用全渠道零售模式，对线上服务、线下体验和现代物流进行了深度融合，能够随时随地满足消费者的购物需求。

盒马鲜生的线下实体店的设置主要是为了提升客户体验，通过多场景的服务来满足消费者的需求，提高客户的到店率和留存率，最终转化为线上的转换率。另外，无论是线下实体店或线上 app 下单购买，盒马鲜生都采用 app 统一结账的方式，且都需要使用支付宝付款，客户买单时需要下载盒马 app，付款后他们便自动成为普通会员，这一举措直接接通了线上、线下客户数据搜集的渠道。盒马鲜生可以通过大数据分析来深度挖掘消费者需求，与消费者互动，为他们提供更人性化、个性化的建议，以此来提高每一位消费者的购物体验，提升顾客满意度，增加顾客黏性。

资料来源：https://www.doc88.com/p-77347397741766.html。

案例 9-12　　　　　　　　　　　　**超级物种**

自"新零售"概念提出后，传统商超纷纷转型，超级物种正是永辉超市在新零售背景下做的一次尝试，永辉组建了自己的新零售业务。由于永辉最初就是做生鲜的，在生鲜方面极具核心竞争力，在继红标店、绿标店、精标店、会员店后，2017 年 1 月，永辉超市的子公司永辉云创成功孵化了第五种业态——"超级物种"。

在线下服务方面，超级物种采用的是零售+餐饮模式，将店内分为零售区和餐饮区，消费者既可以直接选购商品，也可以将商品在各工坊处加工并在店内及时享用。在线上业务方面，以永辉生活 app 为主体，同步链接微信小程序、扫码付等支付方式。超级物种门店支持微信支付、小程序扫码购，并提供线上 app 小程序下单，最快 30 分钟送货上门的服务，创造更智能、便捷的消费体验，满足城市新中产人群及家庭用户对生鲜消费升级的需求。

永辉超级物种这种新零售模式通过自己的核心竞争力规避新零售痛点，实现竞争优势。

依附"母体"实现专业化的产品供应链管理

供应链是生鲜零售企业竞争的核心，谁在供应链上有优势，谁就能在竞争中占得先机。超级物种作为传统商业超市孵化的产物，依托永辉超市强大的供应链整合能力和完善的物流体系，能够很好地实现对商品品质和整个供应链成本的把控，使得商品价格稳定可控。

超级物种会由专门的采购人员在各原产地精心选材，然后由专门的质检人员对产品进行严格的检测、监管等审核，再由超级物种的冷链物流直接送达超级物种全国各门店。

中游环节——集中加工配送

永辉超级物种对于大部分源头直采的生鲜，并不是直接配送到门店，而是送到自己的物流配送中心进行进一步的加工、分类再配送。永辉超级物种进货时，在田间地头就会进行初步拣选和整理，之后将商品集中送到自己的配送中心，对食材进行加工后会对其做等级分拣，实现生鲜产品标准化，从而优化供应链。为了保证生鲜商品的新鲜度，永辉超级物种建设了具有恒湿、冷藏功能的冷链配送系统，并且拥有许多冷链营运车辆，以满足终端供应的需求。

坚持自有品牌战略

2018 年 4 月，超级物种在微信平台上宣布自有品牌"超级 U 选"上线。超级 U 选是永辉超级物种旗下的自有品牌，探索世界各地食材，为用户定制优质的、高性价比的全球商品。超级 U 选以"让生活不必将就"为口号，致力于提供高品质食材和安全、可溯源产品，带来简单、优质生活体验。

自有品牌具有极强的竞争优势，敢于推出自有品牌实际上是给消费者一种信任，自有品牌战略有效地解决了快速消费品的严重同质化问题。在满足消费者需求层面，自有品牌深刻洞见制造商品牌商品的市场需求情况，可以先发制人、抢占先机，自有品牌的商品就可以更好地满足消费者需求，并凭借高毛利价格优势、热销商品规模化，创造更大的经济效益。

资料来源：https://kns.cnki.net/kcms/detail/detail.aspx?dbcode=CJFD&dbname=CJFDLAST2020&filename=XIXY202010038&uniplatform=NZKPT&v=XwY8%25mmd2BTWKh1eu%25mmd2B1NmzLt9iZKdZxGPEIS1estRZgigK44MpsTSYwDsUWMyo8Net2Wl.

案例 9-13　　　　　　　　　　百盛百货

1987 年，钟延森先生在马来西亚创办了一家自有连锁百货品牌——百盛连锁百货公司，得到广大消费者的青睐。截止到 20 世纪末，该公司已发展成为拥有 30 多家门店的连锁集团。百盛商业集团对中国市场的开辟始于 1994 年，北京复兴门的第一家分店正式吹响号角，历经 20 多年的打拼，该集团在我国超过 30 个主要城市建立了全面的市场网络，已发展成为我国大众所信赖的知名百货之一。

在推进 O2O 商业模式变革过程中，百盛百货充分利用线下实体店能够提升客户体验的特点，结合线上无线终端开放性的优势，做到企业线上线下优势互补，实现全渠道营销。全渠道的核心在于企业要拥有较强的供应链管理能力、先发优势及大数据分析能力。全渠道所带来的革命更新在于聚焦产品差异化转为聚焦顾客差异化，从而加快供应链的整合进程。

此外，百盛百货在 O2O 商业模式变革中，要加大自营及自有品牌的比例，结合大数据系统的综合应用，加强品牌建设，从而合理改善企业的经营效果，同时，应注重对供应链的整合。O2O 新商业模式在对供应链进行整合时应充分考虑企业内部的资源整合，在这一过程中，首先要从战略层重视百盛百货进行 O2O 转型的必要性，同时要注重推进层、操作层的协同配合，使其在战术上实现 O2O 的应用。另外，要注重整个供应链中各环节的利益分配，充分做到无缝对接。在这种线上线下充分整合的过程中，信息流、物流、资金流的整合则显得尤为重要。

资料来源：豆丁网，《百盛连锁百货 O2O 商业模式下的营销策略》。

案例 9-14

宝岛眼镜

行业：零售行业。

玩法：公域转私域，线下加线上。

为了应对不断变化的市场需求，及时调整企业战略打法是赢得市场的关键。纵观宝岛眼镜的发展历史，宝岛经历了几次历史性的变革，颇具前瞻性的打法为它成为眼镜行业的龙头奠定了良好的基础。总结起来，宝岛眼镜的发展，可以被梳理为如下三个阶段（见图 9-14）。

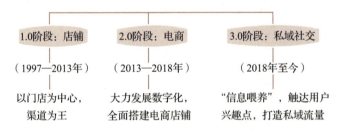

图 9-14　宝岛眼镜发展的三个阶段

资料来源：知乎，https://www.zhihu.com/question/45898960/answer/1667527814；搜狐 https://www.sohu.com/a/439587567_120972183。

1.0 阶段：店铺

在这个阶段，宝岛的商业模式是朴素且直接的，基于国人对眼镜产品的需求高涨，扩大门店规模是 1.0 店铺阶段的运营重点。以门店为中心，渠道为王，靠开店积攒用户群体，至 2011 年，宝岛的 1 000 多个门店遍布在全国的街边、百货店、大卖场、购物中心等地，积累了 100 多个城市的用户群体。

2.0 阶段：电商

2013 年"双 11"，宝岛眼镜启动天猫 O2O 业务，大力发展数字化，实现从传统零售到新型零售的转型。随着电商的崛起，宝岛眼镜在 2.0 阶段搭建电商运营模块，在天猫、京东、小红书等平台陆续开设宝岛眼镜旗舰店，全面布局电商业务。

3.0 阶段：私域社交

针对互联网用户的"信息喂养"特点，要触达用户的兴趣点，打造私域流量是关键。花时间跟用户聊天、给用户科普，改变用户的思维逻辑、行为举动，触达用户的兴趣点引导用户完成购买，社交和私域流量是 3.0 阶段的玩法关键词。

宝岛把广告预算分羹给员工"声量种草"计划，鼓励员工在门店客流的波谷时间，把学到的专业知识"漂亮"地分享到知乎、小红书、抖音等公域平台，有偿鼓励销售达人成为专业达人、"声量"达人，同时将对他有兴趣的目标用户拉入宝岛私域，成为拉新闭环达人。3.0 阶段旨在构建宝岛眼镜的私域流量人力模型的同时，让员工完成既能发出声量，又能从公域平台拉新的自洽商业闭环。

第四节　如何管理网络营销渠道

一、第一步：渠道成员的选择

（一）选择网络分销商

在选择网络分销商的时候，应该从成本、信用、覆盖、特色和连续性等方面进行综合考虑。这 5 个因素，也成为 5C 因素。

（1）成本（Cost）。成本是使用网络中间商必需的费用。这类费用包括：生产企业给中间商的价格折扣、促销支持费用等；网络中间商建立主页的费用；维持正常运行的费用。对于这些费用，维持成本是主要的、经常的，并且各个中间商之间有较大的差别。

（2）信用（Credit）。这里的信用是指网络中间商信用度的高低。由于网络的虚拟性，网上交易存在着不确定性，买卖双方也缺乏安全感。因此，信誉就是网络虚拟市场中质量、服务和安全的保证。生产企业只有通过信用好的中间商才能在消费者心中建立品牌信誉和服务信誉。

（3）覆盖（Coverage）。覆盖是指网络中间商所能影响的地区和人数，往往由网站知名度决定。对于企业而言，不仅要看网络中间商覆盖面的广度，还要看覆盖面是否与自己的目标市场相吻合，是否能够给企业带来真正的经济效益。比如，选择那些与自己的目标市场相吻合的专业性网站，覆盖面可能比较窄，但访问这些站点的网民可能正是企业需要的潜在客户。

（4）特色（Character）。网络营销本身就体现了一种个性化服务，更多地满足网络消费者的个性化需求。每个站点受企业文化、经营理念、经济实力的影响会表现出各自不同的特色。生产企业在选择分销商时，必须选择与自己的目标顾客群的消费特点相符合的特色网络分销商，才能真正发挥网络销售的优势，取得良好的经济效益。

（5）连续性（Continuity）。网络站点和网络中间商的寿命长短不一，企业必须选择具有连续性的网站和网络中间商，以便在用户与消费者心中建立品牌信誉和服务信誉。

（二）通过电子网络选择渠道成员

在寻找或了解潜在合作伙伴时，最简便的方法就是通过门户网站（如百度、搜狐等）

的搜索引擎，键入关键词（如企业名称或商品名称），按照网站、网页、商品、行业、黄页等方式进行搜寻、查找和阅读，企业将获得大量的相关信息，包括潜在合作者的候选名单、候选者的基本资料、媒体对一些候选者的报道等。这些信息将有助于企业甄别候选者，缩小选择范围。

再比如，如果候选者是上市公司，企业很容易在网上找到候选者的年报。通过对年报资料的分析，企业能够更为详细地了解候选者的经营情况、战略目标、发展战略以及未来的发展趋势，从而做出正确的判断和选择。

另外，与候选者接触，也可以首先通过网络进行，如通过在网上发广告征寻代理商或通过电子邮件与候选者进行一对一的沟通。当双方达成初步意向以后，再面对面接触和商谈。这样做，能节约合作双方的洽谈成本。

二、第二步：确定物流配送

自营物流配送系统、普通邮政寄送、借助第三方物流企业是目前电子商务通常采取的三种物流配送方式。企业在制定物流决策时，应考虑以下几个要素。

（1）商品的品种。前面讲过，有些产品适合网上销售并网上传输，但对一些实体产品来说，必须借助传统的运输手段来进行传送。

（2）消费者的地区分布。虽然互联网的覆盖面极为广泛，但网络所及的区域并不都是网上销售的区域。在大城市，由于各方面的条件比较优越，订货量也相对比较集中，就可以按照较高的标准组织送货；对于偏远地区的订单则要进行集货，送货期限相对较长，各种服务也可能较大城市差些。

（3）物流成本。从理论上讲，由于网络营销中的物流借助网络技术，其物流成本应当比传统物流成本要低，可在实际中，并非完全如此。由于网络营销中物流的多品种、小批量、多批次、短周期的特点更加明显，因此某些状况下很难单独考虑物流的经济规模，物流成本反而上升。

（4）物流方式。如果物流子系统在企业战略中处于重要地位，能形成企业核心竞争力，在企业自身资源允许的前提下，就应该选择自营物流。如果它对企业战略影响不大，那么就应该在顾客服务水平和成本之间进行权衡，并对自营物流和第三方物流的成本做比较，只有在企业相对成本较低的情况下，选择自营物流才有利；否则，就应该实行物流外包。例如，中国境内的跨国公司在开展网络营销时，一般都将物流业务外包给中国当地的第三方物流服务商，因为这样的顾客服务水平和物流成本比最佳。

案例 9-15　　　　　　　　　**海天味业：供应链管理强化之路**

1955 年，佛山市的 25 家酱园经重组后合并为一家酱油厂，1994 年，海天酱油厂通过产权改革从全民所有制企业改革为有限责任公司。2005 年，海天味业建成海天高明生产基地一期，利用现代科技提升产品质量和生产工艺。2013 年，海天味业销售额突破百亿元。2018 年，海天味业实现 2013 年设下的目标，在规模和利润上较 2013 年翻了一倍，显示出海天"扶摇直上"的劲猛发展势头，持续巩固海天味业的行业地位。如今的海天拥有 10 多条国际领先的全自动生产线、面积巨大的天然晒池、规模在全球首屈一指的调味品生产基地，拥有年产量超过 200 万吨的生产能力，全方位、立体式、多层级的销售网络覆盖全国，包括 31 个省级行政区，320 多个地级市，1 400 多个县级市场。

海天味业的核心产品包括调味酱、蚝油、酱油。耗油等非发酵类调味品的生产周期相对较短，企业根据销售部门的销售计划来制订生产计划，即以销定产，从而提高存货周转速度，降低存货储存成本。而酱油、调味酱等发酵类调味品一般需要半年左右的连续发酵周期，生产流程也较为复杂，一般情况下存货期末余额中半成品占很大比例，对于此类产品，企业在存货管理上要如何降低存货周转天数、降低仓储成本、加快生产物流速度从而提高生产运营效率？只有生产物流快速无缝严密衔接，海天味业才能够实现目标。

2003 年，海天从德国引进第一条全自动包装生产线，包装速度达 24 000 瓶/时。2016 年，海天启动"海天精品"工程，致力于打造竞争者难以模仿的具有核心优势的产品。为实现转型升级，海天味业由自动化进一步推进智能车间打造，海天味业的酱油产品包装车间纸箱自动拆垛项目于 2016 年正式投入使用。得益于智能化生产装置配备升级换代，海天的产品包装、产品检验、包装入库一系列流程在完成从下达指令到提出产品的任务只需 120 秒的时间，从进仓到出仓，不再依赖人力的协调调度，并且可以执行先进先出的规则，确保每箱产品的周转期最好，降低食品安全风险的同时也提高了生产物流效率。

海天味业在 2014 年 3 月设立佛山市海天（江苏）调味食品有限公司，主营农副产品的粗加工和销售，物流、信息咨询服务。2020 年 1 月，海天味业取得合肥燕庄食用油有限责任公司 67% 的股权，有利于公司进一步提升原材料的粗加工能力和仓储配送能力，能够提高生产效率，同年设立佛山市海天（南宁）调味食品有限公司，更进一步提升了公司的生产加工、仓储配送能力。

资料来源：中国管理案例共享中心，http://www.cmcc-dlut.cn/Cases/Detail/5361。

三、第三步：网络结算系统

选择结算方式时，应考虑到目前的实际发展状况，尽量提供多种方式方便消费者选择，如可以与银行结算联网，开发网络结算系统，将网上消费的结算与银行转账系统联网，使消费者能够轻松地在网上购物、网上结算，同时还要考虑网上结算的安全性。

案例 9-16　　　　　第三方支付：云闪付

云闪付简介

云闪付是 2017 年 12 月由中国银联携手各大银行与政府部门以及各界商家，联合建立并共同维护的移动支付类 app。云闪付 app 具备快速收付款、享受优惠活动、多卡管理等三

项核心业务功能。

2018 年 11 月，在云闪付 app 推出一周年之际，中国银联官方宣告云闪付 app 用户数突破 1 亿。到 2019 年 9 月，中国银联表示云闪付 app 用户数突破 2 亿。截止到 2020 年 2 月，云闪付用户数已达 2.4 亿。2020 年 5 月，云闪付用户规模达到 2.7 亿。2020 年 8 月，云闪付 app 用户数冲破 3 亿大关，受到各界广泛关注。

云闪付应用场景

云闪付技术已全面深入交通运输、零售、餐饮、文旅、教育、医院、公共缴费系统等与人们的生活息息相关的领域。现阶段，云闪付已为 1 750 多个市县公交、39 个城市地铁，超过 30 万家百货超市便利店的品牌门店、300 多万家餐饮商户，约 1 700 个 5A 和 4A 级景区、150 个酒店品牌及 2.5 万家门店和 3 300 所高校提供移动支付业务和服务；为 3 000 多万家商户提供便利结算服务；联合各地政府，为 230 余个城市发放惠民消费券；在全国建设了近 30 000 个普惠金融服务网点；协助完成农产品收购交易金额超 3 000 亿元；累计发行 3 220 万张乡村振兴主题卡助力乡村振兴。

云闪付的功能

（1）跨行管理银行卡业务。目前云闪付 app 已经支持中国境内全部银联卡的绑定，一次就可以绑定和管理 15 张银联卡。在商业银行信息管理通道实现商业银行刷卡闭环，个人用户可以在云闪付 app 里享受在线申卡、跨行刷卡、余额查询、账单查看、信用还款、记账信息管理等专业服务。

（2）周边优惠及卡权益查询。通过云闪付 app 的附近特惠功能，用户可以随时查询周边的优惠活动，更智能的是云闪付 app 能展示所有银行的优惠活动信息以及优惠剩余名额，以保证优惠活动名额的实际使用。

（3）公共缴费等多场景全覆盖。云闪付 app 已实现对人们衣食住行线上线下各交易场景的全覆盖，在全国地铁、民航、超市、学校、菜市场、水电煤气以及公用服务行业商户中完善并扩大移动支付的支持范围。

（4）精选好货尽在线上商城。云闪付 app 推出线上商城业务，定时搜罗全国好货。"精选类目试用馆""家乡味道"等按照星期、月和时段更新，精选的好货以全国底价包邮。商城不仅可以根据每个不同的定位显示不同地区的特产好物，而且能够与全国农村地区对接合作，帮助售卖特色农产品，开拓助农渠道，助力乡村振兴。

四、第四步：网络渠道的管理

当电子网络渠道与传统渠道共存于一个生产制造企业时，就可能在目标、领域以及认知等方面发生不同渠道之间的冲突。科赫兰（Coughlan）等将其分为 3 种情形：①生产制造商自建电子网络直销渠道，从而产生网络直销渠道与传统渠道之争；②生产制造商通过原有渠道之外的网络中间商销售，从而产生网络中间商渠道与传统渠道之争；③生产制造商的产品被原有的某些中间商在网上销售，于是出现传统渠道中使用网络渠道的成员与未使用网络渠道的成员之间的争斗。当然 3 种情形还可能以组合的方式出现。

这 3 种情形或其组合，会在生产制造商与传统渠道成员之间诱发各种各样的冲突。比如在第①种情形下，首先，会引发目标冲突。生产制造商希望通过各种渠道（包括网上渠道）实现利润最大化，当网上渠道会给生产制造商提供相对于传统渠道更高的毛利时，生产制造商更愿意让消费者直接从它的网站上购买，而不是通过传统渠道购买，这就与传统渠道中成员（如商店）的目标相冲突。

其次，会引发领域冲突，导致一些成员的搭便车行为。比如，一个想购买一台冰箱的消费者光顾一家家用电器专卖店，向店员询问一些关于冰箱的问题，在确认价格以后，以更低的价格通过生产制造商的网络下订单。在这种情况下，零售商承担了促销费用，却没有从中得到任何利益，这显然违背了公平原则。

最后，还可能存在认知冲突。生产制造商通常认为，它们建立网上渠道，只是为了扩大市场，增加销售，使那些不愿意或不能够从其他渠道中购买的消费者买到产品，并不会侵害渠道合作伙伴的利益。但渠道合作伙伴却不这么认为，它们会认为那些建立了网上渠道的制造商是在争夺原本属于它们的生意。

总之，当生产制造商从事电子商务以后，无论是自己建立网上直销渠道，还是通过网络中间商进行网上销售，都会增加引发渠道冲突的概率。那么，应该怎样解决这些冲突呢？科赫兰等从制造商角度，给出了解决这些冲突的一些对策。如网上直销，同时给传统渠道的成员提供一些企业网站上没有的优惠；利用产品线差异化，保持传统渠道成员的市场地位；运用奖励权力，与传统渠道成员分享销售成果；等等。

案例 9-17 　　　　**海信品牌的网络渠道推广及管理**

随着电商行业的快速发展，海信从 2010 年左右便开始布局线上渠道，主要包括专业电商平台、海信商城和大客户平台 3 个部分（见图 9-15）。

网络渠道推广

（1）建立专业电商平台。首先，海信在天猫上开设了旗舰店，也和京东开始合作。天猫旗舰店主要是 B2C 的模式，产品的配送还是由代理商来做。而京东则采用的是 B2B2C 的模式，海信先将产品卖给京东，再由京东卖给用户。其次，除了京东自营店，海信也在京东上开设了旗舰店，旗舰店由海信采用 B2C 的模式直接运营，类似于天猫旗舰店。

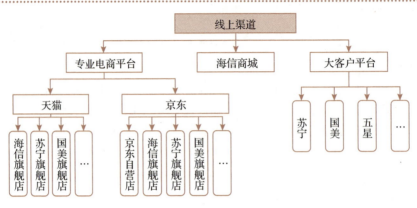

图 9-15   海信的线上渠道布局

（2）建立海信商城。海信开设了自营的电商网站——海信商城。考虑到线上的人力成本、运营成本相对比较低，运营效率也更高，海信开设了自己的官方商城，包括网页版、移动 app 版、微信小程序等多个版本。

（3）建立大客户平台。除了天猫和京东这些专业电商平台，海信的一些大客户也开设了自己的线上平台（如苏宁的苏宁易购、国美的真快乐等），这些平台也是海信线上渠道的入口之一。与专业电商平台的下沉渠道类似，这些大客户平台销售的产品和价格与其线下渠道保持一致。

渠道管理

（1）取消代理商。海信取消了代理商，采用"统仓统配"的模式，由海信大仓统一为专卖店送货，减少了中间环节，提高了周转效率，也方便了公司进行产品的价格管控。

（2）调整组织架构。海信还调整了组织架构，以渠道为单位设置商务拓展部门（Business Development，BD），如天猫 BD、苏宁 BD、专卖店 BD 等，通过这种方式加强对各个渠道的管理。以专卖店为例，公司为每个专卖店配备了责任客户经理，客户经理每个月都需要巡店打卡，帮助专卖店进行终端管理、培训、活动开展等。

（3）开发信息化工具。线下渠道开发进销存系统——信天翁。加盟商可以通过该平台订购产品，下单之后，海信的中心仓会自动将产品送到专卖店去。加盟商不需要再大量备货，降低了库存成本。加盟商还可以在这个平台提出反馈意见，并通过这个平台直接和海信进行沟通，没有中间环节。线上渠道鼓励所有的专卖店在海信商城上开设店铺，目前已经开设了 3 000 多家。线上店铺可以销售所有的线下产品和线上产品（其他渠道的专供产品除外），并且海信商城会抓取全网价格，自动跟价，确保价格优势，让专卖店能够享受特价商品的销售红利。

（4）向线下引流。海信在线上渠道举行"618""双 11"等大型促销活动之前，提前一段时间将线上活动价在线下发布，线下渠道可以提前享受活动价格，吸引用户。此外，海信还开发了点点客平台派发优惠券，用户可以去线下店铺核销该优惠券，以实现引流的目的。

资料来源：中国管理案例共享中心，2022 年 9 月，http://www.cmcc-dlut.cn/Cases/Detail/6448。

关键词

营销渠道	垂直营销系统	水平营销系统
多元化营销系统	网络营销渠道	B2B
B2C	渠道冲突	

本章小结

1.大多数生产者都不是向最终用户出售商品，因此需要一个或更多的营销渠道，渠道执行着不同的营销功能并且是公司管理当局面临的最重要的决策。

2.公司利用营销渠道是为了节约成本，并能更有效地推动商品进入更广泛的市场。

3.有效的渠道策略包括设计、管理和整合营销渠道三个部分。

4.有效的渠道管理要求做好中间商的培训，激励它们并与之建立良好的合作关系，营销渠道会随着环境的变化而变化，且因目标的不一致会导致渠道的冲突，管理办法是寻求超级目标，一起合作。

5.网络营销渠道就是借助计算机网络，尤其是互联网，将产品从生产者那里转移到消费者手中所需的中介环节，它与传统营销渠道有很多不同点。

6.在网络环境下，根据有无中间商，分销渠道可分为网络直接销售和网络间接销售两种。

思考题

1."酒香不怕巷子深"，请问现在这句话是否正确？请用营销学的知识解释。

2.大家都知道戴尔一般实施的是网上直销模式，但在中国戴尔也有专卖店的营销渠道，如果你是戴尔中国区的营销总监，你会如何管理这种渠道模式呢？

3.美国天美时钟表公司原来准备通过传统的珠宝商店出售它的价格低廉的天美时牌手表，可是遭到很多珠宝商店的拒绝。公司只得寻找其他渠道并设法通过大众化商店出售它的手表。由于大众化商店迅速发展，结果天美时公司大获成功。请简评天美时公司在营销渠道策略上的成功。

4.网络营销渠道与传统营销渠道有哪些异同？

5.举例说明网络分销商的类型。

6.如何去构建一个企业的物流配送系统？应注意哪些问题？

7.阐述构建网络营销渠道的一般步骤和应注意的问题。

案例作业

酒仙网的渠道转型

酒仙网是中国领先的酒类电子商务综合服务公司，经过10多年的发展，已经成长为国内领先的酒类垂直电商，与500多家知名酒企建立了战略合作关系，除了自建官网，还入驻天猫、京东、苏宁易购等十余家国内电商平台。

2009—2014 年：以自建网站助力全电商渠道的 B2C 发展阶段

在 B2C 领域，酒仙网自成立之初就花费了大量精力在官方网站的建设和维护上，酒仙网官网一直是其最核心的销售渠道。除此之外，酒仙网还先后与国内的知名电商平台达成战略合作，实现了电商销售渠道的全覆盖。

2014—2017 年：B2C+O2O+B2B 三大模式为主的酒类生态圈探索

2014 年酒仙网成立了酒快到子公司，开启 O2O 模式。同年 9 月，酒仙网的 B2B 业务中酿酒团购（后更名为"酒仙团"）上线，将线下烟酒店和代理商发展为会员，通过网络平台直接对会员批发产品。

2017 年至今：线下开店 + 线上 B2C 的酒类全渠道阶段

酒仙网 O2O 业务开展得并不顺利，屡次陷入导流差、订单少的窘境；B2B 业务也举步维艰，其提升 B 端采购效率的初衷并未实现。吸取之前的失败教训，加上 B2C 电商积累的 2 000 万会员资源，在"新零售"模式下，酒仙网以线上导流的方式，重新开始了线下布局，建立"国际名酒城"门店，目前国际名酒城签约已逾千家。这种"线上做品牌、线下卖酒"的方式成效良好，酒仙网从 2017 年开始实现了全年盈利。

供应链转型以适应渠道转型

全渠道零售起源于 O2O 模式的多渠道销售，但又进一步融合了线上（PC 端）、线下（店面）、移动通信（手机上网）以及社会媒体（如微信），使得线下和线上的界限更加模糊，形成了一种全渠道的销售模式。

酒仙网推行新零售战略的目的在于提升酒类流通的效率和体验。提升效率有一个很重要的前提，就是将产品采购功能和储运功能整合升级为全过程的供应链管理。在确立了新的发展模式后，酒仙网着力于定位和协同各个渠道，构建具有竞争力的全渠道供应链，以保证企业战略的顺利实施。

资料来源：中国社会科学案例中心，http://case.ruc.edu.cn/case/readpdf.aspx?nodeid=12&cn=%25E6%25B8%25A0%25E9%2581%2593&id=11761。

讨论题

1. 从本案例可见，网络营销已渐成趋势，那么网络营销能否替代渠道扁平化趋势呢？

2. 网络营销应该怎么进行改进和创新？

3. 线上线下渠道之间是相互竞争还是相互促进？线上线下应该如何结合？

参考文献

[1] 闫涛尉，郝渊晓，梁文玲，等. 电子商务营销［M］. 北京：人民邮电出版社，2003.

[2] 王耀球，万晓. 网络营销［M］. 北京：北京交通大学出版社，2004.

[3] 孔伟成. 网络营销学［M］. 杭州：浙江大学出版社，2002.

[4] 庄贵军，周筱莲. 电子网络环境下的营销渠道管理［J］. 管理学报，2006（4）：443-449.

[5] 李凤媛. 网络社会中的企业分销渠道设计［J］. 商业研究，2000（8）：64-65.

［6］李从选．渠道串货与价格体系混乱防治［EB/OL］．（2004-04-23）［2023-04-19］．http://arch.pconline.com.cn/yp/qdsc/0404/361581_3.html.

［7］科特勒，洪瑞云，梁绍明，等．营销管理：亚洲版：第3版［M］．梅清豪，译．北京：中国人民大学出版社，2005.

［8］科特勒，洪瑞云，梁绍明，等．市场营销管理：亚洲版：上册［M］．郭国庆，成栋，王晓东，等译．北京：中国人民大学出版社，1997.

［9］吕一林．市场营销教学案例精选［M］．上海：复旦大学出版社，1998.

［10］吴晓云．市场营销管理［M］．天津：天津大学出版社，2001.

［11］吕一林．市场营销学［M］．北京：科学出版社，2005.

［12］科特勒．营销管理：第11版［M］．梅清豪，译．上海：上海人民出版社，2003.

第十章
制定整合营销传播沟通策略

📖 内容提示

　　如果一个企业设计开发了特色产品，并制定了合理的价格，又组织了有效的渠道将产品送达消费者，那么这些信息如何让消费者了解和熟知呢？通过本章的学习，我们会掌握整合营销传播沟通的概念、整合营销传播沟通设计、整合营销传播沟通决策，熟悉广告、公共关系、销售促进及人员推销等策略的应用，明确整合营销传播沟通策略的设计与管理，营销者如何通过整合营销传播沟通实现企业营销目标。网络时代的整合营销传播沟通，正在从以前传统广告媒体直接"骚扰用户"的模式逐渐演变成让用户主动参与并愿意与他人分享的模式，从而焕发出更强的生命力。

📖 专业词汇

整合营销（Integrated Marketing）
促销组合（Marketing Portfolio）
销售促进（Sales Promotion）
公共宣传（Public Information）
兴趣（Interest）
行动（Action）
任务（Mission）
整合营销传播（Integrated Marketing Communication）
衡量（Measurement）
广告（Advertising）

广告媒体（Advertising Media）
公共关系（Public Relation）
注意（Attention）
需求（Demand）
重复购买（Repeat）
资金（Money）
媒体（Media）
信息（Message）
心理抵触（Psychological Resistance）
逻辑抵触（Logical Resistance）

📖 开篇案例

安慕希多场景整合营销，打造年轻人专属潮牌酸奶

没有人永远年轻，但永远有人正年轻着——这是品牌都明白的道理。作为国内高端希腊

酸奶的"鼻祖"，2013 年安慕希以高端希腊酸奶立命入世，凭借其独特的高蛋白营养与极致浓醇口感，在常温酸奶品类中建立起壁垒性差异化优势，从一个年轻品牌迅速成长为常温酸奶领域的行业领导者。这些经历让它看起来不那么"年轻"，甚至有资本"倚老卖老"，但是安慕希相信，抓住 Z 世代，才能抓住未来。

对快消品牌来说，想要捕获年轻人的关注度可不是一件容易的事情，既要保持差异化阻隔现有竞争对手，又要防止来势汹汹的新的竞争者虎口夺食，所以必须根据自家产品特点制定有针对性的营销传播和沟通策略，通过抵达目标群体内心的营销来破局。近年来，安慕希在布局营销战略时，已经逐步在数字化策略、创意传播上进行新的尝试和调整，并尝试多途径与年轻人深度互动，为实现品牌年轻化战略而努力。娱乐圈中势头正猛的新生代艺人杨某也成为新一届的安慕希品牌代言人。

杨某凭借在多部大热 IP 影视剧中的出色表现、各大综艺节目中接地气又耿直的性格……人气迅速攀升，在年轻群体中聚集了许多忠实粉丝，成为国内广受品牌方喜爱的明星。7 月31 日正是杨某的生日，为了满足粉丝们的内心需求，安慕希为杨某打造了一场生日派对，抢占生日欢聚场景，更是开足马力全网全平台全覆盖传播。

玩转明星营销

2018 年，Vlog 营销"出圈"以后，受到越来越多"95 后""00 后"的喜爱。随着更多创作者的涌入及各大内容平台的发力支持，Vlog 迅速成为 2019 年最具爆发潜力的内容形式。顺应 Vlog 营销潮流，安慕希联合杨某拍摄了一支生日 Vlog，并顺势让杨某在生日 Vlog 中示范演绎饮用安慕希。当天，微博话题"杨某开派对"同步上线。

话题一上线，就吸引了大批粉丝网友参与话题讨论并争相模仿杨某，也让"杨某开派对"话题在微博话题榜中热度持续上升。借助粉丝扩大传播，安慕希为品牌聚拢了高人气和高声量，也为接下来的线下营销活动积累了大量的活跃用户。

然而，想要维持营销活动持续高声量状态，加速传播与发酵，在这个过程中必须要有多个话题的带动。抖音"生日派对狂欢"挑战赛就为安慕希打响了品牌线上声量爆发的第一枪，随着代言人号召以及抖音 KOL 们的带动，安慕希再通过一波互动福利刺激更多用户加入挑战赛中。

在撬动全民参与热情之后，安慕希触及更多消费者，以"人气平台"带动"人群引流"，驱动安慕希销量的增长。

安慕希"派对新包装"，玩出新意

对于饮料品牌来说，外包装往往能给消费者带来最直观的视觉刺激。因此，时下的产品包装已不仅承担一种保护产品的作用，更能体现出产品的附加价值，不仅能为产品营销传播贡献一份力量，更成为品牌与消费者之间交流沟通必不可少的媒介。

为此，瞄准年轻消费群体社交喜好，从消费者的注意力着手，安慕希深挖出"引领时尚的年轻人，大都喜欢聚会、开派对"这个点，策略性地推出了全新升级的"派对新包装"。

对于喜欢表现自我个性的年轻人来说，派对完全就是一个天然的秀场，能满足其在社交网络秀、晒、炫的动机，比吃饭、唱歌、逛街、看电影要酷很多。因此，安慕希聚焦多种夏日欢聚场景，以充满个性潮流感的派对为设计风格，融入气球、彩带、灯光等元素推出了9款酸奶新包装，满足年轻人多元化的需求。

与消费者玩在一起

通常品牌在做营销活动的时候，提到用户"参与感"总是绕不开这一话题——缺少了参与感的营销，不过是品牌的"自嗨"。只有让品牌与消费者玩在一起，才能达到用户与品牌有效沟通对话的目的。

年轻人喜欢开派对，所以安慕希索性在线上用微信小程序为用户搭建了一个"派对狂欢"，用有趣好玩的潮流方法，通过不同场景标签化互动，博得年轻消费者的欢心。当然，能把这个创意小程序扩散出去，离不开活动背后提供高价值赠品的奖励制度。诱人的大奖刺激全民参与和分享，形成了病毒式传播效果，可以说是相当别出心裁了！

明星助力多维度传达

选择什么饮品对于时下年轻消费群体而言已不仅是一种简单的日常行为，更是一种彰显自我个性以及生活态度的方式。在新生代群体对"饮品"愈发挑剔的时代，到底要用什么样的方式，才能锁住这些个性张扬的年轻消费者？

在这方面，安慕希酸奶深刻洞察时下年轻消费者对健康、时尚、个性、潮流的追逐，力邀多名品牌代言人担任品牌派对大使，多维度传达不同生活状态和需求下的各种狂欢派对（生日派对、游戏派对、热舞派对、美食派对、篮球派对等）。安慕希以多元化赋能强化产品关联，加深消费者价值认同，用引领时尚潮流的新奇方式成功"圈"住了年轻人。

总结

这波场景化营销，让安慕希的扩散度和美誉度都取得了不俗的成绩，也引来大批网友自发演绎饮用安慕希并与品牌进行互动。安慕希紧紧把握住用户的心理，凭借出色的营销成为2019年夏日备受年轻消费者及其他品牌瞩目的焦点。这一切，都得益于安慕希精准洞察了目标人群的社交属性，真正与消费者进行情感沟通，建立良好的社交关系。

产品力是决胜市场的关键，也是促使消费者购买的根本。在消费升级的趋势下，年轻人需求的不断变化，正给安慕希注入新鲜的血液和源源不断的活力，让它更有动力去突破自我，持续从产品口感体验和创新营销手段上全面升级，形成行业内差异化的竞争优势。以上这些，都是值得各大品牌借鉴的地方。

资料来源：公众号"广告圈"。

第一节　如何制订整合营销传播沟通方案

一、可以采用的整合营销传播沟通组合

每个公司都不可避免地担当着传播者和促销者的角色。对于大多数公司来说，问题

不在于是否要传播，而在于说什么、怎样说、对谁说和隔多久说。大多数销售部门为打入目标市场在制定营销策略时，一般需要综合使用几种营销工具——广告、公共关系、销售促进、人员推销，这几种工具的结合使用就叫作整合营销传播沟通。

案例 10-1   **星巴克：爱情公寓虚拟旗舰店**

星巴克一直以来采用的都不是传统的营销手法，而是采取颇具创意的新媒体形式。此次星巴克联手 SNS 网站爱情公寓尝试虚拟营销，将星巴克徽标做成爱情公寓里"虚拟指路牌"广告，是星巴克首次尝试 SNS 营销。

iPart 爱情公寓是唯一一个以白领女性和大学女生为主轴设计的交友社区网站，尽全力帮网友打造一个女生喜爱的温馨交友网站。品牌形象中心思想关键词为清新、幸福、温馨、恋爱、时尚、文艺、流行。

12 月 12 日是星巴克滨江店举办"璀璨星礼盒"活动的特别日子，因此从 12 月 1 日开始，星巴克不仅将滨江店封装到巨大的礼盒中，更在爱情公寓网站上做成了颇具创意的"虚拟指路牌"，并且还以倒计时的方式，等着你再好奇地在线上或者去线下看看 12 月 12 日星巴克的"Open Red Day"到底是什么，不肯把第一次的神秘一下子都给曝光出来。

礼盒展开前，采用神秘礼包和星巴克情缘分享的方式进行。

（1）神秘礼包：线上活动结合了线下活动的概念，送给网友神秘礼包，便会出现在网友的小屋当中，虚拟的神秘礼包与实体的上海星巴克滨江店同日开张，礼包和实体店面同样以大礼盒的形象出现。

（2）星巴克情缘分享：网友上传自己生活当中与星巴克接触的照片并写下感言，以口碑与体验的方式来塑造出星巴克式的生活态度是被大家认可并受欢迎的。

礼盒展开后出现品牌旗舰店，打造一条品牌大街。与繁华的闹市区不同，星巴克小店另开崭新的公寓大街区域，提供具有质感的品牌大街。虚拟的星巴克店面设计中，延续实体店的温馨舒适感，店面周围环境设计以享受生活的感觉为主，不过度热闹繁华，以高品质的生活感受来凸显品牌的层次感。另外，虚拟店面结合爱情公寓内的产品来提升曝光度，并与网友互动，让网友更加了解品牌个性与特色所在。

（1）见面礼：设计专属礼品，来到虚拟店面就可领取或送好友。

（2）活动专区、公布栏：星巴克线上及线下活动报道，大量的曝光让参与程度提升，分享关于星巴克的信息及新闻，引起各种话题讨论和增加网友的互动。

（3）咖啡小教室：咖啡达人教室，固定的咖啡文化或相关教室消息，让网友了解更多关于咖啡的文化。

星巴克在爱情公寓虚拟店面的植入性营销被众多业界人士称赞，甚至成为哈佛大学教授口中的案例。星巴克想让它们的消费者了解它们的态度，因此做了一系列活动，包括从品牌形象到虚拟分店开幕、新产品推出，再到赠送消费者真实的优惠券，等等。这一系列营销非常符合星巴克的愿望——不让消费者觉得它们是在做广告。但是，如果星巴克每天发信息告诉你哪里有它们新开的店面、哪里有新出的产品，让你赶快来买它们的产品，短时间可能会起到增加销售的效果，但是这种不断的强迫行为会让消费者产生强烈的厌烦感，反而会彻底毁灭星巴克在人们心中的良好形象。

资料来源：http://blog.sina.com.cn/s/blog_12d6220fe0102vod3.html.

1. 广告

几乎所有的企业在推销产品或者提供服务时都会使用某种形式的广告。传统媒体如电视、收音机、报纸、杂志、书籍、邮件、户外广告牌等，都是最常用的广告传播媒体。随着社会的发展和科技的不断进步，营销人员正在寻找新的途径传播广告信息，如商场或超市中的互动音像以及日益繁荣壮大的网络媒体。

2. 公共关系

公共关系有助于企业与消费者、供应商、股东、政府官员、公司职员以及所在的社区进行沟通。使用公共关系，制造话题与事件，这样不但可以保持良好的企业形象，还可以让公众了解企业的近期目标和远期目标、介绍新产品以及对销售活动提供支持。

3. 销售促进

销售促进通常是刺激需求迅速增长的短期手段。其具体形式包括免费样品、贸易展示、优惠券、奖励等，大型的促销活动可能同时使用几种销售促进工具。

4. 人员推销

最新的人员推销观念更强调营销人员和买者之间建立的关系，这在商业品和工业品的买卖中体现得更为典型。这种观念更加重视实现那些在长期的买卖中能够使双方共同受益的目标。它通过与顾客建立长期、持久的联系来创造顾客的积极参与和忠实的态度，而不是仅仅追求销售速度和暂时激增的销售量。

案例 10-2　　　　　　　　**王者荣耀品牌整合营销传播**

《王者荣耀》是大家很喜欢的一款手游，由于它参与门槛低、能满足用户炫耀的心理，成为大家必备的游戏之一。品牌整合营销传播作为宣传品牌的方式，那么王者荣耀是如何通过品牌整合营销传播来得到游戏爱好者喜爱的呢？

王者荣耀可参考的品牌整合营销传播原则

（1）走心文案，引发情感共鸣。

传统商业时代人们通过长篇文章了解产

品，互联网时代人们因为一句话记住品牌。在物质极度丰富、产品同质化严重的今天，对于用户来说购买产品时不再聚焦于产品的使用功能，更重要的是看它是否能满足自己的情感诉求。

（2）植入"彩蛋"，制造意外惊喜。

所谓体验，不是享受了我们应该享受的一切，而是在得到一切应有的同时，获得了意料之外的愉悦体验。

（3）提升参与感，激发传播欲望。

对于大多数人来说，得来不易的才会珍惜，深入参与的更愿意传播。在产品研发和营销过程中调动用户的积极能动性，更容易激发用户的传播欲望。

为了扩大品牌影响力，获得更强的市场竞争力，《王者荣耀》通过品牌整合营销传播来增强玩家和大众对《王者荣耀》存在感的认知。

王者荣耀品牌整合营销传播方式

（1）"游戏造节"，维度高明。

《王者荣耀》的基本玩法为5对5的组队对抗，玩家称其为"开黑"，"五五开黑节"就是由此而来。游戏衍生出的玩家文化中，好友相聚、团队作战也是非常核心的思想。《王者荣耀》基于以上用户洞察顺势而为，以"GIVE ME FIVE"作为这次"五五开黑节"的主题，以"五排不掉星"作为其运营活动。用造节这一方式弥补朋友之间没有节日的空白，从而满足了用户的需求。

（2）游戏出发，版本先行。

游戏福利大回馈，是营造节日氛围的基础条件；作为一个游戏的狂欢节日，基本的当然是游戏本身。《王者荣耀》此次推出了"五排不掉星，勇者积分双倍"的创新玩法和全新皮肤，大大满足了玩家的期待。

（3）明星流量，带动氛围。

《王者荣耀》这次和某乐队进行了深度合作，不仅推出了乐队主打歌"I Will Carry You"，还在微博平台展开亲密互动，点燃节日氛围。该乐队的粉丝规模庞大，且以年轻群体为主，与《王者荣耀》的受众年龄层吻合。而该乐队本身就是真实的游戏玩家，能够积极带动粉丝加入游戏。

（4）品牌与节日，价值观契合。

品牌价值观与节日价值观契合。从品牌精神主张"团队成就更多"到节日主题"GIVE ME FIVE！五排不掉星"，《王者荣耀》都在强调团队的力量。不管是游戏还是节日，人都是永恒的主角。《王者荣耀》以品牌为基础，赋予节日新的内涵，既服务节日，又服务品牌。

（5）品牌联合，扩大影响。

基于节日渴求与朋友相聚的用户洞察，《王者荣耀》不仅在玩家中打响了团队合作的口号，自身更是联合了百大品牌，将团队合作的力量发挥到极致。

多种渠道、方式、形式的结合与统筹，让《王者荣耀》的这次品牌推广活动具有非常鲜明的层次感，环环相扣、充满创意与年轻张扬风格的活动形式与形象，非常有效地吸引了年轻玩家的关注和参与，在全方位、多元化的传播中，不断让游戏特色和品牌星星深入人心。

　　资料来源：https://www.xianzhi.net/ppzhcb/57660.html.

二、如何进行整合营销传播沟通设计

　　有效的整合营销传播沟通设计，要求市场营销者必须做出如下决策：确定目标沟通对象、确定沟通目标、设计沟通信息、选择信息沟通渠道、制定沟通预算和建立信息反馈渠道。

（一）第一步：确定目标沟通对象

　　有效的整合营销沟通过程要求营销者必须首先确定其目标沟通对象。在整合营销沟通中，目标沟通对象一定是对传递来的产品及其相关信息感兴趣的人或组织，他们可能是企业产品的潜在购买者或现实使用者，也可能是购买决策过程的决定者或影响者，还可能是特殊公众或一般公众。

（二）第二步：确定沟通目标

　　在决定购买某种产品前，顾客大多会经过一系列的准备阶段，如认识阶段、情感阶段和行为阶段，相应地也形成了一系列的认识、情感和行为反应层次。因此，从消费者完整的购买决策过程与消费者在购买过程中所处的位置来看，确定营销沟通目标，即为确定如何把沟通对象从他们目前所处的购买过程的层次推向更高的准备购买阶段或状态的层次。

（三）第三步：设计沟通信息

　　有效的信息设计必须引起消费者的注意，激发其兴趣，唤起其欲望，促使其行动。设计营销沟通信息需要解决四个问题。

　　（1）确定信息内容，即企业必须了解对消费者、用户或社会公众说些什么才能产生预期的认识、情感和行为反应。

　　（2）确定信息结构，包括提出结论、论证方式以及表达次序三个问题。

　　（3）确定信息格式，即选择最有效的信息符号来表达信息内容和信息结构。

　　（4）确定信息源，信息源是指那些直接或间接传递销售信息的人。

（四）第四步：选择信息沟通渠道

　　信息沟通渠道可分为两大类：人员信息沟通渠道和非人员信息沟通渠道。人员信息沟通渠道是指两个或两个以上的人相互之间直接进行信息沟通。他们可能面对面，可能通过电话、电视媒介，甚至通过邮寄个人函件等形式进行信息沟通。非人员信息沟通渠道是指无须人与人的直接接触来传递信息或影响的媒体。它包括印刷媒体（报纸、杂志、直邮信函）、电子媒体（广播、电视、互联网）和展示媒体（广告牌、招牌、招贴等）；为加强购买者对购买产品的了解而设计的环境；为了给目标沟通者传递特别信息而特别设计的活动，如举办新闻发布会、开业庆典等。

（五）第五步：制定沟通预算

沟通预算是企业为从事沟通活动而支出的费用，关系着沟通活动的实施以及沟通活动效果。企业在制定沟通预算时，普遍采用的方法主要有量入为出法、销售百分比法、竞争对等法和目标任务法。这些方法既适用于编制总的沟通预算，也适用于编制分项预算，如广告预算。

（六）第六步：建立信息反馈渠道

营销者把产品信息传播到目标购买者之后，整个传播过程并未结束，还必须通过市场调研，调查这些信息对目标沟通对象的影响。这种调查通常需要与目标沟通对象中的一组样本人员接触，询问他们对信息的反应、对产品的态度和购买行为的变化等。营销人员根据反馈的信息，再决定是否需要调整整体整合营销传播沟通战略或某个方面的营销策略。为了提高信息传递的效果，企业在传递信息的过程中应当防范各种可能发生的干扰或失误。这些干扰或失误有可能导致目标受众的怀疑、困惑甚至反感。

案例 10-3 **立白"冠军之选"引发消费热潮 KOL"花样改造"助推营销出圈**

每逢体育赛事举行，"冠军之选"便是品牌争夺营销点的大热门标签。"冠军"一词所带来的效应代表着全民关注的热度、追捧和光环，而"冠军之选"的称号对于产品来说，就代表着认可、专业和优质，能够使消费者将"冠军"与产品相联系，并由此激发出消费的热情。

立白在孙一文赛后的第一时间便火速与"孙一文夺金"热点联动，抢占宣传先机，借助"冠军之选"的影响力推动消费者对立白除菌产品的定位联想，使得立白与冠军品牌相连，立白除菌产品与冠军品质相连，消费者的爱国情怀被"夺冠瞬间"点燃，入手"冠军同款"成为释放情绪的途径之一。

　　除了借助"冠军光环"的营销手段，立白又从"全民参与"的角度开创了新的营销玩法：联动多位不同圈层的KOL，成为"除菌包潮改官"，将改造除菌包的创意过程发布在社交平台，掀起一波时尚改造风潮。不少网友主动加入除菌包改造计划，将自己的想法和设计融入其中，日系复古风、潮酷街头风、趣味卡通风……各种创意层出不穷。以除菌包作为传播的出发点，用改造计划激发消费者的创作欲望，然后再通过社交平台的传播，实现连续性的影响力扩散，立白除菌产品得到了越来越多的喜爱和关注。

　　此外，在奥运会期间，立白还在线下向消费者开放"除菌击剑体验馆"，在体验馆参与充满动感的科技VR游戏，好玩又有趣的保龄球互动，以及集章抽取奥运冠军同款除菌包等活动，与消费者进行亲密互动，进一步夯实了立白除菌产品专业防护的品牌理念。

　　在赛事举办期间，社交平台最活跃的群体必然是网生时代的Z世代，立白作为国民日化品牌，在除菌产品的营销活动上，自然要趁机扩宽与Z世代连接的路。于是，立白与深受年轻人喜爱的"不鸭"IP合作，将立白除菌产品的特点以年轻化的互动方式展现在Z世代面前。

　　前期"不鸭"为立白除菌产品设计的专属奥运表情包，成功打开了立白与年轻一代沟通的大门。击剑三要素"快""准""狠"与穿着"立白"T恤或者背着"立白除菌战斗包"的不鸭一起登场，萌化了网友们的心。大家使用这套表情包的同时，总会接收到立白除菌产品在除菌上"快""准""狠"的信息，不断巩固立白的品牌形象。

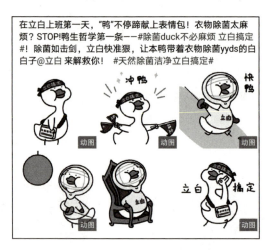

　　当下流行的谐音梗"duck"正与不鸭的形象契合，于是，微博话题"除菌duck不必麻烦立白搞定"一发起就迅速引来了许多网友的关注和讨论。大家在话题下分享生活中遇到的除菌难题，接受了不鸭的安利，纷纷认同"除菌duck不必麻烦 立白搞定"的观念。该话题的热度扩散为立白除菌产品的营销造势再添助力。

　　不鸭还成为立白奥运赛事特邀"播报员"，和立白的品牌卡通人物"大白""小白"一起，通过条漫的形式播报赛况。品牌卡通人物的联动，以及当代年轻人比较喜欢的条漫设计，都与年轻化的潮流挂钩，得到了大量不鸭粉和条漫爱好者的转发和分享。

　　这一系列专属表情包、谐音梗话题和条漫奥运播报的IP合作营销活动，形成了超强的品牌年轻化效应，在打造奥运氛围的同时，将立白快速除菌的品牌概念巧妙地加入活动的细节之中，吸引Z世代的参与和互动，让立白借势此次奥运引发年轻消费者的消费热潮。

综上所述，立白在此次奥运营销中能够大放异彩的原因如下。

首先，在疫情背景下，立白果断抓住时机为除菌产品推广，成为国家队运动员备战保障产品，附加"官方认可"的价值；其次，将击剑的要素与专业除菌的特性相联系，"快""准""狠"的共通点让人印象深刻；再次，能够火速抢占热点，充分运用"冠军效应"扩散品牌热度，并及时联动KOL发起全民可参与的"除菌包改造计划"，与消费者火热互动；最后，和"不鸭"进行有层次的系列营销合作，把握时代主力军Z世代的心。

事实证明，机会往往是留给有准备的人，立白的成功为日化领域的营销带来了范例，作为深受国民喜爱的日化品牌，期待立白在今后带给我们新的惊喜。

资料来源：https://zhuanlan.zhihu.com/p/398011833.

第二节　如何进行广告营销

一、如何理解广告及其功能

有这样一则故事，某公司的CEO欲哭无泪地说："我知道我们的广告的一半是有效的，我只是不知道是哪一半！"好，如果你想知道真实情况，那么可以告诉你，那个CEO的抱怨是正常的。第一，广告是"有效"的，在哪方面有效？广告活动的目标是什么？第二，现实是虽然不是所有的广告都是好广告，但它们中的很多是好广告。那么，什么是广告，为什么营销者需要做广告，营销者怎样把广告做好？本节将为你解答上述问题。

广告是由广告主有偿使用传播媒体，向目标市场传播经济信息的促销行为。广告承担了以下基本功能。

（1）告知。广告使消费者知晓新的品牌，向消费者传递有关品牌的特征，树立品牌形象。由于广告是一种能够以相对较低的单位成本接触到大量受众的高效沟通方式，因此对新品牌的推出十分有效，并可通过提高消费者对成熟产品中现有品牌的首选认知而增加对现有品牌的需求。

（2）劝说。有效的广告会劝说消费者试用广告宣传的产品和服务。有时这种劝说能创造对整个产品大类的需求，但是更多的时候，广告更有助于促进消费者对某个特定公司的产品的需求。

（3）提示。广告有助于一家公司的品牌在消费者的记忆中历久常新。好的广告能有效维系消费者对一个成熟品牌的兴趣，增加消费者重复购买该品牌的可能性。

（4）增值。广告通过影响消费者的感知为品牌增加价值。有效的广告能使品牌看起来比竞争对手的更优越，因此能够帮助增加企业产品的市场份额和利润。

（5）促进。广告是营销沟通中促成公司其他沟通活动的助攻者，帮助公司将人们的注意力吸引到公司的其他沟通手段上来。例如，公司计划开展某项营销推广活动，可以通过广告吸引消费者来参与。在销售代表与潜在客户直接接触前，广告还可以为销售代表提供有价值的介绍，起到预先推销公司和产品的作用。

案例 10-4　　　　　　　　　　　　　**蜜雪冰城广告主题曲《蜜雪冰城甜蜜蜜》**

2021 年整个 6 月最火爆的莫过于蜜雪冰城的洗脑神曲。据品牌官方说法，这支广告曲早在 2020 年 7 月已经在全国 10 000 家门店同步播放。基于庞大的群众基数，这首神曲在 B 站、抖音等各大平台掀起燎原之势，同时蜜雪冰城在线下推出到门店唱主题曲免单的活动，再次推动社交传播和二次传播，使品牌迅速出圈。

整首歌只有"你爱我，我爱你，蜜雪冰城甜蜜蜜"这句歌词在不断循环，为蜜雪冰城赚足了热度。"蜜雪冰城主题曲"系列话题接连冲上热搜榜。截至 6 月 20 日，相关微博话题阅读量超过 1.3 亿，抖音话题也有 7.9 亿次的播放量。不得不说，蜜雪冰城主题曲营销就是牛，不仅 IP 非常可爱，蜜雪冰城的"雪王"形象（一支冰淇淋权杖 + 一顶皇冠），将萌经济打造到极致，而且无比洗脑。蜜雪冰城主题曲土！土到极致就是潮。蜜雪冰城的土，可以说是深入人心。让大牌频频翻车的"土路"，蜜雪冰城却一骑绝尘，获得了消费者的喜爱。

首先，蜜雪冰城的产品是真的便宜！一个以价取胜的平价品牌，几块钱就能买到的快乐水；土味营销方式，能够利用潜意识，强化消费者对于品牌"便宜"这一卖点的记忆。蜜雪冰城大方表态，就是要做下沉市场，就是要土到极致，可以说是真没把消费者当外人。而且蜜雪冰城的土味营销自带"反骨"。在奶茶被高级化，连星巴克、瑞幸都开始涨价的时代，蜜雪冰城却努力维持低价策略，有一股与网红奶茶过度营销抗争到底的傲气。

其次，蜜雪冰城这波营销，抓住网络社交平台上年轻人玩"梗"的心理，一首洗脑神曲被网友不断二次创作，表情包、改编版、自制周边……"红"上加"红"紧锣密鼓的营销，使得 2021 年夏天蜜雪冰城在一众饮料品牌中脱颖而出，"隐隐约约"变成网红。随着蜜雪冰城的霸屏，背后的操盘手——本土咨询营销策划公司华与华也受到关注。华与华公司董事长华杉在微博中回应称，不做传播做"播传"，播一个东西让消费者自己传。简单来说，就是有消费者参与的传播才是完整的传播。

资料来源：首席营销智库（ID：iyingxiaotong）。

在制订广告方案时，市场营销经理首先需要确定目标市场，明确购买者的动机。在此基础上，市场营销经理才能做出制订广告方案所需的五项决策，即所谓的 5M：任务（Mission）、资金（Money）、信息（Message）、媒体（Media）、衡量（Measurement），如图 10-1 所示。它们分别回答了下面五个问题：广告的目标是什么？可用的费用是多少？应传送什么信息？应使用什么媒体？如何评价广告的效果？

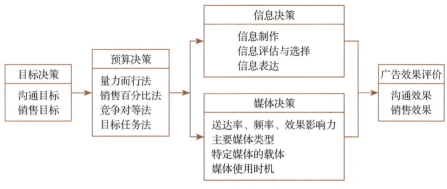

图 10-1　广告方案的五项决策

二、如何进行广告方案设计

（一）第一步：广告目标决策

广告目标可分为提供信息、说服购买和提醒使用三种，由此产生了下面三类广告。

1. 信息性广告

信息性广告主要用于产品的市场开拓阶段，此时的目标是建立初步的需求。例如，在中国，钻石的广告目标是年轻女士，她们的母辈是只戴金首饰的。DE BEERS 钻石的广告则强调"钻石恒久远，一颗永流传"，传达"钻石是婚姻永久的象征"这种信息，以吸引年轻女士。

2. 说服性广告

在产品的成长期和竞争阶段，广告的目标是加深人们对产品的认识，培养顾客的消费动机和购买欲望，促进产品的选择性需求。例如，企业在速溶咖啡的销售过程中发现，很多家庭主妇在购买咖啡时之所以选择传统咖啡，并不是因为产品的品质，而是主要担心被认为是懒惰的主妇，因此企业在后期的广告中主要强调速溶咖啡的时尚、效率。

3. 提醒性广告

在产品的成熟期和衰退期，广告的目标是强化顾客对产品品牌的情感，提醒顾客关注该品牌，促进产品的习惯性需求，如脑白金的广告"今年过节不收礼，收礼还收脑白金"。

案例 10-5　　　　　　　　　**麦当劳德国户外广告**

2021 年上半年，堪称"户外广告王者"的麦当劳又推出不少创意广告，在德国投放的这支广告更是亮点十足。广告中，巨型咖啡杯上方冒着的白烟，其实是由蒸汽设备制造出来的水蒸气。二者组合起来，让人不由自主地联想到一阵咖啡香，画面冲击力极强，引起味觉感应，让不少路人驻足观看。

资料来源：公众号"广告门"。

（二）第二步：广告预算决策

在制定广告预算时，企业营销人员应考虑以下影响广告预算的因素。

（1）产品生命周期。在产品生命周期的不同阶段，广告投入量及侧重点都有所差别。在导入期，为了提高广大消费者的认知度和记忆度，企业需要投入较多的广告；在快速成长期，广告的频率可以放慢且促销有所侧重；在成熟期，需要投入一定的广告，以维持产品的市场地位；在衰退期，一般应大量削减广告费用。

（2）目标市场状况。在目标市场上，消费者对产品的认知及熟悉程度、消费者的地域分散程度，都会影响广告的投入。

（3）竞争者动向。竞争是企业与竞争者互动的一个过程。主要竞争对手的广告策略及广告投入，必然会影响企业自身的广告策略及投入。

（4）促销组合。广告是促销组合系统中的一个组成部分，广告预算的多少应由促销组合战略的总体安排来决定。

（5）广告媒体。不同的广告媒体价格不同，因此选择不同媒体的广告预算会有所不同。

（6）广告频率。把品牌信息传达给消费者所需要重复的次数也决定着广告预算。

（三）第三步：广告信息决策

作为企业营销人员，为了实施有效的广告活动，有必要了解广告设计的基本要求、广告创意与广告表达。

1. 广告设计的基本要求

尽管广告设计会因产品而有所变化，但基本要求是共同的。

（1）注意。广告设计就是要力求使消费者的无意注意转化为有意注意。增加刺激、突出重点、扩大对比、强化目标等手段，都能达到促使消费者注意的目的。

（2）兴趣。强调产品的利益，从而引起消费者的关注和好奇，而这是引发消费者兴趣的关键。此外，目标顾客的文化、职业、收入、年龄等因素也直接影响他们的兴趣。

（3）动机。在广告设计中，企业营销人员要认真研究消费者的生理需要和心理需要，恰当地将消费者的需要表达出来，深刻触动消费者的内在诉求，引发其购买动机。

（4）记忆。广告设计中要通过差别化和重复化广告，强化消费者的记忆，固化消费者的购买动机。

（5）行为。广告设计的最终目的是促使消费者产生购买行为。因此，广告应根据营销重点，建立品牌形象，提示和强化购买的收益，促进消费者购买。

案例 10-6　　　　　　　　**抖音设计春节刷街红包广告**

要说过年什么必不可少，红包必然是第一名，从 2014 年的微信红包开始，到支付宝的集五福，"红包大战"俨然成为春节标配。如何能在"红包大战"中脱颖而出呢？

洗脑 TVC（商业电视广告）：明星喊你来分钱啦

春节阖家团圆，不管你在哪儿，不管在做什么，是热火朝天地做年夜饭，还是家人团聚，还是在玩网游……只要你"上抖音"，就能"分 20 亿元"！

从德艺双馨的老艺术家，到顶级流量明星，再到年度最火的荧屏情侣一一出镜，告诉你什么才是过年的正确姿势！

创意 ID：独家红包互动模式，明星和你一起抢红包

明星＋红包双引擎驱动，面对春节期间五花八门的红包玩法，在抖音，明星不只是单纯刷脸和告知，而是在整个抖音乃至头条的内容生态里玩起来！

贯彻抖音"真实"的品牌调性，打破明星与用户的次元壁，连线视频，花式红包说明……就像是你的老朋友，喊你来抢红包啦！

海报刷街：不仅要你多看一眼，更要你满眼都是

在满大街"红红火火"的刷街广告的冲击下，各个品牌都在试图用最多彩的红告诉你，这里有红包！但谁能做到在人海之中让你多看一眼，谁就更胜一筹。因此，以"更强红包感知、更强人物外放、更多品牌露出、更强核心利益"为原则，抖音设计了春节刷街红包广告，明星冲出手机屏，就是要给你发红包！

春节营销大战并不仅仅是一场红包大战，而是一场关乎品牌、内容、生态的持久战，吸引用户并不难，难的是如何结合品牌自身属性，让用户留下来，这才是最终的考量标准。

资料来源：https://m.yievent.com/h-pd-1636.html.

---

2. 广告创意

成功的广告，必定经由一个独特的广告创意充分演绎而来。这就需要广告设计人员精心思考和策划，运用艺术手段，将广告所要表达的主题准确、充分、集中、生动地表达出来。广告创意是创造性的思维活动。从表面来看，创意似乎是凌空而来的灵感，是不可捉摸的巧妙构思。事实上，这种灵感和构思，来源于对产品有关资料的全面收集、咀嚼、消化，也来源于广告设计师长期的广泛学习和个人积淀。

3. 广告表达

广告表达的基本要素有语言、构图、色彩、音响、体态。这些要素有机组合，即形成一个具体的广告作品。广告表达的方式主要有以下几种。

（1）直陈式。在广告中直接说明产品的品牌、特点、用途、价格、生产者以及操作要领等。

（2）实证式。现身说法，展示顾客使用后的评价及产品获奖情况，用实际效果证明产品的品质和价值。

（3）示范式。通过展示产品的操作过程以及消费者使用后获得的利益，来说明产品的功能和作用。

（4）明星式。聘请演艺界、体育界的社会名流作为产品形象代言人，利用明星效应宣传和推荐产品。

（5）比较式。将产品与同类产品进行比较，彰显产品自身的优势和特色。不过，目前有很多国家的广告法明确规定，企业在进行广告宣传时，不得贬低其他生产经营者的商品或者服务。

（6）悬念式。营造有关悬念，激发消费者的好奇心，引起社会的广泛关注，进而推出答案，给消费者留下深刻印象。

（7）幽默式。通过幽默人物或幽默情节推介产品。

（8）恐惧式。利用消费者对不利于自身身心健康的产品的恐惧心理和追求美好生活的心理，推广有利于身心健康的产品。

具体产品的广告表达设计往往是根据媒体的特征、广告预算的要求，综合运用多种方式。

案例 10-7　　　**最任性的悬念式营销：TCL 空调·京东"任性调"**

"任性调，12.15，我出钱，你任性，约吗？"一则写着"任性调"几个大字的悬念广告一出现，就接连遭遇网络红人的曝光，引发网友创作猜想争相揭晓品牌。

"任性调，被玩坏"

杜蕾斯、小米手机相继遭到恶搞，"任性调"分分钟被网友玩坏，"我出钱，你任性"话题火爆，持续 24 小时占据新浪微博热门话题榜 Top6，阅读量超 6 000 万。

"任性调，真相揭晓"

网友到达欢乐的高潮，故事主角现身。悬念广告是 TCL 空调、京东这对"任性兄弟"的携手之作，目的是为新推出的网络定制智能空调制造关注。而此前，京东某高层领导于微博发起"任性挑战",豪言"12.15,200台iPhone6任性送,送不出就砸",同样是为"任性调"新品造势。

TCL空调·京东"任性调",属于悬念式营销玩法的典型案例。该案例从设疑到推疑后解疑的策略过程,将整个悬念故事情节做了巧妙的推演,直至达到情节的最高潮揭牌真相,赚足了受众的眼球。

我们在针对线上电商店铺的悬念式营销策略上,也可以借助自媒体,如微信、微博等社交平台进行前期的预热(设疑),通过制造悬念吸引用户关注品牌店铺,引发用户参与互动,自行分享传播(推疑),并引流到电商店铺,最后在店铺主阵营揭牌真相(解疑),这样就顺理成章地完成了整个悬念式营销的全过程。

资料来源:http://info.hhczy.com.

资料 10-1　　　　　　　**悬念式营销应知道**

悬念式营销的吸睛点何在

悬念式营销之所以能够在短时间内迅速成为网络爆点,主要原因还是品牌本身营造的一种神秘感,这种神秘感巧妙地抓住了消费者的猎奇心理,通过制造悬念,使消费者原来呈纷乱状态的心理在一定时间内围绕该特定事件集中起来,这就为接受广告内容创造了比较好的感受环境和心理准备。神秘的话题只要成功地抓住了消费者的胃口,就会在用户的二次传播以及网络的放大作用下,成为全民热议的话题,赚足眼球。

悬念式营销技能

近年来,悬念式营销渐渐受到许多品牌的青睐。例如,"papi酱跑了"的话题分分钟上热搜。"绝不说透"成了广告主擅长并爱用的宣传方式,比较常见的悬念设置方式还有"自黑体""苍白体""不懂体"等,它们都能在短时间内聚焦不少流量。但是,悬念式营销如果操作不当,就会徒劳无益。那么品牌在悬念式营销的过程中,应该注意哪些问题呢?

(1)品牌关联性。悬念式营销要对产品特征恰当地展开分析,每个侧面、每个相关联想都要能够引出悬念。在金龙鱼的案例中,"一瓶油2万"这个悬念点就和"双一万"稻米油巧妙衔接,增强了品牌的联想度,有利于强化消费者对品牌的印象。

(2)媒体投放连续性。成功的悬念式营销要在短时间内迅速聚焦大众视线,在选择合作媒体时,必须使媒体适合自身形式且具有连续性;从线下引流到线上,传统媒体和新媒体相结合,形成媒体传播闭环,从而最大限度地传递品牌信息。

(3)时间把握准确性。悬念式营销是从设疑到解疑的过程,因此在这个过程中要把握好时机,不要过早地点明结局,要让一些神秘的东西悬而未决,否则一旦神秘面纱被揭开,就起不到吸引注意力的作用了。同样,精彩的创意一定要重复出现或稳定保持,以便人们仔细揣摩。与此同时,时间延续也不宜过长,否则会很容易挫伤消费者的热情。

资料来源:https://mp.weixin.qq.com/s/WWZDkuV_BExtDp4zIiLCrQ.

（四）第四步：广告媒体决策

广告媒体是广告主为推销商品，以特定的广告表现将自己的意图传达给消费者的工具或手段。

1. 传统广告媒体

传统广告媒体包括报纸、杂志、电视、广播、户外广告等。不同的媒体有各自的特性（见表 10-1），在进行媒体选择决策时，企业营销人员需要充分考虑这些因素。

表 10-1　传统广告媒体及其特性

媒体	优点	缺点
报纸	灵活、及时、广泛、可信	不易保存、表现力不高
杂志	针对性强、保存期长	传播有限、不及时
电视	感染力强、触及面广	针对性不足、成本较高
广播	速度快、传播广、成本低	只有声音、不易保存
户外广告	展露时间长	缺乏创新

（1）报纸。报纸可在很短的时间内插入或取消广告，并有从小分类广告到多页广告的多种广告尺寸。报纸的广告空间不像电视和广播那样受限制，广告页可增可减。报纸可用来覆盖整个城市，如果有区域版，还可选择区域版报纸。客观地讲，报纸媒体的成本相对低廉。报纸媒体的局限性在于保存性差、传递率低以及广告版面太小而易被忽视。

（2）杂志。与其他媒体的成本相比，杂志广告的单位接触成本通常很高，但单位潜在顾客成本可能低得多。因为杂志通常是面向特定目标群体的，所以可以接触到更多的潜在消费者。杂志的印刷质量高，可覆盖到全国市场，保存时间相对较长，可大量传阅。但杂志的出版时间没有很大的弹性，通常要求广告在发行前数周递交上来。杂志很难发布时效性强的广告信息，难以引发冲动式购买决策。在杂志上做广告频率最高的产品有汽车、服装及电脑。

（3）电视。电视是一种视听媒体，因此它为广告客户提供了很多创意空间。电视媒体结合了动作、声音和特殊视觉效果，能给观众不一般的视听感受。电视媒体不但可以展示产品，还可以做产品说明。电视媒体的覆盖范围广，且广告播放时间的弹性大。但是，电视广告稍纵即逝，不适合传播复杂的广告信息。电视媒体可能是较为昂贵的一种媒体，但拥有广大的观众。

（4）广播。由于覆盖范围广，广播媒体是成本较低的一种媒体。值得注意的是，广播听众的注意力通常比较低，因为他们通常是在工作、驾驶、读书时收听。但针对家庭主妇、老年人和一些特定人群，情感倾诉互动节目、老年保健品等一些专题节目的附带广告却很有效。

（5）户外广告。户外广告灵活、成本低、可采取多种形式，如露天大招贴牌、巨大的充气球、商业街和候车厅中的迷你广告牌、体育竞技场中的标语、公共汽车终点站和机场的霓虹动画广告，以及在汽车、卡车、公共汽车车身上的油画广告。户外广告可将信息传递到广大而分散的市场。因此，它通常仅限于促销方便的产品和选择性产品，如商务服务、汽车等。户外广告区别于其他媒体的主要之处是暴露时间长，而且竞争广告的干扰很低。

（6）其他媒体。其他媒体包括直邮信函、电话分类广告、互动式媒体等多种形式。直邮信函只传送给广告主想要接触的潜在客户，传统的直邮信函还可寄送样品。电话分类广告（电话黄页）为大部分消费者所熟悉，分类目录是消费者做出购买决策时所用的信息来源。但是，电话分类广告不够明显且信息往往夹在很多竞争信息中。互动式媒体是指一则广告的信息接收者可以使用同一媒体立即予以回应，例如，收到电子邮件的人点击鼠标即可回复信函。

为了在众多的传统媒体中寻找新的途径，广告客户正在寻求新的媒介工具。其他可用的工具包括计算机屏幕保护程序、电梯间、光盘、百货商店的交互式售货亭、电影和录像播放前的广告。实际上，任何东西都可以作为广告的载体。比如，一些餐馆和咖啡店把它们的桌面变成一些企业产品与服务的广告牌。又如，一些航空公司甚至在它们的行李传送带上设置广告，这样一来，乘客将有充足的时间看这些不断转动的广告至少 8 次。

案例 10-8　　　　　　　　**中国地铁广告创意盘点**

2017 年以来，中国地铁屡屡被很多现象级的广告创意刷屏。地铁广告有三大门派：地铁文案派、地铁场景派、地铁广告互动派。

地铁文案派

2017 年众多互联网公司集中在各城市地铁刷屏，秘密武器都是文案。一方面文案信息简洁明了，适合地铁场景，另一方面互联网公司能较好地承接线上传播，更使得由地铁引发的传播能量能得到多次发酵和数轮放大。这一经验被跟进者视为宝典，以至于地铁文案派四处开花。

网易云乐评专列，坐标杭州　　这是一个绕不过去的成功案例：2017 年 3 月 20 日，网易云音乐联合杭港地铁在杭州地铁 1 号线上推出"乐评专列"，主题是"看见音乐的力量"。

该活动将网易云音乐中点赞数最高的 5 000 条优质乐评印满了杭州市地铁 1 号线和整个江陵路地铁站。这开创了 UGC 文案的先河，一句话一个故事，打动了无数人，在社交媒体上掀起一阵热潮，形成了网易云音乐的现象级传播。

知乎刷屏，坐标 16 城　知乎在 2017 年 3 月底进行了一次大规模的线下推广：一场覆盖北上广深等 16 城的户外营销大战拉开序幕，地铁、公交站和电梯间广告全覆盖。

知乎这次刷屏运用的同样是 UGC 文案路数，用现有用户创造的内容来吸引新用户。

今日头条定向广告刷屏，坐标 14 城　同样是 2017 年 3 月，今日头条开启了一轮上亿规模的广告投放，覆盖北上广深等 14 城，KV（主视觉设计海报）总数超过 150 款，号称"史上 KV 最多的广告"。

今日头条的最大特色是内容推荐个性化，而本轮地铁广告的特色也在于此：千人千面，百人百性。今日头条在不同地点投放不同广告的做法，开启了户外广告定向投放的先河。

地铁场景派

"场"指的是乘客的行为模式，"景"指的是乘客的用户体验。因此，地铁场景营销是指品牌利用地铁出行场景深度植入营销内容，让内容与场景共鸣，促使用户产生身临其境的浸入式体验，进而实现营销目标的做法。

梨视频：独一届上下班影展　2017 年末，短视频资讯平台梨视频在北京办了一个别具一格的"独一届上下班影展"。

　　梨视频把这个地铁广告称为"影展"，这也为地铁创造了另一个空间的概念，赋予地铁人文艺术感，引发消费者的好奇心和兴趣点。

　　西瓜红人版：清明上河图　西瓜视频满载创意的"红版"清明上河图，引起了吃瓜群众的强势围观。

　　这幅现代版《清明上河图》长达 90 多米，铺满南锣鼓巷地铁站整条走廊：全是当今短视频领域最有号召力的 IP 和网红，而且给每一个人物赋予角色，将每一个人物富有巧思地装进《清明上河图》。

　　西瓜视频地铁场景的玩法主要是通道＋包车＋创意视频元素媒体，每一个都恰到好处，层层古意中透出的却是今时今日中国的市井文化，给用户带来一种全新的感官体验。

地铁广告互动派

　　进入新媒体时代，地铁广告技术也日新月异，二维码、触摸屏、LBS（基于位置服务）、增强现实技术等成为地铁创意新配置。有了黑科技的加持，地铁广告有吸引力且有趣，而且更有参与感！

　　跟我一起摇摆　2017 年 5 月，在上海市中山公园站 2/3/4 号线换乘通道，一则创意互动广告引人瞩目——《银河护卫队 2》成员跑出来跟你一起跳舞。

这则互动广告加入了体感技术，实现人机互动，让银河护卫队活了起来，有格鲁特宝宝跟着你一起摇摆。

腾讯 Wi-Fi 扫码免费用　腾讯 Wi-Fi 管家在上海、广州、深圳、武汉、昆明、青岛等 6 座城市的地铁推出一项服务——支持地铁免费 Wi-Fi 一键连功能。为了推广此项服务，腾讯 Wi-Fi 管家联合腾讯视频上演了大型创意营销活动。

腾讯 Wi-Fi 管家与腾讯视频的此次合作，将地铁优质网络与强势内容相结合，同时，使得用户的体验感增强。

资料来源：https://www.sohu.com/a/223271267_729676.

资料 10-2　　　　　　　　　**地铁广告的成功要素**

内容即广告

随着移动互联网的发展，用户依靠社交应用，快速建立起前所未有的庞大社交网络，用户被集中到社交网络里。传统的商业广告仅仅能够单向传达产品信息，而在互联网时代，无论是线上还是线下的广告，都开始重视用户的参与感，体现用户的意志。

一直以来户外广告十分注重广告的技术手段，而地铁广告将重点放在用户体验上，并将用户体验具化为一系列适合不同场景、针对不同目标受众、具有故事性和观赏性的内容。地铁广告是一种全新的内容型广告，广告本身即内容，内容本身即广告，是受众能产生共鸣并且愿意参与其中的广告。

借力地铁引爆话题关注

地铁本身就是人流量相对集中和密集的城市基础设施，自带高爆性和话题性。由于地铁媒体与移动互联网之间的天然互补性，因此地铁广告案例与移动互联网尤其是社交媒体的结合越来越密切，大量的地铁广告案例成为社交媒体上的热门话题。

国内跨境电商达令曾包下北京东单站北换乘通道，打出长度超过百米的"鹿晗请假条"，利用线下引流直接转化为线上的购买率。

使用视觉冲击

　　地铁嘈杂的环境使得地铁中很少出现有声广告，大部分地铁广告都是以画面和文字吸引人。在地铁环境中，广告设计和创意常常利用某些位置，营造具有冲击力的广告效果，让人们感受到足够强烈的刺激，从而加深印象，提升记忆效果。最常见的是利用地铁走道、站台以及车厢，通过色彩丰富的画面、3D效果图甚至是实物的方式，营造视觉冲击力。

　　2017年情人节，在北京西单地铁站里，优酷为其热播剧《三生三世十里桃花》营造了一个桃花主题的过道，并通过抽桃花签和领鲜花礼品等活动吸引人们关注。

　　地铁广告作为一种传统的户外媒体，大多数人只是匆匆一瞥，因此广告需要传达强烈的直接信息，才可能被用户捕捉到。流量与关注度是品牌投放广告的重要参照点，单一的传播渠道已经很难产生效果，当品牌广告的触角开始伸展到生活的隅隅角角时，品牌必须用创意打动用户，同时品牌广告创意也是品牌核心的外在体现。

　　资料来源：https://mp.weixin.qq.com/s/LGHp7gFgGQn32bXHonpOzNw.

2. 网络广告媒体

　　随着社会的发展和科技的进步，新兴的网络广告媒体在企业的促销活动中扮演着越来越重要的角色。

　　（1）网络广告媒体的优势如下。

　　1）强烈的交互性与感官性。网络广告媒体与传统广告媒体最大的不同就在于它给消费者提供了与广告直接互动的机会。对商家而言，广告的目的不仅仅是发布信息，更重要的是建立良好的客户关系，提高公司和品牌的知名度。互动性可以带来趣味性，也可以提高品牌信息的亲和力，并可产生移情作用，增强受众对产品的好感。

　　2）传播范围的广泛性。网络广告的传播范围极为广泛，可以通过互联网把广告信息24小时不间断地转播到世界各地，不像传统广告往往局限于一个地区、一个时间段。网络广告传播范围广的特性可使品牌信息持续不断地到达目标受众，让品牌突破地域限制，与现有的消费者维持稳定而长久的关系，同时不断开拓新市场，为建立国际性品牌搭建坚实的平台。

　　3）调整的实时性。在传统媒体上发布广告后很难更改，即使可改动往往也必须付出很大的经济代价。而在互联网上做广告可按照需要及时变更广告内容，当然包括改正错误。这样，变化的经营决策也能得到实施和推广。此外，网络广告可以是大众传播，但当以电子邮件方式传递个性化的信息时，网络广告又成了人际传播。这种多样性使网络广告极富弹性，可简单也可深入，不受版面或时间段限制，既可以一对多地传播来提高品牌知名度，又可以对特定的目标消费者实行一对一的传播来强化忠诚度，展开多层次的品牌塑造。

　　4）目标明确性。通过IP地址及Cookie技术，网络广告商可以根据个体差别将受众分类，以细分化的有差别的市场策略，确立品牌广告投放位置，将广告信息准确地发送给目标用户，以求得最佳效果，同时避免广告费的浪费。

5）非强迫性传送资讯。众所周知，报纸广告、杂志广告、电视广告、广播广告等都具有强迫性，都是要千方百计地吸引人们的视觉和听觉，强行将广告灌输到人们的头脑中。而网络广告属于按需广告，具有报纸分类的性质却不需要人们彻底浏览，它可以自由查询，并根据人们的需要将要查找的资讯集中呈现，这样既节省了时间，也避免了无效的、被动的注意力集中。

6）效果的可测性。利用传统媒体做广告，很难准确地知道有多少人接收到了广告信息。而网络媒体则能即时监测特定品牌开展传播活动的效果，并对品牌传播策略加以调整，以保证品牌发展的每一步都沿着正确的方向前进，少走弯路，使品牌投资收益最大化。

（2）网络广告媒体的劣势如下。

网络广告媒体也有局限性，即广告面积太小，因而广告信息量有限。另外，网络广告的表现形式较为单调，不能很好地吸引受众。网络广告媒体与传统广告媒体相比具有不可比拟的优势，但也不可避免地存在一些劣势。

1）受硬件环境的限制。首先，性能优越的计算机是使用网络广告媒体必须具备的硬件条件。其次，网络自身的基础建设目前还存在稳定性、安全性、线路宽窄和畅通与否、数据传输过度等问题，这在一定程度上制约了网络广告媒体的发展。最后，计算机操作人员的文化水平相对要求较高，这也在一定程度上制约了网络广告媒体的发展。

2）被动性。网络广告媒体与传统广告媒体不同，它需要消费者主动进入互联网，主动点击广告，广告信息才会展现在受众面前。广告投放到网站上后还需要访问者把它"拖"出来才行，访问者完全可以选择看或是不看。网络广告媒体的这种被动性也会影响广告的收视率、达标率。

3）效果测评标准尚未确立。网络媒体广告效果测评一般是通过点击率来体现的，但一般网页上的各种图标、链接都产生点击，一个网页常常会产生多次点击，服务器接到的每一次请求都会生成点击次数，但点击次数与网站访问人数之间的差别是巨大的。此外，真正能够揭示广告是否有效的既不是点击率，也不是点透率，而是访问者点击广告之后对目的页面所表现出来的兴趣和受到的影响。

4）上网需付费。虽然互联网上的大部分信息资源是免费的，但访问互联网的用户还是需要支付一定的费用。尽管上网费用已大幅下调，但与传统媒体相比，浏览网络广告还是要付出相当高的费用。

5）网络管理法规尚待完善。网络本身有无限的发展空间，使得目前对网络广告媒体的管理不像对传统广告媒体的管理那样有严格全面的法规可遵循。这些年随着互联网技术的飞速发展，各种新型网络广告层出不穷，伴随而来的是诸如野蛮霸屏、随意跳转、恶意收集用户信息等乱象，尽管国家市场监督管理总局颁布了《互联网广告管理办法》，但施行时间较短，尚待完善。

案例 10-9　　　　　　　　　**新媒体广告营销**

朋友圈广告：最完美的首秀

新浪微博上线第一个 Feed 流广告（一种在发布的信息之间插入的广告）的时候简直被骂得一无是处，但微信的朋友圈广告首秀却赢得满堂彩。一时之间，人们因自己收到的广告而开心或生气，一句"世界上最遥远的距离是你收到了宝马，我却只有可乐"成为被转发无数次的金句。无论是正式发布之前的热身通告，积极试探用户反应，还是对首秀三家广告主的精挑细选，随后引起的社交网络狂欢恐怕都难以复现。

分众传媒"全城示爱"：最高调的告白

越来越多的节日成为商家的狂欢日，2月14日情人节更是商家紧盯的重点，要从稀缺的用户注意力中分杯羹绝非易事，但分众传媒做到了，这家备受手机屏幕冲击的广告公司证明了自己在新时代仍然可以引领潮流。

情人节期间，分众传媒发起"全城示爱"活动，用户通过关注官方微信公众号来提交表白内容，只要写明爱人的位置，表白内容就会在对应楼宇屏内弹幕显示，"全城示爱"表白总参与数达 180 万。

"蓝黑白金"之争：最意外的逆袭

曾几何时，一条带魔性的裙子突然夺得网民的眼球，蓝黑还是白金的争论在社交网络火速蔓延。"争论"从 BuzzFeed 烧到 Facebook，再烧到全球其他社交媒体，盛况空前，甚至完爆各大顶级品牌的营销。

就在"蓝黑党"和"白金党"激烈交锋的同时，这条裙子的商家——英国服装品牌 Roman 的女装销量暴涨 347%，成为最大赢家。Roman 在一片茫然中中了头奖，一下子从三线品牌中崛起，名利双收。

百度"神灯搜索"：最炫酷的黑科技

世上没有阿拉丁，但是百度却弄出了"神灯搜索"，这部在愚人节发布的科幻短片以其脑洞大开令人惊叹的风格在网络上广泛传播。

资料来源：范文啊网，https://www.fanwena.com/fanwena/article/id/2131843。

3. 影响广告媒体选择的因素

（1）广告目的。例如，如果广告主的目的是让销售人员有拜访客户的机会，那么企业可能会采用直邮信函；如果广告主想引发消费者的快速行动，那么所使用的媒体可能就是报纸或电视。

（2）目标受众覆盖率。依据产品分销的区域范围，广告主所选择的媒体应该能够接触到它们想要接触的潜在客户类型，以免造成不必要的广告投入。

（3）广告信息传播要求。例如，杂志能提供高质量的视觉效果，读者能仔细阅读有关信息，比较适合 B2B 广告；而电视广告能将动作、声音、形象等综合呈现，适合传达更复杂的信息。

（4）购买决策的时间与地点。如果广告主的目的是刺激购买，广告媒体就应该在客户即将决定购买的时间与地点接触他们。这个影响因素更能突显购物场所广告的影响力，它能够在购物时点上接触到客户。

（5）媒体成本。广告主需要考虑可用广告资金预算与各种媒体的成本以及媒体的覆盖范围与发行量。为了比较各种媒体，广告主采用千人成本指标来评估媒体成本。千人成本就是特定广告每接触 1 000 人所投入的成本。

除了上述一般因素，广告主还需要评估所选择媒体的广告特色，因为适合某种产品的媒体并不一定适合另一种产品。

（五）第五步：广告效果评价

广告效果是通过广告媒体传播之后所产生的影响。这种影响可以分为广告沟通效果和广告销售效果。

1. 广告沟通效果

测定广告沟通效果的方法主要有广告事前测定与广告事后测定。广告事前测定是在广告作品尚未正式制作完成之前进行各种测验，或邀请有关专家、消费者小组进行现场观摩，或在实验室采用专门仪器来测定人们的心理活动反应，从而对广告可能获得的成效进行评价。广告事前测定的具体方法主要有消费者评定法、组合测试法和实验室测试法。广告事后测定主要用来评估广告出现于媒体后所产生的实际效果。广告事后测定的主要方法是回忆测定法与识别测定法。回忆测定法是由接触广告的目标顾客回忆所接触到的广告，并复述广告中出现的企业及产品名称的内容，借以测量广告的注意度和记忆度。识别测定法是由目标顾客辨认并指出所接触过的广告，以测量广告的影响力度。

2. 广告销售效果

目前，人们普遍采用历史分析法和实验设计分析法两种方法来进行广告销售效果的测量。历史分析法是由研究人员根据同步或滞后原则，利用最小平方回归法求得企业过去的销售额与企业过去的广告支出二者之间关系的一种测量方法。实验设计分析法是通过在不同的地区投放不同支出水平的广告，观察不同广告支出对促进产品销售的影响。例如，选择一些地区进行比平均广告水平强 50% 的广告活动，在另一些地区进行比平均水平弱 50% 的广告活动，从 150%、100%、50% 三类广告水平地区的销售记录中，我们就可以看出广告活动对企业销售究竟有多大影响。

第三节　如何进行公共关系营销

案例10-10　　**狗不理"霸道式"公关，老字号品牌的至暗时刻**

狗不理上一次引发大范围关注还是它的退市事件。没想到几个月后，狗不理再次成为舆论焦点。

事件源于有视频博主到北京王府井狗不理店试吃，发布了美食测评视频，称该店评分最低、最差。本来，这也就是顾客正常的"吐槽"行为，万万没想到，狗不理发布声明称，视频中的"恶语中伤言论不实"，并表示已报警处理。

> **王府井狗不理餐厅针对网络不实视频的严正声明**
>
> 　　2020年9月10日15时4分，新浪微博账号"▇▇▇▇儿"发布关于王府井狗不理餐厅的实地探访视频。随后被许多不明真相的新浪微博网友转载传播，阅读量较大，网友纷纷担心王府井狗不理餐厅食品安全及服务问题，对王府井狗不理餐厅造成非常不良的社会影响。在此，王府井狗不理餐厅严正声明：该视频所有一切恶语中伤的言论均为不实信息！与此同时，微博账号"▇▇▇▇▇▇▇▇"在未核实视频来源的情况下，仅凭主观臆想就对外发布传播，恶意中伤王府井狗不理餐厅，对此行为，王府井狗不理餐厅郑重提出：一、新浪微博账号"▇▇▇▇▇▇▇▇▇"发布并传播虚假视频内容，侵犯了王府井狗不理餐厅的名誉权。二、在未征得王府井狗不理餐厅同意下，"▇▇"工作室私自拍摄、剪辑，并向第三方提供带有不实信息内容的视频，严重影响餐厅正常经营，侵犯餐厅的名誉权造成相关经济损失。三、现要求新浪微博账号"▇▇▇▇▇▇▇▇▇▇▇▇"室立即停止侵权行为，在大于现有影响的范围内消除影响，并在国内主流媒体公开道歉，王府井狗不理餐厅将依法追究相关人员和网络媒体法律责任。针对此事件，王府井狗不理餐厅依法保护自身权益，目前已采取如下措施：一、向北京市公安局网安支队报警。二、在新浪微博注册"王府井狗不理餐厅"官方微博，正式发布官方声明，以正视听。
>
> 　　长期以来，王府井狗不理餐厅始终坚持诚信经营，传承精益求精老字号餐饮理念，依法依规经营。尤其注重食品安全及顾客体验的提升。在此感谢广大网友的监督与支持，我们将继续努力做的更好。
>
> 王府井狗不理餐厅
2020年9月10日[/cp]

说好的"消费者是上帝"呢？如此强硬的态度立即引发轩然大波，事件迅速在互联网上发酵，网友纷纷吐槽。狗不理硬是凭一己之力，将自己送上热搜。狗不理"霸道式"公关的背后，有哪些启示呢？

按理说，面对消费者的正常吐槽，一般的企业都会紧张地发布致歉声明，没想到狗不理的这波操作却让人大跌眼镜，不但没有任何歉意，而且还认为该名博主侵犯了餐厅名誉权，餐厅将依法追究相关人员和网络媒体的法律责任。如此强硬的一波回应，直接将品牌公关变成了"危机公关"。这则强硬的公关声明，直接将狗不理带上了热搜榜第四名的位置。消费者购买的餐食服务，吐槽一下，还被报警了，看来餐厅对于名誉权这个法律概念一无所知。餐食、服务做成这样，名誉何在？

对此，视频发布者表示，自己发的是真实体验，并没有做错。有点儿与狗不理正面硬刚的意思。狗不理的严厉指责，一系列的高调处理，使得这个视频一下子变得全网皆知。令狗不理意想不到的是，网友的舆论风向彻底倒向了支持视频博主的一侧。不少网友认为到店消费，对食物进行点评是顾客的权利。作为一家餐厅，难吃还不让人说？从网友的反应看，几乎铺天盖地的指责都对准狗不理。沸腾的舆论之下，狗不理发布的声明被删除，同时微博上也无法搜索到"王府井狗不理餐厅"的用户信息。其实，质疑狗不理的声音早已有之。据不完全统计，狗不理在北京的两家门店存在较严重的差评情况。

这次曝出的视频，只是反映出一部分消费者的真实感受而已，此次视频事件更像是个导火索，彻底引发了舆论的反噬。一家有着100多年历史的餐饮品牌，居然以如此高傲和蛮横的态度对待它的消费者，显然是不明智的。在这起企业公关事件中，狗不理没有去寻求对话空间，而是选择了激化矛盾的操作，实质上是一次非常失败的危机公关，不但没有起到维护狗不理的公共形象的作用，反而严重伤害了狗不理自身的公共形象。

资料来源：https://www.sohu.com/a/419096174_678786.

案例10-11　　　　不遗"鱼力"做好事，闲鱼公益营销暖心升级

随着"单身一族"与"银发一族"的发展，"它经济"也日益盛行，"宠物陪伴"成为人们生活的关键词，而宠物"富"养也成为一种消费新趋势。但与此同时，街上流浪猫狗的数量也逐渐增多。

为此，闲鱼推出了"鱼力行动"公益项目救助流浪动物，并发布了《不幸的幸》活动宣传片，用真实故事号召人们"领养代替购买，不随意弃养宠物"。

遇见你真是我的幸运
I'm truly lucky to meet you.

你叫小幸啊
Your name is Xiao Xing

不幸的"幸"其实也是幸运的"幸"，用治愈风格传递宠物领养公益事业

在这个人均"猫狗双全"幸福愿景的时代，有人了解过没有主人的宠物的生活吗？

《不幸的幸》开篇来自一只小白猫的自我介绍，"我叫小幸，不幸的幸"，接着短片以小幸这只流浪猫的第一视角，讲述了闲鱼站内其他同它一样被弃养的、无家可归的动物们的故事。在动物收容所里，有被遗弃了两次的无名氏猫、贪吃的二憨、自己跑丢了出车祸的白追、因情侣分手而被遗弃的法海……每一只宠物都有其背后故事，利用故事性描述形成感性诉求，从而实现了与受众的情感交流。

一般被抛弃的宠物都是自身带病的问题猫狗，一旦太久没人领养就会被处理掉，片子中的小幸原本也逃脱不了这个命运，所幸它最终被一位老奶奶认领了，获得了一个新家。

整个片子无论是场景设置、猫狗形象展示抑或是故事内容都呈现出治愈系风格，特别是老奶奶最终解释小幸这一名字从不幸的"幸"转变为幸运的"幸"。

这样的风格设置，既符合闲鱼这场公益活动的救赎性主题——人与宠物之间实际上互相救赎，也通过温馨的风格让人们对宠物的领养更积极，打造出暖色系＋感性化的情感传递。宠物＋公益形式赢得情感认同，闲鱼这场"鱼力行动"公益项目，很好地联动了线上与线下，在线下完成宠物领养，线上帮助与保障活动影响范围的扩大，线下实现公益活动落地，形成线上线下的公益闭环。闲鱼通过公益营销传递了"一个有温度、有公益力的社区"形象。

资料来源：https://xw.qq.com/cmsid/20210208A07T6K00.

从案例 10-10 和案例 10-11 中我们可以看出，公共关系是一种重要的营销沟通工具，它的职责包括为公司建立良好的形象，消除不利于公司的流言和传闻，以及使公众对公司产生好感等。公共关系能够以比广告低得多的成本增进公众对公司及其产品的了解，公司对各种媒体提供的宣传空间或时间不付任何费用。

运用公共关系能增强宣传内容的可信度，人们对待广告和公关宣传的态度往往不同，因为媒体为公司发布的任何消息是不收报酬的，公众更多的是接受消息的客观性，而不去注意实际上是由公司直接或间接地促成了这种宣传。公共关系曾被形容为营销的继子，如今，它和传统的广告及营销之间已形成相辅相成、互补合作的新型关系。许多公司的公关部门正在把为公司形象、产品或服务项目创造最佳大众印象作为管理其所有活动的指导思想。

一、如何理解公共关系及其职能

在整合营销传播沟通组合中，公共关系是以非付费的方式，通过大众媒体传播企业及产品信息的促销活动。公共关系这一要素可以评估公众的态度、识别可能引发公众关注的事件、执行可赢得公众理解和认可的方案。类似于广告和销售促进，公共关系是企业整合营销传播沟通中的关键环节。营销人员制订具体的适应整体营销计划的公共关系方案，努力维持并不断提升企业在公众心中的积极形象。

公共关系部门可履行下列任何一种或全部的职能。

（1）媒体关系：在新闻媒体中发布积极的、有新闻价值的信息，吸引对某一产品、服务或与企业和协会有关的人士的注意。

（2）产品宣传报道：宣传报道特定的产品或服务。

（3）内外部沟通：创造内外部信息，树立企业的积极形象。

（4）公共事务：建立并保持与全国或当地的社区关系。

（5）游说：影响立法者和政府官员推进或废弃法律和规章。

（6）劳资关系：在组织中保持与雇员、股东及其他利益相关者的良好关系。

（7）危机管理：对不利的宣传报道或事件做出反应。

二、如何进行公共关系决策

（一）公共关系宣传的主要工具

企业进行公共关系宣传的方式或工具有很多，主要有以下几种类型。

（1）新闻报道。企业要努力与大众传媒保持良好关系，争取大众传媒多发布有利于企业的新闻报道；必要时应及时召开新闻发布会，邀请有关的新闻单位参加，进行广泛宣传；企业自身也可以通过深入挖掘对企业、产品和人员有利的新闻，精心组织稿件或视听材料，争取被大众传媒采用，达到宣传的目的。

（2）重要事件。企业要善于发现重要事件的宣传价值，通过庆典、竞赛、讨论会、展览会等重要事件，展示企业风貌，引起社会广泛关注。

（3）公益活动。参与公益活动有利于企业展示关心社会、回报社会的社会责任感。一方面，企业要积极参与公益活动，如义务植树、免费咨询等活动；另一方面，企业要围绕形象的塑造，进行公益赞助活动，如赞助教育、文艺、体育等活动。

（4）公开出版物。企业可以通过公开出版物来接近和影响消费者。这些公开出版物包括年度报告、小册子、文章、视听材料等。

（5）形象识别媒介。企业可以通过标识、招牌、业务名片、建筑物等一系列形象识别媒介加深消费者的印象，从而赢得广泛关注。

资料 10-3

老乡鸡公关刷屏

疫情暴发后，餐饮业遭受的打击最沉重，西贝餐饮董事长贾国龙公开声明账上现金流扛不过 3 个月；外婆家餐饮创始人吴国平说"天一亮就要支付 250 万元"。在餐饮业举步维艰的情状下，大部分企业只能通过裁员缩减开支。但是老乡鸡的董事长却手撕员工的联名减薪信，在一个短视频演讲中宣称就算卖房子、卖车子，都要保证员工的利益。这段视频在社交媒体上刷屏。

疫情期间停工停产，企业和个人都蒙受了巨大的经济损失，破产和失业的氛围犹如乌云一般笼罩着人们。这时公开宣称将会与员工一起渡过难关的老乡鸡，毫无疑问如一缕阳光穿破了乌云，给大众带来了温暖，让人们对老乡鸡这个餐饮品牌的好感骤升。

而老乡鸡也履行了保证员工利益的承诺。

资料来源：广告观察（ID：ADguancha），发表时间为 2020 年 7 月。

（二）公共关系决策流程

公共关系决策流程包括确定公关宣传目标、选择公关宣传信息与工具、实施公关宣传方案、评估公关宣传效果等环节。

（1）确定公关宣传目标。公关宣传的具体目标主要有：建立知晓度、树立可信性、帮助销售队伍和中间商降低促销成本。企业应根据产品的特点确定公关宣传的具体目标。

（2）选择公关宣传信息与工具。企业要充分挖掘能够支持其市场定位的宣传题材，并通过与之相适应的公关宣传工具有效地表达和传播。

（3）实施公关宣传方案。密切与大众传媒的联系，研究各种大众传媒的特点及其对题材的需求，使尽可能多的宣传内容为大众传媒所采用。

（4）评估公关宣传效果。由于公关宣传常与其他促销工具一起使用，因而单独评估公关宣传效果是一项较为复杂的工作。一般而言，企业可以根据展露次数、知晓—理解—态度方面的变化、销售额和利润贡献等来评估公关宣传效果。

第四节　如何进行销售促进

案例 10-12

实体店常见的错误：降价促销

降价促销这样的手段，想必大部分实体店商家都采用过，而且好处也很多：能给店里引流带来人气不说，还能趁此赚上一笔。那么问题来了，商家真的懂怎么做好降价促销吗？成功的降价促销一般都会给店里经营带来两个好处：一是能在短期内给店里带来人气，二是能迅速收回活动成本然后盈利。如果店里的活动效果没能达到这两点，那就得好好反思一下是哪个环节出了问题了。有这样一家化妆品店也用了降价促销，最终结果不尽如人意，到底是怎么回事呢？

其实店里原来的主打产品是一款 288 元的套装，销量火爆，口碑也很不错。但因为老板想推另外一款 588 元的产品，就停了那款 288 元套装的销售，把它作为赠品，用来赠送买了 588 元产品的顾客，结果销售就很不理想。

我们先来看一下这两款产品，它们都出自同一个公司，且效果相近。也就是说，这两款产品的目标人群都是同一类人。那站在顾客的角度来看，你会需要两款同样的化妆品吗？不需要吧。了解到这一点之后，老板也就明晰了活动失败的主要原因，那就是他的赠品设计错了，更深层次地讲，就是他没能挖掘清楚客户的需求点。

如何帮这位老板做好促销呢？很简单，就是满足客户的潜在需求。比如，588 元的套装是护肤产品，那客户购买之后可能还会需要彩妆，这时候赠送彩妆产品比赠送同类型的护肤品效果要好得多。

其实，任何理念说出来都很简单，如果你明白了这个真实的案例和它背后的一些思维。最后特别提醒你，在每一次促销之前，都必须想清楚自己的目标客户是谁，而且要百分之百地了解这些人的真实需求，不可盲目设计赠品。

资料来源：https://www.sohu.com/a/349444093_120347990.

一、如何认识销售促进及其特征

销售促进，也称营业推广，是企业通过短期诱因刺激需求，鼓励迅速购买的促销方式。与其他促销方式不同，销售促进对需求的刺激属于强刺激，对于鼓励迅速购买具有十分明显的效果。但是，销售促进方式如果运用不当，则会造成产品贬低的状况，损害企业的形象。因此，大量使用销售促进方式会在一定程度上削弱顾客的品牌忠诚度，增加顾客对价格的敏感性，淡化品牌意识，形成短期行为取向。

销售促进较其他促销方式有以下鲜明的特征。

（1）非连续性。广告、人员推销、公共关系的促销往往是一个长期的、连续的过程，而销售促进则往往是短期内专门开展的一次性促销活动。

（2）强烈性。销售促进对需求的刺激具有强烈的特征。

（3）多样性。销售促进是除广告、人员推销、公共关系以外的促销工具的集合，其促销的方式多种多样。

（4）即期性。由于销售促进具有强刺激作用，因此销售促进传递的信息是立即购买和当期购买的暗示。

星巴克玩转销售促进

用免费咖啡券培养潜在消费者

星巴克喜欢招聘大学生兼职伙伴，每个伙伴工作满一定时间后每个月有10张免费咖啡券。对于这10张咖啡券，大部分人会选择送给同学、朋友。

星巴克的兼职伙伴多来自大学校园，大量的免费券实际流向正是尚未养成喝咖啡习惯或正在培养喝咖啡习惯的学生。他们或许因为一杯三十几元的饮料被挡在外面，但免费券却让他们可以没有压力地喝到不同口味的饮料。而这些学生毕业几年内会有相当一部分人生活或工作的地方就有星巴克。这本是送给兼职员工的福利，实则成为更多消费者进入星巴克大门的门票。

星巴克精心设计的会员卡

精心设计不仅是指有各种不同版本的会员卡，也是指其消费功能和营销目的。

星巴克的会员卡一张88元，升级之后甚至更贵。里面有一张"早餐券"、三杯"买一送一"、一杯免费升杯，限时3个月用完。

一般消费者的心理是有都会尽量全部用掉。买一送一，就是两杯，顾客难免带上朋友、同学一起喝星巴克，并且互相尝一下对方的饮料。送"早餐券"，实则是希望顾客在购买咖啡时也买一些糕点，从而培养顾客"早餐去星巴克"的消费习惯。

升杯的成本并不高。这张券既然是自己买的，一般人都会觉得要用出去才不吃亏。但顾客在升杯后会发现，它比之前的杯子容量大了不少，或许就此养成了升杯的习惯。这也就是星巴克从不过分强调单次销售和推介，却唯独努力推销其会员卡的原因。

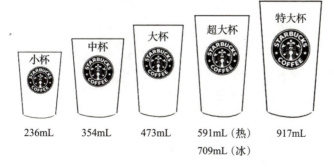

资料来源：中国饮品快报，转载自餐饮界。

二、销售促进的方式

除广告、人员推销、公共关系之外的所有促销活动，都属于销售促进的范畴。从类别来看，销售促进的具体方式或具体工具，可分为五大类。

（1）示范推广。主要方式有陈列、示范、会展。陈列，即企业通过橱窗、柜台或流动设施，突出陈列特定商品的特色以促进产品的销售。示范，即企业通过对产品的操作示范，打消顾客的疑虑，展示产品的独特性能，刺激顾客购买。会展，即企业通过展览会、订货会，陈列产品并进行操作示范，挖掘新顾客，维系老顾客，达到促销的实际效果。

（2）免费推广。免费推广对促销对象的刺激最大，特别是在新产品上市、促使顾客购买新品牌时，作用比较明显。免费推广的方式包括赠品、免费样品、赠品印花等多种。

（3）优惠推广。优惠推广的具体做法包括折价券、折扣优惠、付费赠送、退款优惠、合作广告等。

（4）竞赛推广。消费者竞赛与抽奖、推销竞赛、中间商竞赛等都是常用的做法。

（5）组合推广。组合推广是组合运用多种销售促进的因素和手段，主要方式有联合推广、按揭推广、服务推广、俱乐部推广等。

案例10-14　　　　　**经销商的促销新玩法：以屈臣氏为例**

屈臣氏旗下经营超过12 000家零售商店，种类包括保健及美容产品、香水及化妆品、食品、电子、红酒等，拥有1 200多种自有品牌的单品，其销售占比已达到15%。它的个人护理商店以"探索"为主题，提出了"健康、美态、快乐"（health，good，fun）三大理念，协助热爱生活、注重品质的人们塑造自己内在美与外在美的统一。屈臣氏的促销体系和手段非常值得学习。

会员体系

（1）**会员日积分升值**。在屈臣氏日常消费会获得会员积分，该积分在日常消费中按照20∶1的比例抵扣购物金额，即20积分可抵减1元。在每月5日、25日（设定的会员日）会升值按照4∶1的比例抵扣购物金额，即4积分可抵减1元。每月特定两日积分升值促销会刺激会员的消费需求，大大增加月初与月末的销售收入，提高销售人员的业绩和积极性。

（2）**限时会员特价**。屈臣氏每月都会将特定的商品调为明显的会员特价，会员价与现价、原价之间差距比较大，利用锚定效应，刺激会员消费。

（3）社群粉丝优惠券/服务。 屈臣氏利用企业微信，在每个门店建立客户社群，由相应门店员工运营管理，每周不同日期在社群内推出服务和优惠，并且在社群推出屈臣氏课堂、回答客户问题、为客户推荐产品。

竞赛游戏促销

（1）满额抽奖。 消费特定金额后屈臣氏会给予抽奖参与活动的机会，一般是不常见的优惠券，刺激消费者再消费。

（2）游戏化促销。 屈臣氏推出微信养猫小程序，在屈臣氏官方微信小程序云店消费、签到可获得养猫相应物资和经验值，达到相应经验值后还可以获得优惠券等，还鼓励邀请

好友参加。一个游戏化养猫小程序，不仅使屈臣氏虚拟形象深入消费者心里，而且让屈臣氏达成了促进消费者消费、拉动新消费者入圈的目的。

作为年营收达上亿元的经销商，屈臣氏有其丰富且完整有序的促销玩法和促销体系，其中非常多的奥妙值得慢慢挖掘、体会。

资料来源：https://zhuanlan.zhihu.com/p/383401605.

三、如何进行销售促进决策

销售促进的主要决策过程包括确定销售促进目标、选择销售促进工具、制订销售促进方案、预试销售促进方案、实施与控制销售促进方案、评估销售促进效果等几个环节。

（一）第一步：确定销售促进目标

企业对消费者进行销售促进的具体目标主要有刺激试用新品牌、扩大市场份额、鼓励大量购买等几个方面。企业对中间商进行销售促进的具体目标主要有促使中间商参与企业的促销活动、刺激中间商购买、帮助中间商改善营销工作等几个方面。企业对推销人员进行销售促进的具体目标主要有促使本企业推销人员积极推销、促使中间商的推销人员积极推销等方面。

（二）第二步：选择销售促进工具

销售促进工具有五大类，分别是示范、免费、优惠、竞赛及组合推广。随着竞争的深入，新的工具还在不断地被发展出来。选择适当的销售促进工具，应充分考虑市场类型、销售促进目标和竞争状况等因素。

案例10-15

东方甄选首次贵州直播带货：在线观看人次 接近 4 000 万，总销售额超 7 800 万元

应贵州省外事办邀请，2022 年 9 月 3 日，新东方旗下农产品电商平台东方甄选首次走进贵州，开启"多彩贵州行"直播活动。东方甄选通过纪录片、非遗手工艺展示、直播带货等形式，向全国网友展示了贵州独具特色的自然风光、风土人情以及特色农产品，令围观的网友大呼过瘾。

贵州直播开场仅 2 分钟，东方甄选直播间便升至抖音人气榜、带货榜第一。数据显示，在当天贵州主题的直播活动中，东方甄选直播间总观看人次接近 4 000 万，上百款特色产品被售卖一空，总销售额超过 7 800 万元，贵州以及附近地区的特色农产品订单占比超六成。

东方甄选主播讲解贵州独特的风土人情

其中，由贵州商务厅推荐的高山茶、关岭牛肉、农家土猪腊肉、菌菇干货、酸汤粉、菜籽油等特色农产品，成为全场人气最高的特色商品。许多农产品未经推荐就被热情的网友抢光。此外，东方甄选精选了多本和贵州历史、人文、自然相关的经典图书，这些图书也获得了广大网友的喜爱。

在贵州省外事办的帮助下，东方甄选首次在直播专场实现了跨境联动，将湄公河国家的特产商品引入了直播平台。其中，柬埔寨腰果、柬埔寨香米、越南咖啡，均成为东方甄选贵州直播当天的热销产品。

据了解，此次直播活动旨在深入贯彻落实新国发 2 号文件，围绕《关于深化澜沧江 - 湄公河国家地方合作的倡议》和贵州加强与 RCEP（区域全面经济伙伴关系协定）国家、中南半岛交流联系的要求，更好地服务全省优质企业和产品沿着"一带一路"走出去。

东方甄选贵州直播的成功举办，深化了贵州与湄公河国家在电子商务、数字经济等领域的合作，让全国消费者成为贵州省对外开放合作的受益者。此次活动也获得了外交部相关司局、湄公河国家驻华使领馆等机构的大力赞赏。

蜡染传承人展示现场制作的作品

当天，东方甄选还向广大网友详细介绍了贵州当地多姿多彩的民族文化。东方甄选主播现场学习苗族银饰锻造、蜡染等非物质遗产文化项目，加入盛大而华丽的苗寨鼓声表演，体验拥有 2 500 年历史的侗族大歌，感受独具特色的"拦门酒"，最后在璀璨夜色中，和各民族人们齐声合唱《爱我中华》……众多精彩内容引发直播间

观众直呼"刷新了直播带货的高度"。

在推广销售贵州产品的同时，东方甄选让贵州民族非遗文化、自然风光等文旅资源实现了有力传播，让贵州文化走进全国观众，未来有望持续带动贵州文化旅游产业升温。

东方甄选负责人孙东旭表示："贵州是民风淳朴、民族团结、物产丰富的好地方，我们这次来到贵州直播，最大的心愿就是帮助这里的优秀产品、丰富文化进一步在全国推广出去。未来，我们会坚持这份初心，持续推广祖国各地的大好河山、特色好物，回馈全社会对东方甄选的支持和厚爱。"

据悉，东方甄选已在北京、黑龙江、陕西、贵州打造多次外景直播专场活动，有力地带动了当地的产品销售与文化宣传，探索出结合经济效益、社会效益的创新直播形式。目前，东方甄选已与多地地方政府、龙头企业建立联系，预计更多外景直播专场活动即将落地。

资料来源：https://baijiahao.baidu.com/s?id=17430977705622176720&wfr=spider&for=pc.

（三）第三步：制订销售促进方案

在第三步中，我们主要应对以下几个方面进行决策。

（1）激励规模。一般而言，销售促进的投入当然会激励消费者购买，但是当这个投入继续增加到一个临界点后，对消费者的激励会呈递减的趋势。因此，要确定一个最佳的激励规模，即投入最低而效率最高。

企业的激励规模的确定，涉及一个产品和一组产品的问题。当一个产品推出时，要确定投入费用与取得效果的最优比例；当一组产品推出时，并非所有产品都一定进行销售促进，可以考虑将销售促进的费用投入到某些产品上，从而带动一组产品的整体促销。

（2）激励对象。激励对象的决策涉及销售促进的激励范围。一般而言，销售促进意在激励那些有可能成为长期顾客或忠诚顾客的人，对不能成为长期顾客或忠诚顾客的人是有所限制的。

（3）送达方式。企业要针对具体的销售促进工具，确定最佳的传送到顾客的方式。例如，免费样品就可以选择采用邮寄、逐户分送、定点分送等送达方式。

（4）激励期限。企业要确定销售促进的最佳期限。如果时间太短，可能会使一些顾客无暇重购，错过获得激励的利益，达不到预期的效果；如果时间太长，则会增加费用支出，降低刺激购买的力度，并且可能会造成产品贬低的结果。

（5）激励时机。确定推出销售促进的时机，营销人员应考虑消费需求的时间特点并与整体的市场营销战略相配合。

（6）预算分配。确定销售促进预算的方法有参照法、比例法、总和法。其中，参照法是参照上期销售促进的费用，结合本期的变化因素确定本期的销售促进费用；比例法是从总的促销费用中确定一定比例的销售促进费用；总和法是逐项确定销售促进的费用，然后汇总得出销售促进的总费用。

（四）第四步：预试销售促进方案

预试销售促进方案主要有消费者测评和实验测评两种途径。消费者测评是邀请消费者对方案进行分析、比较、评价，使企业择优而行。实验测评是指通过选择有限的地区市场进行实验，积累经验或调整方案后再全面展开。

（五）第五步：实施与控制销售促进方案

企业要为销售促进方案的实施和控制确定一个计划。这个计划必须包括前置时间和销售延续时间。前置时间是开始实施方案前的准备时间，包括最初的计划工作、设计工作、推广信息的传播、材料的邮寄和分送、销售现场的陈列等的时间。销售延续时间是从开始实施方案起到大约95%的促销品已到达消费者手中的时间。

对于实施方案的控制分为两个方面：一是程序控制，即考查是否按计划进行；二是非程序化控制，即对实施中的不测事件进行及时的处理和调整。

（六）第六步：评估销售促进效果

评估方法主要有销售绩效分析和消费者调查两种。其中，销售绩效分析是对销售促进方案实施前、实施过程中和实施后的销售额或市场份额进行比较分析。消费者调查是通过对消费者的调查，了解有多少消费者能对销售促进产生记忆，如何评价，受益多少以及如何对他们选择品牌产生影响。

第五节　如何进行人员推销

一、如何设计人员推销流程

人员推销是一门涉及各个领域的古老艺术。营销人员的成功除了要有天分，还涉及许多其他因素。如今很多企业每年花费大笔资金对营销人员进行培训，试图将营销人员从一个被动的订单承接者转变为积极地为顾客解决问题的订单争取者。一个积极的订单争取者要学会如何聆听和识别顾客的需要并提出有效的解决方法。

> **案例10-16**　　　　　　　　　　**低效的人员推销**
>
> 布鲁斯是葛林油漆公司的销售人员，他将要和泰尔公司的采购代表霍顿女士会面。过去，两个公司的人员曾经会面过，但是没有达成买卖协议。这次是布鲁斯第一次与霍顿女士见面，他在预定的时间外足足等了20分钟，终于，一位秘书将他带进霍顿的办公室。
>
> 布鲁斯：你好，霍顿女士。我是葛林油漆公司的布鲁斯，我想和你谈谈我们的产品。（霍顿女士并没有理睬布鲁斯的微笑，只是指了指办公桌前面的一把椅子。）（注：接洽刚开始就谈论产品，没有顾及顾客的情绪。可根据办公室的布置发现顾客的兴趣爱好，夸奖或赞美顾客以缓和其不良情绪。）

霍顿：请坐。我想告诉你，我手头现在有两个月的存货。而且，泰尔公司已经同那些供货商打了近三年的交道。

布鲁斯：（坐下）谢谢！你知道，葛林油漆公司是全国最大的油漆公司之一，我们的服务和价格都是无可挑剔的。

霍顿：你为什么觉得你们的服务优于其他公司呢？

布鲁斯：因为我们对全国的每个销售点都保证在24小时内发货，如果当地的储备不足，我们会空运供货。我们是业界唯一通过空运供货的公司。另外，我们的油漆很牢固。（注：在谈及油漆很牢固时最好用具体实例说明一下，可列举某大厦上的油漆在多年后还非常好。）你们通常的订货量是多少，霍顿女士？

霍顿：这要看情况而定。

布鲁斯：大多数公司都订1～2个月的货。你们一年之中共用多少油漆？

霍顿：只有看了你们的产品之后，我才想谈订货的问题。

布鲁斯：我明白，我只是想弄清你们的订货量，以便决定给你们的价格折扣。

霍顿：我想，你们的价格和折扣不会比现在的好。我想给你看一份价目单。

布鲁斯：我相信各个厂家之间油漆价格的竞争会很激烈，这是我们最新的价目单，你可以比较。如果把价格与产品质量和服务保证联系起来，你会发现我们的产品很具吸引力。（注：有时顾客没有发现价格与产品质量和服务的比率，应适当阐述一下以确保顾客能真正体会到物超所值。）

霍顿：也许吧。

布鲁斯：许多和你们公司类似的公司都不止一家供货单位，这可以保证供货的稳定性，我们愿意成为你们的供货商之一。

霍顿：我只想有一家供货商，这样我可以得到更多的折扣。

布鲁斯：你考虑过两家轮流供货吗？这样你可以获得相同的折扣，并且货源更加充足。

霍顿：让我考虑考虑，把你随身带来的文件留下来给我看看吧。

（注：会晤结束时没有留下联系方式并感谢对方，也没有预约下次详谈的日期。）

资料来源：https://www.docin.com/p-94024476.html.

没有在任何情况下都通用的方法，但大多数营销职业培训方案都认为有效的人员推销过程需要完成以下几个主要步骤。

（一）第一步：挖掘潜在顾客

企业可以通过多种渠道识别潜在顾客的信息，比如现有顾客推荐、查询工商企业名录、广告、信函、电话以及互联网等手段。找出潜在顾客以后，企业应着手评估这些潜在顾客的购买意愿以及资金实力，然后加以确认。

（二）第二步：顾客分析

顾客分析的内容包括：他们需要什么样的产品，谁参与购买决策过程，以及采购人员的个性及购买方式等。这一步的另一个任务是确定接下来的访问目标以及访问方法和访问时机。访问目标可以是确定潜在顾客是否够资格，也可以仅仅是为了收集他们的信息，还有可能是立即达成交易。访问方法多种多样，如亲自拜访、电话访问或信函访问。至于访问时机则要避开顾客可能会非常忙碌或者不便接受访问的时间段。

（三）第三步：接触

在这一步，营销人员应该了解如何会见顾客，并使双方关系有一个良好的开端。这时，得体的仪表和开场白显得尤为重要。

资料 10-4　　　　　　　　　　**瑞幸咖啡裂变拉新和流量池思维**

所谓流量池思维，就是要利用各种手段获取流量，通过流量的存续运营，再获得更多的流量，如此往复，周而复始。流量池概念中一个非常突出的方法论就是裂变拉新，瑞幸咖啡能够在短时间内迅速扩张，很大程度上得益于卓有成效的裂变拉新营销模式。

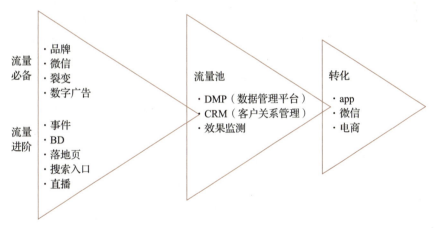

流量池思维

裂变第一步：拉新

新客户首杯免费的活动和相关广告投放、产品试用或其他推广方式为瑞幸带来一小批种子用户。这批种子用户就是存量，存量用户基数大，下一步的裂变分享效果才会更好。

裂变第二步：分享

这是裂变过程中最重要的一步，瑞幸选择了一个不是很高明却行之有效的方法：邀请好友，双方各得一杯。

瑞幸的高明之处在于它突出了"免费"这一标签，消费者往往很难对这个字眼置若罔闻。丹·艾瑞里在《怪诞行为学》里说：免费对用户具有致命的诱惑力。如果这个过程中能把配送费也免去的话，那么瑞幸一定能拉到更多的用户。

最终促成用户分享的因素有很多，但最具决定性的因素还是瑞幸的强激励机制。

裂变第三步：裂变

裂变第三步就进入由存量转向增量的过程。通过微信的社交体系，第二步中用户的分享被送达朋友圈，加上低门槛、高收益的参与模式，实现了较高程度的转化，好友完成消费之后，裂变回到第二步，实现螺旋式扩散的社交化裂变。

裂变第四步：留存

为了解决快速裂变带来的弊端，瑞幸也花了很大的工夫进行留存，概括来讲就是"高频带高频"。所谓高频带高频，就是通过高频的消费产品带动高频的消费行为。咖啡作为饮品，跟网购、外卖、直播等产品都是高频的消费产品，重点在于如何带动用户的高频消费。瑞幸采取了以下几种方法。

促销活动：推出咖啡钱包，买 2 赠 1，买 5 赠 5，等等。

价格降级：通过短信大批量发送优惠信息，利用价格优势维持用户高频消费。

竞争激励：推出百万大咖活动，一周消费 7 件商品可参与瓜分 500 万元，同时用户可以看到自己的排名，通过竞争刺激用户参与。

新一轮裂变：不仅要留住用户，还要让用户继续"发光发热"，参与新一轮的裂变。比如，百万大咖活动就有好友组队的功能，还有咖啡红包功能，同样打通了社交模式。重点就是在每一个用户有可能分享的地方尽可能地推用户一把，通过多次裂变保证用户在稳定中增长。

这种模式就相当于当你在饿了么付款之后，系统会提示你分享出去后，好友和自己均可领取红包。

资料来源：http://www.woshipm.com/marketing/2078302.html.

（四）第四步：销售演示

营销大师菲利普·科特勒指出，如今营销人员向顾客展开销售攻势时常采用两种方法。第一种方法是 AIDA 公式：争取注意（Attention）—引起兴趣（Interest）—激发欲望（Desire）—见诸行动（Action），即在销售过程中首先要争取顾客的注意，然后要引起顾客对产品的兴趣，接下来就要用适当的方法激发顾客的购买欲望，最后是促成交易行动。第二种方法是 FABV：特征（Feature）、优势（Advantage）、利益（Benefit）和价值（Value）。特征指的是产品的物理特点；优势描述了产品相对于同类竞争产品的优点；利益指的是使用该产品能为顾客带来的好处；价值则是指产品的综合价值，包括物质与非物质的（比如精神享受）。在产品推销的过程中常犯的一个错误是过分强调产品的特点，而忽视了顾客的利益。因此，有些企业要求营销人员在向顾客展示产品的时候要首先强调它对于顾客的利益（好处），以此来快速激发顾客的兴趣。

（五）第五步：处理异议

在产品推销的过程中，顾客提出异议（反对意见）是非常普遍的现象，原因可能是心理抵触或逻辑抵触。心理抵触包括对外来干预的抵制、喜欢已建立的供应来源或品牌、对营销人员的偏见等；逻辑抵触包括对价格、交货期或者是某产品、某企业的抵制。更为麻烦的是有些时候顾客并不直接说出反对意见，营销人员必须采取积极态度，设法找出隐藏在背后的反对意见，并诱导顾客说出反对的理由。优秀的营销人员常常能够通过解释将拒绝和怀疑变成让顾客购买的理由。

（六）第六步：达成交易

在这一步，营销人员要懂得抓住机会，达成交易。这里的关键是识别顾客所发出的特定的成交信号，包括顾客的动作、语言、评论和提出的问题。达成交易有几种方法和技巧，如重新强调双方协议的要点；建议顾客下订单；询问顾客购买产品的具体品种、规格；提供购买的特殊理由（如特价、免费赠送额外数量的产品或是赠送其他礼品）；等等。

（七）第七步：跟进和维护

如果营销人员想保证顾客感到满意并能继续订购，跟进和维护是必不可少的。交易达成后，营销人员应马上确定交货时间、购买条款及其他事项，同时着手制订顾客的维护和成长计划，定期对顾客进行回访。营销人员通过这种访问还可以发现可能存在的问题，让顾客信任自己，并减少分歧的产生。

案例10-17　　　　　　　　　　　　　**卖　辣　椒**

卖辣椒的人总会遇到这样的问题："这辣椒辣吗？"该怎么回答呢？说"辣"吧，怕辣的人立马走了；答"不辣"吧，也许人家喜欢吃辣的，生意还是没达成。

一天，我就站在一个卖辣椒的妇女的三轮车旁，看她怎样解决这个二律背反难题。趁着眼前没有买主，我自作聪明地对她说："你把辣椒分成两堆吧，有人要辣的你就对他说这堆是，有人要不辣的你就对他说那堆是。"卖辣椒的妇女对我笑了笑，轻声说："用不着！"

我们正说着就来了一个买主，问的果然是那句老话："这辣椒辣吗？"

卖辣椒的妇女很肯定地告诉他："颜色深的辣，颜色浅的不辣！"

买主信以为真，挑好付过钱，满意地走了。不一会儿，颜色浅的辣椒就所剩无几了。

又有个买主来了，问的还是那句话："这辣椒辣吗？"

卖辣椒的妇女看了一眼自己的辣椒，信口答道："长的辣，短的不辣！"

果然，买主就按照她的分类标准开始挑起来。这轮的结果是，长辣椒很快告罄。

看着剩下的都是深颜色的短辣椒，我心里想：这回看你还有什么说法？

当又一个买主问"这辣椒辣吗？"的时候，卖辣椒的妇女信心十足地回答："硬皮的辣，软皮的不辣！"我暗暗

佩服，可不是嘛，被太阳晒了半天，确实有很多辣椒因失水变软了。

　　卖辣椒的妇女卖完辣椒，临走时对我说："你说的那个办法卖辣椒的都知道，而我的办法只有我自己知道。"

　　资料来源：https://baijiahao.baidu.com/s?id=1682625851699995003&wfr=spider&for=pc.

二、关于谈判与关系营销

（一）谈判战略

　　在营销活动中，营销人员有时需要就某些问题与顾客方进行谈判，为了使己方获得更多的利益（或损失更少的利益），就需要运用一定的谈判技巧。营销人员除了要进行充分的谈判准备，还应具有以下素质：计划能力、语言表达能力、倾听技术、谈判主题的知识、快速反应能力、判断能力、说服能力以及耐心，这些素质都会在谈判过程中发挥作用。

　　关于谈判战略，有人喜欢"强硬"战略，有人喜欢"温和"战略。费希尔和尤瑞则提出了另一种战略，即"有原则的谈判"战略。在这种战略下，谈判双方都积极倾听对方的观点；关注利益而不是双方的人员差别和立场；寻找对双方都有利的备选方案；坚持评价解决方案的客观标准。费希尔和尤瑞还建议，如果在谈判过程中对方实力较强，那么最好的策略是寻找自己的最佳备选方案，这样就可以在难以达成协议的情况下，根据自己的最佳备选方案去衡量对方提出的其他方案，并进行进一步的谈判，从而避免企业被迫接受对自己不利的方案。

（二）关系营销

　　前面我们讨论的销售流程以及谈判都是以交易为导向的，因为它们的目标是达成交易，但是，在很多情况下，企业并不仅仅是寻求立即销售，而是为了建立和顾客的长期关系。企业希望顾客了解到它可以为顾客提供越来越优质的产品和服务。营销人员努力与主要客户建立良好的个人关系，他们关心客户，了解他们存在的问题，并愿意以各种方式为他们服务，作为回报，客户也会向营销人员倾诉自己遇到的问题并提供有价值的建议。

　　当关系营销方案在企业中得以实施后，企业就应该像管理产品一样管理自己的客户。同时企业也应该认识到关系营销并不适用于所有顾客。因此，企业必须判断哪些细分市场和顾客能对关系管理做出有利于企业的反应，从而制定相应的关系营销策略。

关键词

整合营销	整合营销传播沟通	促销组合	广告
广告媒体	销售促进	公共关系	人员推销

本章小结

1. 促销或促进销售是企业通过人员推销和非人员推销的方式，与潜在顾客进行信息沟通，引发并刺激顾客的购买欲望，使其产生购买行为的销售过程。促销组合是企业对各种促销方式的综合选择、编配和运用。促销组合是一种战略举措和战略思想。

2. 促销战略是市场营销组合的重要组成部分。促销的方式也称促销工具、促销手段，包括人员推销和非人员推销。非人员推销又包括广告、销售促进和公共关系三种促销方式。

3. 广告是广告主有偿使用传播媒体，向目标市场传播经济信息的促销行为。在市场营销活动中，广告作为重要的促销手段，对企业的竞争发挥着重要的作用。与此同时，广告作为一种大众传播活动，对广大社会公众在客观上也有着重要的影响作用。广告的根本目标是促进产品销售。

4. 销售促进的主要决策过程包括：确定销售促进目标、选择销售促进工具、确定销售促进方案、预试销售促进方案、实施与控制销售促进方案、评估销售促进效果。

5. 公共关系是以非付费的方式，通过大众媒体传播企业及产品信息的促销活动。与其他促销方式相比，公共关系有以下特点：宣传费用低、可信程度高、传播范围广、促销效果好。

6. 有效的人员推销流程需要完成七个主要步骤：挖掘潜在顾客、顾客分析、接触、销售演示、处理异议、达成交易、跟进和维护。

思考题

1. 简述整合营销传播沟通的含义。
2. 整合营销传播沟通决策的主要内容有哪些？
3. 广告的具体目标有哪些？
4. 各主要广告媒体有哪些特点？
5. 如何评估广告效果？
6. 如何进行销售促进的战略决策？
7. 公共关系的主要方式有哪些？
8. 如何进行公关宣传的战略决策？
9. 人员推销流程一般应包括哪几个主要步骤？

案例作业

开启"云上赛场"，天猫创新奥运营销玩法

8月8日，2020年东京奥运会顺利闭幕，中国队最终以38金32银18铜的成绩稳居东京奥运会奖牌榜第二，向全世界展示了中国力量。

虽然持续了半月之久的奥运赛事落下帷幕，但不可否认的是，作为体育界的顶流IP，奥运会一直是品牌借势营销的必争之地。看似五花八门的营销操作，其实大多都陷入了"自

嗨"。消费者作为品牌沟通的核心对象，在这场对话中，几乎处于被动接受的一方，品牌与消费者之间的互动近乎断层。与之相对的是，天猫则将消费者作为营销中的重要一环，通过在站内开启"云上赛场"互动玩法，与用户深度互动并进行有效沟通，在这场借势营销战中留下了浓重的一笔。

创新互动玩法，激活用户为奥运健儿助威的热情

从近些年的"618""双 11"的营销来看，天猫在互动玩法上的技艺已达到炉火纯青的地步，每年总能在往年的基础上进行创新，极大地调动消费者的积极性，甚至在电商行业内掀起一股跟风营销潮流。

此次作为奥运会官方合作伙伴，天猫结合国民的奥运情结，在"刘国梁——没有感情的鼓掌机器""马琳鼓掌好大声"连登热搜榜之时，以"全民上场，为中国队加油"的奥运营销主题，打造了完美契合奥运的独一无二的天猫活力季加油赛场，满足全民为中国队加油的迫切之情。

在形式上，天猫创新性地打造站内"天猫活力中心"云上赛场，将天猫打造成身着中国队队服配色战衣的"加油猫"——一个活跃在奥运赛场上为荣誉而战的奥运健儿形象。加油猫在短跑、滑板、篮球等奥运项目中不停切换，并将来源于全国各地的加油助威声转化为能量，在奥运赛场上所向披靡，夺得通关奖牌。

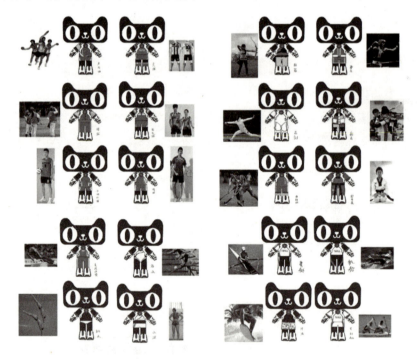

在场景上，近乎真实的塑胶跑道，满场的空座椅，以及身着中国队队服配色运动装的加油猫，三种元素结合复刻了一个迷你奥运赛场，为用户带来有代入感的沉浸式互动场馆体验。

在玩法上，7 月 15 日—8 月 9 日，用户打开淘宝搜索"天猫活力中心"即可进入天猫活力季加油赛场，参与语音加油呐喊、夺金红包雨、赛事助力竞猜等全新、多元的互动体验，做任务收集加油能量，获得加油奖牌，还可赢取惊喜红包及助力好礼。集齐 33 项奥运项目的

加油奖牌，即有机会赢得天猫纯金纪念金牌。

天猫也如大家所愿，将用户录制的加油声通过央视《体坛英豪》节目，在采访中国奥运健儿的过程中播放给运动员听，全程为中国奥运健儿们加油助威，弥补了赛场无观众的遗憾。远在异乡的中国奥运健儿们，于加油声浪的包围中点燃继续拼搏的勇气。

讨论题

1. 借势东京奥运会，天猫的营销创意主要体现在哪几个方面？
2. 天猫如何以全新的形式，打造出一个完整的促成用户转化的营销闭环？

资料来源：数英，《开启云上赛场，天猫创新奥运营销玩法》，2021-08-18。

参考文献

[1] 舒咏平. 广告传播学 [M]. 武汉：武汉大学出版社，2006.

[2] 张景智. 国际营销学教程 [M]. 2版. 北京：对外经济贸易大学出版社，2003.

[3] 布恩，库尔茨. 当代市场营销学：第11版 [M]. 赵银德，张璘，周祖城，等译. 北京：机械工业出版社，2003.

[4] 吕一林. 市场营销学 [M]. 北京：科学出版社，2006.

[5] 吴健安. 营销管理 [M]. 北京：高等教育出版社，2004.

[6] 科特勒，凯勒. 营销管理：第13版 [M]. 王永贵，何佳讯，于洪彦，等译. 上海：格致出版社，2009.

[7] 刘宝成. 营销学简明教程 [M]. 北京：对外经济贸易大学出版社，2006.

[8] 亚科布奇. 营销管理 [M]. 田志龙，编译. 北京：机械工业出版社，2011.